房地产与建设工程法律实务

第二版

丁小军/著

法律出版社 LAW PRESS · CHINA
北京

图书在版编目(CIP)数据

房地产与建设工程法律实务 / 丁小军著. -- 2 版
. -- 北京 : 法律出版社, 2023
ISBN 978 - 7 - 5197 - 7750 - 0

Ⅰ. ①房… Ⅱ. ①丁… Ⅲ. ①房地产法 - 基本知识 - 中国②建筑法 - 基本知识 - 中国 Ⅳ. ①D922.38 ②D922.297

中国国家版本馆 CIP 数据核字(2023)第 058143 号

房地产与建设工程法律实务(第二版)
FANGDICHAN YU JIANSHE GONGCHENG FALÜ SHIWU (DI-ER BAN)

丁小军 著

策划编辑 陈 睿
责任编辑 陈 睿 李捷琳
装帧设计 汪奇峰

出版发行 法律出版社
编辑统筹 法律考试·职业教育出版分社
责任校对 王 丰
责任印制 胡晓雅
经 销 新华书店

开本 710 毫米×1000 毫米 1/16
印张 22.75 **字数** 403 千
版本 2023 年 5 月第 2 版
印次 2023 年 5 月第 1 次印刷
印刷 永清县金鑫印刷有限公司

地址:北京市丰台区莲花池西里 7 号(100073)
网址:www.lawpress.com.cn
投稿邮箱:info@lawpress.com.cn
举报盗版邮箱:jbwq@lawpress.com.cn
销售电话:010 - 83938349
客服电话:010 - 83938350
咨询电话:010 - 63939796

书号:ISBN 978 - 7 - 5197 - 7750 - 0
定价:78.00 元

序

房地产与基础设施建设是国民经济的重要组成部分,在国民经济中所占比重较大。这一领域各环节、各方面产生的纠纷不仅数量多,而且有些方面常常比较复杂。因此,全面掌握房地产及建设工程的相关法律知识,为客户或服务单位提供相应的法律风险防范、投资并购、融资和争议解决服务,是极有价值的工作,需要律师、公司法务人员等各界人士付出积极的努力。

房地产及建设工程涉及的领域比较专业,涉及的法律知识也比较多。仅仅有短期的房地产与建设工程经营经验或者短期的法律实务,要全面领会与掌握房地产及建设工程领域的法律知识,不是一件容易的事。本书作者在房地产与建设工程经营实务与法律实务领域有超过20年工作经验,包括有为多家世界五百强企业旗下房地产企业、施工单位、设计单位提供法律服务的经验。源于对工作的热爱,作者在十多年前即开始系统搜集、整理本领域规范性文件及案例,因此有深厚的专业积累。为与业内人士、后学者分享其心得及研究成果,作者于2017年完成了《房地产与建设工程法律实务》一书的写作,该书于当年年底由法律出版社出版。该书出版后受到实务界欢迎,出版社先后印刷4次。2021年《中华人民共和国民法典》施行后,作者着手该书相关内容的更新,形成该书第二版即本书文稿。

本书从房地产的源头即土地储备与供应开篇,依次较为系统地介绍了工程设计与报建、工程建设、商品房买卖、租赁与物业管理,以及外商投资房地产相关法律问题,覆盖了房地产开发过程的各主要环节。从内容来看,本书既整合、介绍了国家法律、行政法规、最高人民法院发布的司法解释等相关规定,又非常注重从争端的终极解决,即法院案例的角度,向读者呈现相关法律法规是如何运行的。本书内容全面,视野开放,重点突出,理论联系实际,倾注了作者个人的独立思考,相信能够为房地产与建设工程领域的经营管理人员、公司法务及律师提供有益的参考。对于有志于研习房地产法律的学子,乃至对于一般关心房地产、建设工程的民众及普通购房者,本书亦不失为较好的参考。

法律职业需要终身继续学习。社会不断发展变化，调整社会关系的法律因而也在不断发展变化，房地产与建设工程领域尤其如此。作者作为房地产与建设工程领域的资深专业人士及法律实务工作者，能持续深耕，跟进最新发展，并在若干年后再次更新本书，是一件比较有意义的事情，读者也乐见其成。而达成此一目标，除了作者本人持续努力之外，各位读者的宝贵意见与建议，也是一大助力。

作者在武汉大学攻读国际法专业硕士学位时，本人有幸担任其指导教师。看到作者在这一领域的精进，将在校期间研究的涉外或国际民商事争议解决技能，结合自身工作，细推至房地产与工程建设这一专门领域，并有斩获，殊感可贺。

以上数语，谨以为序。

宋连斌

2023 年 4 月 26 日于北京宋庄

目录
Contents

第一章　主要土地制度及相关问题

第二章 报建、规划、设计与监理

第三章 工程建设

第四章 商品房买卖

第五章 商品房屋租赁

第六章 物业管理

第七章　外商投资房地产

第一章　主要土地制度及相关问题

房地产,是指可开发的土地及其地上建筑物、构筑物,包括物质实体和依托于物质实体上的权益。房地产开发,主要是指房地产开发企业通过出让、划拨等方式获得建设用地使用权,并在依法取得建设用地使用权的土地上进行基础设施、房屋建设,在此基础上通过持有房地产出租经营、转让房地产等获取收益的行为。

土地资源是房地产开发的基石。与房地产开发相关的主要土地问题包括:哪些土地可用于房地产开发,这些土地如何进行归集,完成归集后如何进行供应,供应后从哪些方面进行监管。本章内容主要围绕上述问题展开。

第一节　可用于房地产开发的土地及相关问题

一、可用于房地产开发的土地

(一)我国的土地所有制

我国宪法规定,中华人民共和国的社会主义经济制度的基础是生产资料的社会主义公有制,即全民所有制和劳动群众集体所有制。据此,《土地管理法》第2条第1款规定,中华人民共和国实行土地的社会主义公有制,即全民所有制和劳动群众集体所有制。国有土地,即指全民所有的土地。国有土地的所有权由国务院代表国家行使。

根据《土地管理法》第9条的规定,城市市区的土地属于国家所有。农村和城市郊区的土地,法律规定属于国家所有的,属于国家所有。

《土地管理法》第9条第2款规定,农村和城市郊区的土地,除由法律规定属于国家所有的以外,属于农民集体所有;宅基地和自留地、自留山,属于农民集体所有。从现状来看,我国农村的土地只有不到10%是国家的,其余都是农民集体的,属于国家所有的农村土地主要是国有农垦用地。在归农民集体所有的农村土地中，大概40%左右的集体土地是村级所有，60%左右是村民小组也就是过去的生产队所有。①

（二）建设用地

《土地管理法》第4条规定，国家实行土地用途管制制度。国家编制土地利用总体规划，规定土地用途，将土地分为农用地、建设用地和未利用地。农用地是指直接用于农业生产的土地，包括耕地、林地、草地、农田水利用地、养殖水面等；建设用地是指建造建筑物、构筑物的土地，包括城乡住宅和公共设施用地、工矿用地、交通水利设施用地、旅游用地、军事设施用地等；未利用地是指农用地和建设用地以外的土地。使用土地的单位和个人必须严格按照土地利用总体规划确定的用途使用土地。据此，进行房地产开发所使用土地，应是建设用地。

2020年11月，自然资源部办公厅印发了《国土空间调查、规划、用途管制用地用海分类指南（试行）》，根据该指南，我国用地用海分类当前采用三级分类体系，共设置24种一级类、106种二级类及39种三级类。在该指南下，建设用地又进一步细分为居住用地、公共管理与公共服务用地、商业服务业用地、工矿用地、仓储用地、交通运输用地、公用设施用地等。

（三）可用于房地产开发的土地的变化

2004年《土地管理法》第43条规定："任何单位和个人进行建设，需要使用土地的，必须依法申请使用国有土地；但是，兴办乡镇企业和村民建设住宅经依法批准使用本集体经济组织农民集体所有的土地的，或者乡（镇）村公共设施和公益事业建设经依法批准使用农民集体所有的土地的除外。前款所称依法申请使用的国有土地包括国家所有的土地和国家征收的原属于农民集体所有的土地。"其第63条规定："农民集体所有的土地的使用权不得出让、转让或者出租用于非农业建设；但是，符合土地利用总体规划并依法取得建设用地的企业，因破产、兼并等情形致使土地使用权依法发生转移的除外。"根据上述规定，进行房地产开发，原则上应该使用国有建设用地。这一规定使集体建设用地的价值不能显化，导致农村土地资源配置效率低下，农民的土地财产权益受到侵蚀。在城乡接合部，大量的集体建设用地违法进入市场，严重挑战法律的权威。集体经营性建设用地入市的改革提上日程。

---

① 参见《新闻办就〈中共中央办公厅　国务院办公厅关于完善农村土地所有权承包权经营权分置办法的意见〉有关情况举行发布会》，载中央人民政府网，http://www.gov.cn/xinwen/2016-11/03/content_5128080.htm。

党的十八届三中全会决定明确提出“建立城乡统一的建设用地市场。在符合规划和用途管制前提下,允许农村集体经营性建设用地出让、租赁、入股,实行与国有土地同等入市、同权同价”。

2015 年,党中央、国务院决定开展农村土地征收、集体经营性建设用地入市和宅基地管理制度改革试点。同年 2 月,全国人民代表大会常务委员会通过了《关于授权国务院在北京市大兴区等三十三个试点县(市、区)行政区域暂时调整实施有关法律规定的决定》,暂停施行《土地管理法》5 个条款、《城市房地产管理法》1 个条款。该决定要求对实践证明可行的,要修改完善有关法律,对实践证明不宜调整的,恢复施行有关法律规定。相关调整实施内容为:“暂时调整实施集体建设用地使用权不得出让等的规定。在符合规划、用途管制和依法取得的前提下,允许存量农村集体经营性建设用地使用权出让、租赁、入股,实行与国有建设用地使用权同等入市、同权同价。”以上调整在 2017 年 12 月 31 日前试行。

2017 年 11 月 4 日,第十二届全国人民代表大会常务委员会第三十次会议通过《关于延长授权国务院在北京市大兴区等 33 个试点县(市、区)行政区域暂时调整实施有关法律规定期限的决定》,决定:2015 年 2 月 27 日第十二届全国人民代表大会常务委员会第十三次会议授权国务院在北京市大兴区等 33 个试点县(市、区)行政区域暂时调整实施有关法律规定的决定施行期限届满后,试点期限延长一年至 2018 年 12 月 31 日。延长期满,国务院应当就暂时调整实施有关法律规定的情况向全国人民代表大会常务委员会作出报告。对实践证明可行的,国务院应当提出修改相关法律的意见;对实践证明不宜调整的,恢复施行有关法律规定。

2018 年 12 月 29 日,第十三届全国人民代表大会常务委员会第七次会议通过《关于延长授权国务院在北京市大兴区等三十三个试点县(市、区)行政区域暂时调整实施有关法律规定期限的决定》,该决定将《全国人民代表大会常务委员会关于授权国务院在北京市大兴区等三十三个试点县(市、区)行政区域暂时调整实施有关法律规定的决定》规定的调整实施有关法律规定的期限延长至 2019 年 12 月 31 日。

在前述试点的基础上,2019 年 8 月 26 日第十三届全国人民代表大会常务委员会第十二次会议通过的《土地管理法》为集体经营性建设用地入市扫除法律障碍。根据 2019 年修改前的《土地管理法》规定,房地产开发不可使用集体建设用地。而根据现行《土地管理法》规定,进行房地产开发可使用集体经营性建设用地。

二、土地储备制度与一级开发

（一）土地储备制度

1. 土地储备的含义

土地储备，是指县级（含）以上自然资源管理部门为调控土地市场、促进土地资源合理利用，依法取得土地，组织前期开发、储存以备供应的行为。土地储备的目的是收集、储存土地并进行前期开发整理，形成土地供应条件以备供应，是通过出让、划拨等方式供应土地的基础。实务中，为获取房地产开发项目，有经验的房地产开发企业会密切关注土地储备部门的工作计划与方向，确保第一时间了解土地供应信息。

根据《土地储备管理办法》（已失效①）第8条规定，下列土地可以纳入储备范围：(1)依法收回的国有土地；(2)收购的土地；(3)行使优先购买权取得的土地；(4)已办理农用地转用、征收批准手续并完成征收的土地；(5)其他依法取得的土地。入库储备土地必须是产权清晰的土地。土地储备机构应对土地取得方式及程序的合规性、经济补偿、土地权利（包括用益物权和担保物权）等情况进行审核，不得为了收储而强制征收土地。对于取得方式及程序不合规、补偿不到位、土地权属不清晰、应办理相关不动产登记手续而尚未办理的土地，不得入库储备。

2. 土地储备机构

土地储备机构应为县级（含）以上人民政府批准成立、具有独立的法人资格、隶属于所在行政区划的自然资源主管部门、承担本行政辖区内土地储备工作的事业单位。自然资源主管部门对土地储备机构实施名录制管理。市、县级自然资源主管部门应将符合规定的机构信息逐级上报至省级自然资源主管部门，经省级自然资源主管部门审核后报国土资源部②，列入全国土地储备机构名录，并定期更新。

3. 储备土地登记与临时利用

关于储备土地的登记。根据《土地储备管理办法》（已失效）第10条规定，储备土地入库前，土地储备机构应向不动产登记机构申请办理登记手续。储备土地登记的使用权类型统一确定为“其他（政府储备）”，登记的用途应符合相关法律法规的规定。

---

① 国土资源部、财政部、中国人民银行、中国银行业监督管理委员会于2018年1月3日印发《土地储备管理办法》，该办法自发布之日起实施，有效期5年，现有效期已到期。

② 国土资源部于2018年3月被撤销，其职责由自然资源部行使。为表述准确、方便查找，本书以下引用规范性文件内容时，均采用该文件中规定的机关名称，下同，不再一一标注。——编者注

根据《土地储备管理办法》（已失效）第 14 条的规定，土地储备机构可将储备土地或连同地上建（构）筑物，通过出租、临时使用等方式加以利用。储备土地的临时利用，一般不超过两年，且不能影响土地供应。储备土地的临时利用应报同级国土资源主管部门同意。其中，在城市规划区内储备土地的临时使用，需搭建建（构）筑物的，在报批前，应当先经城市规划行政主管部门同意，不得修建永久性建筑物。

根据《土地储备管理办法》（已失效）第 15 条的规定，储备土地完成前期开发，并具备供应条件后，应当纳入当地市、县土地供应计划，由市、县国土资源主管部门统一组织土地供应。供应已发证的储备土地之前，应收回并注销其不动产权证书及不动产登记证明，并在不动产登记簿中予以注销。

4. 土地储备资金

土地储备资金是指纳入国土资源部名录管理的土地储备机构按照国家有关规定征收、收购、优先购买、收回土地，以及对其进行前期开发等所需的资金。财政部、国土资源部、中国人民银行、银监会《关于规范土地储备和资金管理等相关问题的通知》规定，土地储备机构新增土地储备项目所需资金，应当严格按照规定纳入政府性基金预算，从国有土地收益基金、土地出让收入和其他财政资金中统筹安排，不足部分在国家核定的债务限额内通过省级政府代发地方政府债券筹集资金解决。自 2016 年 1 月 1 日起，各地不得再向银行业金融机构举借土地储备贷款。地方政府应在核定的债务限额内，根据本地区土地储备相关政府性基金收入、地方政府性债务风险等因素，合理安排年度用于土地储备的债券发行规模和期限。此外，财政部《关于坚决制止地方以政府购买服务名义违法违规融资的通知》明确，严禁将储备土地前期开发等建设工程作为政府购买服务项目。

根据《土地储备资金财务管理办法》第 5 条的规定，土地储备资金源于下列渠道：一是财政部门从已供应储备土地产生的土地出让收入中安排给土地储备机构的征地和拆迁补偿费用、土地开发费用等储备土地过程中发生的相关费用。二是财政部门从国有土地收益基金中安排用于土地储备的资金。三是发行地方政府债券筹集的土地储备资金。四是经财政部门批准可用于土地储备的其他财政资金。2017 年 5 月 16 日，财政部、国土资源部印发《地方政府土地储备专项债券管理办法（试行）》，其第 5 条规定地方政府为土地储备举借债务采取发行土地储备专项债券方式。省、自治区、直辖市政府为土地储备专项债券的发行主体。设区的市、自治州，县、自治县、不设区的市、市辖区级政府（以下简称市县级政府）确需发行土地储备专项债券的，由省、自治区、直辖市政府统一发行并转贷给市县级政府。经省、自治区、直辖市政府批准，计划单列市政府可以自办发行土地储备专项债券。

土地储备资金主要用于征收、收购、优先购买、收回土地，以及储备土地供应前的前期开发等土地储备开支，不得用于土地储备机构日常经费开支。土地储备机构所需的日常经费，应当与土地储备资金实行分账核算，不得相互混用。根据《土地储备资金财务管理办法》第8条规定，土地储备资金的使用范围包括：(1)征收、收购、优先购买或收回土地需要支付的土地价款或征地和拆迁补偿费用。包括土地补偿费和安置补助费、地上附着物和青苗补偿费、拆迁补偿费，以及依法需要支付的与征收、收购、优先购买或收回土地有关的其他费用。(2)征收、收购、优先购买或收回土地后进行必要的前期土地开发费用。储备土地的前期开发，仅限于与储备宗地相关的道路、供水、供电、供气、排水、通讯、照明、绿化、土地平整等基础设施建设支出。(3)按照财政部关于规范土地储备和资金管理的规定需要偿还的土地储备存量贷款本金和利息支出。(4)经同级财政部门批准的与土地储备有关的其他费用。包括土地储备工作中发生的地籍调查、土地登记、地价评估以及管护中围栏、围墙等建设等支出。

值得注意的是，《地方政府土地储备专项债券管理办法（试行）》第32条规定，地方各级政府不得以土地储备名义为非土地储备机构举借政府债务，不得通过地方政府债券以外的任何方式举借土地储备债务，不得以储备土地为任何单位和个人的债务以任何方式提供担保。这一规定旨在“从机制上堵住融资平台公司等企业冒用土地储备名义以储备土地进行抵押担保融资的‘后门’‘歪门’，防范违法违规举债或变相举债、挪用土地储备资金等行为发生”①。

自然资源部自然资源所有者权益司《关于土地储备有关事项答复意见的函》提出，鼓励地方创新，拓宽土地储备资金来源渠道。如探索引导社会资本参与土地储备工作，并通过与土地储备机构联合开发取得合理回报等。该答复函确认社会资本可以参加土地储备工作并取得合理回报。从实务来看，社会资本对参加土地储备工作有积极性，多以“勾地”为目的。但社会资本参加土地储备工作产生的争议较多，对相关合同的性质认定存在分歧，相关案件裁判规则不统一。社会资本参加土地整理的法律规则需要厘清、完善。

---

① 《财政部、国土资源部有关负责人就印发〈地方政府土地储备专项债券管理办法（试行）〉答记者问》，载财政部官网，http://yss.mof.gov.cn/zhuantilanmu/dfzgl/zcjd/201706/t20170601_2612935.html。

(二)土地一级开发

1. 土地一级开发的含义

土地一级开发与土地一级市场相关。土地一级市场,是土地所有者将从土地所有权中分离出来的土地使用权让渡给土地使用者的市场。与土地一级市场相对应的是土地二级市场。土地二级市场是指土地使用者将从土地一级市场获得的土地使用权进行转让、出租、抵押的市场。

国务院办公厅《关于完善建设用地使用权转让、出租、抵押二级市场的指导意见》指出,“改革开放以来,通过大力推行国有建设用地有偿使用制度,我国基本形成了以政府供应为主的土地一级市场和以市场主体之间转让、出租、抵押为主的土地二级市场,对建立和完善社会主义市场经济体制、促进土地资源的优化配置和节约集约利用、加快工业化和城镇化进程起到了重要作用”。上述措辞实际上对土地一级市场与土地二级市场进行了界定。

关于“土地一级开发”的含义,目前在法律、行政法规、政府规章层面尚没有统一界定。“土地一级开发”或类似用语,主要见于相关部门规范性法律文件、地方政府规章和其他地方规范性法律文件。

中共国土资源部党组《关于国土资源系统开展“两整治一改革”专项行动的通知》要求:“土地储备机构必须与其下设或挂靠的从事土地开发相关业务的机构彻底脱钩,收购土地遴选价格评估机构应坚持公开、公正的选择方式,土地前期开发必须按规定通过招标方式选择工程实施单位。各地国土资源部门及所属企事业单位,不得直接从事土地一级市场开发。”

自然资源部自然资源所有者权益司《关于土地储备有关事项答复意见的函》有如下表述:引导地方建立健全土地储备成本足额补偿的可持续发展机制。如探索“生地”与“熟地”出让的范围和边界;“熟地”出让的,可在土地出让合同中明确区分一级开发成本和政府土地收益,即通过签订“两个合同”将成本与收益分开,确保开发成本足额收回,充分发挥土地储备的作用,实现“以储保供”。

《北京市土地储备和一级开发暂行办法》第 2 条规定:“本办法所称土地储备和一级开发,(以下简称土地储备开发)是指政府依法通过收购、收回、征收等方式储备国有建设用地,并组织实施拆迁和市政基础设施建设,达到土地供应条件的行为。”

海南省人民政府《关于严格规范土地一级开发管理的通知》第 1 条规定:“本通知所称土地一级开发,是指按照城乡规划、土地利用总体规划的要求,对集中连片、面积达 60 公顷以上的土地进行统一征收(收回)、统一实施基础设施配套建设,使区域内的土地达到开发建设条件后依法进行土地供应的行为，包括对政府储备土地、园区土地、农垦系统利用的国有划拨土地实施的土地一级开发以及省政府批准的其他土地一级开发。”

《包头市土地一级开发办法》第3条规定：“本办法所称土地一级开发，是指市人民政府依据国民经济和社会发展计划、城市总体规划和土地利用总体规划，使用社会资金对项目范围内的土地及地上物实施征收（收回、收购）补偿，并进行适当的基础设施配套建设等土地出让前期工作，使土地具备供应条件的行为。”

《昆明市社会资金参与土地一级开发整理项目的办法（修订）》第2条规定：“本办法所称参与土地一级开发整理，是指在市人民政府授权市级国有投资公司或县级地方人民政府进行土地一级开发整理过程中，社会资金参与一定区域内土地的征地、拆迁、安置，实施道路、供水、供电、供气、排水、通讯、照明、绿化、土地平整等市政基础设施配套建设工作，使该区域内土地具备供应条件的行为。”第5条规定：“社会投资人可以自主选择以下阶段和领域参与土地一级开发整理项目：（一）土地的征地、拆迁及安置；（二）市政基础设施配套工程建设；（三）全面参与征地、拆迁、安置和市政基础设施配套工程建设等。”

《咸宁市城区土地储备一级开发暂行办法》第2条规定：“本办法所称土地储备一级开发，是指市自然资源和规划主管部门为调控土地市场、促进土地资源合理利用，依法取得土地，组织前期开发、储存以备供应的行为。”第5条第1款规定：“土地储备一级开发实施工作内容包括：（一）编制三年滚动土地储备计划和年度土地储备计划，提交省级自然资源和规划主管部门备案后，报同级人民政府批准；（二）按照待储备的宗地规划，编制土地储备一级开发实施方案，范围包括：待储备开发地块的范围、土地面积、一级开发意向单位拟储备开发区域的概念性规划、初步规划意向、地上附着物状况、储备开发成本、土地收益、开发计划、实施方式以及时间安排等；（三）理清入库储备土地产权，评估入库储备土地的资产价值；（四）土地储备一级开发资金筹措和管理；（五）办理土地储备一级开发相关政府审批手续，包括规划、项目核准或者备案、征地、征迁、市政建设等开发审批手续；（六）协助土地征收、补偿和房屋征迁、人员安置；（七）根据规划意见，完成地块的道路、通水、通电、通气、排水、通讯、围挡等基础设施建设，并进行土地平整及其他市政、配套基础设施建设；（八）土地储备一级开发验收及评估；（九）土地储备一级开发成本核算及审计；（十）土地储备入库；（十一）储备土地的管护与临时利用；（十二）土地储备一级开发其他工作。”

从以上规定来看，土地一级开发，一般是指通过收回、收购、征收等方式储备国有建设用地,并对已经完成储备、尚未供应的国有建设用地进行道路、供水、供电、供气、排水、通讯、照明、绿化、土地平整等市政基础设施配套建设和污染治理等,使其具备动工开发所必需的基本条件的过程。

2. 储备国有建设用地前期开发

储备国有建设用地前期开发,是指对已经完成储备、尚未供应的国有建设用地进行道路、供水、供电、供气、排水、通讯、照明、绿化、土地平整等市政基础设施配套建设和污染治理等,使其具备动工开发所必需的基本条件的过程。

中共国土资源部党组《关于国土资源系统开展"两整治一改革"专项行动的通知》要求各地国土资源部门及所属企事业单位,不得直接从事土地一级市场开发,应主要是为了避免国土资源部门既当运动员,又当裁判员,损害国土资源部门的形象和公信力。国土资源部、财政部、中国人民银行、银监会《关于加强土地储备与融资管理的通知》规定,土地储备机构应组织开展对储备土地的前期开发,为政府供应"净地"提供有效保障。进行道路、供水、供电、供气、排水、通讯、照明、绿化、土地平整等基础设施建设的,应通过公开招标方式选择工程设计、施工和监理等单位,不得通过下设机构进行工程建设。有下设或挂靠从事工程建设机构的,必须与土地储备机构彻底脱钩。

目前的储备国有建设用地前期开发,由土地储备机构负责,主要是采取政府主导、市场运作的原则推进,具体实施应符合政府采购相关规定。财政部、国土资源部、中国人民银行、银监会《关于规范土地储备和资金管理等相关问题的通知》规定,土地储备机构应当积极探索通过政府采购实施储备土地的前期开发,包括与储备宗地相关的道路、供水、供电、供气、排水、通讯、照明、绿化、土地平整等基础设施建设。项目承接主体或供应商应当严格履行合同义务,按合同约定数额获取报酬,不得与土地使用权出让收入挂钩,也不得以项目所涉及的土地名义融资或者变相融资。海南省人民政府《关于严格规范土地一级开发管理的通知》规定:"对纳入储备的土地,由政府土地储备机构通过公开招标方式选取有资质的工程设计、施工和监理等单位实施土地整理、基础设施配套建设。经整理的土地具备开发利用条件后,由市县政府依法组织供应。"

三、国有土地上房屋征收与补偿

国有土地上的房屋被依法征收的,国有土地使用权同时收回。被收回的国有土地中的建设用地即可通过出让、划拨等途径用于建设。通过征收国有土地上房屋而收回国有建设用地使用权，是储备存量国有建设用地的途径之一。

（一）征收方

国有土地上房屋征收的征收方包括市、县级人民政府，房屋征收部门和房屋征收实施单位。市、县级人民政府负责本行政区域的房屋征收与补偿工作。市、县级人民政府确定的房屋征收部门组织实施本行政区域的房屋征收与补偿工作。房屋征收实施单位是受房屋征收部门委托，承担房屋征收与补偿的具体工作的单位。房屋征收实施单位不得以营利为目的。房屋征收部门对房屋征收实施单位在委托范围内实施的房屋征收与补偿行为负责监督，并对其行为后果承担法律责任。

（二）征收目的

征收国有土地上房屋，应当是出于以下保障国家安全、促进国民经济和社会发展等公共利益的需要：(1)国防和外交的需要；(2)由政府组织实施的能源、交通、水利等基础设施建设的需要；(3)由政府组织实施的科技、教育、文化、卫生、体育、环境和资源保护、防灾减灾、文物保护、社会福利、市政公用等公共事业的需要；(4)由政府组织实施的保障性安居工程建设的需要；(5)由政府依照城乡规划法有关规定组织实施的对危房集中、基础设施落后等地段进行旧城区改建的需要；(6)法律、行政法规规定的其他公共利益的需要。

（三）关于征收决定程序

征收决定程序包括四个环节：拟定征收补偿方案、征求公众意见与修改方案、做好其他准备工作、作出征收决定。征收补偿方案由房屋征收部门拟定，报市、县级人民政府。市、县级人民政府应当组织有关部门对征收补偿方案进行论证并予以公布，征求公众意见。征求意见期限不得少于 30 日。因旧城区改建需要征收房屋，多数被征收人认为征收补偿方案不符合《国有土地上房屋征收与补偿条例》有关规定的，市、县级人民政府应当组织由被征收人和公众代表参加的听证会，并根据听证会情况修改方案。市、县级人民政府应当将征求意见情况和根据公众意见修改的情况及时公布。市、县级人民政府作出房屋征收决定前，应当做好其他准备工作：(1)组织有关部门依法对征收范围内未经登记的建筑进行调查、认定和处理；(2)按照有关规定进行社会稳定风险评估；(3)征收补偿费用应当足额到位、专户存储、专款专用。市、县级人民政府作出房屋征收决定后应当及时公告。公告应当载明征收补偿方案和行政复议、行政诉讼权利等事项。市、县级人民政府及房屋征收部门应当做好房屋征收与补偿的宣传、解释工作。被征收人对市、县级人民政府作出的房屋征收决定不服的，可以依法申请行政复议，也可以依法提起行政诉讼。

(四)关于征收补偿

征收国有土地上单位、个人的房屋,应当对被征收房屋所有权人(被征收人)给予公平补偿。补偿包括:(1)被征收房屋价值的补偿;(2)因征收房屋造成的搬迁、临时安置的补偿;(3)因征收房屋造成的停产停业损失的补偿。

对被征收房屋价值的补偿,不得低于房屋征收决定公告之日被征收房屋类似房地产的市场价格。被征收房屋的价值,由具有相应资质的房地产价格评估机构按照房屋征收评估办法评估确定。对评估确定的被征收房屋价值有异议的,可以向房地产价格评估机构申请复核评估。对复核结果有异议的,可以向房地产价格评估专家委员会申请鉴定。

房地产价格评估机构由被征收人在规定时间内协商选定;在规定时间内协商不成的,由房屋征收部门通过组织被征收人按照少数服从多数的原则投票决定,或者采取摇号、抽签等随机方式确定。具体办法由省、自治区、直辖市制定。房地产价格评估机构应当独立、客观、公正地开展房屋征收评估工作,任何单位和个人不得干预。房地产价格评估机构不得采取迎合征收当事人不当要求、虚假宣传、恶意低收费等不正当手段承揽房屋征收评估业务。

房地产价格评估机构应当按照房屋征收评估委托书或者委托合同的约定,向房屋征收部门提供分户的初步评估结果。分户的初步评估结果应当包括评估对象的构成及其基本情况和评估价值。房屋征收部门应当将分户的初步评估结果在征收范围内向被征收人公示。公示期间,房地产价格评估机构应当安排注册房地产估价师对分户的初步评估结果进行现场说明解释。存在错误的,房地产价格评估机构应当修正。分户初步评估结果公示期满后,房地产价格评估机构应当向房屋征收部门提供委托评估范围内被征收房屋的整体评估报告和分户评估报告。房屋征收部门应当向被征收人转交分户评估报告。

被征收人可以选择货币补偿,也可以选择房屋产权调换。征收个人住宅,被征收人符合住房保障条件的,作出房屋征收决定的市、县级人民政府应当优先给予住房保障。

因征收房屋造成搬迁的,房屋征收部门应当向被征收人支付搬迁费;选择房屋产权调换的,产权调换房屋交付前,房屋征收部门应当向被征收人支付临时安置费或者提供周转用房。

对因征收房屋造成停产停业损失的补偿,根据房屋被征收前的效益、停产停业期限等因素确定。具体办法由省、自治区、直辖市制定。

房屋征收部门与被征收人应按照相关规定,就补偿方式、补偿金额和支付期限、用于产权调换房屋的地点和面积、搬迁费、临时安置费或者周转用房、停产停业损失、搬迁期限、过渡方式和过渡期限等事项，订立补偿协议。房屋征收部门与被征收人在征收补偿方案确定的签约期限内达不成补偿协议，或者被征收房屋所有权人不明确的，由房屋征收部门报请作出房屋征收决定的市、县级人民政府按照征收补偿方案作出补偿决定，并在房屋征收范围内予以公告。

（五）搬迁与强制执行

被征收人在法定期限内不申请行政复议或者不提起行政诉讼，在补偿决定规定的期限内又不搬迁的，由作出房屋征收决定的市、县级人民政府依法申请人民法院强制执行。

根据最高人民法院《关于办理申请人民法院强制执行国有土地上房屋征收补偿决定案件若干问题的规定》第 1 条和第 2 条的规定，强制执行的申请应当自被执行人的法定起诉期限届满之日起 3 个月内提出；逾期申请的，除有正当理由外，人民法院不予受理。申请人民法院强制执行征收补偿决定案件，由房屋所在地基层人民法院管辖，高级人民法院可以根据本地实际情况决定管辖法院。

人民法院认为强制执行的申请符合形式要件且材料齐全的，应当在接到申请后 5 日内立案受理，并通知申请机关；不符合形式要件或者材料不全的应当限期补正，并在最终补正的材料提供后 5 日内立案受理；不符合形式要件或者逾期无正当理由不补正材料的，裁定不予受理。申请机关对不予受理的裁定有异议的，可以自收到裁定之日起 15 日内向上一级人民法院申请复议，上一级人民法院应当自收到复议申请之日起 15 日内作出裁定。

在审查强制执行申请时，人民法院对程序合法性与正当性均进行审查。人民法院应当自立案之日起 30 日内作出是否准予执行的裁定；有特殊情况需要延长审查期限的，基层人民法院应直接报请高级人民法院批准，同时报中级人民法院备案。

征收补偿决定存在下列情形之一的，人民法院应当裁定不准予执行：（1）明显缺乏事实根据；（2）明显缺乏法律、法规依据；（3）明显不符合公平补偿原则，严重损害被执行人合法权益，或者使被执行人基本生活、生产经营条件没有保障；（4）明显违反行政目的，严重损害公共利益；（5）严重违反法定程序或者正当程序；（6）超越职权；（7）未进行社会稳定风险评估；（8）被执行人尚未超过法定起诉期限；（9）具体行政行为虽然合法但确有明显不合理及不宜执行情形的；（10）法律、法规、规章等规定的其他不宜强制执行的情形。

人民法院裁定不准予执行的，应当说明理由，并在 5 日内将裁定送达申请机关。

申请机关对不准予执行的裁定有异议的，可以自收到裁定之日起15日内向上一级人民法院申请复议，上一级人民法院应当自收到复议申请之日起30日内作出裁定。上级人民法院经复议撤销原审裁定的同时，可以直接作出是否受理或者是否准予执行的裁定，也可以针对原审裁定认定事实不清、证据不足等情形，裁定发回原审法院重新审查，申请机关对重新审查后的裁定可再次依法申请复议。

人民法院在作出准予执行的裁定时，可以同时载明由相关政府组织实施。人民法院裁定准予执行的，应当在5日内将裁定送达申请机关和被执行人。人民法院作出准予执行的裁定时，可以根据案件的实际情况，就审查中预见的与强制执行相关的问题，书面建议申请机关依法采取必要措施消除隐患或者落实必要的应对预案，也可以针对政府组织实施行为提出相关建议，以保障征收与补偿活动依法有序顺利实施。

国有土地上房屋征收补偿决定的强制执行属于行政强制执行。根据《行政强制法》第2条第3款的规定，行政强制执行，是指行政机关或者行政机关申请人民法院，对不履行行政决定的公民、法人或者其他组织，依法强制履行义务的行为。对强制执行国有土地上房屋征收补偿决定，实行“裁执分离”的原则，即由政府组织实施为总原则、由法院执行属个别例外。按照最高人民法院《关于在征收拆迁案件中进一步严格规范司法行为积极推进“裁执分离”的通知》等相关要求，在个别例外情形下，法院认为自身有足够能力直接执行时，须报经上一级人民法院审查批准方可采取强制手段。在原则上不准先予执行的前提下，确需先予执行的，须报上一级法院批准。

四、农用地转为建设用地与集体所有土地征收

将国有农用地、国有未利用地转为国有建设用地，以及通过征收集体所有土地作为国有建设用地，均可新增国有建设用地。无论是农用地转用，还是征收土地，都既可因实施城市规划或村庄、集镇规划而推动，也可因具体项目需要使用土地而实施。国有农用地、集体所有农用地转为建设用地，应办理农用地转用审批手续。征收集体所有土地作为国有建设用地，应办理征收土地相关手续。集体所有农用地转为国有建设用地，既涉及农用地转用审批，也涉及征收土地相关手续。

（一）农用地转为建设用地

《土地管理法》第44条第1款规定，建设占用土地，涉及农用地转为建设用地的，应当办理农用地转用审批手续。

在国土空间规划确定的城市和村庄、集镇建设用地范围内，为实施该规划而将农用地转为建设用地的，由市、县人民政府组织自然资源等部门拟订农用地转用方案，按土地利用年度计划分批次按照国务院规定由原批准土地利用总体规划的机关或者其授权的机关批准。农用地转用方案应当重点对建设项目安排、是否符合国土空间规划和土地利用年度计划以及补充耕地情况作出说明。根据《土地管理法》第20条第1～4款的规定，土地利用总体规划实行分级审批。省、自治区、直辖市的土地利用总体规划，报国务院批准。省、自治区人民政府所在地的市、人口在100万以上的城市以及国务院指定的城市的土地利用总体规划，经省、自治区人民政府审查同意后，报国务院批准。其他土地利用总体规划，逐级上报省、自治区、直辖市人民政府批准；其中，乡(镇)土地利用总体规划可以由省级人民政府授权的设区的市、自治州人民政府批准。

建设项目确需占用国土空间规划确定的城市和村庄、集镇建设用地范围外的农用地，涉及占用永久基本农田的，由国务院批准；不涉及占用永久基本农田的，由国务院或者国务院授权的省、自治区、直辖市人民政府批准。具体按照下列规定办理：(1)建设项目批准、核准前或者备案前后，由自然资源主管部门对建设项目用地事项进行审查，提出建设项目用地预审意见。建设项目需要申请核发选址意见书的，应当合并办理建设项目用地预审与选址意见书，核发建设项目用地预审与选址意见书。(2)建设单位持建设项目的批准、核准或者备案文件，向市、县人民政府提出建设用地申请。市、县人民政府组织自然资源等部门拟订农用地转用方案，报有批准权的人民政府批准；依法应当由国务院批准的，由省、自治区、直辖市人民政府审核后上报。农用地转用方案应当重点对是否符合国土空间规划和土地利用年度计划以及补充耕地情况作出说明，涉及占用永久基本农田的，还应当对占用永久基本农田的必要性、合理性和补划可行性作出说明。

根据国务院《关于授权和委托用地审批权的决定》，自2020年3月12日起，国务院将可以授权的永久基本农田以外的农用地转为建设用地审批事项授权各省、自治区、直辖市人民政府批准，试点将永久基本农田转为建设用地审批事项委托部分省、自治区、直辖市人民政府批准。对国务院批准土地利用总体规划的城市在建设用地规模范围内，按土地利用年度计划分批次将永久基本农田以外的农用地转为建设用地的，国务院授权各省、自治区、直辖市人民政府批准；对在土地利用总体规划确定的城市和村庄、集镇建设用地规模范围外，将永久基本农田以外的农用地转为建设用地的，国务院授权各省、自治区、直辖市人民政府批准。对永久基本农田转为建设用地审批事项，国务院委托部分试点省、自治区、直辖市人民政府批准。

首批试点省份为北京、天津、上海、江苏、浙江、安徽、广东、重庆,试点期限1年。

农用地转用方案经批准后,由市、县人民政府组织实施。农用地转用涉及征收土地的,还应当依法办理征收土地手续。

(二)征收集体所有土地

1. 可以征收农民集体所有的土地的情形

《宪法》第10条第3款规定:“国家为了公共利益的需要,可以依照法律规定对土地实行征收或者征用并给予补偿。”《土地管理法》第2条第4款也规定,国家为了公共利益的需要,可以依法对土地实行征收或者征用并给予补偿。

但《宪法》及原《土地管理法》没有对土地征收的“公共利益”范围进行明确界定。在《土地管理法》2019年修改之前,集体建设用地不能直接进入市场,土地征收成为增量建设用地的唯一来源,加之地方政府对“土地财政”的依赖,部分地方政府征收土地时便利用《宪法》和原《土地管理法》对“公共利益”未作明确规定的模糊空间,大规模征地。由于被征地农民的合法权益和长远生计得不到有效的保障,征地过程中产生不少冲突,影响社会稳定。

现行《土地管理法》第45条对可以作为征收农民集体所有土地条件的“公共利益”需要进行了界定,该条规定:“为了公共利益的需要,有下列情形之一,确需征收农民集体所有的土地的,可以依法实施征收:(一)军事和外交需要用地的;(二)由政府组织实施的能源、交通、水利、通信、邮政等基础设施建设需要用地的;(三)由政府组织实施的科技、教育、文化、卫生、体育、生态环境和资源保护、防灾减灾、文物保护、社区综合服务、社会福利、市政公用、优抚安置、英烈保护等公共事业需要用地的;(四)由政府组织实施的扶贫搬迁、保障性安居工程建设需要用地的;(五)在土地利用总体规划确定的城镇建设用地范围内,经省级以上人民政府批准由县级以上地方人民政府组织实施的成片开发建设需要用地的;(六)法律规定为公共利益需要可以征收农民集体所有的土地的其他情形。前款规定的建设活动,应当符合国民经济和社会发展规划、土地利用总体规划、城乡规划和专项规划;第(四)项、第(五)项规定的建设活动,还应当纳入国民经济和社会发展年度计划;第(五)项规定的成片开发并应当符合国务院自然资源主管部门规定的标准。”这一规定将有利于缩小征地范围,限制政府滥用征地权。

2. 征收土地前期工作

需要征收土地,县级以上地方人民政府认为符合《土地管理法》第45条规定的,应当发布征收土地预公告,并开展拟征收土地现状调查和社会稳定风险评估。征收土地预公告应当包括征收范围、征收目的、开展土地现状调查的安排等内容。

征收土地预公告应当采用有利于社会公众知晓的方式，在拟征收土地所在的乡（镇）和村、村民小组范围内发布，预公告时间不少于10个工作日。自征收土地预公告发布之日起，任何单位和个人不得在拟征收范围内抢栽抢建；违反规定抢栽抢建的，对抢栽抢建部分不予补偿。

土地现状调查应当查明土地的位置、权属、地类、面积，以及农村村民住宅、其他地上附着物和青苗等的权属、种类、数量等情况。社会稳定风险评估应当对征收土地的社会稳定风险状况进行综合研判，确定风险点，提出风险防范措施和处置预案。社会稳定风险评估应当有被征地的农村集体经济组织及其成员、村民委员会和其他利害关系人参加，评估结果是申请征收土地的重要依据。

县级以上地方人民政府应当依据社会稳定风险评估结果，结合土地现状调查情况，组织自然资源、财政、农业农村、人力资源和社会保障等有关部门拟定征地补偿安置方案。征地补偿安置方案应当包括征收范围、土地现状、征收目的、补偿方式和标准、安置对象、安置方式、社会保障等内容。

征地补偿安置方案拟定后，县级以上地方人民政府应当在拟征收土地所在的乡（镇）和村、村民小组范围内公告，听取被征地的农村集体经济组织及其成员、村民委员会和其他利害关系人的意见。征地补偿安置公告应当同时载明办理补偿登记的方式和期限、异议反馈渠道等内容。公告时间不少于30日。多数被征地的农村集体经济组织成员认为征地补偿安置方案不符合法律、法规规定的，县级以上地方人民政府应当组织召开听证会，并根据法律、法规的规定和听证会情况修改方案。拟征收土地的所有权人、使用权人应当在公告规定期限内，持不动产权属证明材料办理补偿登记。县级以上地方人民政府应当组织有关部门测算并落实有关费用，保证足额到位，与拟征收土地的所有权人、使用权人就补偿、安置等签订协议；个别确实难以达成协议的，应当在申请征收土地时如实说明。

3. 批准征收土地

县级以上地方人民政府完成《土地管理法实施条例》规定的征地前期工作后，方可提出征收土地申请，依照《土地管理法》第46条的规定报有批准权的人民政府批准。有批准权的人民政府应当对征收土地的必要性、合理性、是否符合《土地管理法》第45条规定的为了公共利益确需征收土地的情形以及是否符合法定程序进行审查。

征收土地，由国务院或省、自治区、直辖市人民政府依法批准。《土地管理法》第46条规定："征收下列土地的，由国务院批准：（一）永久基本农田；（二）永久基本农田以外的耕地超过三十五公顷的；（三）其他土地超过七十公顷的。征收前款规定以外的土地的，由省、自治区、直辖市人民政府批准。征收农用地的，应当依照本法第四十四条的规定先行办理农用地转用审批。其中，经国务院批准农用地转用的，同时办理征地审批手续，不再另行办理征地审批；经省、自治区、直辖市人民政府在征地批准权限内批准农用地转用的，同时办理征地审批手续，不再另行办理征地审批，超过征地批准权限的，应当依照本条第一款的规定另行办理征地审批。”

根据国务院《关于授权和委托用地审批权的决定》，自 2020 年 3 月 12 日起，试点将国务院批准土地征收审批事项委托部分省、自治区、直辖市人民政府批准。对永久基本农田、永久基本农田以外的耕地超过 35 公顷的、其他土地超过 70 公顷的土地征收审批事项，国务院委托部分试点省、自治区、直辖市人民政府批准。首批试点省份为北京、天津、上海、江苏、浙江、安徽、广东、重庆，试点期限 1 年。

4. 发布征收土地公告、作出征地补偿安置决定

根据《土地管理法实施条例》第 31 条的规定，征收土地申请经依法批准后，县级以上地方人民政府应当自收到批准文件之日起 15 个工作日内在拟征收土地所在的乡（镇）和村、村民小组范围内发布征收土地公告，公布征收范围、征收时间等具体工作安排，对个别未达成征地补偿安置协议的应当作出征地补偿安置决定，并依法组织实施。根据《土地管理法实施条例》第 62 条的规定，违反土地管理法律、法规规定，阻挠国家建设征收土地的，由县级以上地方人民政府责令交出土地；拒不交出土地的，依法申请人民法院强制执行。

5. 征收土地的补偿的标准与归属

原《土地管理法》按照被征收土地的原用途给予补偿，按照年产值倍数法确定土地补偿费和安置补助费，补偿标准偏低，补偿机制不健全。在试点的基础上，2019 年 8 月 26 日第十三届全国人民代表大会常务委员会第十二次会议通过的现行《土地管理法》对征收集体土地补偿的规定作了大幅修改。

现行《土地管理法》第 48 条规定，征收土地应当给予公平、合理的补偿，保障被征地农民原有生活水平不降低、长远生计有保障。征收土地应当依法及时足额支付土地补偿费、安置补助费以及农村村民住宅、其他地上附着物和青苗等的补偿费用，并安排被征地农民的社会保障费用。

征收农用地的土地补偿费、安置补助费标准由省、自治区、直辖市通过制定公布区片综合地价确定。制定区片综合地价应当综合考虑土地原用途、土地资源条件、土地产值、土地区位、土地供求关系、人口以及经济社会发展水平等因素，并至少每 3 年调整或者重新公布 1 次。征收农用地以外的其他土地、地上附着物和青苗等的补偿标准，由省、自治区、直辖市制定。对其中的农村村民住宅，应当按照先补

偿后搬迁、居住条件有改善的原则，尊重农村村民意愿，采取重新安排宅基地建房、提供安置房或者货币补偿等方式给予公平、合理的补偿，并对因征收造成的搬迁、临时安置等费用予以补偿，保障农村村民居住的权利和合法的住房财产权益。

土地补偿费归农村集体经济组织所有，地上附着物及青苗补偿费归地上附着物及青苗的所有者所有。

征收土地的安置补助费必须专款专用，不得挪作他用。需要安置的人员由农村集体经济组织安置的，安置补助费支付给农村集体经济组织，由农村集体经济组织管理和使用；由其他单位安置的，安置补助费支付给安置单位；不需要统一安置的，安置补助费发放给被安置人员个人或者征得被安置人员同意后用于支付被安置人员的保险费用。

被征地的农村集体经济组织应当将征收土地的补偿费用的收支状况向本集体经济组织的成员公布，接受监督。禁止侵占、挪用被征收土地单位的征地补偿费用和其他有关费用。

6. 土地补偿费的分配争议

集体土地被征收后的土地补偿费实际上包括两部分补偿：一部分是对集体土地所有权的补偿，另一部分是对土地承包经营权的补偿。根据《民法典》第 261 条第 2 款的规定，土地补偿费等费用的使用、分配办法应当依照法定程序经本集体成员决定。对于已经确定分配给集体经济组织的土地补偿费，多少数额用于分配给村民、多少数额用于村公益事业等，是村民自治事项，不属于人民法院受案范围。因此，最高人民法院《关于审理涉及农村土地承包纠纷案件适用法律问题的解释》第 1 条第 3 款规定，当事人就用于分配的土地补偿费数额提起民事诉讼的，人民法院不予受理。如果土地补偿费等费用的使用、分配安排未经集体经济组织民主议定程序，为集体经济组织、村民委员会或者其负责人擅自作出的，受侵害的集体成员可以根据《民法典》第 265 条第 2 款的规定请求人民法院予以撤销。如果土地补偿费等费用的使用、分配安排已经过村民大会或者村民代表大会等民主议定程序，已经确定了土地补偿费分配的总数额，在分配过程中，因具体人员身份问题少分或不分，该人员认为其民事权益受到侵害，向人民法院提起诉讼，请求按照同等数额分配土地补偿费的，人民法院应予受理①。对此，最高人民法院《关于审理涉及农村土地承包纠纷案件适用法律问题的解释》第 22 条规定：“农村集体经济组织或者村

① 参见最高人民法院民事审判第一庭编：《民事审判指导与参考（2019 年卷）》，人民法院出版社 2021 年版，第 540 页。

民委员会、村民小组,可以依照法律规定的民主议定程序,决定在本集体经济组织内部分配已经收到的土地补偿费。征地补偿安置方案确定时已经具有本集体经济组织成员资格的人,请求支付相应份额的,应予支持。但已报全国人大常委会、国务院备案的地方性法规、自治条例和单行条例、地方政府规章对土地补偿费在农村集体经济组织内部的分配办法另有规定的除外。”

关于审理土地补偿费分配纠纷应考虑的因素,最高人民法院 2016 年 11 月 21 日公布的《第八次全国法院民事商事审判工作会议(民事部分)纪要》第 23 条规定可供参考。该条规定,审理土地补偿费分配纠纷时,要在现行法律规定框架内,综合考虑当事人生产生活状况、户口登记状况以及农村土地对农民的基本生活保障功能等因素认定相关权利主体。要以当事人是否获得其他替代性基本生活保障为重要考量因素,慎重认定其权利主体资格的丧失,注重依法保护妇女、儿童以及农民工等群体的合法权益。

7. 被征地农民社会保障

县级以上地方人民政府应当将被征地农民纳入相应的养老等社会保障体系。被征地农民的社会保障费用主要用于符合条件的被征地农民的养老保险等社会保险缴费补贴。被征地农民社会保障费用的筹集、管理和使用办法,由省、自治区、直辖市制定。

(三)农用地转为建设用地同时涉及征收土地

集体所有农用地转为国有建设用地,既涉及农用地转用审批,也涉及征收土地相关手续。根据《土地管理法》第 46 条第 3 款的规定,征收农用地的,应当依照规定先行办理农用地转用审批。其中,经国务院批准农用地转用的,同时办理征地审批手续,不再另行办理征地审批;经省、自治区、直辖市人民政府在征地批准权限内批准农用地转用的,同时办理征地审批手续,不再另行办理征地审批,超过征地批准权限的,应当依照规定另行办理征地审批。

(四)征收国有土地上房屋与征收集体土地的区别

我国土地性质分为国有土地和集体土地。因土地性质不同,行政机关实施征收时所适用的征收程序受不同的法律、法规调整。国有土地上房屋的征收与集体土地(及地上房屋)的征收,虽均为征收,但依照我国法律法规,二者在征收主体、征收对象、征收程序、征收补偿安置内容和方式等方面均存在明显区别。

从征收主体看,国有土地上房屋征收主体由市、县级人民政府作出征收决定;集体土地征收需省级人民政府或国务院批准,由市、县级人民政府予以公告并组织实施。

从征收对象看，国有土地上房屋征收针对的是房屋，国有土地使用权一并征收，即“地随房走”；集体土地征收针对的是土地，地上房屋随集体土地一并收回，即“房随地走”，不存在仅征收房屋而不征收土地的情况。

从征收程序看，国有土地上房屋征收主要依据《国有土地上房屋征收与补偿条例》规定的程序进行；而集体土地征收主要依据《土地管理法》及《土地管理法实施条例》规定的程序进行。

从征收补偿安置的内容、方式来看，国有土地上房屋征收主要是通过评估的方式确定被征收房屋的价值，根据《国有土地上房屋征收与补偿条例》确定的项目进行补偿；而集体土地征收涉及土地补偿费、安置补助费、地上附着物和青苗的补偿标准以及住房安置等。因此，行政机关针对不同征收对象实施征收时，应当区分土地性质适用不同的征收程序。①

五、土地闲置

1999 年 4 月 28 日，国土资源部发布《闲置土地处置办法》，使闲置土地处置有章可循。2012 年，国土资源部对《闲置土地处置办法》进行了修订，修订后的《闲置土地处置办法》自 2012 年 7 月 1 日起施行。闲置土地处置制度，是促进国有建设用地及时充分利用的制度，是平抑房价的重要措施。

（一）闲置土地的界定

根据现行《闲置土地处置办法》第 2 条的规定，闲置土地是指国有建设用地使用权人超过国有建设用地使用权有偿使用合同或者划拨决定书约定、规定的动工开发日期满 1 年未动工开发的国有建设用地。已动工开发但开发建设用地面积占应动工开发建设用地总面积不足 1/3 或者已投资额占总投资额不足 25%，中止开发建设满 1 年的国有建设用地，也可以认定为闲置土地。

前述“动工开发日期”以国有建设用地使用权有偿使用合同或者划拨决定书约定、规定为准，因特殊情况，未约定、规定动工开发日期，或者约定、规定不明确的，以实际交付土地之日起 1 年为动工开发日期。实际交付土地日期以交地确认书确定的时间为准。“动工开发”按以下形象进度确定：依法取得施工许可证后，需挖深基坑的项目，基坑开挖完毕；使用桩基的项目，打入所有基础桩；其他项目，地基施工完成 1/3。“已投资额”“总投资额”均不含国有建设用地使用权出让价款、划拨

① 参见中华人民共和国最高人民法院行政判决书，(2020) 最高法行再 276 号。

价款和向国家缴纳的相关税费。

（二）闲置土地的调查、认定与公开

市、县国土资源主管部门发现有涉嫌构成《闲置土地处置办法》第2条规定的闲置土地的，应当在30日内开展调查核实，向国有建设用地使用权人发出《闲置土地调查通知书》。国有建设用地使用权人应当在接到《闲置土地调查通知书》之日起30日内，按照要求提供土地开发利用情况、闲置原因以及相关说明等材料。经调查核实，构成闲置土地的，市、县国土资源主管部门应当向国有建设用地使用权人下达《闲置土地认定书》。《闲置土地认定书》下达后，市、县国土资源主管部门应当通过门户网站等形式向社会公开闲置土地的位置、国有建设用地使用权人名称、闲置时间等信息；属于政府或者政府有关部门的行为导致土地闲置的，应当同时公开闲置原因，并书面告知有关政府或者政府部门。上级国土资源主管部门应当及时汇总下级国土资源主管部门上报的闲置土地信息，并在门户网站上公开。闲置土地在没有处置完毕前，相关信息应当长期公开。闲置土地处置完毕后，应当及时撤销相关信息。

（三）闲置土地的处置

属于政府、政府有关部门的行为或因不可抗力造成动工开发延迟的，由市、县国土资源主管部门与国有建设用地使用权人协商一致后，应当拟订闲置土地处置方案，报本级人民政府批准后实施。根据《闲置土地处置办法》第12条的规定，可选择的闲置土地处置方案包括延长动工开发期限，调整土地用途、规划条件，由政府安排临时使用，协议有偿收回国有建设用地使用权，置换土地等。

因国有建设用地使用权人原因造成的闲置，未动工开发满1年的，由市、县国土资源主管部门报经本级人民政府批准后，向国有建设用地使用权人下达《征缴土地闲置费决定书》，按照土地出让或者划拨价款的20%征缴土地闲置费，土地闲置费不得列入生产成本。未动工开发满2年的，由市、县国土资源主管部门报经有批准权的人民政府批准后，向国有建设用地使用权人下达《收回国有建设用地使用权决定书》，无偿收回国有建设用地使用权。闲置土地设有抵押权的，同时抄送相关土地抵押权人。

（四）国有建设用地使用权人的权利救济

因国有建设用地使用权人原因造成闲置的处置措施十分严厉，无论是按土地出让或者划拨价款的20%征缴土地闲置费，还是无偿收回国有建设用地使用权，都是国有建设用地使用权人难以承受的后果。正是因为土地闲置利害关系重大，任何涉及土地问题的交易，都会将土地是否构成闲置作为尽职调查的重点。对于房

地产开发企业而言，一方面要紧锣密鼓有序推进项目建设；另一方面，对确非因自身原因造成闲置的，应根据需要在以下三个阶段采取措施，围绕不构成闲置或闲置并非自身原因造成举证，防止产生不必要的损失：

(1)在接到《闲置土地调查通知书》后及时提供说明材料。也就是说按照《闲置土地处置办法》第5条第2款规定，在接到《闲置土地调查通知书》之日起30日内，按照要求提供土地开发利用情况、闲置原因以及相关说明等材料。

(2)在市、县国土资源主管部门作出征缴土地闲置费、收回国有建设用地使用权决定前，要求组织听证。《闲置土地处置办法》第15条规定，市、县国土资源主管部门在作出征缴土地闲置费、收回国有建设用地使用权决定前，应当书面告知国有建设用地使用权人有申请听证的权利。国有建设用地使用权人要求举行听证的，市、县国土资源主管部门应当依照《国土资源听证规定》依法组织听证。

(3)在《征缴土地闲置费决定书》或《收回国有建设用地使用权决定书》送达后，根据《闲置土地处置办法》第17条规定及有关法律、法规，申请行政复议或者提起行政诉讼。

六、城市居民购买集体土地上建设的住宅的相关问题

近年来，一、二线城市地价高企，推动了商品住宅价格水涨船高。商品住宅价格中包含的地价占有较高的比重。在城市周边集体土地上建设的住宅，由于建设过程中并未发生土地出让价款的支出或支付的土地成本较低，房屋出售价格比商品住宅价格低许多。于是，不少看到这种差价的城镇居民，因无力承受商品房价格或冒险投资等，不顾风险购买集体土地上建设的房屋，包括农民在其宅基地上建设的房屋，以及“小产权房”，由此产生许多纠纷。

“小产权房”不是法律概念，而是人们在社会实践中形成的一种约定俗成的称谓。通常所谓“小产权房”，是指以销售为目的、在未办理土地使用权出让手续的集体土地上建设、主要面向城市居民销售的住宅。为区别起见，本书所指“小产权房”并不包括城市居民所购买的在农民宅基地上建设的住宅。

（一）根据原《土地管理法》，城镇居民购买农民在其宅基地上建设的房屋以及“小产权房”不受法律保护

最高人民法院2016年11月21日公布的《第八次全国法院民事商事审判工作会议（民事部分）纪要》第19条规定：“在国家确定的宅基地制度改革试点地区，可以按照国家政策及相关指导意见处理宅基地使用权因抵押担保、转让而产生的纠

纷。在非试点地区,农民将其宅基地上的房屋出售给本集体经济组织以外的个人,该房屋买卖合同认定为无效。合同无效后,买受人请求返还购房款及其利息,以及请求赔偿翻建或者改建成本的,应当综合考虑当事人过错等因素予以确定。”

最高人民法院在《刘某柱、刘某刚与张某军确认合同无效纠纷申诉、申请民事裁定书》①中认为,张某军出售给刘某柱、刘某刚(城市居民)的房屋系建造在农村集体所有土地上,违反了原《土地管理法》第 63 条“农民集体所有的土地的使用权不得出让、转让或者出租用于非农业建设;但是,符合土地利用总体规划并依法取得建设用地的企业,因破产、兼并等情形致使土地使用权依法发生转移的除外”的强行性规定,故二审判决认定讼争房屋买卖合同无效并无不妥。

由上述规定及案例可见,最高人民法院认为原《土地管理法》第 43 条、第 63 条的规定是效力性强制性规定,违反该规定的合同应认定无效。城镇居民购买集体土地上建造的房屋,包括在宅基地上建设的房屋和“小产权房”,除属于改革试点的特殊情形外,应均属无效。

(二)现行《土地管理法》仍未明确城市居民可以购买农民在其宅基地上建设的房屋以及“小产权房”

现行《土地管理法》于 2019 年 8 月 26 日公布。虽然原《土地管理法》第 43 条已删除,原《土地管理法》第 63 条也已作根本性修改,明确集体经营性建设用地,土地所有权人可以通过出让、出租等方式交由单位或者个人使用,但值得注意的是,根据 2019 年 9 月发布的中央农村工作领导小组办公室、农业农村部《关于进一步加强农村宅基地管理的通知》规定,国家严禁城镇居民到农村购买宅基地,严禁下乡利用农村宅基地建设别墅大院和私人会馆。严禁借流转之名违法违规圈占、买卖宅基地。国土空间规划中是否会安排用途为居住的集体经营性建设用地,从而相应集体土地所有权人能否将该类土地出让用于建设面向城镇居民销售的居住用房,现行《土地管理法》虽未作出明确规定,但也未排除这种可能性。

自然资源部 2021 年 1 月 4 日印发的《关于加快解决不动产登记若干历史遗留问题的通知》规定,按用地手续不完善、欠缴土地出让价款和相关税费、未通过建设工程规划核实、开发建设主体灭失,以及原分散登记的房屋、土地信息不一致,项目跨宗地建设等类别,就加快化解国有土地上已经出售的城镇住宅的不动产登记历史遗留问题提出了处理意见,并明确国有土地上已经出售的商业、办公、工业等房屋涉及的历史遗留问题可参照执行。将来,城镇居民购买的农民在其宅基地上建

① 参见中华人民共和国最高人民法院民事裁定书,(2016)最高法民申 970 号。

设的房屋以及“小产权房”的产权登记可否按类似路径获得解决，目前难以预测。

第二节　国有建设用地使用权出让

国家依法实行国有土地有偿使用制度。但是，国家在法律规定的范围内划拨国有土地使用权的除外。《民法典》第351条规定：“建设用地使用权人应当依照法律规定以及合同约定支付出让金等费用。”国有土地有偿使用的方式包括：(1)国有土地使用权出让；(2)国有土地租赁；(3)国有土地使用权作价出资或者入股。

土地使用权出让，是指国家将国有土地使用权在一定年限内出让给土地使用者，由土地使用者向国家支付土地使用权出让金的行为。土地使用权出让可以采取协议、招标、拍卖或挂牌方式。

一、出让的计划性

土地使用权出让，必须符合土地利用总体规划、城市规划和年度建设用地计划。土地使用权的出让，由市、县人民政府负责，有计划、有步骤地进行。县级以上地方人民政府出让土地使用权用于房地产开发的，须根据省级以上人民政府下达的控制指标拟订年度出让土地使用权总面积方案，按照国务院规定，报经有批准权的人民政府批准后，由市、县人民政府土地管理部门实施。

住房和城乡建设部、国土资源部《关于加强近期住房及用地供应管理和调控有关工作的通知》要求各省级国土资源主管部门要按照“五类”(显著增加、增加、持平、适当减少、减少直至暂停)调控目标，加强对本地区市县住宅用地年度供应计划编制和实施工作的监督指导。并提出各地要根据商品住房库存消化周期，适时调整住宅用地供应规模、结构和时序，对消化周期在36个月以上的，应停止供地；36～18个月的，要减少供地；12～6个月的，要增加供地；6个月以下的，不仅要显著增加供地，还要加快供地节奏。

二、出让建设用地使用权的具体要求

(一)供应土地应当符合的要求

根据《民法典》第346条、第347条规定，出让建设用地使用权，应当符合节约资源、保护生态环境的要求，遵守法律、行政法规关于土地用途的规定，不得损害已经设立的用益物权。

市、县国土资源主管部门不得出让“毛地”，且根据《闲置土地处置办法》第21条的规定，供应土地应当符合下列要求，防止因政府、政府有关部门的行为造成土地闲置：(1)土地权利清晰；(2)安置补偿落实到位；(3)没有法律经济纠纷；(4)地块位置、使用性质、容积率等规划条件明确；(5)具备动工开发所必需的其他基本条件。

但自然资源部自然资源所有者权益司在《关于土地储备有关事项答复意见的函》中提出，要探索“生地”与“熟地”出让的范围和边界。这是否意味着“生地”即“毛地”再次在政策层面允许直接出让？

(二)面积与容积率要求

房地产用地出让不能超过面积上限，且要符合容积率要求。为贯彻落实国务院《关于促进节约集约用地的通知》精神，依据《产业结构调整指导目录(2011年本)》(已失效)和国家有关产业政策、土地供应政策，国土资源部、国家发展改革委制定了《限制用地项目目录(2012年本)》，于2012年5月23日发布并施行。凡列入《限制用地项目目录(2012年本)》的建设项目，必须符合目录规定条件，国土资源管理部门和投资管理部门方可办理相关手续。根据前述《限制用地项目目录(2012年本)》，住宅项目宗地出让面积不得超过下列标准：小城市和建制镇7公顷，中等城市14公顷，大城市20公顷。住宅项目容积率不得低于1.0(含1.0)。

目前仍严禁向别墅供地，但多层联排式住宅并不在禁止之列。

(三)土地出让价格

根据国土资源部《关于加强房地产用地供应和监管有关问题的通知》规定，土地出让最低价不得低于出让地块所在地级别基准地价的70%。《协议出让国有土地使用权规定》另对协议出让底价作了规定，本节下文对此另有说明。

有些地方为了招商引资，会对符合特定条件的投资者提供土地出让价格优惠，这种做法现被禁止。国务院《关于清理规范税收等优惠政策的通知》规定，严禁以优惠价格或零地价出让土地。

三、建设用地使用权年期及相关问题

(一)规定与方向

《城市房地产管理法》第14条授权国务院规定土地使用权出让最高年限。根据《城镇国有土地使用权出让和转让暂行条例》第12条规定，土地使用权出让最高年限按下列用途确定：(1)居住用地70年；(2)工业用地50年；(3)教育、科技、文化、卫生、体育用地 50 年；(4) 商业、旅游、娱乐用地 40 年；(5) 综合或者其他用地 50 年。

然而，一般按土地使用权出让最高年限出让土地的做法正在发生变化。《节约集约利用土地规定》第 23 条第 1 款规定，市、县自然资源主管部门可以采取先出租后出让、在法定最高年期内实行缩短出让年期等方式出让土地。

上述变化的出现，是由于城市国有建设用地资源越来越稀缺。近些年经济的快速发展，包括房地产行业的迅猛发展，已经消耗了大量土地，城市中心区可供使用的土地所剩不多，城市新区的土地也在日益减少。为应对经济持续发展对土地的需求，政府一方面要求集约节约用地，另一方面希望盘活土地资源、提高土地利用效率。在挖潜方面最有空间的是工业用地。由于科技的发展和产业结构的调整，不少企业产品失去竞争力，工厂处于停产和半停产状态。而这些企业的用地，通常情况下都是按 50 年年期出让。在工厂处于停产和半停产状态时，相应的土地资源即处于闲置状态，盘活这些土地资源又面临颇为复杂的利益关系。这样就出现一方面不少土地闲置，而另一方面可供土地却越来越少的困境。当前自然资源管理部门推进工业用地弹性年期、允许采取在法定最高年期内实行缩短出让年期的方式出让土地的安排，目的即在于尽量让工业用地出让年限与工业企业生命周期相匹配，一旦企业停产，城市政府即可按出让合同收回土地使用权另行出让。这是一个正确的方向。

（二）建设用地使用权期间届满后的处理

既然土地使用权出让存在最高年限，必然存在土地使用权出让年限届满的一天。土地使用权出让年限届满后应如何处理，涉及相关主体重大利益，受到社会广泛关注。

1. 法律、行政法规的规定

《民法典》第 359 条规定："住宅建设用地使用权期限届满的，自动续期。续期费用的缴纳或者减免，依照法律、行政法规的规定办理。非住宅建设用地使用权期限届满后的续期，依照法律规定办理。该土地上的房屋以及其他不动产的归属，有约定的，按照约定；没有约定或者约定不明确的，依照法律、行政法规的规定办理。"

《城市房地产管理法》第 22 条规定："土地使用权出让合同约定的使用年限届满，土地使用者需要继续使用土地的，应当至迟于届满前一年申请续期，除根据社会公共利益需要收回该幅土地的，应当予以批准。经批准准予续期的，应当重新签订土地使用权出让合同，依照规定支付土地使用权出让金。土地使用权出让合同约定的使用年限届满，土地使用者未申请续期或者虽申请续期但依照前款规定未获批准的,土地使用权由国家无偿收回。"

《民法典》第358条规定:"建设用地使用权期限届满前,因公共利益需要提前收回该土地的,应当依据本法第二百四十三条的规定对该土地上的房屋以及其他不动产给予补偿,并退还相应的出让金。"《土地管理法》第58条规定:"有下列情形之一的,由有关人民政府自然资源主管部门报经原批准用地的人民政府或者有批准权的人民政府批准,可以收回国有土地使用权:(一)为实施城市规划进行旧城区改建以及其他公共利益需要,确需使用土地的;(二)土地出让等有偿使用合同约定的使用期限届满,土地使用者未申请续期或者申请续期未获批准的;(三)因单位撤销、迁移等原因,停止使用原划拨的国有土地的;(四)公路、铁路、机场、矿场等经核准报废的。依照前款第(一)项的规定收回国有土地使用权的,对土地使用权人应当给予适当补偿。"

《土地管理法》第81条规定:"依法收回国有土地使用权当事人拒不交出土地的,临时使用土地期满拒不归还的,或者不按照批准的用途使用国有土地的,由县级以上人民政府自然资源主管部门责令交还土地,处以罚款。"

《城镇国有土地使用权出让和转让暂行条例》第39条规定:"土地使用权因土地使用权出让合同规定的使用年限届满、提前收回及土地灭失等原因而终止。"第40条规定:"土地使用权期满,土地使用权及其地上建筑物、其他附着物所有权由国家无偿取得。土地使用者应当交还土地使用证,并依照规定办理注销登记。"第41条规定:"土地使用权期满,土地使用者可以申请续期。需要续期的,应当依照本条例第二章的规定重新签订合同,支付土地使用权出让金,并办理登记。"

《民法典》第360条规定:"建设用地使用权消灭的,出让人应当及时办理注销登记。登记机构应当收回权属证书。"

2. 非住宅建设用地使用权期间届满的处理

综合前述法律、行政法规的规定,土地使用权出让合同约定的使用年限届满,土地使用者需要继续使用土地的,应当至迟于届满前一年申请续期,经批准准予续期的,应当重新签订土地使用权出让合同,依照规定支付土地使用权出让金。土地使用者在届满前一年申请续期,政府因社会公共利益需要收回该幅土地的,可以不批准续期。土地使用者未申请续期或申请续期未获批准的,有关人民政府自然资源主管部门报经原批准用地的人民政府或者有批准权的人民政府批准,可以无偿收回国有土地使用权。政府无偿收回土地使用权的,土地使用者应交还土地,并交还土地使用证,由原土地登记机关注销土地登记,土地使用权终止。土地使用者拒不交出土地的,由县级以上人民政府自然资源主管部门责令交还土地,处以罚款。

土地使用权期满，该土地上的房屋及其他不动产的归属，有约定的，按照约定；没有约定或者约定不明确的，依照法律、行政法规的规定办理，按现有规定，即土地地上建筑物、其他附着物所有权由国家无偿取得。

3. 住宅建设用地使用权期间届满的处理

原《物权法》第149条第1款规定，住宅建设用地使用权期间届满的，自动续期。那么，自动续期多长时间？是否有偿续期？原《物权法》并没有给出答案。中共中央、国务院《关于完善产权保护制度依法保护产权的意见》对此的措辞是“研究住宅建设用地等土地使用权到期后续期的法律安排，推动形成全社会对公民财产长久受保护的良好和稳定预期”，显示住宅建设用地土地使用权到期后续期的法律安排时间正在研究中，并且，非住宅建设用地土地使用权到期后续期的法律安排当时也可能有变化。

关于自动续期的期间。我国法律要求房地产开发企业就房屋地基基础和主体结构在合理使用寿命年限内向购房人承担保修义务，要求施工单位对建设单位房屋建筑的地基基础工程和主体结构工程的最低保修期限，为设计文件规定的该工程的合理使用年限。我国现行国家标准《建筑结构可靠性设计统一标准》（编号GB 50068－2018）第3.3.3项规定，普通房屋和构筑物的建筑结构的设计使用年限为50年，这意味着住宅建成50年后，其地基基础和主体结构的安全性已经不在保证范围内，如无特殊约定，施工单位已不需向建设单位承担保修义务，房地产开发企业已不需向购房人承担保修义务。居住用地出让最高年限为70年，通常出让年限也是70年，一般情况下，住宅建设用地使用权期间届满，住宅结构的安全性已经不在保证范围内，可能无法继续使用，如果建设用地使用权需要续期，其价值有多大？如果续期有价值，续多长时间合适呢？

关于自动续期是有偿还是无偿的问题。2016年12月8日，国土资源部办公厅就浙江省国土资源厅《关于如何处理少数住宅用地使用权到期问题的请示》以《关于妥善处理少数住宅建设用地使用权到期问题的复函》作出回复，回复中明确：“在尚未对住宅建设用地等土地使用权到期后续期作出法律安排前，少数住宅建设用地使用权期间届满的，可按以下过渡性办法处理：一、不需要提出续期申请。少数住宅建设用地使用权期间届满的，权利人不需要专门提出续期申请。二、不收取费用。市、县国土资源主管部门不收取相关费用。三、正常办理交易和登记手续。此类住房发生交易时，正常办理房地产交易和不动产登记手续，涉及‘土地使用期限’仍填写该住宅建设用地使用权的原起始日期和到期日期，并注明：‘根据《国土资源部办公厅关于妥善处理少数住宅建设用地使用权到期问题的复函》（国土资厅函

〔2016〕1712 号）办理相关手续’。”

国土资源部当时提出过渡性办法，表明顶层设计还需要时间。但在前述回复作出不到一个月，2016 年 12 月 31 日，国土资源部、国家发展和改革委员会、财政部、住房和城乡建设部、农业部、中国人民银行、国家林业局、银监会联合发布《关于扩大国有土地有偿使用范围的意见》（以下简称《关于扩大国有土地有偿使用范围的意见》），提出进一步深化国有土地使用和管理制度改革，扩大国有土地有偿使用范围，促进国有土地资源全面节约集约利用，更好地支撑和保障经济社会持续健康发展。要“依法扩大国有土地有偿使用范围，法律规定应当有偿使用的国有土地，必须有偿使用。根据投融资体制、国有企事业单位、农垦等相关领域改革要求，逐步缩小划拨用地范围”。

在《民法典》颁布后来看，《关于扩大国有土地有偿使用范围的意见》显然是住宅建设用地使用权期间届满后的自动续期应以有偿为原则的一个信号。因为根据我国相关法律规定，除划拨土地外，对土地的使用以有偿为原则。即使是划拨土地，国家也提出要缩小划拨用地范围。

在原《物权法》施行 13 年之后，《民法典》第 359 条在原《物权法》第 149 条规定住宅建设用地使用权期限届满自动续期的基础上，明确续期费用的缴纳或者减免，依照法律、行政法规的规定办理。该规定明确了住宅建设用地使用权期限届满后有偿续期的原则，较原《物权法》的规定更清晰。这一进展，经历了长达超过 13 年的时间。但具体如何操作，法律、行政法规层面仍是空白，显示立法方面的审慎态度。

四、开、竣工制度安排

商品房市场的供需是影响商品房价格的重要因素。房地产市场的健康平稳发展，需要国家向房地产市场供应的商品房建设用地及时转化为商品房供应。为此，国家出台了《闲置土地处置办法》，以对闲置土地采取严厉措施引导房地产开发企业高效推进项目开发。但该办法对闲置土地的界定是比较窄的。房地产开发项目建设到一定形象进度后放慢施工进度，即可规避《闲置土地处置办法》的适用。同时，《闲置土地处置办法》对闲置土地的处置措施比较严厉，利害关系重大，采取相关行动通常比较慎重。为此，作为对《闲置土地处置办法》的补充，国家从国有建设用地使用权出让合同方面作出安排，以合同上的违约责任促使房地产开发企业及时开工建设、按约定时间竣工。

早期的国有土地使用权出让合同并未明确工程建设周期。房地产开发项目何时开工、何时竣工，房地产开发企业有充分的决定权。对后市乐观、愿意承担风险并且资金实力雄厚的房地产开发企业，有机会根据自身经营规划安排开发进度。

对于早期的未约定建设周期的国有土地使用权出让合同，国土资源主管部门采取的办法是要求受让方与国土资源主管部门签署出让合同补充协议，对建设周期作出补充约定。为此，国土资源部、国家工商行政管理总局于2006年4月19日印发《关于发布〈国有土地使用权出让合同补充协议〉示范文本（试行）的通知》，推出了未约定建设周期的国有土地使用权出让合同的补充协议文本，供各地国土资源主管部门跟进相关工作。2008年4月29日，国土资源部、国家工商行政管理总局印发《关于发布〈国有建设用地使用权出让合同〉示范文本的通知》。全新的《国有建设用地使用权出让合同》示范文本第16条是就开工时间和竣工时间作出约定，而第33条内容是受让人未能按约定开工建设或竣工应承担的违约责任。《国有建设用地使用权出让合同》示范文本印发后新签署的国有建设用地使用权出让合同，一般均约定了开工时间、竣工时间和相应的违约责任。

为有利于国土资源管理部门掌握房地产项目开竣工时间动态，方便根据《国有建设用地使用权出让合同》对逾期开工、逾期竣工采取相关行动，国土资源部《关于加强房地产用地供应和监管有关问题的通知》要求从2010年4月1日起，市、县国土资源管理部门要建立房地产用地开竣工申报制度。根据该通知，用地者应当在项目开工、竣工时，向国土资源管理部门书面申报，各地应对合同约定内容进行核验。在合同约定期限内未开工、竣工的，用地者要在到期前15日内，申报延迟缘由，市、县国土资源管理部门应按合同约定认真处理后，可通过增加出让合同和划拨决定书条款或签订补充协议等方式，对申报内容进行约定监管。对不执行申报制度的，要向社会公示，并限制其至少在1年内不得参加土地购置活动。

《国有建设用地使用权出让合同》约定的项目动工开发日期，既是认定土地是否构成闲置的重要依据，也是确定项目竣工期限的起算日期。考虑到开工所需的前期工作的需要，《闲置土地处置办法》第22条明确，约定、规定动工开发时间应当综合考虑办理动工开发所需相关手续的时限规定和实际情况，为动工开发预留合理时间。因特殊情况，未约定、规定动工开发日期，或者约定、规定不明确的，以实际交付土地之日起1年为动工开发日期。国土资源部、住房和城乡建设部《关于进一步加强房地产用地和建设管理调控的通知》要求各类住房建设项目应当在划拨决定书和出让合同中约定土地交付之日起1年内开工建设，自开工之日起3年内竣工。《闲置土地处置办法》客观上为动工开发日期的确定保留了更大的灵活性。

以上所述关于房地产开发项目开、竣工时间的制度安排，客观上有助于实现政府预设的目标，但“一刀切”的安排使房地产开发企业面临很大压力。一个工程的建设周期受多重因素影响，比如：

（1）在集约节约利用土地的政策指引下，项目容积率往往比较高，可能出现超高层建筑（有些地块的出让条件就要求必须建要求高度的超高层建筑）或复杂的综合性建筑。超高层建筑或复杂的综合性建筑为使成本合理、功能理想，以及通过必要的审查，设计周期往往比较长。

（2）超高层建筑或复杂的综合性建筑深基坑往往比较深，而深基坑施工方案的审查、支护施工等环节往往要占用比较长的时间，在出现危险的情况下还需进行回填以保证安全，致使重复劳动、占用工期。超高层建筑或复杂的综合性建筑施工至±0，用上1年或2年时间的并不鲜见，因而在开工之日起3年内竣工是非常困难的事情。

（3）施工过程并不是房地产开发企业能够完全控制的过程。房地产开发企业只是工程建设的参与一方，即使资金充足，工程建设也可能受承包人、分包人、材料供应商的影响。比如，承包人、分包人、实际施工人因资金实力非常有限不足以按合同约定进度进行工程建设或挪用本工程资金用于其他工程或其他方面，导致本工程拖欠分包人、实际施工人款项而致停工，再如，因承包人、分包人、实际施工人施工管理水平低下，工程建设进度可能因此而十分缓慢。更有承包人、分包人因与发包人产生工程价款或工程质量争议而停工或变相停工，使工程的完工时间变得几乎不可控制。还有承包人退出工程建设、发包人需重新组织招投标，造成建设时间的巨大延误。

在上述第（1）（2）种情形下，时间不可节约，必须压缩后续工程建设的时间。当出现第（3）种情形时，往往房地产开发企业内外受困，承受很大压力，包括担心建设周期变长会降低股东回报率，担心资金回收期变长资金链能否承受，担心不能按时竣工出让合同下的罚款，担心不能按时向购房客户、租房租户交房的违约责任及可能出现的群体性事件。总之，出让合同要求开工之日起3年内竣工，否则房地产开发企业需承担罚款以及其他后果，对房地产开发企业是非常大的挑战。选择有资金实力、管理实力的承包人和优秀的施工单位项目经理，变成对房地产开发企业非常重要的事情。

五、建设用地使用权招拍挂历史渊源

改革开放以来，经过激烈的观念碰撞，社会逐渐摆脱旧有认识的窠臼，开始接受商品经济、市场经济。居民生活不可缺少的住房从主要依靠国家分配，发展到主要通过市场购买。商品房市场得以蓬勃发展，并为国民经济做出显著贡献。今天的招拍挂，已成为社会的常识及令房地产人紧张而激动的词汇。回顾历史，我们可以发现，土地使用权的有偿使用，经历了可以出让、主要是协议出让、主要通过招标拍卖挂牌出让的演进。

1. 中华人民共和国成立以后，1988年4月12日第七届全国人民代表大会第一次会议通过的《宪法修正案》首次规定土地的使用权可以依照法律的规定转让，从而从国家根本法层面为土地使用权的转让打开通道，为房地产市场的发展打下了基础。

2. 1988年12月29日，第七届全国人民代表大会常务委员会第五次会议通过《关于修改〈中华人民共和国土地管理法〉的决定》，决定根据1988年《宪法修正案》，对1987年《土地管理法》进行修改，其中第2条增加两款，内容是：

"国有土地和集体所有的土地的使用权可以依法转让。土地使用权转让的具体办法，由国务院另行规定。"

"国家依法实行国有土地有偿使用制度。国有土地有偿使用的具体办法，由国务院另行规定。"

《土地管理法》的上述修改，有以下重要意义：(1)确立了国有土地有偿使用制度，为推动住房商品化、市场化，培植房地产市场提供了重要法律依据。(2)授权国务院制定国有土地有偿使用的具体办法，是国务院制定《城镇国有土地使用权出让和转让暂行条例》的法律依据。

3. 根据全国人民代表大会常务委员会授权，国务院着手制定《城镇国有土地使用权出让和转让暂行条例》，该条例于1990年5月19日发布并自发布之日起施行。该条例第3条规定中华人民共和国境内外的公司、企业、其他组织和个人，除法律另有规定者外，均可依照该条例的规定取得土地使用权，进行土地开发、利用、经营，且依照该条例第4条的规定取得土地使用权的土地使用者，其使用权在使用年限内可以转让、出租、抵押或者用于其他经济活动，合法权益受国家法律保护。该条例第13条规定土地使用权出让可以采取协议、招标、拍卖的方式。但对于什么情况下应采取招标、拍卖方式出让土地使用权，未作出详细规定。

4. 中国共产党第十四届中央委员会第三次全体会议1993年11月14日通过《关于建立社会主义市场经济体制若干问题的决定》，规定对商业性用地使用权的出让,要改变协议批租方式,实行招标、拍卖。

5.1994 年 7 月 5 日,第八届全国人民代表大会常务委员会第八次会议通过了《城市房地产管理法》,自 1995 年 1 月 1 日起施行,后根据 2007 年 8 月 30 日第十届全国人民代表大会常务委员会第二十九次会议《关于修改〈中华人民共和国城市房地产管理法〉的决定》第一次修正,根据 2009 年 8 月 27 日第十一届全国人民代表大会常务委员会第十次会议《关于修改部分法律的决定》第二次修正,根据 2019 年 8 月 26 日第十三届全国人民代表大会常务委员会第十二次会议《关于修改〈中华人民共和国土地管理法〉、〈中华人民共和国城市房地产管理法〉的决定》第三次修正。该法规定国家依法实行国有土地有偿、有限期使用制度。但是,国家在本法规定的范围内划拨国有土地使用权的除外。土地使用权出让,可以采取拍卖、招标或者双方协议的方式。商业、旅游、娱乐和豪华住宅用地,有条件的,必须采取拍卖、招标方式;没有条件,不能采取拍卖、招标方式的,可以采取双方协议的方式。采取双方协议方式出让土地使用权的出让金不得低于按国家规定所确定的最低价。

6.2001 年 4 月 30 日,国务院《关于加强国有土地资产管理的通知》要求,为体现市场经济原则,确保土地使用权交易的公开、公平和公正,各地要大力推行土地使用权招标、拍卖。国有建设用地供应,除涉及国家安全和保密要求外,都必须向社会公开。商业性房地产开发用地和其他土地供应计划公布后同一地块有两个以上意向用地者的,都必须由市、县人民政府土地行政主管部门依法以招标、拍卖方式提供,国有土地使用权招标、拍卖必须公开进行。

7.2002 年 4 月 3 日,国土资源部通过《招标拍卖挂牌出让国有土地使用权规定》,该规定自 2002 年 7 月 1 日起施行,对以招标、拍卖或者挂牌方式出让国有土地使用权进行规范。

8.《招标拍卖挂牌出让国有土地使用权规定》施行后,经营性土地使用权招标拍卖挂牌出让的比例有所提高。为认真落实经营性土地使用权招标拍卖挂牌出让制度,严肃查处违法违规批地用地行为,从源头预防和治理土地出让中的腐败行为,国土资源部、监察部于 2004 年 3 月 18 日联合印发《关于继续开展经营性土地使用权招标拍卖挂牌出让情况执法监察工作的通知》,明确 2002 年 7 月 1 日《招标拍卖挂牌出让国有土地使用权规定》实施后,除原划拨土地使用权人不改变原土地用途申请补办出让手续和按国家有关政策规定属于历史遗留问题之外,商业、旅游、娱乐和商品住宅等经营性用地供应必须严格按规定采用招标拍卖挂牌方式,其他土地的供地计划公布后,同一宗地有两个或两个以上意向用地者的,也应当采用招标拍卖挂牌方式供应。各地要严格按国家有关政策规定界定《招标拍卖挂牌出让国有土地使用权规定》实施前的历史遗留问题，不得擅自扩大范围，也不得弄虚作假，变相"搭车"。要加快工作进度，在2004年8月31日前将历史遗留问题界定并处理完毕。8月31日后，不得再以历史遗留问题为由采用协议方式出让经营性土地使用权。对此，业内称"8·31大限"。"8·31大限"后，经营性用地以招标拍卖挂牌方式出让的比例迅速提高。

9. 为完善国有土地使用权出让制度，规范国有土地使用权招标拍卖挂牌出让行为，统一程序和标准，优化土地资源配置，推进土地市场建设，国土资源部于2006年5月31日发布《招标拍卖挂牌出让国有土地使用权规范（试行）》，该规范自2006年8月1日实施。该规范对国有土地使用权招标拍卖挂牌全流程提供了操作指引，并附有招标拍卖挂牌出让公告应当使用的文本格式及招标拍卖挂牌出让活动中所需其他文本的示范格式。

10. 2007年9月21日，国土资源部通过《招标拍卖挂牌出让国有建设用地使用权规定》，该规定自2007年11月1日起施行，是目前通过招标拍卖挂牌出让国有建设用地使用权主要依据的规章。

六、招拍挂概述

如果将可供销售的房屋比作面包，可供建设商品房的国有建设用地使用权则是面粉。没有面粉，面包就是"水中月、镜中花"。获取优质土地，是所有房地产开发企业各项工作的重中之重。通过多年的探索与规范，如今招拍挂已成为房地产开发企业获取国有建设用地使用权的主要途径。

（一）招标拍卖挂牌出让国有土地使用权范围

招标拍卖挂牌出让国有土地使用权范围包括：（1）供应商业、旅游、娱乐和商品住宅等各类经营性用地以及有竞争要求的工业用地；（2）其他土地供地计划公布后同一宗地有两个或者两个以上意向用地者的；（3）划拨土地使用权改变用途，《国有土地划拨决定书》或法律、法规、行政规定等明确应当收回土地使用权，实行招标拍卖挂牌出让的；（4）划拨土地使用权转让，《国有土地划拨决定书》或法律、法规、行政规定等明确应当收回土地使用权，实行招标拍卖挂牌出让的；（5）出让土地使用权改变用途，《国有土地使用权出让合同》约定或法律、法规、行政规定等明确应当收回土地使用权，实行招标拍卖挂牌出让的；（6）法律、法规、行政规定明确应当招标拍卖挂牌出让的其他情形。根据《招标拍卖挂牌出让国有土地使用权规范（试行）》规定，对不能确定是否符合前述条件的具体宗地，可由国有土地使用权出让协调决策机构集体认定。

(二)组织实施者与原则

国有土地使用权招标拍卖挂牌出让由市、县国土资源管理部门组织实施。市、县国土资源管理部门实施招标拍卖挂牌出让国有土地使用权活动,可以根据实际情况选择以下方式:(1)市、县国土资源管理部门自行办理;(2)市、县国土资源管理部门指定或授权下属事业单位具体承办;(3)市、县国土资源管理部门委托具有相应资质的交易代理中介机构承办。国有土地使用权出让实行集体决策。市、县国土资源管理部门根据实际情况,可以成立国有土地使用权出让协调决策机构,负责协调解决出让中的相关问题,集体确定有关事项。国有土地使用权招标拍卖挂牌出让活动,应当由符合国土资源部确定的土地招标拍卖挂牌主持人条件并取得资格的人员主持进行。招标、拍卖或者挂牌出让国有建设用地使用权,应当遵循公开、公平、公正和诚信的原则。

(三)出让程序

招标拍卖挂牌出让程序依次为:(1)公布出让计划,确定供地方式;(2)编制、确定出让方案;(3)地价评估,确定出让底价;(4)编制出让文件;(5)发布出让公告;(6)申请和资格审查;(7)招标拍卖挂牌活动实施;(8)签订出让合同,公布出让结果;(9)核发《建设用地批准书》,交付土地;(10)办理土地登记;(11)资料归档。

(四)限制、禁止参加竞买(投标)的情形

根据国土资源部、住房和城乡建设部《关于进一步加强房地产用地和建设管理调控的通知》规定,对发现并核实竞买人存在下列违法违规违约行为的,在结案和问题查处整改到位前,国土资源主管部门必须禁止竞买人及其控股股东参加土地竞买活动:(1)存在伪造公文骗取用地和非法倒卖土地等犯罪行为的;(2)存在非法转让土地使用权等违法行为的;(3)因企业原因造成土地闲置1年以上的;(4)开发建设企业违背出让合同约定条件开发利用土地的。

根据国土资源部《关于加强房地产用地供应和监管有关问题的通知》规定,对用地者欠缴土地出让价款、闲置土地、囤地炒地、土地开发规模超过实际开发能力以及不履行土地使用合同的,市、县国土资源管理部门要禁止其在一定期限内参加土地竞买。对不执行房地产用地开竣工申报制度该制度的,要向社会公示,并限制其至少在1年内不得参加土地购置活动。

(五)申请人及应提交的文件

中华人民共和国境内外的自然人、法人和其他组织,除法律、法规另有规定外,均可申请参加国有建设用地使用权招标拍卖挂牌出让活动。申请人可以单独申请，也可以联合申请。出让人应当对申请人的情况进行保密。

申请人应在公告规定期限内交纳出让公告规定的投标、竞买保证金，并根据申请人类型，持相应文件向出让人提出竞买、竞投申请：

(1)法人申请的，应提交下列文件：①申请书；②法人单位有效证明文件；③法定代表人的有效身份证明文件；④申请人委托他人办理的，应提交授权委托书及委托代理人的有效身份证明文件；⑤保证金交纳凭证；⑥招标拍卖挂牌文件规定需要提交的其他文件。

(2)自然人申请的，应提交下列文件：①申请书；②申请人有效身份证明文件；③申请人委托他人办理的，应提交授权委托书及委托代理人的身份证明文件；④保证金交纳凭证；⑤招标拍卖挂牌文件规定需要提交的其他文件。

(3)其他组织申请的，应提交下列文件：①申请书；②表明该组织合法存在的文件或有效证明；③表明该组织负责人身份的有效证明文件；④申请人委托他人办理的，应提交授权委托书及委托代理人的身份证明文件；⑤保证金交纳凭证；⑥招标拍卖挂牌文件规定需要提交的其他文件。

(4)境外申请人申请的，应提交下列文件：①申请书；②境外法人、自然人、其他组织的有效身份证明文件；③申请人委托他人办理的，应提交授权委托书及委托代理人的有效身份证明文件；④保证金交纳凭证；⑤招标拍卖挂牌文件规定需要提交的其他文件。

上述文件中，申请书必须用中文书写，其他文件可以使用其他语言，但必须附中文译本，所有文件的解释以中文译本为准。

(5)联合申请的，应提交下列文件：①联合申请各方共同签署的申请书；②联合申请各方的有效身份证明文件；③联合竞买、竞投协议，协议要规定联合各方的权利、义务，包括联合各方的出资比例，并明确签订《国有土地使用权出让合同》时的受让人；④申请人委托他人办理的，应提交授权委托书及委托代理人的有效身份证明文件；⑤保证金交纳凭证；⑥招标拍卖挂牌文件规定需要提交的其他文件。

挂牌出让的，出让公告中规定的申请截止时间，应当为挂牌出让结束日前2天。对符合招标拍卖挂牌公告规定条件的申请人，出让人应当通知其参加招标拍卖挂牌活动。

（六）竞买（投标）保证金

竞买（投标）保证金不得低于出让最低价的20%。根据国土资源部、住房和城乡建设部《关于进一步加强房地产用地和建设管理调控的通知》的规定，竞买申请人还应提交竞买（投标）保证金不属于银行贷款、股东借款、转贷和募集资金的承诺书及商业金融机构的资信证明。

以招标、拍卖或者挂牌方式确定中标人、竞得人后，中标人、竞得人支付的投标、竞买保证金，转作受让地块的定金，其他投标人、竞买人支付的投标、竞买保证金，由出让人在招标拍卖挂牌活动结束后 5 个工作日内予以退还，不计利息。中标人、竞得人应当按照《中标通知书》或者《成交确认书》约定的时间，与出让人签订《国有建设用地使用权出让合同》。中标人、竞得人支付的投标、竞买保证金抵作土地出让价款。

（七）答疑与踏勘组织

申请人对招标拍卖挂牌文件有疑问的，可以书面或者口头方式向出让人咨询，出让人应当为申请人咨询以及查询出让地块有关情况提供便利。根据需要，出让人可以组织申请人对拟出让地块进行现场踏勘。市、县人民政府国土资源行政主管部门应当为投标人、竞买人查询拟出让土地的有关情况提供便利。

（八）竞得土地后，拟成立新公司的相关安排

申请人竞得土地后，拟成立新公司进行开发建设的，应在申请书中明确新公司的出资构成、成立时间等内容。出让人可以根据招标拍卖挂牌出让结果，先与竞得人签订《国有土地使用权出让合同》，在竞得人按约定办理完新公司注册登记手续后，再与新公司签订《国有土地使用权出让合同变更协议》；也可按约定直接与新公司签订《国有土地使用权出让合同》。

七、招拍挂公告

国有土地使用权招标拍卖挂牌出让公告应当由市、县国土资源管理部门发布。出让公告应当至少在招标拍卖挂牌活动开始前 20 日发布，以首次发布的时间为起始日。经批准的出让方案已明确招标、拍卖、挂牌具体方式的，应当发布具体的“国有土地使用权招标出让公告”、“国有土地使用权拍卖出让公告”或“国有土地使用权挂牌出让公告”；经批准的出让方案未明确招标、拍卖、挂牌具体方式的，可以发布“国有土地使用权公开出让公告”，发布公开出让公告的，应当明确根据申请截止时的申请情况确定具体的招标、拍卖或挂牌方式。出让公告可以是单宗地的公告，也可以是多宗地的联合公告。

招标出让公告应当包括以下内容：(1)出让人的名称、地址、联系电话等，授权或指定下属事业单位以及委托代理机构进行招标的，还应注明其机构的名称、地址和联系电话等；(2)招标地块的位置、面积、用途、开发程度、规划指标要求、土地使

用年限和建设时间等;(3)投标人的资格要求及申请取得投标资格的办法;(4)获取招标文件的时间、地点及方式;(5)招标活动实施时间、地点,投标期限、地点和方式等;(6)确定中标人的标准和方法;(7)支付投标保证金的数额、方式和期限;(8)其他需要公告的事项。

拍卖出让公告应当包括以下内容:(1)出让人的名称、地址、联系电话等,授权或指定下属事业单位以及委托代理机构进行拍卖的,还应注明其名称、地址和联系电话等;(2)拍卖地块的位置、面积、用途、开发程度、规划指标要求、土地使用年限和建设时间等;(3)竞买人的资格要求及申请取得竞买资格的办法;(4)获取拍卖文件的时间、地点及方式;(5)拍卖会的地点、时间和竞价方式;(6)支付竞买保证金的数额、方式和期限;(7)其他需要公告的事项。

挂牌出让公告应当包括以下内容:(1)出让人的名称、地址、联系电话等,授权或指定下属事业单位以及委托代理机构进行挂牌的,还应注明其机构名称、地址和联系电话等;(2)挂牌地块的位置、面积、用途、开发程度、规划指标要求、土地使用年限和建设时间等;(3)竞买人的资格要求及申请取得竞买资格的办法;(4)获取挂牌文件的时间、地点及方式;(5)挂牌地点和起止时间;(6)支付竞买保证金的数额、方式和期限;(7)其他需要公告的事项。

公告期间,出让公告内容发生变化的,市、县国土资源管理部门应当按原公告发布渠道及时发布补充公告。涉及土地使用条件变更等影响土地价格的重大变动,补充公告发布时间距招标拍卖挂牌活动开始时间少于20日的,招标拍卖挂牌活动相应顺延。发布补充公告的,市、县国土资源管理部门应当书面通知已报名的申请人。

八、招标

招标出让国有建设用地使用权,是指市、县人民政府国土资源行政主管部门发布招标公告,邀请特定或者不特定的自然人、法人和其他组织参加国有建设用地使用权投标,根据投标结果确定国有建设用地使用权人的行为。

(一)招标适用项目

对具有综合目标或特定社会、公益建设条件,开发建设要求较高,仅有少数单位和个人可能有受让意向的土地使用权出让,可以采取招标方式,按照综合条件最佳者得的原则确定受让人。采用招标方式出让国有土地使用权的,应当采取公开招标方式。对土地使用者有严格的限制和特别要求的,可以采用邀请招标方式。

（二）招标出让文件

市、县国土资源管理部门应当根据经批准的招标出让方案，组织编制国有土地使用权招标出让文件。招标出让文件应当包括：(1)招标出让公告或投标邀请书；(2)招标出让须知；(3)标书；(4)投标申请书；(5)宗地界址图；(6)宗地规划指标要求；(7)中标通知书；(8)国有土地使用权出让合同；(9)其他相关文件。

（三）确定中标人的标准

能够最大限度地满足招标文件中规定的各项综合评价标准，或者能够满足招标文件的实质性要求且价格最高的投标人，应当确定为中标人。

根据国土资源部《关于坚持和完善土地招标拍卖挂牌出让制度的意见》的要求，以“土地利用综合条件最佳”为标准出让土地使用权，市、县国土资源主管部门应依据规划条件和土地使用标准按照宗地所在区域条件、政府对开发建设的要求，制定土地出让方案和评标标准，在依法确定土地出让底价的基础上，将土地价款及交付时间、开发建设周期、建设要求、土地节约集约程度、企业以往出让合同履行情况等影响土地开发利用的因素作为评标条件，合理确定各因素权重。经综合评标，以土地利用综合条件最佳确定土地使用者。确定中标人后，应向社会公示并将上述土地开发利用条件写入中标通知书和出让合同。

（四）招标程序

1. 投标

市、县国土资源管理部门应当按照出让公告规定的时间、地点组织招标投标活动。投标活动应当由土地招标拍卖挂牌主持人主持进行。

投标开始前，招标主持人应当现场组织开启标箱，检查标箱情况后加封。

投标人应当在规定的时间将标书及其他文件送达指定的投标地点，经招标人登记后，将标书投入标箱。

招标公告允许邮寄投标文件的，投标人可以邮寄，但招标人在投标截止时间前收到的方为有效。招标人登记后，负责在投标截止时间前将标书投入标箱。

投标人投标后，不可撤回投标文件，并对投标文件和有关书面承诺承担责任。投标人可以对已提交的投标文件进行补充说明，但应在招标文件要求提交投标文件的截止时间前书面通知招标人并将补充文件送达投标地点。

2. 开标

招标人按照招标出让公告规定的时间、地点开标，邀请所有投标人参加。开标应当由土地招标拍卖挂牌主持人主持进行。招标主持人邀请投标人或其推选的代表检查标箱的密封情况，当众开启标箱。

标箱开启后，招标主持人应当组织逐一检查标箱内的投标文件，经确认无误后，由工作人员当众拆封，投标人少于3人的，出让人应当终止招标活动。投标人不少于3人的，应当逐一宣读投标人名称、投标价格和投标文件的其他主要内容。

开标过程应当记录。

3. 评标

按照价高者得的原则确定中标人的，可以不成立评标小组。按照综合条件最佳者得的原则确定中标人的，招标人应当成立评标小组进行评标。

评标小组由出让人、有关专家组成，成员人数为5人以上的单数。有条件的地方，可建立土地评标专家库，每次评标前随机从专家库中抽取评标小组专家成员。

招标人应当采取必要的措施，保证评标在严格保密的情况下进行。

评标小组可以要求投标人对投标文件中含义不明确的内容做出必要的澄清或者说明，但澄清或者说明不得超出投标文件的范围或者改变投标文件的实质性内容。

评标小组对投标文件进行有效性审查。有下列情形之一的，为无效投标文件：(1)投标文件未密封的；(2)投标文件未加盖投标人印鉴，也未经法定代表人签署的；(3)投标文件不齐备、内容不全或不符合规定的；(4)投标人对同一个标的有两个或两个以上报价的；(5)委托投标但委托文件不齐全或不符合规定的；(6)评标小组认为投标文件无效的其他情形。

评标小组应当按照招标文件确定的评标标准和方法，对投标文件进行综合评分，根据综合评分结果确定中标候选人。评标小组应当根据评标结果，按照综合评分高低确定中标候选人排序，但低于底价或标底者除外。同时有两个或两个以上申请人的综合评分相同的，按报价高低排名，报价也相同的，可以由综合评分相同的申请人通过现场竞价确定排名顺序。投标人的投标价均低于底价或投标条件均不能够满足标底要求的，投标活动终止。

4. 定标

招标人应当根据评标小组推荐的中标候选人确定中标人。招标人也可以授权评标小组直接确定中标人。

按照价高者得的原则确定中标人的，由招标主持人根据开标结果，直接宣布报价最高且不低于底价者为中标人。有两个或两个以上申请人的报价相同且同为最高报价的，可以由相同报价的申请人在限定时间内再行报价，或者采取现场竞价方式确定中标人。

5. 发出《中标通知书》

确定中标人后，招标人应当向中标人发出《中标通知书》，并同时将中标结果通知其他投标人。

《中标通知书》应包括招标人与中标人的名称，出让标的，成交时间、地点、价款，以及双方签订《国有土地使用权出让合同》的时间、地点等内容。

《中标通知书》对招标人和中标人具有法律效力，招标人改变中标结果，或者中标人不按约定签订《国有土地使用权出让合同》、放弃中标宗地的，应当承担法律责任。

九、拍卖

拍卖出让国有建设用地使用权，是指市、县人民政府国土资源管理部门发布拍卖公告，由竞买人在指定时间、地点进行公开竞价，根据出价结果确定国有建设用地使用权人的行为。

市、县国土资源管理部门应当按照出让公告规定的时间、地点组织拍卖活动。拍卖活动应当由土地招标拍卖挂牌主持人主持进行。

拍卖会按下列程序进行：(1)拍卖主持人宣布拍卖会开始。(2)拍卖主持人宣布竞买人到场情况。设有底价的，出让人应当现场将密封的拍卖底价交给拍卖主持人，拍卖主持人现场开启密封件。(3)拍卖主持人介绍拍卖地块的位置、面积、用途、使用年限、规划指标要求、开工和竣工时间，以及其他有关事项。(4)拍卖主持人宣布竞价规则。拍卖主持人宣布拍卖宗地的起叫价、增价规则和增价幅度，并明确提示是否设有底价；在拍卖过程中，拍卖主持人可根据现场情况调整增价幅度。(5)拍卖主持人报出起叫价，宣布竞价开始。(6)竞买人举牌应价或者报价。(7)拍卖主持人确认该竞买人应价或者报价后继续竞价。(8)拍卖主持人连续3次宣布同一应价或报价而没有人再应价或出价，且该价格不低于底价的，拍卖主持人落槌表示拍卖成交，拍卖主持人宣布最高应价者为竞得人。成交结果对拍卖人、竞得人和出让人均具有法律效力。最高应价或报价低于底价的，拍卖主持人宣布拍卖终止。

确定竞得人后，拍卖人与竞得人当场签订《成交确认书》。拍卖人或竞得人不按规定签订《成交确认书》的，应当承担法律责任。竞得人拒绝签订《成交确认书》也不能对抗拍卖成交结果的法律效力。《成交确认书》应包括拍卖人与竞得人的名称，出让标的，成交时间、地点、价款，以及双方签订《国有土地使用权出让合同》的时间、地点等内容。《成交确认书》对拍卖人和竞得人具有法律效力，拍卖人改变拍卖结果的，或者竞得人不按约定签订《国有土地使用权出让合同》、放弃竞得宗地的，应当承担法律责任。

拍卖过程应当制作拍卖笔录。

十、挂牌

挂牌出让国有建设用地使用权，是指市、县人民政府资源管理部门发布挂牌公告，按公告规定的期限将拟出让宗地的交易条件在指定的土地交易场所挂牌公布，接受竞买人的报价申请并更新挂牌价格，根据挂牌期限截止时的出价结果或者现场竞价结果确定国有建设用地使用权人的行为。

（一）挂牌的实施

市、县国土资源管理部门应当按照出让公告规定的时间、地点组织挂牌活动。挂牌活动应当由土地招标拍卖挂牌主持人主持进行。在挂牌公告规定的挂牌起始日，挂牌人将挂牌宗地的位置、面积、界址、空间范围、用途、使用年期、规划指标要求、开工时间和竣工时间、起始价、增价规则及增价幅度等，在挂牌公告规定的土地交易地点挂牌公布。挂牌时间不得少于10日。

符合条件的竞买人应当填写报价单报价。有条件的地方，可以采用计算机系统报价。竞买人报价有下列情形之一的，为无效报价：(1)报价单未在挂牌期限内收到的；(2)不按规定填写报价单的；(3)报价单填写人与竞买申请文件不符的；(4)报价不符合报价规则的；(5)报价不符合挂牌文件规定的其他情形。

挂牌主持人确认该报价后，更新显示挂牌价格，继续接受新的报价。有两个或两个以上竞买人报价相同的，先提交报价单者为该挂牌价格的出价人。挂牌期间可根据竞买人竞价情况调整增价幅度。

挂牌截止应当由挂牌主持人主持确定。设有底价的，出让人应当在挂牌截止前将密封的挂牌底价交给挂牌主持人，挂牌主持人现场打开密封件。在公告规定的挂牌截止时间，竞买人应当出席挂牌现场，挂牌主持人宣布最高报价及其报价者，并询问竞买人是否愿意继续竞价。挂牌主持人连续3次报出最高挂牌价格，没有竞买人表示愿意继续竞价的，挂牌主持人宣布挂牌活动结束，并按下列规定确定挂牌结果：(1)最高挂牌价格不低于底价的，挂牌主持人宣布挂牌出让成交，最高挂牌价格的出价人为竞得人；(2)最高挂牌价格低于底价的，挂牌主持人宣布挂牌出让不成交。

有竞买人表示愿意继续竞价的，即属于挂牌截止时有两个或两个以上竞买人要求报价的情形，挂牌主持人应当宣布挂牌出让转入现场竞价，并宣布现场竞价的时间和地点，通过现场竞价确定竞得人。现场竞价应当由土地招标拍卖挂牌主持人主持进行，取得该宗地挂牌竞买资格的竞买人均可参加现场竞价。现场竞价按下列程序举行：(1)挂牌主持人应当宣布现场竞价的起始价、竞价规则和增价幅度，并宣布现场竞价开始。现场竞价的起始价为挂牌活动截止时的最高报价增加一个加价幅度后的价格。(2)参加现场竞价的竞买人按照竞价规则应价或报价。(3)挂牌主持人确认该竞买人应价或者报价后继续竞价。(4)挂牌主持人连续3次宣布同一应价或报价而没有人再应价或出价，且该价格不低于底价的，挂牌主持人落槌表示现场竞价成交，宣布最高应价或报价者为竞得人。成交结果对竞得人和出让人均具有法律效力。最高应价或报价低于底价的，挂牌主持人宣布现场竞价终止，挂牌不成交。

在现场竞价中无人参加竞买或无人应价或出价的，以挂牌截止时出价最高者为竞得人，但低于挂牌出让底价者除外。

确定竞得人后，挂牌人与竞得人当场签订《成交确认书》。挂牌人或竞得人不按规定签订《成交确认书》的，应当承担法律责任。竞得人拒绝签订《成交确认书》也不能对抗挂牌成交结果的法律效力。《成交确认书》应包括挂牌人与竞得人的名称，出让标的，成交时间、地点、价款，以及双方签订《国有土地使用权出让合同》的时间、地点等内容。《成交确认书》对挂牌人和竞得人具有法律效力，挂牌人改变挂牌结果的，或者竞得人不按规定签订《国有土地使用权出让合同》、放弃竞得宗地的，应当承担法律责任。

挂牌过程应当制作挂牌笔录。

(二)网上挂牌

2010年12月19日，国土资源部《关于严格落实房地产用地调控政策促进土地市场健康发展有关问题的通知》即提出各地要按照公开公平公正、诚实信用、高效便民的原则，在坚持国有土地使用权招标拍卖挂牌出让制度的前提下，积极探索网上挂牌等多种交易形式，总结推广成功经验和做法，改进和完善招拍挂制度内容，进一步发挥招拍挂制度在深化土地要素市场改革、加强土地出让领域反腐倡廉建设和调控房地产市场中的积极作用。

在各地探索的基础上，国土资源部《关于坚持和完善土地招标拍卖挂牌出让制度的意见》即旗帜鲜明地要求大力推进土地使用权出让网上运行。要求出让国有建设用地使用权涉及的出让公告、出让文件、竞买人资格、成交结果等，都应在部门户网站和各地国土资源主管部门的网上公开发布。积极推行国有经营性建设用地网上挂牌出让方式。市、县国土资源主管部门可以通过网上发布出让公告信息，明确土地开发利用、竞买人资格和违约处罚等条件，组织网上报价竞价并确定竞得人。网上挂牌出让成交后，市、县国土资源主管部门要按照国有土地招拍挂出让规范，及时与竞得人签订纸质件的成交确认书和出让合同。对竞得人需要进行相关资料审查的，建立网上成交后的审查制度，发现受让人存在违法违规行为或不具有竞买资格时，挂牌出让不成交，应重新组织出让，并对违规者进行处罚。

网上挂牌是利用飞速发展的网络技术，促进土地挂牌更公开、更方便的有效土地出让方式。竞买人足不出户即可进行报价，有效节约了社会成本。网上挂牌成交后，及时签署纸质件的成交确认书和出让合同，相当于为当事人提供纸质件的成交证据，有利于消除当事人对巨额金额交易成果确性的担心。大力推广并不断完善、广泛采用网上挂牌的国有建设用地使用权的出让方式，显示了国土资源主管部门与时俱进的施政努力，受到房地产开发企业的欢迎。

（三）对挂牌的评价

在招标、拍卖、挂牌三种方式中，挂牌因为现场竞价阶段的弹性存在而有与生俱来的优势，成为最常用的出让方式。

1. 挂牌相对于招标的优势

挂牌既适用于潜在竞买人只有一个的情形，也适用于无论潜在竞买人有多少的情形。在限期竞价阶段（指在挂牌期限内截止期间届至前的竞价阶段，以区别于现场竞价阶段），只要有一个竞买人报价且报价不低于底价，挂牌就可以成交。而在投标方式下，投标人少于 3 人的，出让人应当终止招标活动。如果竞买人（投标人）少于 3 人，投标方式即不可适用。

2. 挂牌相对于拍卖的优势

《招标拍卖挂牌出让国有土地使用权规范（试行）》规定，采用拍卖方式的，取得竞买资格者不得少于 3 个。因此，在取得竞买资格者少于 3 人的情况下，拍卖不可进行，但可通过挂牌出让。

挂牌相对于拍卖的另一优势在于现场竞价前的不少于 10 日的限期竞价阶段。在限期竞价阶段，竞买人通过观察竞争者情况，可以对可能面临的现场竞争做好更充分的准备，出让活动组织者也可利用这一缓冲期，对出让活动的组织安排做出更好部署。

十一、出让价格控制

（一）综述

实施国有建设用地使用权招拍挂出让制度以来，出让宗地的楼面地价和总价一路走高，对房价的上涨起到了推动作用。高房价给不少城市居民家庭带来较大压力,舆论对此也有一些反应,国家为此也采取了相关措施。国土资源部《关于严格落实房地产用地调控政策促进土地市场健康发展有关问题的通知》要求对招拍挂出让中溢价率超过50%、成交总价或单价创历史新高的地块,市、县国土资源主管部门要在《成交确认书》签订(《中标通知书》发出)后2个工作日内,通过中国土地市场网页下载并填写《房地产用地交易异常情况一览表》,分别上报国土资源部和省(区、市)国土资源主管部门。

国土资源部、住房和城乡建设部《关于进一步严格房地产用地管理巩固房地产市场调控成果的紧急通知》要求,市县国土资源主管部门要进一步完善地价专业评估和集体决策程序,合理确定起始价、底价,在土地出让前还应全面分析、研判市场形势,对可能出现高价地的要及时调整竞价方式,制定出让方案和现场预案。对预判成交价创历史总价最高,或单价最高,或溢价率超过50%的房地产用地,包括商服、住宅或商住综合,要及时调整出让方案,采用"限房价、竞地价"或配建保障房、公共设施等办法出让土地。

(二)抑价措施

1. 以"限房价、竞地价"方式出让土地使用权

以"限房价、竞地价"方式出让土地使用权的,市、县国土资源主管部门应在土地出让前,会同住房建设、物价、规划行政主管部门,按相关政策规定确定住房销售条件,根据拟出让宗地所在区域商品住房销售价格水平,合理确定拟出让宗地的控制性房屋销售价格上限和住房套型面积标准,以此作为土地使用权转让的约束性条件,一并纳入土地出让方案,报经政府批准后,以挂牌、拍卖方式公开出让土地使用权,符合条件、承诺地价最高且不低于底价的为土地使用权竞得人。出让成交后,竞得人接受的宗地控制性房屋销售价格、成交地价、土地使用权转让条件及违约处罚条款等,均应在成交确认书和出让合同中明确。

2. 以"限地价、竞房价"方式出让土地使用权

以"限地价、竞房价"方式出让土地使用权的,市、县国土资源主管部门应在土地出让前,根据拟出让宗地的征地拆迁安置补偿费、土地前期开发成本、同一区域基准地价和市场地价水平、土地使用权转让条件、房屋销售价格和政府确定的房价控制目标等因素,综合确定拟出让宗地的出让价格,同时应确定房价的最高控制价(应低于同区域、同条件商品住房市场价),一并纳入土地出让方案,报经政府批准后,以挂牌、拍卖方式公开出让土地使用权,按照承诺销售房价最低者(房地产开发企业售房时的最高售价)确定为土地竞得人。招拍挂成交后,竞得人承诺的销售房价、成交地价、土地使用权转让条件及违约处罚条款等,均应在成交确认书和出让合同中明确。

3. 以“限地价、竞政策性住房面积”方式出让土地使用权

国土资源部《关于严格落实房地产用地调控政策促进土地市场健康发展有关问题的通知》中提到了这种出让方式,但未见具体解释。按照以“限地价、竞房价”方式出让土地使用权的说明推导,应是指市、县国土资源主管部门应在土地出让前,根据拟出让宗地的征地拆迁安置补偿费、土地前期开发成本、同一区域基准地价和市场地价水平、土地使用权转让条件、房屋销售价格和政府确定的房价控制目标等因素,综合确定拟出让宗地的出让价格,同时应确定配建政策性住房面积的最低标准,一并纳入土地出让方案,报经政府批准后,以挂牌、拍卖方式公开出让土地使用权,按照承诺配建政策性住房面积最高者确定为土地竞得人。招拍挂成交后,竞得人承诺的销售房价、成交地价、土地使用权转让条件及违约处罚条款等,均应在成交确认书和出让合同中明确。

4. 以“商品住房用地中配建保障性住房”方式出让土地使用权

以“商品住房用地中配建保障性住房”方式出让土地使用权的,市、县国土资源主管部门应会同住房建设、规划、房屋管理和住房保障等部门确定拟出让宗地配建廉租房、经济适用房等保障性住房的面积、套数、建设进度、政府收回条件、回购价格及土地面积分摊办法等,纳入出让方案,经政府批准后,写入出让公告及文件,组织实施挂牌、拍卖。土地出让成交后,成交价款和竞得人承诺配建的保障性住房事项一并写入成交确认书和出让合同。为保证政策性商品住房用地及时开发利用,市、县国土资源主管部门可以在出让合同中明确约定不得改变土地用途和性质、不得擅自提高或降低规定的建设标准、保障性住房先行建设和先行交付的内容。

5. 相同土地面积内供应更多数量住房

2006 年 5 月 24 日,国务院办公厅转发建设部等部门《关于调整住房供应结构稳定住房价格意见的通知》提出,对宏观调控政策落实不到位、房价涨幅没有得到有效控制、结构性矛盾突出、拆迁问题较多的城市,要予以通报批评,并限期整改。要求自 2006 年 6 月 1 日起,凡新审批、新开工的商品住房建设,套型建筑面积 90 平方米以下住房(含经济适用住房)面积所占比重,必须达到开发建设总面积的 70% 以上。直辖市、计划单列市、省会城市因特殊情况需要调整上述比例的,必须报建设部批准。过去已审批但未取得施工许可证的项目凡不符合上述要求的,应根据要求进行套型调整。这份通知又被称为“九部委十五条”,前述内容又被简称为“90/70 原则”,实际上是一种保证在土地面积确定的情况下供应更多数量住房的措施。

6. 加快形成住房的有效供应

国土资源部、住房和城乡建设部《关于进一步加强房地产用地和建设管理调控

的通知》提出，要在确保保障性住房、棚户区改造住房和中小套型普通商品住房用地不低于住房用地供应总量70%的基础上，结合各地实际，选择地块，探索以划拨和出让方式加大公共租赁住房供地建房、逐步与廉租住房并轨、简化并实施租赁住房分类保障的途径。市、县国土资源、住房和城乡建设（房地产、规划）主管部门要共同建立保障性住房、棚户区改造住房、公共租赁住房、中小套型普通商品住房建设项目行政审批快速通道，规划主管部门要在受理后10日内核发建设用地规划许可证，国土资源主管部门要在受理后10日内核发国有土地使用证，规划主管部门要在受理后60日内核发建设工程规划许可证，建设主管部门应当要求限时进行施工图审查和核发施工许可证，房地产主管部门要严格按规定及时核发商品房预售许可证。各部门要及时互通办理结果，主动衔接，提高行政办事效率，加快住房项目的供地、建设和上市，尽快形成住房的有效供应。

7.引入熔断等机制

土地熔断，是指当地块竞价达到最高限价或明确公布的价格标准时，终止土地出让，所有报价无效。为引导房地产开发企业理性报价，2016年以来，苏州、南京、青岛、郑州等城市引入了该机制。不过从实际情况来看，熔断机制并不能解决地价上涨问题，终止土地出让也不是政府的目的。现时各地多是创新采用多种方式的组合来确定竞得人。

8.超过溢价率一定比例后现房销售或竞自持面积

住房和城乡建设部、国土资源部《关于加强近期住房及用地供应管理和调控有关工作的通知》要求，各地“要结合本地实际和出让土地的具体情况，灵活确定竞价方式，包括‘限房价、竞地价’‘限地价、竞房价’、超过溢价率一定比例后现房销售或竞自持面积等，坚决防止出现区域性总价、土地或楼面单价新高等情况，严防高价地扰乱市场预期”。

超过溢价率一定比例后现房销售或竞自持面积，实质上是延缓房地产开发企业的变现、回款速度。通过影响房地产开发企业的资金周转，推动房地产开发企业在参加土地招拍挂时充分考虑资金成本，理性报价，实现价格控制目标。

（三）评价

政府一方面希望充分发挥房地产行业对国民经济的拉动作用，另一方面又需要尽量保证房价涨幅在城市居民可以接受的心理范围内，同时保障金融安全。前者截至目前做得很成功，抑制房价涨幅上也做了很多努力，但效果可能见仁见智。特别是在商品住房用地中配建保障性住房，可能会增加小区业主自治管理上的困难。

十二、房地产开发企业参加挂牌的注意要点

在招标、拍卖、挂牌三种方式中，挂牌是最常用的出让方式。以挂牌为例，房地产开发企业为获得心仪的土地资源，在参加竞买时应注意哪些方面呢？

（一）确保申请有效

《招标拍卖挂牌出让国有土地使用权规范（试行）》规定，出让人应当对出让公告规定的时间内收到的申请进行审查。有下列情形之一的，为无效申请：(1)申请人不具备竞买资格的；(2)未按规定交纳保证金的；(3)申请文件不齐全或不符合规定的；(4)委托他人代理但委托文件不齐全或不符合规定的；(5)法律法规规定的其他情形。

因此，竞买申请人交纳了保证金，提交了出让公告所要求的其他文件后，应从出让人处获得关于自己的投标或竞买资格的确认，以免未及时获得确认而需要补正时时间上来不及。

（二）根据情况报价并保证在挂牌期限截止时在挂牌现场

在公告规定的挂牌截止时间，竞买人应当出席挂牌现场。如果在挂牌截止前有其他竞买人报价，竞买人可报价，因不排除在挂牌截止时自己的报价为最高有效报价，而其他竞买人无意进入现场竞价环节，从而竞买人成为竞得人。如果在挂牌截止前有其他竞买人报价，竞买人也可不报价，因挂牌截止时，挂牌主持人会宣布最高报价及其报价者，并询问竞买人是否愿意继续竞价，如果竞买人此时表明愿意继续竞价，即挂牌会进入现场竞价环节，因而挂牌截止前不报价不影响自己对竞买的参与。但如挂牌截止时，无竞买人报出有效报价，挂牌会终止。因此，如竞买人确有意竞买某一宗土地，在挂牌临近截止时间时，竞买人应报出一份有效报价。

竞买人须十分注意，报价有下列情形之一的，为无效报价：(1)报价单未在挂牌期限内收到的；(2)不按规定填写报价单的；(3)报价单填写人与竞买申请文件不符的；(4)报价不符合报价规则的；(5)报价不符合挂牌文件规定的其他情形。

（三）竞买人应组织精干团队出席挂牌现场

挂牌现场气氛紧张，参加竞买者不乏资金实力雄厚的公司和个人。因此，竞买人应组织精干团队出席挂牌现场，一方面互相提醒，避免失误；另一方面可互相补位，防止在紧张气氛下发挥失常，影响临场关键动作。

（四）提前取得最高报价授权，成交后注意现场复核成交确认文件文本

参加土地竞买，每一个竞买人都有自己可以承受的最高价格。在挂牌截止时间之前，竞买人出席挂牌现场的代理均会获得己方权力机构、有权决策者决定的最

高报价，以便在存在竞争者时，及时进行报价。但也不排除有时候需临场决策，现场出席者须向有权决策者临时请示的情形。

竞买人在挂牌截止时间之前，还需准备一份出让公告所附成交确认书文本。因如果成为竞得人，竞得人需在竞得现场与出让人签署成交确认书，当场核对成交确认书的时间比较紧张，因此，竞买人宜提前对成交确认书文本有充分了解，以便在竞得土地后，可及时签署成交确认书。

以上要点部分不适用于网上挂牌。网上挂牌出让的，竞买人应深入研究挂牌文件，按照交易规则进行竞买。

十三、对招拍挂的评价

实施招拍挂出让建设用地使用权以来，土地成交单价不断上涨，土地资源的资产价值得到体现。土地出让收益进入地方财政，极大地支持了地方基础设施建设和土地开发，近年来各地城市面貌日新月异，招拍挂制度功不可没。同时，由于建设用地使用权出让收入成为地方政府财政收入的重要来源，地方财政又被称为"土地财政"。

如果地方政府财政长期成为"土地财政"，则说明经济发展不够健康。地价和房价的快涨、猛涨及不少投资者投资房地产获得收益远高于从事制造业、新兴产业的收益，必然抑制制造业和新兴产业的活力，不利于社会的进步。房价的快涨、猛涨，使刚需阶层背负沉重压力，不少人买不起房。已经买房的刚需阶层，因买房背负大额贷款，还贷占用收入的绝大部分，对经济大幅波动的承受力降低，不敢跳槽、失业，对生活质量的影响较大，不利于消费品行业的发展。银行因为发放了大量房贷，虽然目前来看，房贷仍是银行资产中质量较高的部分，但也面临挑战，尤其是一线城市和部分二线城市的房贷，因房价总价较高、贷款也高，如果经济整体走低，会因此出现不少的呆账、坏账。

不少人将地价、房价的快涨、猛涨归因于招拍挂制度，并对这一制度提出指责。这其实有片面之处。与招拍挂制度出台之前的协议出让状况相比，招拍挂制度因透明、公开、公正而受到房地产开发企业的欢迎。

有人说招拍挂制度是高房价的重要推手，有一定的合理性。招拍挂制度在多数情况下是价高者得，确实是地价上涨的重要因素。而地价在房价中占有一定比例，所以招拍挂制度客观上是房价上涨的重要诱因。每当周边土地卖出高价，在售房地产项目便会顺势涨价，于是已购者喜，未购者忧，几家欢笑几家愁。但同时要看到，高地价不一定能卖出高房价。当面粉贵过面包，竞得“地王”的房地产开发企业，有的多年不敢开发，直至被没收定金将地退回政府，也有的虽及时进行开发，但也不敢定价过于高于周边，即使如此，仍销售惨淡，持续销售多年仍不能赢利或仅能获微利，甚至因此而倒下。

大多数参与招拍挂的房地产开发企业，都会根据市场趋势及自身资金实力和经营管理经验，设定能够接受的最高成交价格。一旦在拍卖或挂牌中，有其他企业出价更高，超出自己所能承受的最高成交价格，便果断放弃。这些企业，是成熟、理智、能控制风险的企业。房价能够到达什么程度，成本，包括土地成本，只是其中的一方面，更多的是受供需的影响。投资需求和刚性需求是房地产市场上的两大主要需求。投资需求源于资产保值增资的需求，当市场货币投放较多、存在货币贬值的风险，或人民币有升值趋势的时候，分别是不同类型投资需求者入场的时候。如果一个城市产业结构合理、基础设施较好、投资环境优良、经济发展向好、具有人口吸收力的时候，房地产市场便会有优良的刚性需求者。当一个城市市场需求旺盛、而供给有限的时候，便会出现房价节节攀升、一房难求、地价水涨船高、令购房人感到紧张的房地产市场。同时，当一个城市房屋供给多，但缺乏好的产业支撑、整体投资环境不能令人满意、人口净流出，房价也难以上涨或难以大幅上涨，甚至会下跌，出现与其他城市完全相反的趋势。在过去几年中，一线城市和部分二线城市房地产市场繁荣，及少量二线城市及大量三、四线城市挣扎于去库存的黯淡，正是前述经济规律的鲜明写照。

从上面的分析可以看到，影响房价的，最终是有效市场需求。招拍挂成就的高地价，是高房价的一个成因，但不是主要的方面。影响房价的主要因素，仍是供给与有效需求。招拍挂是土地市场上的工具，而且是公开、公正、透明的好工具。招拍挂在土地一级市场具有不可代替的价值与功能。

十四、国有建设用地使用权协议出让

国有建设用地使用权的出让可以按照规定采取招标、拍卖、挂牌方式出让，或采取协议方式出让。通过招标、拍卖、挂牌出让国有建设用地使用权，本章前一节已经述及。

（一）协议出让国有建设用地使用权的概念

协议出让国有建设用地使用权，是指国家以协议方式将国有建设用地使用权在一定年限内出让给土地使用者，由土地使用者向国家支付土地使用权出让金的行为。

(二)可以采取协议出让方式的情形

协议出让不适用于商业、旅游、娱乐和商品住宅等经营性用地使用权的出让，也不适用于出让计划公布后，同一地块有两个或两个以上意向用地者的地块的出让。根据《协议出让国有土地使用权规范(试行)》第4.3款规定，以下情形可以采用协议出让方式：(1)供应商业、旅游、娱乐和商品住宅等各类经营性用地以外用途的土地，其供地计划公布后同一宗地只有一个意向用地者的；(2)原划拨、承租土地使用权人申请办理协议出让，经依法批准，可以采取协议方式，但《国有土地划拨决定书》《国有土地租赁合同》、法律、法规、行政规定等明确应当收回土地使用权重新公开出让的除外；(3)划拨土地使用权转让申请办理协议出让，经依法批准，可以采取协议方式，但《国有土地划拨决定书》、法律、法规、行政规定等明确应当收回土地使用权重新公开出让的除外；(4)出让土地使用权人申请续期，经审查准予续期的，可以采用协议方式；(5)法律、法规、行政规定明确可以协议出让的其他情形。

(三)以协议方式签订的经营性国有建设用地使用权出让合同无效

2002年7月1日，国土资源部发布的《招标拍卖挂牌出让国有土地使用权规定》第11条规定，商业、旅游、娱乐和商品住宅等各类经营性用地，必须以招标、拍卖、挂牌等公开的方式出让，禁止以协议方式出让经营性用地。《民法典》第347条第2款规定，工业、商业、旅游、娱乐和商品住宅等经营性用地以及同一土地有两个以上意向用地者的，应当采取招标、拍卖等公开竞价的方式出让。国土资源部的规定属于国家政策的范畴。根据上述规定，结合最高人民法院有关会议精神，2002年7月1日之后，凡是以协议方式签订的经营性建设用地使用权出让合同应依法认定为无效，但7月1日之前已经政府有关部门前置审批或者签订土地使用权出让合同的除外。

(四)协议出让价格不得低于协议出让底价

根据《协议出让国有土地使用权规定》第11条等的规定，协议出让价格由市、县人民政府国土资源行政主管部门与意向用地者充分协商确定，但不得低于协议出让底价。协议出让底价由市、县人民政府国土资源行政主管部门根据国家产业政策和拟出让地块的情况，在按照《城镇土地估价规程》的规定对拟出让地块的土地价格进行评估的基础上集体决策决定。协议出让底价不得低于协议出让最低价。协议出让最低价不得低于新增建设用地的土地有偿使用费、征地(拆迁)补偿费用以及按照国家规定应当缴纳的有关税费之和；有基准地价的地区，协议出让最低价不得低于出让地块所在级别基准地价的70%。

最高人民法院《关于审理涉及国有土地使用权合同纠纷案件适用法律问题的解释》第 3 条规定，协议方式出让土地使用权的出让金低于订立合同时当地政府按照国家规定确定的最低价的，应当认定土地使用权出让合同约定的价格条款无效。当事人请求按照订立合同时的市场评估价格交纳土地使用权出让金的，应予支持；受让方不同意按照市场评估价格补足，请求解除合同的，应予支持。因此造成的损失，由当事人按照过错承担责任。

可见，协议出让的价格影响合同价格条款效力。虽然于受让人而言，出让价款越低越好，但一旦交易不受法律保护，则再低的出让价款也没有保障。为保证交易的顺利进行，在协议出让国有建设用地时，既需要市、县人民政府国土资源行政主管部门严格依法依规办事，也需要受让人接受公允而不是低得没有保障的出让价款。

十五、国有建设用地使用权出让合同

国有建设用地使用权出让合同，是指市、县人民政府土地管理部门作为出让方将国有建设用地使用权在一定年限内让与受让方，受让方支付土地使用权出让价款的协议。

（一）国有建设用地使用权出让合同的形式与内容

根据《民法典》第 348 条的规定，通过招标、拍卖、协议等出让方式设立建设用地使用权的，当事人应当采用书面形式订立建设用地使用权出让合同。建设用地使用权出让合同一般包括下列条款：(1) 当事人的名称和住所；(2) 土地界址、面积等；(3) 建筑物、构筑物及其附属设施占用的空间；(4) 土地用途、规划条件；(5) 建设用地使用权期限；(6) 出让金等费用及其支付方式；(7) 解决争议的方法。

自然资源部自然资源所有者权益司《关于土地储备有关事项答复意见的函》明确，“熟地”出让的，可在土地出让合同中明确区分一级开发成本和政府土地收益，即通过签订“两个合同”将成本与收益分开，确保开发成本足额收回，充分发挥土地储备的作用，实现“以储保供”。据此，国有建设用地使用权出让合同可分成两个合同签署。

（二）国有建设用地使用权出让合同双方当事人

《城市房地产管理法》第 15 条规定：“土地使用权出让，应当签订书面出让合同。土地使用权出让合同由市、县人民政府土地管理部门与土地使用者签订。”《城镇国有土地使用权出让和转让暂行条例》第 11 条规定：“土地使用权出让合同应当按照平等、自愿、有偿的原则,由市、县人民政府土地管理部门(以下简称出让方)与土地使用者签订。”故国有建设用地使用权出让合同应由市、县人民政府土地管理部门与土地使用者签订。如果不是市、县人民政府土地管理部门,而是其他部门、组织和个人作为出让方与他人签订的出让合同,可能会被法院认定为无效,但无效合同在相关条件成就时可转化为有效合同。最高人民法院《关于审理涉及国有土地使用权合同纠纷案件适用法律问题的解释》第2条规定,开发区管理委员会作为出让方与受让方订立的土地使用权出让合同,应当认定无效。本解释实施前,开发区管理委员会作为出让方与受让方订立的土地使用权出让合同,起诉前经市、县人民政府自然资源主管部门追认的,可以认定合同有效。

(三)出让人的主要义务与责任

出让人的主要义务是按国有建设用地使用权出让合同约定的期限向受让人交付符合国有建设用地使用权出让合同约定条件的土地。出让人违反交付土地的义务的,即使出让人在国有建设用地使用权出让合同中是占有优势地位的一方,也应根据法律规定和合同约定承担相应的违约责任。《国有建设用地使用权出让合同(示范文本)》(GF-2008-2601)的相应建议条文是第37条和第38条。第37条内容为:“受让人按本合同约定支付国有建设用地使用权出让价款的,出让人必须按照本合同约定按时交付出让土地。由于出让人未按时提供出让土地而致使受让人本合同项下宗地占有延期的,每延期一日,出让人应当按受让人已经支付的国有建设用地使用权出让价款的______‰向受让人给付违约金,土地使用年期自实际交付土地之日起算。出让人延期交付土地超过60日,经受让人催交后仍不能交付土地的,受让人有权解除合同,出让人应当双倍返还定金,并退还已经支付国有建设用地使用权出让价款的其余部分,受让人并可请求出让人赔偿损失。”第38条内容为:“出让人未能按期交付土地或交付的土地未能达到本合同约定的土地条件或单方改变土地使用条件的,受让人有权要求出让人按照规定的条件履行义务,并且赔偿延误履行而给受让人造成的直接损失。土地使用年期自达到约定的土地条件之日起算。”最高人民法院《关于审理涉及国有土地使用权合同纠纷案件适用法律问题的解释》对此也有相关规定,其第4条规定:“土地使用权出让合同的出让方因未办理土地使用权出让批准手续而不能交付土地,受让方请求解除合同的,应予支持。”

出让人因未能按国有建设用地使用权出让合同约定的期限向受让人交付符合国有建设用地使用权出让合同约定条件的土地而承担违约责任的案例不鲜见。最高人民法院公布的《关于依法平等保护非公有制经济,促进非公有制经济健康发展民事商事典型案例》中的“梁某某与霍邱县人民政府国土资源局建设用地使用权出让合同纠纷案”即是此类案件。

该案基本案情是，2014 年，梁某某通过招投标竞得霍国土出〔2011〕82 号国有建设用地使用权，与霍邱县人民政府国土资源局签订的《国有建设用地使用权挂牌成交确认书》《国有建设用地使用权出让合同》约定：霍邱县人民政府国土资源局在 2014 年 9 月 17 日前将出让宗地交付给梁某某，用地使用权出让金为 5953350 元，定金为 400 万元，定金抵作土地出让价款，自合同签订之日起 60 日内一次性付清。合同约定出让人未按时提供出让土地超过 60 日，经催交后仍不能交付土地的，受让人有权解除合同，出让人应当双倍返还定金，并退还已经支付国有建设用地使用权出让价款的其余部分，受让人并可请求出让人赔偿损失。合同签订后，梁某某交纳定金 400 万元，并交清余下 1953350 元，但霍邱县人民政府国土资源局未依约交付土地。梁某某提起诉讼，请求人民法院判决霍邱县人民政府国土资源局双倍返还定金 800 万元、退还已支付土地出让金 1953350 元，赔偿损失 100 万元。

安徽省六安市中级人民法院一审认为，本案《国有建设用地使用权出让合同》合法有效。梁某某依照合同约定的期限交清了全部土地出让金，霍邱县人民政府国土资源局未在合同约定的期限内交付适合开发的建设用地已构成违约，依法应当承担违约责任。根据合同约定，梁某某有权解除合同，要求霍邱县人民政府国土资源局双倍返还定金、返还已交付的土地出让金，并承担赔偿责任。但本案合同约定的定金数额明显过高，依法应当调整。梁某某主张的损失无充分证据证实，其虽确实存在运营及融资成本，但考虑双倍返还定金的数额并未过分高于或低于其实际损失，故对其要求另行支付利息及赔偿损失的诉讼请求依法不予支持。判决：(1)解除梁某某与霍邱县人民政府国土资源局签订的《国有建设用地使用权出让合同》；(2)霍邱县人民政府国土资源局双倍返还梁某某定金 238.134 万元；(3)霍邱县人民政府国土资源局返还梁某某已交纳的土地出让金 476.268 万元；(4)驳回梁某某的其他诉讼请求。一审宣判后，双方当事人均未上诉。

(四)受让人的主要义务与责任

国有建设用地使用权出让合同下受让人的主要义务包括：(1)按照国有建设用地使用权出让合同约定及时支付国有建设用地使用权出让价款；(2)根据国有建设用地使用权出让合同约定按时开工建设；(3)确保项目及时竣工；(4)避免土地闲置；(5)按国有建设用地使用权出让合同约定的规划条件进行项目开发等。受让人违反法律规定和国有建设用地使用权出让合同约定义务，应当承担向出让人支付违约金等违约责任。《国有建设用地使用权出让合同(示范文本)》(GF－2008－2601)用了从第 30 条至第 36 条共 7 个条文规定受让人的违约责任。

根据财政部、自然资源部、国家税务总局、中国人民银行《关于将国有土地使用权出让收入、矿产资源专项收入、海域使用金、无居民海岛使用金四项政府非税收入划转税务部门征收有关问题的通知》,国家将原本由自然资源部门负责征收的国有土地使用权出让收入划转给税务部门负责征收。上述职责划转先试点后推开。自2021年7月1日起,选择在河北、内蒙古、上海、浙江、安徽、青岛、云南省(自治区、直辖市、计划单列市)以省(区、市)为单位开展征管职责划转试点,探索完善征缴流程、职责分工等,为全面推开划转工作积累经验。自2022年1月1日起全面实施征管划转工作。

(五)国有建设用地使用权出让合同的性质

国有建设用地使用权出让合同是属于民事合同还是行政合同,一直有一些不同的理解,无论是在法院系统,还是在行政部门系统,均未形成共识。在对国土资源行政主管部门的国有建设用地使用权出让行为是行政行为还是民事行为的看法上一直存在分歧。

最高人民法院有观点认为,土地行政主管部门与竞得人签署国有土地使用权竞得成交确认书的行为,是土地行政主管部门代表国有土地所有权人与国有土地使用权受让人,对双方民事权利义务的约定,其性质属于民事行为,由此引起纠纷诉至人民法院的,属于民事案件范畴。[①] 相应地,国有建设用地使用权出让合同也应属于民事合同。

自2020年1月1日起施行的最高人民法院《关于审理行政协议案件若干问题的规定》第1条和第2条规定,行政协议是行政机关为了实现行政管理或者公共服务目标,与公民、法人或者其他组织协商订立的具有行政法上权利义务内容的协议,矿业权等国有自然资源使用权出让协议属于行政协议。那么,国有建设用地使用权出让合同是否属于"矿业权等国有自然资源使用权出让协议",从而属于行政协议呢?

最高人民法院认为,《关于审理行政协议案件若干问题的规定》第1条明确了行政协议的内涵,从而将行政协议与民事合同相区别。根据该条规定,行政协议包括四个要素:一是主体要素,即必须一方当事人为行政机关;二是目的要素,即必须是为了实现行政管理或者公共服务目标;三是内容要素,协议内容必须具有行政法

① 参见最高人民法院民事审判第一庭编:《民事审判指导与参考》总第45辑,人民法院出版社2011年版,第148~152页。

上的权利义务内容；四是意思要素，即协议双方当事人必须协商一致。[①] 在《辽宁省葫芦岛市自然资源局、葫芦岛鸿亿房地产开发有限公司资源行政管理：其他（资源）再审审查与审判监督行政裁定书》［（2020）最高法行申 11753 号］中，最高人民法院认为，国有土地使用权出让合同属于行政协议。而在《中日青年交流中心秦皇岛办事处、秦皇岛市自然资源和规划局资源行政管理：其他（资源）再审审查与审判监督行政裁定书》［（2020）最高法行申 13827 号］中，最高人民法院又认为，《关于审理行政协议案件若干问题的规定》第 2 条仅将矿业权等国有自然资源使用权出让协议纳入行政协议范围，并未将国有土地使用权出让合同包含在内。《民事案件案由规定》亦将建设用地使用权出让合同纠纷作为案由进行规定。故案涉《国有建设用地使用权出让合同》不属于行政协议，其应当适用《合同法》等民事法律规范予以调整。二审法院认定案涉《国有建设用地使用权出让合同》为行政协议错误。

学术界、实务界争论国有建设用地使用权出让合同是属于行政协议还是民事合同，主要涉及两方面问题。

一是因该类合同产生争议提起诉讼，是通过行政诉讼程序还是民事诉讼程序解决争议？《民事诉讼法》第 127 条规定：“人民法院对下列起诉，分别情形，予以处理：（一）依照行政诉讼法的规定，属于行政诉讼受案范围的，告知原告提起行政诉讼……” 笔者认为，只要法院不纠结于国有建设用地使用权出让合同争议解决是应适用民事诉讼程序还是行政诉讼程序，从而避免当事人不必要诉累及司法资源不必要浪费，国有建设用地使用权出让合同是属于行政协议还是民事合同之争并没有太大意义。但实际情况是，一方面法院系统对这一争议没有形成共识，给当事人造成了诉累。在上述（2020）最高法行申 13827 号案中，中日秦皇岛办事处就案涉《国有建设用地使用权出让合同》提起行政诉讼，一审法院认为应提起民事诉讼裁定驳回起诉，而一审法院的裁定在二审、再审审查中分别获得了二审法院、最高人民法院支持。另一方面，实务中也不乏当事人对国有建设用地使用权出让合同争议提起民事诉讼，但被法院以应提起行政诉讼为由驳回起诉的案例。

二是因国有建设用地使用权出让合同产生的争议是否可通过仲裁解决？《仲裁法》第 2 条规定，平等主体的公民、法人和其他组织之间发生的合同纠纷和其他财产权益纠纷，可以仲裁。《仲裁法》第 3 条规定，依法应当由行政机关处理的行政争议不能仲裁。因此，国有建设用地使用权出让合同产生的争议是否可通过仲裁

① 参见《〈最高人民法院关于审理行政协议案件若干问题的规定〉新闻发布会》，载最高人民法院网 2019 年 12 月 10 日，http://www.court.gov.cn/zixun-xiangqing-207571.html。

解决,又涉及两个方面:第一,相应争议是否属于平等主体的公民、法人和其他组织之间发生的合同纠纷和其他财产权益纠纷?第二,相应争议是否属于应当由行政机关处理的行政争议?如果相应争议属于平等主体的公民、法人和其他组织之间发生的合同纠纷和其他财产权益纠纷,并且相应争议不属于应由行政机关处理的行政争议,则相应争议可仲裁,否则不能。法院系统目前对于因国有建设用地使用权出让合同产生的争议是否可通过仲裁解决存在不同观点。在《绵阳市自然资源和规划局、绵阳市九鼎物流有限责任公司申请确认仲裁协议效力特别程序民事裁定书》[(2020)川07民特39号]中,绵阳市中级人民法院认为,“九鼎物流通过竞拍方式取得国有建设用地使用权,并与绵阳市自然资源和规划局签订了案涉合同……虽然案涉合同乙方主体为行政机关,但案涉合同中并未涉及行政审批、行政许可,土地、房屋征收补偿等事项,不能由此认定案涉合同具有行政法上权利义务内容。本案中,九鼎物流以绵阳市自然资源和规划局未按合同约定交付土地构成违约为由,向绵阳仲裁委员会提请仲裁,请求返还定金、赔偿损失,以上争议具有明显的民事纠纷特点,不宜认定为行政争议。综上所述,案涉合同约定的仲裁协议,系双方真实意思表示,仲裁事项不属于《中华人民共和国仲裁法》第三条所规定的依法应当由行政机关处理的行政争议,因此,案涉合同中约定的仲裁协议有效,绵阳仲裁委员会有管辖权”。而在《阜新新兴房地产开发有限公司、阜新市自然资源局申请撤销仲裁裁决特别程序民事裁定书》[(2021)辽09民特2号]中,阜新市中级人民法院认为,“阜新市自然资源局与阜新新兴房地产开发有限公司签订国有土地使用权出让合同,是依法行使国家土地行政管理职权的行为,该国有土地使用权出让合同系行政协议,不是平等主体之间订立的合同,双方在行政协议中约定的仲裁条款为无效条款。所以该裁决的事项不属于仲裁协议的范围或者仲裁委员会无权仲裁”。

笔者认为,国有建设用地使用权出让合同既涉及行政管理关系,也涉及民商事交易关系,在民商事交易关系中,作为一方当事人的行政机关与合同相对人之间属于平等主体,相应纠纷属于平等主体的公民、法人和其他组织之间发生的合同纠纷和其他财产权益纠纷。即使国有建设用地使用权出让合同属于行政协议,法律也并没有规定因行政协议产生的纠纷属于应当由行政机关处理的行政争议,不能将行政协议下的争议等同于应当由行政机关处理的行政争议。因此,即便国有建设用地使用权出让合同属于行政协议,因协议中民商事交易关系产生的纠纷也可以通过仲裁解决。

当前,《仲裁法》修订稿正在征求意见,希望修订后的《仲裁法》能够平息对因国有建设用地使用权出让合同产生的争议是否可通过仲裁解决的争论。

十六、出让土地使用权的转让、出租、抵押

出让土地使用权符合法律、行政法规规定的条件时，可以转让。土地使用权转让应当签订转让合同。土地使用权转让时，土地使用权出让合同和登记文件中所载明的权利、义务随之转移。土地使用者通过转让方式取得的土地使用权，其使用年限为土地使用权出让合同规定的使用年限减去原土地使用者已使用年限后的剩余年限。土地使用权转让时，其地上建筑物、其他附着物所有权随之转让。土地使用者转让地上建筑物、其他附着物所有权时，其使用范围内的土地使用权随之转让，但地上建筑物、其他附着物作为动产转让的除外。转让土地使用权时申报价格比标定地价低20%以上的，市、县人民政府可行使优先购买权。

出让土地使用权出租的，出租人与承租人应当签订租赁合同。租赁合同不得违背国家法律、法规和土地使用权出让合同的规定。土地使用权出租后，出租人必须继续履行土地使用权出让合同。

出让土地使用权可以抵押。自然人、企业均可作为抵押权人。土地使用权抵押时，其地上建筑物、其他附着物随之抵押。地上建筑物、其他附着物抵押时，其使用范围内的土地使用权随之抵押。土地使用权抵押，抵押人与抵押权人应当签订抵押合同。抵押合同不得违背国家法律、法规和土地使用权出让合同的规定。土地使用权和地上建筑物、其他附着物抵押，应当依照规定办理抵押登记。抵押人到期未能履行债务或者在抵押合同期间宣告解散、破产的，抵押权人有权依照国家法律、法规和抵押合同的规定处分抵押财产。因处分抵押财产而取得土地使用权和地上建筑物、其他附着物所有权的，应当依照规定办理过户登记。

第三节　国有建设用地使用权划拨、出租、作价出资（入股）、授权经营

一、国有建设用地使用权划拨

土地使用权划拨，是指县级以上人民政府依法批准，在土地使用者缴纳补偿、安置等费用后将该幅土地交付其使用，或者将土地使用权无偿交付给土地使用者使用的行为。划拨国有建设用地使用权，既可能无偿取得，也可能在缴纳补偿、安置等费用后取得。以划拨方式取得土地使用权的，除法律、行政法规另有规定外，没有使用期限的限制。取得划拨国有建设用地使用权的权利人应按国有建设用地

划拨决定书的规定使用划拨用地。

（一）可以以划拨方式取得的建设用地

国家严格限制以划拨方式设立建设用地使用权。根据《土地管理法》第 54 条和《城市房地产管理法》第 24 条规定，下列建设用地，经县级以上人民政府依法批准，可以以划拨方式取得：(1)国家机关用地和军事用地；(2)城市基础设施用地和公益事业用地；(3)国家重点扶持的能源、交通、水利等基础设施用地；(4)法律、行政法规规定的其他用地。根据国务院《关于加强国有土地资产管理的通知》的要求，《土地管理法》《城市房地产管理法》关于划拨用地范围的规定，任何单位和个人均不得突破。此外，国土资源部根据国务院《关于加强国有土地资产管理的通知》要求，制定并于 2001 年 10 月 22 日以国土资源部令第 9 号发布了《划拨用地目录》，其第 2 条规定符合《划拨用地目录》的建设用地项目，由建设单位提出申请，经有批准权的人民政府批准，可以划拨方式提供土地使用权。

《关于扩大国有土地有偿使用范围的意见》提出，依法扩大国有土地有偿使用范围，法律规定应当有偿使用的国有土地，必须有偿使用。根据投融资体制、国有企事业单位、农垦等相关领域改革要求，逐步缩小划拨用地范围。要加快修订《划拨用地目录》，缩小划拨用地范围。

按照《关于扩大国有土地有偿使用范围的意见》精神，划拨用地范围将会缩小，而最终会如何缩小划拨用地范围，比如，《划拨用地目录》中的“福利性住宅”是否会作进一步限定，则需看《划拨用地目录》将如何修订。

（二）划拨用地的转让、出租、抵押

根据《城镇国有土地使用权出让和转让暂行条例》第 44 条、第 45 条、第 46 条规定，符合下列条件的，经市、县人民政府土地管理部门和房产管理部门批准，其划拨土地使用权和地上建筑物、其他附着物所有权可以转让、出租、抵押：(1)土地使用者为公司、企业、其他经济组织和个人；(2)领有国有土地使用证；(3)具有地上建筑物、其他附着物合法的产权证明；(4)依照该条例第 2 章的规定签订土地使用权出让合同，向当地市、县人民政府补交土地使用权出让金或者以转让、出租、抵押所获收益抵交土地使用权出让金。对未经批准擅自转让、出租、抵押划拨土地使用权的单位和个人，市、县人民政府土地管理部门应当没收其非法收入，并根据情节处以罚款。

1. 划拨用地使用权的转让、转移

国务院办公厅《关于完善建设用地使用权转让、出租、抵押二级市场的指导意见》第 6 条规定，以划拨方式取得的建设用地使用权转让，需经依法批准，土地用途符合《划拨用地目录》的，可不补缴土地出让价款，按转移登记办理；不符合《划拨用地目录》的，在符合规划的前提下，由受让方依法依规补缴土地出让价款。根据最高人民法院《关于审理涉及国有土地使用权合同纠纷案件适用法律问题的解释》第10条和第11条的规定，土地使用权人与受让方订立合同转让划拨土地使用权，起诉前经有批准权的人民政府同意转让，并由受让方办理土地使用权出让手续的，或起诉前经有批准权的人民政府决定不办理土地使用权出让手续，并将该划拨土地使用权直接划拨给受让方使用的，土地使用权人与受让方订立的合同可以按照补偿性质的合同处理。

综上所述，以划拨方式取得的建设用地使用权转让，需经依法批准。土地用途符合《划拨用地目录》的，有批准权的人民政府可以决定不办理土地使用权出让手续，并将该划拨土地使用权直接划拨给受让方使用，受让方可不补缴土地出让价款，直接办理土地使用权的转移登记。不符合《划拨用地目录》的，在符合规划的前提下，应签订土地使用权出让合同，由受让方依法依规补缴土地出让价款。

此外，根据《国家土地管理局对最高人民法院法经（1997）18号函的复函》，对通过划拨方式取得的土地使用权，由于不属于当事人的自有财产，不能作为当事人财产进行裁定。但在裁定转移地上建筑物、附着物涉及有关土地使用权时，在与当地土地管理部门取得一致意见后，可裁定随地上物同时转移。凡属于裁定中改变土地用途及使用条件的，需征得土地管理部门同意。补交出让金的，应在裁定中明确，经办理出让手续。方可取得土地使用权。

2. 划拨用地的出租

以划拨方式取得的建设用地使用权出租，需经依法批准。国务院办公厅《关于完善建设用地使用权转让、出租、抵押二级市场的指导意见》第10条规定，以划拨方式取得的建设用地使用权出租的，应按照有关规定上缴租金中所含土地收益，纳入土地出让收入管理。宗地长期出租，或部分用于出租且可分割的，应依法补办出让、租赁等有偿使用手续。建立划拨建设用地使用权出租收益年度申报制度，出租人依法申报并缴纳相关收益的，不再另行单独办理划拨建设用地使用权出租的批准手续。

3. 划拨用地的抵押

以划拨方式取得的建设用地使用权抵押，需经依法批准。根据最高人民法院《关于破产企业国有划拨土地使用权应否列入破产财产等问题的批复》，企业对其以划拨方式取得的国有土地使用权无处分权，以该土地使用权设定抵押，未经有审批权限的人民政府或土地行政管理部门批准的，不影响抵押合同效力。履行了法定的审批手续，并依法办理抵押登记的，抵押权自登记时设立。根据国务院办公厅《关于完善建设用地使用权转让、出租、抵押二级市场的指导意见》第12条、第13条规定，划拨土地抵押权实现时应优先缴纳土地出让收入，自然人、企业均可作为抵押权人。

（三）企业破产时划拨土地的处置

根据最高人民法院《关于破产企业国有划拨土地使用权应否列入破产财产等问题的批复》，破产企业以划拨方式取得的国有土地使用权不属于破产财产，在企业破产时，有关人民政府可以予以收回，并依法处置。纳入国家兼并破产计划的国有企业，其依法取得的国有土地使用权，应依据国务院有关文件规定办理。

二、国有建设用地租赁

国有建设用地租赁是国有建设用地有偿使用的方式之一，是出让方式的补充。国有建设用地租赁，是指土地使用者与县级以上人民政府土地管理部门签订一定年期的国有建设用地租赁合同，并支付租金的行为。

（一）适用情形

根据《规范国有土地租赁若干意见》，对原有建设用地，法律规定可以划拨使用的仍维持划拨，不实行有偿使用，也不实行租赁。对因发生土地转让、场地出租、企业改制和改变土地用途后依法应当有偿使用的，可以实行租赁。对于新增建设用地，重点仍应是推行和完善国有土地出让，租赁只作为出让方式的补充。对于经营性房地产开发用地，无论是利用原有建设用地，还是利用新增建设用地，都必须实行出让，不实行租赁。

根据国土资源部《关于扩大国有土地有偿使用范围的意见》和财政部、国土资源部、住房和城乡建设部、中国人民银行、国家税务总局、银监会《关于运用政府和社会资本合作模式推进公共租赁住房投资建设和运营管理的通知》等文件的规定，地方政府可依据国家产业政策，对工业用地采取先行以租赁方式提供用地，承租方投资工业项目达到约定条件后再转为出让的先租后让供应方式，或部分用地保持租赁、部分用地转为出让的租让结合供应方式。新建公共租赁住房建设用地可以租赁方式取得，租金收入作为土地出让收入纳入政府性基金预算管理。

有些地方，比如，《黑龙江省土地管理条例》第41条第3款规定，房地产开发用地不得以租赁方式取得国有土地使用权。

（二）出租方式、期限与租金

国有土地租赁，可以采用招标、拍卖或者双方协议的方式，有条件的，必须采取招标、拍卖方式。采用双方协议方式出租国有土地的租金，不得低于出租底价和按国家规定的最低地价折算的最低租金标准，协议出租结果要报上级土地行政主管部门备案，并向社会公开披露，接受上级土地行政主管部门和社会监督。

国有土地租赁可以根据具体情况实行短期租赁和长期租赁。对短期使用或用于修建临时建筑物的土地，应实行短期租赁，短期租赁年限一般不超过5年；对需要进行地上建筑物、构筑物建设后长期使用的土地，应实行长期租赁，具体租赁期限由租赁合同约定，但最长租赁期限不得超过法律规定的同类用途土地出让最高年期。租赁期限6个月以上的国有土地租赁，应当由市、县土地行政主管部门与土地使用者签订租赁合同。租赁合同内容应当包括出租方，承租方，出租宗地的位置、范围、面积、用途、租赁期限，土地使用条件，土地租金标准、支付时间和支付方式，土地租金标准调整的时间和调整幅度，出租方和承租方的权利义务等。

国有土地租赁的租金标准应与地价标准相均衡。承租人取得土地使用权时未支付其他土地费用的，租金标准应按全额地价折算；承租人取得土地使用权时支付了征地、拆迁等土地费用的，租金标准应按扣除有关费用后的地价余额折算。租金应以土地估价结果为依据。采用短期租赁的，一般按年度或季度支付租金；采用长期租赁的，应在国有土地租赁合同中明确约定土地租金支付时间、租金调整的时间间隔和调整方式。

（三）转租、转让与抵押

国有土地租赁，承租人取得承租土地使用权。承租人在按规定支付土地租金并完成开发建设后，经土地行政主管部门同意或根据租赁合同约定，可将承租土地使用权转租、转让或抵押。承租土地使用权转租、转让或抵押，必须依法登记。承租人将承租土地转租或分租给第三人的，承租土地使用权仍由原承租人持有，承租人与第三人建立了附加租赁关系，第三人取得土地的他项权利。承租人转让土地租赁合同的，租赁合同约定的权利义务随之转给第三人，承租土地使用权由第三人取得，租赁合同经更名后继续有效。地上房屋等建筑物、构筑物依法抵押的，承租土地使用权可随之抵押，但承租土地使用权只能按合同租金与市场租金的差值及租期估价，抵押权实现时土地租赁合同同时转让。在使用年期内，承租人有优先受让权，租赁土地在办理出让手续后，终止租赁关系。改变土地租赁合同规定的使用条件的，应当重新签订土地租赁合同。

（四）国有建设用地租赁与国有建设用地使用权租赁的区别

国有建设用地使用权租赁，是指国有建设用地使用权人作为出租人将国有建设用地使用权连同地上建筑物、构筑物及其他附属设施、设备出租给承租人使用，由承租人向出租人支付租金的行为。

国有建设用地使用权租赁与国有建设用地租赁是两种不同的法律制度，主要区别表现在①：

第一，租赁关系的主体不同。国有建设用地使用权租赁的出租人是国有建设用地使用权人，而国有建设用地租赁的出租人是国有建设用地所有权人即国家。相应地，国有建设用地使用权租赁制度是土地二级市场中的制度，而国有建设用地租赁制度则是土地一级市场中的制度。

第二，租赁关系的标的不同。国有建设用地使用权租赁的标的是国有建设用地使用权本身而并不是国有建设用地，而国有建设用地租赁的标的是国有建设用地。

第三，转移权利的性质不同。在国有建设用地使用权租赁中，租赁所转移的是国有建设用地使用权中的某些权能。而在国有建设用地租赁中，出租人通过租赁的方式为承租人创设了建设用地使用权，承租人取得了承租建设用地使用权，租赁所转移的是土地所有权中的某些权能。

第四，权利内容不同。在国有建设用地使用权租赁中，承租人只能行使国有建设用地使用权中对土地的占有、使用、收益权，不能将国有建设用地使用权转让、抵押，未经国有建设用地使用权人同意，也不得转租。而在国有建设用地租赁中，承租人对承租国有建设用地使用权可行使处分权，如转让、出租、与地上建筑物一并抵押等。

第五，附随出租的标的不同。在国有建设用地使用权租赁中，出租人只有在完成了一定的开发之后才能出租国有建设用地使用权，因此，国有建设用地使用权租赁时往往涉及地上建筑物随同出租问题。而国有建设用地租赁是创设建设用地使用权的行为，因此一般不涉及地上建筑物的随同出租问题。

第六，期限限制不同。在国有建设用地使用权租赁中，租赁的最长期限只能是国有建设用地使用权出让合同规定的使用年限减去原建设用地使用权人已使用年限后的剩余年限。比如，《河南省城镇国有土地使用权出让和转让管理规定》第34条第1款规定："土地使用权出租的期限，应在土地使用权出让合同约定的使用年限内，由出租人与承租人双方协商约定。"在国有建设用地租赁中，租赁期限根据具体情况确定，最长期限不得超过法律规定的同类用途土地出让的最高年期。

通过租赁方式获取国有建设用地使用权，不必一次性支付高昂的土地出让价款，相当于降低了土地市场的门槛，有利于减轻市场主体的筹资压力，对于工业企业特别是中小工业企业的开办、公共租赁住房的建设等可以起到积极的推动作用。

---

① 参见房绍坤主编：《房地产法》（第5版），北京大学出版社2015年版，第150～151页。

相关的市场主体应在国家政策允许的范围内,积极考虑以租赁方式获取国有建设用地使用权。

三、国有建设用地作价出资(入股)

国家以国有建设用地使用权作价出资(入股),是国有建设用地有偿使用的方式之一,是指国家以一定年期的国有建设用地使用权作价作为出资投入新设企业,该土地使用权由新设企业持有,可以依照土地管理法律、法规关于出让土地使用权的规定转让、出租、抵押。国家以土地使用权作价出资(入股)的,作价出资(股本)额的确定,应以土地估价结果为依据。土地使用权作价出资(入股)形成的国家股股权,按照国有资产投资主体由有批准权的人民政府土地管理部门委托有资格的国有股权持股单位统一持有。以作价出资(入股)方式处置的,土地使用权在使用年期内可依法转让、作价出资、租赁或抵押,改变用途的应补缴不同用途的土地出让金差价。根据国务院办公厅《关于完善建设用地使用权转让、出租、抵押二级市场的指导意见》第6条规定,以作价出资或入股方式取得的建设用地使用权转让,参照以出让方式取得的建设用地使用权转让有关规定,不再报经原批准建设用地使用权作价出资或入股的机关批准;转让后,可保留为作价出资或入股方式,或直接变更为出让方式。

根据国土资源部《关于扩大国有土地有偿使用范围的意见》《关于改革土地估价结果确认和土地资产处置审批办法的通知》《关于加强土地资产管理促进国有企业改革和发展的若干意见》等的规定,在国有企业改革中,对于自然垄断的行业、提供重要公共产品和服务的行业,以及支柱产业和高新技术产业中的重要骨干企业,根据企业改革和发展的需要,主要采用授权经营和国家作价出资(入股)方式配置土地,国家以作价转为国家资本金或股本金的方式,向集团公司或企业注入土地资产。支持各地以土地使用权作价出资或者入股方式供应标准厂房、科技孵化器用地,为小型微型企业提供经营场所,促进大众创业、万众创新。根据投融资体制改革要求,支持市、县政府以国有建设用地使用权作价出资或者入股的方式提供土地,与社会资本共同投资建设能源、环境保护、保障性安居工程、养老、教育、文化、体育及供水、燃气供应、供热设施等项目。

国家以国有建设用地使用权作价出资(入股),对于相关领域的国有企业来说是非常好的选项。国有建设用地使用权是优质抵押资产,公司可以作价出资(入股)的国有建设用地使用权作抵押进行融资,顺利开展经营活动。在国家与社会资本的合作中,国家以国有建设用地使用权作价出资(入股),是一种相对紧密的合作。国家与社会资本的顺利合作,既取决于股东之间的信任,也与项目公司的经营状况、前景密切相关。

四、国有建设用地授权经营

国家根据需要,可以一定年期的国有建设用地使用权作价后授权给经国务院批准设立的国家控股公司、作为国家授权投资机构的国有独资公司和集团公司经营管理。国有土地使用权授权经营,由国家土地管理部门审批,并发给国有土地使用权经营管理授权书。国有土地使用权需要作价授权经营给省属企业的,经国家土地管理部门批准,由省级人民政府土地管理部门决定。

采用授权经营方式处置土地资产的,按政府应收取的土地出让金金额计作国家资本金或股本金。处置土地使用权涉及的土地使用权出让金的确定,以土地估价结果为依据。被授权的国家控股公司、作为国家授权投资机构的国有独资公司和集团公司、省属企业凭授权书,可以向其直属企业、控股企业、参股企业以作价出资(入股)或租赁等方式配置土地,企业应持土地使用权经营管理授权书和有关文件,按规定办理变更土地登记手续。以授权经营方式处置的土地使用权在使用年期内可在被授权企业直属企业、控股企业、参股企业之间转让,但改变用途或向被授权企业以外的单位或个人转让时,应报经土地行政主管部门批准,并补缴土地出让金。

有关国有建设用地授权经营及授权经营土地使用权转让的例子,可参考大秦铁路股份有限公司收购其控股股东中国铁路太原局集团有限公司国有授权经营土地使用权的相关公告①。

---

① 2009年,原太原铁路局因运输主业注资项目需要,聘请中介机构对所涉及国有划拨土地使用权进行了评估,合计602宗,总面积8752.29万平方米,评估总地价165.92亿元。2010年4月23日,原国土资源部出具《关于太原铁路局运输主业注资项目土地资产处置的复函》,同意将上述原国有划拨土地使用权按原用途暂授权原铁道部经营管理。2015年,根据国务院《关于改革铁路投融资体制加快推进铁路建设的意见》及《中国铁路总公司关于继续做好土地评估和授权经营处置工作的通知》,原中国铁路总公司拟对其土地资产进行评估,并对其原铁路生产经营性划拨土地采取授权经营方式处置。2016年8月5日,原国土资源部出具《关于中国铁路总公司铁路土地估价报告备案和土地资产处置的复函》,同意将原中国铁路总公司18719宗原铁路生产经营性划拨土地使用权按原用途以国家授权经营方式处置,由原中国铁路总公司代表国家行使经营权利,其中涉及原太原铁路局土地共84宗,总面积544.16万平方米。取得原国土资源部批复后,太原局集团公司换领上述授权经营土地权属证书并将部分土地出租给大秦铁路股份有限公司使用。2020年,大秦铁路股份有限公司公开发行可转换公司债券收购中国铁路太原局集团有限公司相关国有授权经营土地使用权。

第四节　集体经营性建设用地的有偿使用

一、集体经营性建设用地有偿使用制度的开创

2019年修改后的《土地管理法》创设了集体经营性建设用地有偿使用制度。《土地管理法》第63条第1款规定，土地利用总体规划、城乡规划确定为工业、商业等经营性用途，并经依法登记的集体经营性建设用地，土地所有权人可以通过出让、出租等方式交由单位或者个人使用，并应当签订书面合同，载明土地界址、面积、动工期限、使用期限、土地用途、规划条件和双方其他权利义务。

需要注意的是，由于农村村民住宅使用宅基地建设，因此集体建设用地原则上不会规划除宅基地外的其他居住用地，集体经营性建设用地的用途一般不会是居住用途，而主要是工业、商业等用途。但也有一些例外，比如，为了解决一些暂不具备购买商品房条件的人群的居住需求，当前国家试点在集体土地上建设租赁住房。住房和城乡建设部、国土资源部《关于加强近期住房及用地供应管理和调控有关工作的通知》提出要增加租赁住房有效供应，在租赁住房供需矛盾突出的超大和特大城市，开展集体建设用地上建设租赁住房试点。2020年12月16日至18日在北京举行的中央经济工作会议上提出，土地供应要向租赁住房建设倾斜，单列租赁住房用地计划，探索利用集体建设用地和企事业单位自有闲置土地建设租赁住房。①

集体经营性建设用地的出租，集体建设用地使用权的出让及其最高年限、转让、互换、出资、赠与、抵押等，参照同类用途的国有建设用地执行，具体办法由国务院制定。法律、行政法规另有规定的除外。

二、集体经营性建设用地出让、出租等的实施过程

《土地管理法实施条例》第39条规定，土地所有权人拟出让、出租集体经营性建设用地的，市、县人民政府自然资源主管部门应当依据国土空间规划提出拟出让、出租的集体经营性建设用地的规划条件，明确土地界址、面积、用途和开发建设强度等。市、县人民政府自然资源主管部门应当会同有关部门提出产业准入和生态环境保护要求。

① 参见《中央经济工作会议在北京举行　习近平李克强作重要讲话　栗战书汪洋王沪宁赵乐际韩正出席会议》，载求是网，www. qstheory. cn/yaowen/2020 - 12/18/c_1126879484. htm。

《土地管理法实施案例》第40条和《土地管理法》第63条规定，土地所有权人应当依据规划条件、产业准入和生态环境保护要求等，编制集体经营性建设用地出让、出租等方案，提交本集体组织成员决定。集体经营性建设用地出让、出租等方案应当载明宗地的土地界址、面积、用途、规划条件、产业准入和生态环境保护要求、使用期限、交易方式、入市价格、集体收益分配安排等内容。集体经营性建设用地出让、出租等方案经本集体经济组织成员的村民会议2/3以上成员或者2/3以上村民代表同意后，土地所有权人在出让、出租前不少于10个工作日报市、县人民政府。市、县人民政府认为该方案不符合规划条件或者产业准入和生态环境保护要求等的，应当在收到方案后5个工作日内提出修改意见。土地所有权人应当按照市、县人民政府的意见进行修改。

《土地管理法实施条例》第41条规定，土地所有权人应当依据集体经营性建设用地出让、出租等方案，以招标、拍卖、挂牌或者协议等方式确定土地使用者，双方应当签订书面合同，载明土地界址、面积、用途、规划条件、使用期限、交易价款支付、交地时间和开工竣工期限、产业准入和生态环境保护要求，约定提前收回的条件、补偿方式、土地使用权届满续期和地上建筑物、构筑物等附着物处理方式，以及违约责任和解决争议的方法等，并报市、县人民政府自然资源主管部门备案。未依法将规划条件、产业准入和生态环境保护要求纳入合同的，合同无效；造成损失的，依法承担民事责任。

《土地管理法实施条例》第60条规定，违反《土地管理法》规定，将集体经营性建设用地通过出让、出租等方式交由单位或者个人使用的，由县级以上人民政府自然资源主管部门责令限期改正，没收违法所得，并处罚款。罚款额为违法所得的10%以上30%以下。

《土地管理法实施条例》第42条规定，集体经营性建设用地使用者应当按照约定及时支付集体经营性建设用地价款，并依法缴纳相关税费，对集体经营性建设用地使用权以及依法利用集体经营性建设用地建造的建筑物、构筑物及其附属设施的所有权，依法申请办理不动产登记。

三、集体经营性建设用地使用权的转让、互换、出资、赠与或者抵押

《土地管理法》第63条第3款规定，通过出让等方式取得的集体经营性建设用地使用权可以转让、互换、出资、赠与或者抵押，但法律、行政法规另有规定或者土地所有权人、土地使用权人签订的书面合同另有约定的除外。《土地管理法实施条

例》第43条第1款规定，通过出让等方式取得的集体经营性建设用地使用权依法转让、互换、出资、赠与或者抵押的，双方应当签订书面合同，并书面通知土地所有权人。

第五节　合作开发

已获得房地产开发用地的房地产开发企业因资金链紧张、断裂或其他原因，不能继续项目开发，或虽有可能继续开发但不能保证利益最大化，为寻求企业生存或保证利益最大化，不得不出售未建成的房地产开发项目，或者房地产开发企业股东不得不出售项目公司股权。也有在房地产开发用地资源稀缺、一地难求的背景下，一部分企业将获得房地产开发用地后即转让项目公司股权或将项目建设至一定阶段后转让房地产开发项目、或与其他企业合作开发房地产项目作为一种经营模式。因而在房地产开发实务中，转让或收购房地产开发项目、转让或收购房地产开发企业股权、合作开发房地产项目，均属比较常见的现象。

狭义上的合作开发房地产，是指当事人通过订立合作开发合同，以提供国有建设用地使用权、资金等作为共同投资，共享利润、共担风险合作开发房地产。广义上的合作开发房地产，还指合作各方共同出资设立项目公司从事房地产开发，以及名义上为合作开发，但合作各方并不共担风险的房地产开发合作。

一、影响合作开发合同效力的因素

（一）房地产开发经营资质对合作开发合同效力的影响

房地产开发企业需取得房地产开发经营资质，方可从事房地产开发。《城市房地产开发经营管理条例》第9条规定："房地产开发主管部门应当根据房地产开发企业的资产、专业技术人员和开发经营业绩等，对备案的房地产开发企业核定资质等级。房地产开发企业应当按照核定的资质等级，承担相应的房地产开发项目。具体办法由国务院建设行政主管部门制定。"

对于合作开发项目，则要求至少有一家合作方取得房地产开发经营资质，否则合作开发合同无效。最高人民法院《关于审理涉及国有土地使用权合同纠纷案件适用法律问题的解释》第13条规定："合作开发房地产合同的当事人一方具备房地产开发经营资质的，应当认定合同有效。当事人双方均不具备房地产开发经营资质的，应当认定合同无效。但起诉前当事人一方已经取得房地产开发经营资质或者已依法合作成立具有房地产开发经营资质的房地产开发企业的,应当认定合同有效。”

(二)合作开发用地对合作开发合同效力的影响

以出让方式取得的国有建设用地使用权对合作开发合同的效力没有影响,但如果合作一方以划拨土地使用权作为投资与他人订立合同,则事先应经过有批准权的人民政府批准。以划拨土地使用权作为投资设立项目公司的出资,涉及划拨土地使用权的转让。按《城市房地产管理法》第 40 条第 1 款规定,以划拨方式取得土地使用权的,转让房地产时,应当按照国务院规定,报有批准权的人民政府审批。

在《土地管理法》2019 年修改前,以集体土地为基础的合作开发合同无效。最高人民法院 2016 年 11 月 21 日公布的《第八次全国法院民事商事审判工作会议(民事部分)纪要》第 20 条规定:“在涉及农村宅基地或农村集体经营性建设用地的民事纠纷案件中,当事人主张利润分配等合同权利的,应提供政府部门关于土地利用规划、建设用地计划及优先满足集体建设用地等要求的审批文件或者证明。未提供上述手续或者虽提供了上述手续,但在一审法庭辩论终结前土地性质仍未变更为国有土地的,所涉及的相关合同应按无效处理。”但 2019 年修改后的《土地管理法》允许集体经营性建设用地入市,当前,以集体经营性建设用地为基础的合作开发合同的效力不再受土地性质的影响。

二、狭义的合作开发房地产下合作开发合同争议的处理

(一)增加的投资数额承担争议处理

合作开发合同的合作各方应全面、适当履行各自在合作开发合同下的义务,包括合理控制材料、工期、质量及施工组织,防止投资数额超过约定标准。此外,为控制工程造价,承担合作开发合同相关义务的合作方应全面、适当履行因合作开发项目与第三方签订的相关合同,避免承担违约责任、侵权责任。在合作开发项目的投资数额超出合作开发合同的约定时,合作各方应积极协商处理。如果协商达不成一致的,根据最高人民法院《关于审理涉及国有土地使用权合同纠纷案件适用法律问题的解释》第 14 条的规定,应按照当事人的违约情况确定;因不可归责于当事人的事由或者当事人的违约情况无法确定的,按照约定的投资比例确定;没有约定投资比例的,按照约定的利润分配比例确定。若合作开发项目房屋实际建筑面积超出规划建筑面积,且获得了有批准权的人民政府主管部门批准,对由此而增加的投资数额的承担比例,合作各方应协商确定。当事人协商不成的,按最高人民法院

《关于审理涉及国有土地使用权合同纠纷案件适用法律问题的解释》第 17 条的规定，应按照约定的投资比例确定；没有约定投资比例的，按照约定的利润分配比例确定。

（二）房屋分配争议处理

房地产项目合作开发，通常的投资回收与利润分配采取房屋分配的形式实现。项目开发完成后可能出现可分配房屋实际建筑面积与合作开发合同约定可分配建筑面积不一致的情形。出现这种情况，原因可能是多方面的，比如，因设计比较保守，容积率未充分利用，或者因对应该配建的不可出售房屋预留不足，最后需将可出售房屋调整为不可出售房屋以满足相关管理要求等。实务中还会出现房屋实际建筑面积超出规划建筑面积的情形，有些可能是因正常的施工误差所引起，也可能是因规划与房屋测量标准的不同而产生，还可能是因合作各方违规加建。

房屋实际建筑面积与合作开发房地产合同约定的面积不一致时，合作各方应协商分配调整方案。如果协商不能达成一致的，在房屋实际建筑面积少于合作开发房地产合同的约定时，根据最高人民法院《关于审理涉及国有土地使用权合同纠纷案件适用法律问题的解释》第 15 条的规定，应按照当事人的违约情况确定；因不可归责于当事人的事由或者当事人违约情况无法确定的，按照约定的利润分配比例确定。房屋实际建筑面积超出规划建筑面积，经有批准权的人民政府主管部门批准后，当事人对超出部分的房屋分配比例协商不成的，根据最高人民法院《关于审理涉及国有土地使用权合同纠纷案件适用法律问题的解释》第 17 条的规定，应按照约定的利润分配比例确定。

（三）利润分配争议的处理

合作开发房地产合同约定以投资数额确定利润分配比例，当事人未足额交纳出资的，合作各方是应按约定投资额分配利润，还是应该按合作各方实际交纳的出资分配利润？按照诚信原则及权利与义务相一致原则，应按照合作各方实际出额比例分配利润。最高人民法院《关于审理涉及国有土地使用权合同纠纷案件适用法律问题的解释》第 19 条规定："合作开发房地产合同约定仅以投资数额确定利润分配比例，当事人未足额交纳出资的，按照当事人的实际投资比例分配利润。"

（四）损失承担争议的处理

最高人民法院《关于审理涉及国有土地使用权合同纠纷案件适用法律问题的解释》对当事人违反规划开发建设的房屋被有批准权的人民政府主管部门认定为违法建筑责令拆除造成的损失，以及当事人隐瞒建设工程规划变更的事实所造成的损失的分担作了规定。该解释第 18 条规定，当事人违反规划开发建设的房屋，被有批准权的人民政府主管部门认定为违法建筑责令拆除，当事人对损失承担协商不成的，按照当事人过错确定责任；过错无法确定的，按照约定的投资比例确定责任；没有约定投资比例的，按照约定的利润分配比例确定责任。

从上述损失分担原则来看，首要的原则是按过错比例确定损失分担。因此，合作开发合同的各方当事人应准确界定各方在合作开发合同下的义务，并及时、全面、准确履行自己所承担的义务。尽管合作各方对外可能承担连带责任，但在合作各方的内部责任分配上，各方当事人必须按过错承担责任，诿过于人并不能得到法律支持。

三、合作开发合同下的工程款争议

（一）合作开发房地产合同当事人设立项目公司的工程款争议处理

合作开发房地产合同当事人设立具有法人资格的项目公司，项目公司与承包人签订建设工程施工合同的，承包人应向项目公司主张工程款。

（二）合作开发房地产合同当事人未设立项目公司的工程款争议处理

合作开发房地产合同当事人合作开发房地产项目，未设立项目公司，其中合作一方以自己名义与承包人签订建设工程施工合同的，承包人是否可以要求其他合作方对欠付工程款承担连带责任，目前裁判观点并不统一。北京市高级人民法院《关于审理建设工程施工合同纠纷案件若干疑难问题的解答》第 39 条有如下解答："合作开发房地产项目中，承包人主张欠付工程款的，如何处理？两个以上的法人、其他组织或个人合作开发房地产项目，其中合作一方以自己名义与承包人签订建设工程施工合同，承包人要求其他合作方对欠付工程款承担连带责任的，应予支持。承包人仅以建设工程施工合同发包人为被告追索工程款的，应依承包人的起诉确定被告。"江苏省高级人民法院《关于审理建设工程施工合同纠纷案件若干问题的意见》第 24 条规定："合作开发房地产合同中的一方当事人作为发包人与承包人签订建设工程施工合同，承包人要求合作各方当事人对欠付的工程款承担连带责任的，人民法院应予支持。"但实务中也有合作一方以自己名义与承包人签订建设工程施工合同后，承包人主张其他合作方对欠付工程款承担连带责任不获支持的案例。

（三）名为合作开发实为其他性质合同下的工程款争议处理

当事人签订名为合作开发房地产实为土地使用权转让等其他性质的合同，一方当事人与承包人签订建设工程施工合同的，承包人原则上应向与其签订建设工程施工合同的合作开发合同当事人主张工程款。

四、名为合作开发实为其他性质的合同

在经营实务中，合作各方因风险偏好、业务专长、拥有资源等的不同，于房地产开发合作中会根据具体条件与追求目标在法律允许的框架内设计形式多样的合作方式。这些合作方式既体现了经济的活力、市场主体的创新，也为法律所认可，具有合法性。如果合作各方共同投资、共享利润、共担风险，则各方的权利、义务与责任按合作开发合同下的权利、义务与责任确定。如果合作各方仅是名义上的合作开发，合作各方并不共担风险，则各方所签订的合同的性质，应根据合同所约定的具体权利义务界定，并根据相应合同的性质确定合作各方的权利、义务与责任。

（一）提供土地使用权的当事人不承担经营风险

根据最高人民法院《关于审理涉及国有土地使用权合同纠纷案件适用法律问题的解释》第 21 条的规定，合作开发房地产合同约定提供土地使用权的当事人不承担经营风险，只收取固定利益的，应当认定为土地使用权转让合同。

（二）提供资金的当事人不承担经营风险

根据最高人民法院《关于审理涉及国有土地使用权合同纠纷案件适用法律问题的解释》相关规定，合作开发房地产合同约定提供资金的当事人不承担经营风险的，如只分配固定数量房屋，应当认定为房屋买卖合同；如只收取固定数额货币，应当认定为借款合同；如只以租赁或者其他形式使用房屋，应当认定为房屋租赁合同。在合作开发合同被分别认定为房屋买卖合同、借款合同、房屋租赁合同时，合作各方的权利、义务与责任，应分别按房屋买卖合同、借款合同、房屋租赁合同的权利、义务与责任确定。

第六节　收购房地产项目、国有建设用地使用权转让、收购项目公司

一、收购房地产项目、国有建设用地使用权转让

收购房地产项目，对一方当事人而言是收购，对另一方当事人而言是房地产项目转让。所谓房地产项目转让，是指房地产开发企业将未建成的房地产开发项目转让给他人的行为。收购房地产，应当签订书面收购合同，合同中应当载明土地使用权取得的方式。房地产转让时，土地使用权出让合同载明的权利、义务随之转移。

（一）转让房地产应当具备的条件

根据相关规定，符合相关条件的房地产可以转让。《土地管理法》第 2 条第 3

款规定，土地使用权可以依法转让。根据《城市房地产管理法》第四章第二节规定，符合要求的房地产可以转让。

收购房地产项目首先要确定房地产项目是否是依法取得的，其次要确定房地产项目是否满足国家规定的转让条件。关于转让房地产的条件，《城市房地产管理法》第39条第1款规定："以出让方式取得土地使用权的，转让房地产时，应当符合下列条件：（一）按照出让合同约定已经支付全部土地使用权出让金，并取得土地使用权证书；（二）按照出让合同约定进行投资开发，属于房屋建设工程的，完成开发投资总额的百分之二十五以上，属于成片开发土地的，形成工业用地或者其他建设用地条件。"第2款规定："转让房地产时房屋已经建成的，还应当持有房屋所有权证书。"国务院办公厅《关于完善建设用地使用权转让、出租、抵押二级市场的指导意见》第6条规定，以出让方式取得的建设用地使用权转让，在符合法律法规规定和出让合同约定的前提下，应充分保障交易自由；原出让合同对转让条件另有约定的，从其约定。根据《城市房地产管理法》第40条第1款的规定，转让划拨土地使用权，应经过有批准权的人民政府批准。另《城市房地产管理法》第38条规定："下列房地产，不得转让：（一）以出让方式取得土地使用权的，不符合本法第三十九条规定的条件的；（二）司法机关和行政机关依法裁定、决定查封或者以其他形式限制房地产权利的；（三）依法收回土地使用权的；（四）共有房地产，未经其他共有人书面同意的；（五）权属有争议的；（六）未依法登记领取权属证书的；（七）法律、行政法规规定禁止转让的其他情形。"

（二）作为收购标的的房地产项目不能满足国家规定的转让条件的，收购在法律上会面临不利后果

第一，转让方未取得出让土地使用权证书与受让方订立合同转让土地使用权的，合同不一定有效。

第二，未按土地使用权出让合同规定的期限和条件投资开发、利用土地的，土地使用权不得转让，但不会仅因此导致转让合同无效。《城镇国有土地使用权出让和转让暂行条例》第19条第2款规定："未按土地使用权出让合同规定的期限和条件投资开发、利用土地的，土地使用权不得转让。"国务院办公厅《关于进一步做好房地产市场调控工作有关问题的通知》规定，"对房地产开发建设投资达不到25%以上的（不含土地价款），不得以任何方式转让土地及合同约定的土地开发项目"。

转让不满足《城市房地产管理法》第39条第1款第2项规定的条件的房地产的，合同并不必然无效。最高人民法院2016年11月21日公布的《第八次全国法院民事商事审判工作会议（民事部分）纪要》第13条规定："城市房地产管理法第三十九条第一款第二项规定并非效力性强制性规定，当事人仅以转让国有土地使用权未达到该项规定条件为由，请求确认转让合同无效的，不予支持。”

第三，未经有批准权的人民政府批准转让划拨土地使用权的，合同无效，但无效合同在符合条件时可转化为有效合同。详见本章第二节相关内容。

（三）土地使用权转让中的刑事责任风险

在实务中，有土地使用权人因转让土地使用权时不符合《城市房地产管理法》第39条规定的条件，而被判非法转让、倒卖土地使用权罪。甚至有项目公司股东转让项目公司股权，因股权转让时项目未达到《城市房地产管理法》第39条规定的可以转让的条件，而被判非法转让、倒卖土地使用权罪。故即使房地产项目公司股权转让合同或土地使用权转让合同不因未按土地使用权出让合同规定的期限和条件投资开发、利用土地而导致无效，为规避可能产生的刑事责任风险，无论是转让项目公司股权，还是转让房地产，也均应在满足《城市房地产管理法》第39条规定的条件后进行。

《刑法》第228条规定了非法转让、倒卖土地使用权罪，条文为：“以牟利为目的，违反土地管理法规，非法转让、倒卖土地使用权，情节严重的，处三年以下有期徒刑或者拘役，并处或者单处非法转让、倒卖土地使用权价额百分之五以上百分之二十以下罚金；情节特别严重的，处三年以上七年以下有期徒刑，并处非法转让、倒卖土地使用权价额百分之五以上百分之二十以下罚金。”第231条规定：“单位犯本节第二百二十一条至第二百三十条规定之罪的，对单位判处罚金，并对其直接负责的主管人员和其他直接责任人员，依照本节各该条的规定处罚。”

最高人民法院《关于审理破坏土地资源刑事案件具体应用法律若干问题的解释》第1条和第2条对非法转让、倒卖土地使用权罪的适用作了解释，明确以牟利为目的，违反土地管理法规，非法转让、倒卖土地使用权，具有下列情形之一的，属于非法转让、倒卖土地使用权“情节严重”，依照《刑法》第228条的规定，以非法转让、倒卖土地使用权罪定罪处罚：(1)非法转让、倒卖基本农田5亩以上的；(2)非法转让、倒卖基本农田以外的耕地10亩以上的；(3)非法转让、倒卖其他土地20亩以上的；(4)非法获利50万元以上的；(5)非法转让、倒卖土地接近上述数量标准并具有其他恶劣情节的，如曾因非法转让、倒卖土地使用权受过行政处罚或者造成严重后果等。而具有下列情形之一的，属于非法转让、倒卖土地使用权“情节特别严重”：(1)非法转让、倒卖基本农田10亩以上的；(2)非法转让、倒卖基本农田以外的耕地20亩以上的；(3)非法转让、倒卖其他土地40亩以上的；(4)非法获利100万元以上的；(5)非法转让、倒卖土地接近上述数量标准并具有其他恶劣情节，如造成严重后果等。

二、收购项目公司

收购项目公司,是指市场主体以开发某一项目公司名下房地产项目为目标,收购一个房地产项目公司的全部或者大部分股权。收购项目公司本质上收购的是股权。与收购房地产项目相比,收购项目公司税负更轻,但风险更大。

(一)收购项目公司的尽职调查

收购项目公司之前,收购方应自行或委托律师进行尽职调查。调查的重点包括:项目公司的股东是谁,是否存在股权代持,股东股权是否有争议,股权是否被质押或被冻结,股东是否及时足额履行出资义务,项目公司有什么资产,项目公司对资产的权利是否完整,项目公司知识产权情况,土地使用权是否存在瑕疵,是否有闲置风险,土地出让价款是否已付清,报建程序是否完备、是否取得了必要的证件或审批文件,是否存在土地使用权抵押或在建工程抵押,是否存在合作开发,项目是否按出让合同约定时间开工、能否按出让合同约定期限完工,项目销售情况, 项目公司借款等负债情况, 重大交易及其他经营是否合规及存在风险,项目公司的诉讼、仲裁、对外担保等或有负债情况。收购方与被收购方应在尽职调查的基础上设计、签署股权转让合同,并在股权转让合同中对尽职调查中反映的风险作出处理,包括由被收购方的控股股东或实际控制人提供担保等。

(二)收购有限责任公司的股权时,应尊重公司其他股东的优先购买权

考虑到有限责任公司的人合性特征,我国《公司法》等相关法律法规规定了股东向股东以外的人转让股权的,应当向其他股东充分履行通知义务,其他股东在同等条件下享有优先购买权。对于转让股权股东的通知义务及其他股东的优先购买权,2016 年第 5 期《最高人民法院公报》刊登的案例“中静实业(集团)有限公司诉上海电力实业有限公司等股权转让纠纷案”可供参考。审理该案的上海市第二中级人民法院认为,股东向股东以外的人转让股权时向其他股东通知的内容,“应当包括拟转让的股权数量、价格、履行方式、拟受让人的有关情况等多项主要的转让条件”。该案中,股权转让人上海电力实业有限公司(以下简称电力公司)已经与受让人中国水利电力物资有限公司(以下简称水利公司)签署了向水利公司转让其所持有的上海新能源环保工程有限公司(以下简称新能源公司)股权的产权交易合同,水利公司履行了合同义务,新能源公司向水利公司出具了出资证明书,并将水利公司列入股东名册,但未能办理工商变更登记。因电力公司侵犯了新能源公司

其他股东中静实业（集团）有限公司（以下简称中静公司）的优先购买权，法院判决中静公司享有优先购买权，并应在判决生效之日起20日内行使优先购买权，中静公司优先购买权的行使内容、条件，与电力公司和水利公司签订的产权交易合同相同。

第七节　经济适用房、廉租房、公共租赁住房

一、经济适用住房

经济适用住房，是指政府提供政策优惠，限定套型面积和销售价格，按照合理标准建设，面向城市低收入住房困难家庭供应，具有保障性质的政策性住房。

经济适用住房单套的建筑面积控制在60平方米左右。市、县人民政府应当根据当地经济发展水平、群众生活水平、住房状况、家庭结构和人口等因素，合理确定经济适用住房建设规模和各种套型的比例，并进行严格管理。

确定经济适用住房的价格应当以保本微利为原则。其销售基准价格及浮动幅度，由有定价权的价格主管部门会同经济适用住房主管部门，依据经济适用住房价格管理的有关规定，在综合考虑建设、管理成本和利润的基础上确定并向社会公布。房地产开发企业实施的经济适用住房项目利润率按不高于3%核定；市、县人民政府直接组织建设的经济适用住房只能按成本价销售，不得有利润。

经济适用住房购房人拥有有限产权。购买经济适用住房不满5年，不得直接上市交易，购房人因特殊原因确需转让经济适用住房的，由政府按照原价格并考虑折旧和物价水平等因素进行回购。购买经济适用住房满5年，购房人上市转让经济适用住房的，应按照届时同地段普通商品住房与经济适用住房差价的一定比例向政府交纳土地收益等相关价款，具体交纳比例由市、县人民政府确定，政府可优先回购；购房人也可以按照政府所定的标准向政府交纳土地收益等相关价款后，取得完全产权。

二、廉租住房

国家对城市低收入住房困难家庭实行廉租住房保障。城市低收入住房困难家庭，是指城市和县人民政府所在地的镇范围内，家庭收入、住房状况等符合市、县人民政府规定条件的家庭。

廉租住房保障方式实行货币补贴和实物配租等相结合。货币补贴是指县级以

上地方人民政府向申请廉租住房保障的城市低收入住房困难家庭发放租赁住房补贴,由其自行承租住房。实物配租是指县级以上地方人民政府向申请廉租住房保障的城市低收入住房困难家庭提供住房,并按照规定标准收取租金。

实施廉租住房保障,主要通过发放租赁补贴,增强城市低收入住房困难家庭承租住房的能力。廉租住房紧缺的城市,应当通过新建和收购等方式,增加廉租住房实物配租的房源。

三、公共租赁住房

公共租赁住房,是指限定建设标准和租金水平,面向符合规定条件的城镇中等偏下收入住房困难家庭、新就业无房职工和在城镇稳定就业的外来务工人员出租的保障性住房。公共租赁住房租赁期限一般不超过5年。公共租赁住房通过新建、改建、收购、长期租赁等多种方式筹集,可以由政府投资,也可以由政府提供政策支持、社会力量投资。公共租赁住房可以是成套住房,也可以是宿舍型住房。

申请公共租赁住房,应当符合以下条件:(1)在本地无住房或者住房面积低于规定标准;(2)收入、财产低于规定标准;(3)申请人为外来务工人员的,在本地稳定就业达到规定年限。具体条件由直辖市和市、县级人民政府住房保障主管部门根据本地区实际情况确定,报本级人民政府批准后实施并向社会公布。

公共租赁住房的所有权人及其委托的运营单位应当负责公共租赁住房及其配套设施的维修养护,确保公共租赁住房的正常使用。政府投资的公共租赁住房维修养护费用主要通过公共租赁住房租金收入以及配套商业服务设施租金收入解决,不足部分由财政预算安排解决;社会力量投资建设的公共租赁住房维修养护费用由所有权人及其委托的运营单位承担。

市、县级人民政府住房保障主管部门应当会同有关部门,按照略低于同地段住房市场租金水平的原则,确定本地区的公共租赁住房租金标准,报本级人民政府批准后实施。公共租赁住房租金标准应当向社会公布,并定期调整。承租人累计6个月以上拖欠租金的,应当腾退所承租的公共租赁住房;拒不腾退的,公共租赁住房的所有权人或者其委托的运营单位可以向人民法院提起诉讼,要求承租人腾退公共租赁住房。

承租人不得擅自装修所承租公共租赁住房。确需装修的,应当取得公共租赁住房的所有权人或其委托的运营单位同意。

承租人有下列行为之一的,应当退回公共租赁住房:(1)转借、转租或者擅自调换所承租公共租赁住房的;(2)改变所承租公共租赁住房用途的;(3)破坏或者擅自装修所承租公共租赁住房,拒不恢复原状的;(4)在公共租赁住房内从事违法活动的;(5)无正当理由连续6个月以上闲置公共租赁住房的。承租人拒不退回公共租赁住房的,市、县级人民政府住房保障主管部门应当责令其限期退回;逾期不退回的,市、县级人民政府住房保障主管部门可以依法申请人民法院强制执行。

承租人有下列情形之一的,应当腾退公共租赁住房:(1)提出续租申请但经审核不符合续租条件的;(2)租赁期内,通过购买、受赠、继承等方式获得其他住房并不再符合公共租赁住房配租条件的;(3)租赁期内,承租或者承购其他保障性住房的。承租人有前述情形之一的,公共租赁住房的所有权人或者其委托的运营单位应当为其安排合理的搬迁期,搬迁期内租金按照合同约定的租金数额缴纳。搬迁期满不腾退公共租赁住房,承租人确无其他住房的,应当按照市场价格缴纳租金;承租人有其他住房的,公共租赁住房的所有权人或者其委托的运营单位可以向人民法院提起诉讼,要求承租人腾退公共租赁住房。

第二章　报建、规划、设计与监理

第一节　工程报建

工程报建，一般是指建设单位取得项目建设所需的各项证照、批文、备案文件等，以保证工程建设顺利进行、工程能够顺利完成竣工验收及交付使用、产权能够合规取得的过程。

一、“国发〔2016〕29号”文的优化

为降低制度性交易成本、激发社会投资活力，按照国务院关于进一步简化、整合投资项目报建手续的工作部署，2016年5月19日，国务院《关于印发〈清理规范投资项目报建审批事项实施方案的通知〉》（以下简称“国发〔2016〕29号”文）对投资项目申请报告核准或者可行性研究报告批复之后、开工建设之前，由相关部门和单位依据法律法规向项目单位作出的65项行政审批事项进行清理规范。65项报建审批事项中，保留34项，整合24项为8项；改为部门间征求意见的2项，涉及安全的强制性评估5项，不列入行政审批事项。清理规范后报建审批事项减少为42项（包括但不限于房地产领域），包括建设工程规划类许可证核发，建筑工程施工许可证核发，超限高层建筑工程抗震设防审批，风景名胜区内建设活动审批，水运工程设计文件审查，公路建设项目设计审批，港口岸线使用审批，农用地转用审批，土地征收审批，供地方案审批，建设项目压覆重要矿床审批，生产建设项目水土保持方案审批，海域使用权证书核发，海洋工程建设项目环境影响报告书核准（非重特大项目），非重特大项目环评审批，新建、扩建、改建建设工程避免危害气象探测环境审批，防雷装置设计审核，节能审查意见，建设工程消防设计审核，涉及国家安全事项的建设项目审批，应建防空地下室的民用建筑项目报建审批，工程建设涉及城市绿地、树木审批，市政设施建设类审批，因工程建设需要拆除、改动、迁移供水、排

水与污水处理设施审核，洪水影响评价审批，取水许可，建设工程文物保护和考古许可，建设项目使用林地及在林业部门管理的自然保护区、沙化土地封禁保护区建设审批（核）等。

“国发〔2016〕29号”文是对投资项目申请报告核准或者可行性研究报告批复之后、开工建设之前，由相关部门和单位依据法律法规向项目单位作出的65项行政审批事项进行的清理规范，即适用于政府投资项目或进行核准制管理的企业投资项目。上述行政审批事项也基本适用于投资方面按备案管理的企业投资项目，即适用于企业投资的房地产项目。事实上，房地产项目报建事项并不仅限于前述内容，上述行政审批过程中相关部门须征求其他主管部门意见，因而需要房地产开发企业去跟进汇报、解释的方面，或者需要获得批准的事项等，比如，适用于部分项目的用地预审、取得选址意见书，以及教育配套达标、配建租赁住房达标和其他地方性法规、地方政府规章和规范性文件规定涉及的事项。

二、投资管理的新进展

国家对在中国境内投资建设的固定资产投资项目，分别实行审批制、核准制、备案制管理。通过预算安排的固定资产投资项目，实行审批制管理。以中央预算内直接投资项目为例，《中央预算内直接投资项目管理办法》第3条规定，中央预算内直接投资项目实行审批制，包括审批项目建议书、可行性研究报告、初步设计；情况特殊、影响重大的项目，需要审批开工报告；国务院、国家发展改革委批准的专项规划中已经明确、前期工作深度达到项目建议书要求、建设内容简单、投资规模较小的项目，可以直接编报可行性研究报告，或者合并编报项目建议书。企业投资项目，包括外商投资项目，以及事业单位、社会团体等非企业组织在中国境内除预算安排外的固定资产投资项目，分别实行核准制或备案制管理。

2016年11月30日，国务院以国务院令第673号公布《企业投资项目核准和备案管理条例》。随后，国家发展和改革委员会以第2号令发布《企业投资项目核准和备案管理办法》。

在《企业投资项目核准和备案管理条例》公布以前，统领投资管理的国务院层面的文件是国务院《关于投资体制改革的决定》。《企业投资项目核准和备案管理条例》是第一部以行政法规的形式公布的关于企业投资项目核准和备案的规范性文件。以一部行政法规代替政策性的国务院《关于投资体制改革的决定》，在形式上是体现依法治国的一种进步。在部门规章层面，此前有一部国家发改委发布的

《企业投资项目核准暂行办法》(已失效),另有一部《外商投资项目核准和备案管理办法》(已修改),但按备案管理的内资投资项目,并没有一部统一的专门的部门规章层面的规范性文件进行规范,而国家发展和改革委员会以第2号令发布《企业投资项目核准和备案管理办法》填补了这个空缺。

《企业投资项目核准和备案管理条例》的一些规定体现了方便企业、简化形式的思路。比如,该条例第4条规定,企业投资项目核准、备案通过国家建立的项目在线监管平台(以下简称在线平台)办理,核准机关、备案机关以及其他有关部门统一使用在线平台生成的项目代码办理相关手续,理论上企业不需向其他有关部门出示核准或备案文件。又如,第13条规定,实行备案管理的企业投资项目,企业应当在开工建设前通过在线平台将相关信息告知备案机关,备案机关收到相关全部信息即为备案,企业需要备案证明的,可以要求备案机关出具或者通过在线平台自行打印,此条规定将有助于使备案更便捷,更有利于建设廉洁政府。

根据《企业投资项目核准和备案管理条例》第3条的规定,对关系国家安全、涉及全国重大生产力布局、战略性资源开发和重大公共利益等的企业投资项目,实行核准管理。具体项目范围以及核准机关、核准权限依照政府核准的投资项目目录执行。不实行核准管理的企业投资项目,实行备案管理。

三、工程建设项目审批制度改革

为贯彻落实党中央、国务院关于深化"放管服"改革和优化营商环境的部署要求,推动政府职能转向减审批、强监管、优服务,促进市场公平竞争,国务院决定开展工程建设项目审批制度改革试点。国务院办公厅《关于开展工程建设项目审批制度改革试点的通知》从统一审批流程、精简审批环节、完善审批体系、强化监督管理等方面对改革试点做了部署。在前述试点的基础上,国务院决定在全国全面开展工程建设项目审批制度改革,国务院办公厅《关于全面开展工程建设项目审批制度改革的实施意见》从统一审批流程、统一信息数据平台、统一审批管理体系、统一监管方式等方面提出了具体实施意见。本次改革的主要内容如下。

1. 改革内容。对工程建设项目审批制度实施全流程、全覆盖改革。改革覆盖工程建设项目审批全过程(包括从立项到竣工验收和公共设施接入服务);主要是房屋建筑和城市基础设施等工程,不包括特殊工程和交通、水利、能源等领域的重大工程;覆盖行政许可等审批事项和技术审查、中介服务、市政公用服务以及备案等其他类型事项,推动流程优化和标准化。

2. 主要目标。2019年上半年，全国工程建设项目审批时间压缩至120个工作日以内，省（自治区）和地级及以上城市初步建成工程建设项目审批制度框架和信息数据平台；到2019年年底，工程建设项目审批管理系统与相关系统平台互联互通；试点地区继续深化改革，加大改革创新力度，进一步精简审批环节和事项，减少审批阶段，压减审批时间，加强辅导服务，提高审批效能。到2020年年底，基本建成全国统一的工程建设项目审批和管理体系。

3. 精简审批环节。精减审批事项和条件，取消不合法、不合理、不必要的审批事项，减少保留事项的前置条件。下放审批权限，按照方便企业和群众办事的原则，对下级机关有能力承接的审批事项，下放或委托下级机关审批。合并审批事项，对由同一部门实施的管理内容相近或者属于同一办理阶段的多个审批事项，整合为一个审批事项。转变管理方式，对能够用征求相关部门意见方式替代的审批事项，调整为政府内部协作事项。调整审批时序，地震安全性评价在工程设计前完成即可，环境影响评价、节能评价等评估评价和取水许可等事项在开工前完成即可；可以将用地预审意见作为使用土地证明文件申请办理建设工程规划许可证；将供水、供电、燃气、热力、排水、通信等市政公用基础设施报装提前到开工前办理，在工程施工阶段完成相关设施建设，竣工验收后直接办理接入事宜。试点地区要进一步精简审批环节，在加快探索取消施工图审查（或缩小审查范围）、实行告知承诺制和设计人员终身负责制等方面，尽快形成可复制可推广的经验。

4. 规范审批事项。各地要按照国务院统一要求，对本地区工程建设项目审批事项进行全面清理，统一审批事项和法律依据，逐步形成全国统一的审批事项名称、申请材料和审批时限。要本着合法、精简、效能的原则，制定国家、省（自治区）和地级及以上城市工程建设项目审批事项清单，明确各项审批事项的适用范围和前置条件，并实行动态管理。下级政府制定的审批事项清单原则上要与上级政府审批事项清单一致，超出上级政府审批事项清单范围的，要报上级机关备案，并说明理由。

5. 合理划分审批阶段。将工程建设项目审批流程主要划分为立项用地规划许可、工程建设许可、施工许可、竣工验收四个阶段。其中，立项用地规划许可阶段主要包括项目审批核准、选址意见书核发、用地预审、用地规划许可证核发等。工程建设许可阶段主要包括设计方案审查、建设工程规划许可证核发等。施工许可阶段主要包括设计审核确认、施工许可证核发等。竣工验收阶段主要包括规划、土地、消防、人防、档案等验收及竣工验收备案等。其他行政许可、强制性评估、中介服务、市政公用服务以及备案等事项纳入相关阶段办理或与相关阶段并行推进。

每个审批阶段确定一家牵头部门，实行“一家牵头、并联审批、限时办结”，由牵头部门组织协调相关部门严格按照限定时间完成审批。

6. 分类制定审批流程。制定全国统一的工程建设项目审批流程图示范文本。地级及以上地方人民政府要根据示范文本，分别制定政府投资、社会投资等不同类型工程的审批流程图；同时可结合实际，根据工程建设项目类型、投资类别、规模大小等，进一步梳理合并审批流程。简化社会投资的中小型工程建设项目审批，对于带方案出让土地的项目，不再对设计方案进行审核，将工程建设许可和施工许可合并为一个阶段。试点地区要进一步加大改革力度，也可以在其他工程建设项目中探索将工程建设许可和施工许可合并为一个阶段。

7. 实行联合审图和联合验收。制定施工图设计文件联合审查和联合竣工验收管理办法。将消防、人防、技防等技术审查并入施工图设计文件审查，相关部门不再进行技术审查。实行规划、土地、消防、人防、档案等事项限时联合验收，统一竣工验收图纸和验收标准，统一出具验收意见。对于验收涉及的测绘工作，实行“一次委托、联合测绘、成果共享”。

8. 推行区域评估。在各类开发区、工业园区、新区和其他有条件的区域，推行由政府统一组织对压覆重要矿产资源、环境影响评价、节能评价、地质灾害危险性评估、地震安全性评价、水资源论证等评估评价事项实行区域评估。实行区域评估的，政府相关部门应在土地出让或划拨前，告知建设单位相关建设要求。

9. 推行告知承诺制。对通过事中事后监管能够纠正不符合审批条件的行为且不会产生严重后果的审批事项，实行告知承诺制。公布实行告知承诺制的工程建设项目审批事项清单及具体要求，申请人按照要求作出书面承诺的，审批部门可以根据申请人信用等情况直接作出审批决定。对已经实施区域评估范围内的工程建设项目，相应的审批事项实行告知承诺制。

第二节　工程规划、设计

对于房地产开发企业而言，规划、设计的变更不仅意味着可能需要进行规划报批、施工图图审、工程价款调整，还需按规定进行公示或通知购房人，并可能因此引起众多购房人的关注而使事情复杂化。本节特对规划与工程设计相关问题作简要介绍，帮助房地产开发企业了解商品房销售角度的规划设计核心问题。

一、规划与设计中三个触及购房人利益的事项

房地产项目规划与设计中存在三个既影响项目规划条件核实、竣工验收又可能触及购房人利益的事项。第一是规划的修改，包括修建性详细规划、建设工程设计方案总平面图的修改，第二是影响作为买卖标的的商品房的规划设计变更，第三是由前两项涉及的修改引起的施工图设计文件（以下简称施工图）审查。关于因规划、设计变更，从而导致施工图修改，涉及施工图审查须注意事项，详见本节第三部分内容。

关于修建性详细规划、建设工程设计方案总平面图的修改。根据《城乡规划法》第40条第3款和第50条第2款的规定，城市、县人民政府城乡规划主管部门或者省、自治区、直辖市人民政府确定的镇人民政府应当依法将经审定的修建性详细规划、建设工程设计方案的总平面图予以公布；经依法审定的修建性详细规划、建设工程设计方案的总平面图不得随意修改；确需修改的，城乡规划主管部门应当采取听证会等形式，听取利害关系人的意见；因修改给利害关系人合法权益造成损失的，应当依法给予补偿。可见，修建性详细规划、建设工程设计方案总平面图的修改是关系利害关系人的事项，城乡规划部门并不能轻易批准，而是要经过向利害关系人听取意见的程序方才能决定是否批准。

关于影响作为买卖标的的商品房的规划设计变更，《商品房销售管理办法》第24条规定，“房地产开发企业应当按照批准的规划、设计建设商品房。商品房销售后，房地产开发企业不得擅自变更规划、设计。经规划部门批准的规划变更、设计单位同意的设计变更导致商品房的结构型式、户型、空间尺寸、朝向变化，以及出现合同当事人约定的其他影响商品房质量或者使用功能情形的，房地产开发企业应当在变更确立之日起10日内，书面通知买受人。买受人有权在通知到达之日起15日内做出是否退房的书面答复。买受人在通知到达之日起15日内未作书面答复的，视同接受规划、设计变更以及由此引起的房价款的变更。房地产开发企业未在规定时限内通知买受人的，买受人有权退房；买受人退房的，由房地产开发企业承担违约责任”。根据该条规定，即使规划变更经规划部门批准、设计变更经设计单位同意，只要影响商品房质量或者使用功能，房地产开发企业即需通知购房人，且购房人有权退房。房地产开发企业并不能以规划变更已经规划部门批准、设计变更已经设计单位同意来对抗购房人的退房权。

发包人未经设计、规划等部门同意自行变更工程规划、设计，承包人按照发包人指令施工的，发包人与承包人都有过错。对由此可能造成的损失，江苏省高级人

民法院《关于审理建设工程施工合同纠纷案件若干问题的意见》第26条规定："发包人未经设计、规划等部门同意自行变更工程规划、设计，承包人按照发包人指令施工，由此造成发包人损失的由发包人自行承担；造成第三人损失的由发包人与承包人承担连带责任。"

二、修建性详细规划、设计方案

（一）修建性详细规划

根据《城乡规划法》第2条第2款的规定，城乡规划，包括城镇体系规划、城市规划、镇规划、乡规划和村庄规划。城市规划分为总体规划和详细规划。详细规划分为控制性详细规划和修建性详细规划。

修建性详细规划由编制单位依据控制性详细规划及建设主管部门（城乡规划主管部门）提出的规划条件组织编制。修建性详细规划应当符合控制性详细规划和规划条件。

根据《城乡规划法》第21条的规定，城市、县人民政府城乡规划主管部门和镇人民政府可以组织编制重要地块的修建性详细规划。其他地块的修建性详细规划，以《湖北省城乡规划条例》第16条第2款规定为例，由建设单位组织编制，报当地城乡规划主管部门审批。

编制城市修建性详细规划，目的在于对所在地块的建设提出具体的安排和设计。根据《城市规划编制办法》第43条的规定，修建性详细规划应当包括下列内容：(1)建设条件分析及综合技术经济论证。(2)建筑、道路和绿地等的空间布局和景观规划设计，布置总平面图。(3)对住宅、医院、学校和托幼等建筑进行日照分析。(4)根据交通影响分析，提出交通组织方案和设计。(5)市政工程管线规划设计和管线综合。(6)竖向规划设计。(7)估算工程量、拆迁量和总造价，分析投资效益。

（二）建筑工程设计方案

以建筑工程设计方案为例。根据《建筑工程设计文件编制深度规定（2016年版）》的规定，建筑工程一般应分为方案设计、初步设计和施工图设计三个阶段；对于技术要求相对简单的民用建筑工程，当有关主管部门在初步设计阶段没有审查要求，且合同中没有做初步设计的约定时，可在方案设计审批后直接进入施工图设计。方案设计文件，应满足编制初步设计文件的需要，应满足方案审批或报批的需要。

方案设计文件包括：(1)设计说明书，包括各专业设计说明以及投资估算等内容，具体而言包括设计依据、设计要求及主要技术经济指标，总平面设计说明，建筑设计说明,结构设计说明,建筑电气设计说明,给水排水设计说明,供暖通风与空气调节设计说明,热能动力设计说明,投资估算文件;对于涉及建筑节能、环保、绿色建筑、人防等设计的专业,其设计说明应有相应的专门内容;(2)总平面图以及相关建筑设计图纸,包括平面图、立面图、剖面图,若为城市区域供热或区域燃气调压站,应提供热能动力专业的设计图纸;(3)设计委托或设计合同中规定的透视图、鸟瞰图、模型等。

三、施工图审查

以房屋建筑和市政基础设施工程施工图审查为例。根据《房屋建筑和市政基础设施工程施工图设计文件审查管理办法》及相关规定,国家实施施工图(含勘察文件)审查制度,并逐步推行以政府购买服务方式开展施工图审查。施工图审查,是指施工图审查机构(以下简称审查机构)按照有关法律、法规,对施工图涉及公共利益、公众安全和工程建设强制性标准的内容进行的审查。施工图审查应当坚持先勘察、后设计的原则。施工图未经审查合格的,不得使用。从事房屋建筑工程、市政基础设施工程施工、监理等活动,以及实施对房屋建筑和市政基础设施工程质量安全监督管理,应当以审查合格的施工图为依据。

审查机构是专门从事施工图审查业务,不以营利为目的的独立法人。省、自治区、直辖市人民政府住房城乡建设主管部门应当将审查机构名录报国务院住房城乡建设主管部门备案,并向社会公布。审查机构按承接业务范围分两类:一类机构承接房屋建筑、市政基础设施工程施工图审查业务范围不受限制;二类机构可以承接中型及以下房屋建筑、市政基础设施工程的施工图审查。

审查机构应当对施工图审查下列内容:(1)是否符合工程建设强制性标准;(2)地基基础和主体结构的安全性;(3)消防安全性;(4)人防工程(不含人防指挥工程)防护安全性;(5)是否符合民用建筑节能强制性标准,对执行绿色建筑标准的项目,还应当审查是否符合绿色建筑标准;(6)勘察设计企业和注册执业人员以及相关人员是否按规定在施工图上加盖相应的图章和签字;(7)法律、法规、规章规定必须审查的其他内容。在审查合格后,审查机构应当在全套施工图(包括须经审查的设计变更文件)的每一张图纸上按规定盖章。任何单位或者个人不得擅自修改审查合格的施工图;确需修改的,凡涉及审查机构应当审查内容的,建设单位应当将修改后的施工图送原审查机构审查。

施工图审查旨在对施工图是否符合工程建设强制性标准、地基基础和主体结构是否安全等方面进行把关,客观上有利于保证建筑质量。商品房质量关乎房地产开发企业的生存和发展,房地产开发企业应积极配合施工图审查机制,如此既满足国家相关规定要求,可以面对购房人的审视,又能为项目质量加一道保险,提升项目和企业在房地产市场的名声。最终受益的,仍然是房地产开发企业自己。

四、律师建议

建设工程的规划、设计变更具有牵一发而动全身的影响,对此,有如下建议:

1. 规划、设计变更可能难以避免,但房地产开发企业要尽量减少规划、设计变更。为此,要尽早、尽量全面地对有关规定、对项目和产品进行研究。在项目规划、设计阶段,甚至在土地购买阶段,要尽可能对项目和产品多做一些研究,努力按照有关规定对项目、产品进行深入、全面的研究,为此,一要依赖规划设计、工程管理、物业管理、运行管理专业人士;二要广泛听取团队和合作方意见。规划、设计变更越少,实际上意味着工期浪费越少,工程造价浪费越少。

2. 如确有规划、设计变更,要尽早履行报批程序、施工图审查程序。房地产项目有向购房人交房的压力,如果拖延规划、设计变更的报批程序、施工图审查程序,规划主管部门可能因工程客观现实或其他客观原因不能、不便批准变更,审查机构也可能不能审查通过修改后的施工图,则房地产开发企业可能失去变通余地,最终影响工程规划条件核实及竣工验收,并可能因此而承担逾期交房责任。

3. 如确有规划、设计变更,要及时按规定、约定通知购房人。不是所有的规划、设计变更都需要通知购房人,但按照规定、约定需要通知购房人的,应按规定、约定时间及时通知。如此可处于守约的有利地位,道义上不输,法律上无瑕疵,争议发生时,会比较主动。

第三节 工程建设监理

一、工程建设监理的概念与建设工程监理合同

工程建设监理是指监理单位受发包人的委托,依照法律、行政法规及有关的技术标准、设计文件、工程建设监理合同件和建筑工程承包合同,对承包单位在施工质量、建设工期和建设资金使用等方面,代表发包人实施监督。

根据《建筑法》第 12 条的规定,从事建筑活动的工程监理单位,应当具备下列条件:(1)有符合国家规定的注册资本;(2)有与其从事的建筑活动相适应的具有法

定执业资格的专业技术人员;(3)有从事相关建筑活动所应有的技术装备;(4)法律、行政法规规定的其他条件。根据《建筑法》第13条和第34条的规定,从事建筑活动的工程监理单位,按照其拥有的注册资本、专业技术人员、技术装备和已完成的建筑工程业绩等资质条件,划分为不同的资质等级,经资质审查合格,取得相应等级的资质证书后,方可在其资质等级许可的范围内从事建筑活动。根据《建筑法》第14条的规定,从事建筑活动的专业技术人员,应当依法取得相应的执业资格证书,并在执业资格证书许可的范围内从事建筑活动。

根据《建设工程质量管理条例》第12条第1款的规定,监理人既可以是具有相应资质等级的工程监理单位,也可以是具有工程监理相应资质等级并与被监理工程的施工承包单位没有隶属关系或者其他利害关系的该工程的设计单位,即监理单位既可以是具备相应资质的监理公司,也可以是具有监理资质的设计单位。

建设工程监理合同属于委托合同。虽然《建设工程监理合同(示范文本)》(GF-2012-0202)代替《建设工程委托监理合同(示范文本)》(GF-2000-2002)后,监理合同名称中已没有了"委托"二字,但不妨碍监理合同的委托合同性质。《民法典》第796条对此也进行了确认。该条规定:"建设工程实行监理的,发包人应当与监理人采用书面形式订立委托监理合同。发包人与监理人的权利和义务以及法律责任,应当依照本编委托合同以及其他有关法律、行政法规的规定。"

虽然监理的法律特征与委托代理相似,但还具有区别于委托代理的法律特征。具体而言,监理人与发包人之间是平等关系,是特殊的委托合同。"特殊"之处在于监理人不仅要为发包人提供监理服务,维护发包人的合法权益,而且还有责任维护承包人的合法权益。① 一方面,按照《民法典》第922条的规定,委托合同下受托人应当按照委托人的指示处理委托事务;另一方面,作为受托人的工程监理单位应当客观、公正地执行监理任务,并非唯建设单位之命是从。《建筑法》第34条第2款规定,工程监理单位应当根据建设单位的委托,客观、公正地执行监理任务。国家标准《建设工程监理规范》(GB/T 50319-2013)第1.0.9项规定,"工程监理单位应公平、独立、诚信、科学地开展建设工程监理与相关服务活动",相应的条文说明为:工程监理单位在实施建设工程监理与相关服务时,要公平地处理工作中出现的问题,独立地进行判断和行使职权,科学地为建设单位提供专业化服务,既要维护建设单位的合法权益,也不能损害其他有关单位的合法权益。可见,工程监理单位不

① 参见最高人民法院民事审判第一庭编:《民事审判指导与参考》总第34辑,法律出版社2008年版,第176~177页。

完全是建设单位的代表,还应是独立、公正的第三方机构。

二、实行强制监理的建设工程范围

《建筑法》第30条规定,国家推行建筑工程监理制度。国务院可以规定实行强制监理的建筑工程的范围。《建设工程质量管理条例》第12条第2款对实行强制监理的建设工程的范围作了规定,包括:(1)国家重点建设工程;(2)大中型公用事业工程;(3)成片开发建设的住宅小区工程;(4)利用外国政府或者国际组织贷款、援助资金的工程;(5)国家规定必须实行监理的其他工程。

根据《建设工程监理范围和规模标准规定》,《建设工程质量管理条例》第12条规定的国家重点建设工程,是指依据《国家重点建设项目管理办法》所确定的对国民经济和社会发展有重大影响的骨干项目。

大中型公用事业工程,是指项目总投资额在3000万元以上的下列工程项目:(1)供水、供电、供气、供热等市政工程项目;(2)科技、教育、文化等项目;(3)体育、旅游、商业等项目;(4)卫生、社会福利等项目;(5)其他公用事业项目。

成片开发建设的住宅小区工程,建筑面积在5万平方米以上的住宅建设工程必须实行监理;5万平方米以下的住宅建设工程,可以实行监理,具体范围和规模标准,由省、自治区、直辖市人民政府建设行政主管部门规定。为了保证住宅质量,对高层住宅及地基、结构复杂的多层住宅应当实行监理。

利用外国政府或者国际组织贷款、援助资金的工程范围包括:(1)使用世界银行、亚洲开发银行等国际组织贷款资金的项目;(2)使用国外政府及其机构贷款资金的项目;(3)使用国际组织或者国外政府援助资金的项目。

国家规定必须实行监理的其他工程是指:(1)项目总投资额在3000万元以上关系社会公共利益、公众安全的下列基础设施项目:①煤炭、石油、化工、天然气、电力、新能源等项目;②铁路、公路、管道、水运、民航以及其他交通运输业等项目;③邮政、电信枢纽、通信、信息网络等项目;④防洪、灌溉、排涝、发电、引(供)水、滩涂治理、水资源保护、水土保持等水利建设项目;⑤道路、桥梁、地铁和轻轨交通、污水排放及处理、垃圾处理、地下管道、公共停车场等城市基础设施项目;⑥生态环境保护项目;⑦其他基础设施项目。(2)学校、影剧院、体育场馆项目。

国家规定实行强制监理的建设工程,一般都涉及公共利益,这些建设工程建设单位必须委托工程监理企业提供监理服务。否则,建设项目不能取得施工许可证,竣工验收也不可进行。此外,建设项目必须实行工程监理而未实行工程监理的,按

《建设工程质量管理条例》第56条的规定，应责令改正，处20万元以上50万元以下的罚款。

三、建设单位与工程监理单位的义务

根据《建筑法》第31条和《民法典》第796条的规定，建设工程实行监理的，发包人应当与监理人采用书面形式订立委托监理合同。发包人与监理人的权利和义务以及法律责任，应当依照委托合同以及其他有关法律、行政法规的规定。建设工程监理合同的主要条款是：监理的范围和内容、双方的权利与义务、监理费的计取与支付、违约责任、双方约定的其他事项。

监理合同委托人（一般情况下即建设单位）的义务包括：(1)实施建筑工程监理前，应当将委托的工程监理单位、监理的内容及监理权限，书面通知被监理的建筑施工企业，为监理单位开展工作创造条件。(2)无偿向工程监理单位提供工程有关的资料，并在合同履行过程中，应及时向工程监理单位提供最新的与工程有关的资料。(3)应为工程监理单位完成监理与相关服务提供必要的条件。(4)应在合同约定的时间内，对工程监理单位以书面形式提交并要求作出决定的事宜，给予书面答复。(5)应按合同约定，向工程监理单位支付酬金等。

工程监理单位在监理合同下的义务包括：(1)不得转让工程监理业务。(2)应当依照法律、行政法规及有关的技术标准、设计文件和建筑工程承包合同，对承包单位在施工质量、建设工期和建设资金使用等方面，代表建设单位实施监督；工程监理人员认为工程施工不符合工程设计要求、施工技术标准和合同约定的，有权要求建筑施工企业改正。(3)工程监理人员发现工程设计不符合建筑工程质量标准或者合同约定的质量要求的，应当报告建设单位要求设计单位改正。(4)应当根据建设单位的委托，客观、公正地执行监理任务。(5)禁止与承包单位串通，为承包单位谋取非法利益等。

工程监理单位不按照委托监理合同的约定履行监理义务，对应当监督检查的项目不检查或者不按照规定检查，给建设单位造成损失的，应当承担相应的赔偿责任。工程监理单位与承包单位串通，为承包单位谋取非法利益，给建设单位造成损失的，应当与承包单位承担连带赔偿责任。

四、监理在解决工程施工合同争议中的作用

从国家相关规定来看，不是每一项建筑工程都需要委托工程监理单位提供监

理服务。但国家推行建筑工程监理制度,希望借助第三方专业机构即工程监理单位的专业力量,对承包单位在施工质量、建设工期和建设资金使用等方面代表发包人实施监督,弥补建设单位在专业方面可能存在的不足,提高工程质量。同时,由于工程施工合同金额一般比较大、履行持续时间一般比较长,发包人与承包人比较容易发生争议,在争议发生时如果双方均只提供、认可对己方有利的证据和事实,不提供、否认对己方不利的证据、事实,法院或仲裁机构不易查明真相,不利于争议得到公平、合理的解决。而作为相对公正的第三方的工程监理单位从工程开始至竣工深度介入工程施工,既可以就发包人与承包人的争议方面提供相对公正而专业的意见,又有机会缓冲甚至解决发包人与承包人的矛盾与争议。故从国外引进的建设监理制度,是一个科学的制度。

由于工程监理单位具有相对独立性和公正性,既要维护建设单位的合法权益,也不能损害其他有关单位的合法权益,故在建设工程施工合同争议中,与工程监理单位有关的行为和工程监理单位所参与形成的文件,具有较强的证明力。在《最高人民法院公报》选登的以下两份最高人民法院民事判决书中,最高人民法院均认可了与工程监理单位有关的行为和工程监理单位所参与形成的文件的证明力,并以此为基础作出相关判决。

在中铁二十二局集团第四工程有限公司与安徽瑞讯交通开发有限公司、安徽省高速公路控股集团有限公司建设工程施工合同纠纷案①中,最高人民法院以安徽瑞讯交通开发有限公司(以下简称瑞讯公司)未向监理工程师提交索赔意向书为证据之一,否决了中铁二十二局集团第四工程有限公司(以下简称中铁公司)相关利息赔偿请求,又以现场监理人员签字确认的每日停窝工情况具体统计表、每月停窝工情况统计表为支持证据,判决瑞讯公司应赔偿中铁公司相应窝工损失。在判决中,最高人民法院的相关论述如下:"即使存在瑞讯公司迟延支付工程预付款、应根据合同通用条款约定支付中铁公司迟延利息的义务,中铁公司还应根据合同通用条款第53条约定,在该索赔事件首次发生的21天之内将其索赔意向书提交监理工程师,并抄送业主;但是,中铁公司并未提供证据证明其依据上述约定,向瑞讯公司提出针对迟延支付工程预付款的利息索赔请求,故亦根据该条关于'如果承包人提出的索赔要求未能遵守本条中的各项规定,承包人无权得到索赔'的约定,中铁公司也无权获得该部分利息的赔偿请求。""关于2004年3月至2005年3月期间的停

① 最高人民法院关于该案的二审民事判决书参见2016年第4期《最高人民法院公报》"裁判文书选登"部分。

窝工损失问题。根据合同通用条款第53条的约定，如果承包人根据合同条款中任何条款提出任何附加支付的索赔时，其应该在该索赔事件首次发生的21天之内将其索赔意向书提交监理工程师，并抄送业主；监理工程师在与业主和承包人协商后，确定承包人有权得到的全部或部分索赔款额。对于2004年至2005年第一次停窝工期间的确定部分造价为6778661.54元，经查明，是指既有现场监理人员签字确认的每日停窝工情况具体统计表，也有现场监理人员签字确认的每月停窝工情况统计表，这说明对于这部分损失，中铁公司已经按照索赔程序提出了索赔，且该索赔已经经过监理签字予以确认，故中铁公司的该索赔符合上述合同通用条款第53条的约定，一审法院判决瑞讯公司赔偿中铁公司此部分确定款项的损失，并无不当，应予维持。”

2015年第12期《最高人民法院公报》选登的《青海方升建筑安装工程有限责任公司与青海隆豪置业有限公司建设工程施工合同纠纷二审民事判决书》[（2014）民一终字第69号]中，对于双方有争议的工程变更、签证项目，最高人民法院采信了现场监理签署的工程签证单，并以此为基础支持了青海方升建筑安装工程有限责任公司（以下简称方升公司）提出的相应认定工程量的主张。法院相关论述如下：双方有争议的工程变更、签证项目均由监理单位指派的监理人中冯某某签字确认，该部分鉴定价格为1451136.16元。根据方升公司提交的《藏文化产业创意园项目监理部拟进场人员名单》，冯某某系监理单位指派的总监代表，双方有争议的工程鉴证单均系冯某某签署。根据最高人民法院《关于审理建设工程施工合同纠纷案件适用法律若干问题的解释》第19条“当事人对工程量有争议的，按照施工过程中形成的签证等书面文件确认。承包人能够证明发包人同意其施工，但未能提供签证文件证明工程量发生的，可以按照当事人提供的其他证据确认实际发生的工程量”的规定，冯某某作为总监代表，又是现场唯一监理，其在工程签证单上的签字，是对本案建设工程现场施工情况的真实反映。因此，其签署的工程签证单能够证明变更、签证项目的实际发生，变更、签证的工作量应当予以认定。一审判决以签证单上无监理单位签章，隆豪公司不予认可，总监理工程师不知情为由，认定上述签证单是冯某某超越权限的个人行为，不能作为结算工程款，于事实不符，于法律无据，予以纠正；方升公司提出的变更、签证的工程量应当予以认定的上诉理由成立，予以支持。

第三章　工程建设

第一节　建设工程发包与承包

一、建设工程的发包

(一)建设工程发包的方式

根据《建筑法》第19条的规定及其他相关规定,建设工程发包有多种方式:一是依法实行招标发包;二是对不适于招标发包的,或不需要通过招标发包的,可以直接发包;三是通过其他采购形式发包。在不同的发包方式下,确定承包人的方式不同。根据《建筑法》第22条的规定,建筑工程实行招标发包的,发包单位应当将建筑工程发包给依法中标的承包单位。

(二)建设单位不得违法发包工程

建设单位不得违法发包工程。根据《建筑工程施工发包与承包违法行为认定查处管理办法》第5条的规定,违法发包,是指建设单位将工程发包给个人或不具有相应资质的单位、肢解发包、违反法定程序发包及其他违反法律法规规定发包的行为。根据该办法第6条的规定,存在下列情形之一的,属于违法发包:(1)建设单位将工程发包给个人的;(2)建设单位将工程发包给不具有相应资质的单位的;(3)依法应当招标未招标或未按照法定招标程序发包的;(4)建设单位设置不合理的招标投标条件,限制、排斥潜在投标人或者投标人的;(5)建设单位将一个单位工程的施工分解成若干部分发包给不同的施工总承包或专业承包单位的。

建设单位应当将建设工程发包给具有相应资质的承包单位,而不应发包给个人。如果建设单位明知承包人不具有相应资质或不具有所需全部资质而将工程发包给该承包人,在建设单位与承包人的责任比例方面,有些法院在相应案例中表达的观点认为,建设单位对由此造成的损失应承担主要责任。

建设单位发包建设工程不得肢解发包。所谓肢解发包,根据《建设工程质量管理条例》第78条第1款的规定，是指建设单位将应当由一个承包单位完成的建设工程分解成若干部分发包给不同的承包单位的行为。《建筑法》第24条规定："提倡对建筑工程实行总承包，禁止将建筑工程肢解发包。建筑工程的发包单位可以将建筑工程的勘察、设计、施工、设备采购一并发包给一个工程总承包单位，也可以将建筑工程勘察、设计、施工、设备采购的一项或者多项发包给一个工程总承包单位；但是，不得将应当由一个承包单位完成的建筑工程肢解成若干部分发包给几个承包单位。"《民法典》第791条规定：发包人可以与总承包人订立建设工程合同，也可以分别与勘察人、设计人、施工人订立勘察、设计、施工承包合同。发包人不得将应当由一个承包人完成的建设工程肢解成若干部分发包给数个承包人。

建设单位违法发包的，应当承担相应行政责任。《建筑工程施工发包与承包违法行为认定查处管理办法》第15条第1项规定，建设单位将工程发包给个人或将工程发包给不具有相应资质的单位的，依据《建筑法》第65条、《建设工程质量管理条例》第54条的规定进行处罚；依法应当招标未招标或未按照法定招标程序发包的，依据《招标投标法》第49条、《招标投标法实施条例》第64条的规定进行处罚；建设单位设置不合理的招标投标条件，限制、排斥潜在投标人或者投标人的，依据《招标投标法》第51条、《招标投标法实施条例》第63条的规定进行处罚；建设单位将一个单位工程的施工分解成若干部分发包给不同的施工总承包或专业承包单位的，依据《建筑法》第65条、《建设工程质量管理条例》第55条的规定进行处罚。建设单位违法发包，拒不整改或者整改后仍达不到要求的，视为没有依法确定施工企业，将其违法行为记入诚信档案，实行联合惩戒。对全部或部分使用国有资金的项目，同时将建设单位违法发包的行为告知其上级主管部门及纪检监察部门，并建议对建设单位直接负责的主管人员和其他直接责任人员给予相应的行政处分。

在工程发包中，发包人不得索贿、受贿。《建筑法》第68条规定："在工程发包与承包中索贿、受贿、行贿，构成犯罪的，依法追究刑事责任；不构成犯罪的，分别处以罚款，没收贿赂的财物，对直接负责的主管人员和其他直接责任人员给予处分。对在工程承包中行贿的承包单位，除依照前款规定处罚外，可以责令停业整顿，降低资质等级或者吊销资质证书。"

（三）建设工程企业资质

按照国务院办公厅《关于印发全国深化"放管服"改革优化营商环境电视电话会议重点任务分工方案的通知》的要求，为深化建筑业"放管服"改革，做好建设工程企业资质（包括工程勘察、设计、施工、监理企业资质，以下统称企业资质）认定事项压减工作，住房和城乡建设部制定了《建设工程企业资质管理制度改革方案》。

该方案2020年11月11日经国务院常务会议审议通过，住房和城乡建设部于2020年11月30日印发。

根据《建设工程企业资质管理制度改革方案》的规定，建设工程企业资质管理制度改革的主要内容包括：

1. 精简资质类别，归并等级设置。为在疫情防控常态化条件下做好“六稳”工作、落实“六保”任务，进一步优化建筑市场营商环境，确保新旧资质平稳过渡，保障工程质量安全，按照稳中求进的原则，积极稳妥推进建设工程企业资质管理制度改革。对部分专业划分过细、业务范围相近、市场需求较小的企业资质类别予以合并，对层级过多的资质等级进行归并。改革后，工程勘察资质分为综合资质和专业资质，工程设计资质分为综合资质、行业资质、专业和事务所资质，施工资质分为综合资质、施工总承包资质、专业承包资质和专业作业资质，工程监理资质分为综合资质和专业资质。资质等级原则上压减为甲、乙两级（部分资质只设甲级或不分等级），资质等级压减后，中小企业承揽业务范围将进一步放宽，有利于促进中小企业发展。具体压减情况如下：

（1）工程勘察资质。保留综合资质，将4类专业资质及劳务资质整合为岩土工程、工程测量、勘探测试等3类专业资质。综合资质不分等级，专业资质等级压减为甲、乙两级。

（2）工程设计资质。保留综合资质，将21类行业资质整合为14类行业资质，将151类专业资质、8类专项资质、3类事务所资质整合为70类专业和事务所资质。综合资质、事务所资质不分等级，行业资质、专业资质等级原则上压减为甲、乙两级（部分资质只设甲级）。

（3）施工资质。将10类施工总承包企业特级资质调整为施工综合资质，可承担各行业、各等级施工总承包业务；保留12类施工总承包资质，将民航工程的专业承包资质整合为施工总承包资质；将36类专业承包资质整合为18类；将施工劳务企业资质改为专业作业资质，由审批制改为备案制。综合资质和专业作业资质不分等级；施工总承包资质、专业承包资质等级原则上压减为甲、乙两级（部分专业承包资质不分等级），其中，施工总承包甲级资质在本行业内承揽业务规模不受限制。

（4）工程监理资质。保留综合资质；取消专业资质中的水利水电工程、公路工程、港口与航道工程、农林工程资质，保留其余10类专业资质；取消事务所资质。综合资质不分等级，专业资质等级压减为甲、乙两级。

2. 放宽准入限制，激发企业活力。住房和城乡建设部会同国务院有关主管部门制定统一的企业资质标准，大幅精简审批条件，放宽对企业资金、主要人员、工程业绩和技术装备等的考核要求。适当放宽部分资质承揽业务规模上限,多个资质合并的,新资质承揽业务范围相应扩大至整合前各资质许可范围内的业务,尽量减少政府对建筑市场微观活动的直接干预,充分发挥市场在资源配置中的决定性作用。

3. 下放审批权限,方便企业办事。进一步加大放权力度,选择工作基础较好的地方和部分资质类别,开展企业资质审批权下放试点,将除综合资质外的其他等级资质,下放至省级及以下有关主管部门审批(其中,涉及公路、水运、水利、通信、铁路、民航等资质的审批权限由国务院住房和城乡建设主管部门会同国务院有关部门根据实际情况决定),方便企业就近办理。试点地方要明确专门机构、专业人员负责企业资质审批工作,并制定企业资质审批相关管理规定,确保资质审批权下放后地方能够接得住、管得好。企业资质全国通用,严禁各行业、各地区设置限制性措施,严厉查处变相设置市场准入壁垒,违规限制企业跨地区、跨行业承揽业务等行为,维护统一规范的建筑市场。

4. 优化审批服务,推行告知承诺制。深化"互联网+政务服务",加快推动企业资质审批事项线上办理,实行全程网上申报和审批,逐步推行电子资质证书,实现企业资质审批"一网通办",并在全国建筑市场监管公共服务平台公开发布企业资质信息。简化各类证明事项,凡是通过政府部门间信息共享可以获取的证明材料,一律不再要求企业提供。加快推行企业资质审批告知承诺制,进一步扩大告知承诺制使用范围,明确审批标准,逐步提升企业资质审批的规范化和便利化水平。

5. 加强事中事后监管,保障工程质量安全。坚持放管结合,加大资质审批后的动态监管力度,创新监管方式和手段,全面推行"双随机、一公开"监管方式和"互联网+监管"模式,强化工程建设各方主体责任落实,加大对转包、违法分包、资质挂靠等违法违规行为查处力度,强化事后责任追究,对负有工程质量安全事故责任的企业、人员依法严厉追究法律责任。

二、招标发包

建设工程的招标发包,应当根据《建筑法》《招标投标法》《招标投标法实施条例》《建设工程勘察设计管理条例》《房屋建筑和市政基础设施工程施工招标投标管理办法》《建筑工程设计招标投标管理办法》等相关法律、行政法规、部门规章等的相关规定进行。

招标包括公开招标和邀请招标两种形式。公开招标是指招标人以招标公告的方式邀请不特定的法人或者其他组织投标,邀请招标是指招标人以投标邀请书的方式邀请特定的法人或者其他组织投标。招标人采用公开招标方式的,应当发布招标公告。依法必须进行招标的项目的招标公告,应当通过国家指定的报刊、信息网络或者其他媒介发布。招标人采用邀请招标方式的,应当向3个以上具备承担招标项目的能力、资信良好的特定的法人或者其他组织发出投标邀请书。

根据《招标投标法》第11条以及《招标投标法实施条例》第7条、第8条的规定,国有资金占控股或者主导地位的依法必须进行招标的项目,应当公开招标;但有下列情形之一的,可以邀请招标:(1)技术复杂、有特殊要求或者受自然环境限制,只有少量潜在投标人可供选择;(2)采用公开招标方式的费用占项目合同金额的比例过大;(3)国务院发展计划部门确定的国家重点项目和省、自治区、直辖市人民政府确定的地方重点项目不适宜公开招标的,经国务院发展计划部门或者省、自治区、直辖市人民政府批准,可以进行邀请招标。有前两种所列情形,属于按照国家有关规定需要履行项目审批、核准手续的依法必须进行招标的项目,由项目审批、核准部门在审批、核准项目时作出认定。不属于必须公开招标的项目,招标人愿意通过公开招标方式发包的,可以通过公开招标的方式招标。在这种情形下,通常是发包人希望招标意向为更多符合条件的投标人所知,旨在从更符合条件的投标人中选择最佳承包人。

(一)必须进行招标的工程建设项目

《招标投标法》第3条第1款规定,在中华人民共和国境内进行下列工程建设项目包括项目的勘察、设计、施工、监理以及与工程建设有关的重要设备、材料等的采购,必须进行招标:(1)大型基础设施、公用事业等关系社会公共利益、公众安全的项目;(2)全部或者部分使用国有资金投资或者国家融资的项目;(3)使用国际组织或者外国政府贷款、援助资金的项目。

根据《招标投标法实施条例》第2条、《招标投标法》第3条所指工程建设项目,是指工程以及与工程建设有关的货物、服务。所称工程,是指建设工程,包括建筑物和构筑物的新建、改建、扩建及其相关的装修、拆除、修缮等;所称与工程建设有关的货物,是指构成工程不可分割的组成部分,且为实现工程基本功能所必需的设备、材料等;所称与工程建设有关的服务,是指为完成工程所需的勘察、设计、监理等服务。

根据《招标投标法实施条例》第3条的规定,依法必须进行招标的工程建设项目的具体范围和规模标准,由国务院发展改革部门会同国务院有关部门制订,报国务院批准后公布施行。2018年3月,国家发展和改革委员会公布《必须招标的工程项目规定》。2018 年 6 月，国家发展和改革委员会印发了《必须招标的基础设施和公用事业项目范围规定》。2020 年 10 月 19 日，国家发展和改革委员会办公厅印发《关于进一步做好〈必须招标的工程项目规定〉和〈必须招标的基础设施和公用事业项目范围规定〉实施工作的通知》，明确各地方应当严格执行《必须招标的工程项目规定》和《必须招标的基础设施和公用事业项目范围规定》规定的范围和规模标准，不得另行制定必须进行招标的范围和规模标准，也不得作出与《必须招标的工程项目规定》《必须招标的基础设施和公用事业项目范围规定》和本通知相抵触的规定，持续深化招标投标领域"放管服"改革，努力营造良好市场环境。依法必须招标的工程建设项目范围和规模标准，应当严格执行《招标投标法》第 3 条和《必须招标的工程项目规定》《必须招标的基础设施和公用事业项目范围规定》的规定；法律、行政法规或者国务院对必须进行招标的其他项目范围有规定的，依照其规定。没有法律、行政法规或者国务院规定依据的，对《必须招标的工程项目规定》第 5 条第 1 款第 3 项中没有明确列举规定的服务事项、《必须招标的基础设施和公用事业项目范围规定》第 2 条中没有明确列举规定的项目，不得强制要求招标。

根据 2018 年 3 月 8 日国务院批准、2018 年 3 月 27 日国家发展和改革委员会发布的《必须招标的工程项目规定》第 2 条，全部或者部分使用国有资金投资或者国家融资的项目包括：(1)使用预算资金 200 万元人民币以上，并且该资金占投资额 10% 以上的项目；(2)使用国有企业事业单位资金，并且该资金占控股或者主导地位的项目。《必须招标的工程项目规定》第 2 条第 1 项中"预算资金"，是指《预算法》规定的预算资金，包括一般公共预算资金、政府性基金预算资金、国有资本经营预算资金、社会保险基金预算资金。第 2 项中"占控股或者主导地位"，参照《公司法》第 216 条关于控股股东和实际控制人的理解执行，即"其出资额占有限责任公司资本总额百分之五十以上或者其持有的股份占股份有限公司股本总额百分之五十以上的股东；出资额或者持有股份的比例虽然不足百分之五十，但依其出资额或者持有的股份所享有的表决权已足以对股东会、股东大会的决议产生重大影响的股东"；国有企业事业单位通过投资关系、协议或者其他安排，能够实际支配项目建设的，也属于占控股或者主导地位。项目中国有资金的比例，应当按照项目资金来源中所有国有资金之和计算。

使用国际组织或者外国政府贷款、援助资金的项目包括：(1)使用世界银行、亚洲开发银行等国际组织贷款、援助资金的项目；(2)使用外国政府及其机构贷款、援助资金的项目。

不属于《必须招标的工程项目规定》第 2 条、第 3 条规定情形的大型基础设施、公用事业等关系社会公共利益、公众安全的项目，必须招标的具体范围由国务院发展改革部门会同国务院有关部门按照确有必要、严格限定的原则制订，报国务院批准。根据《必须招标的基础设施和公用事业项目范围规定》第2条，不属于《必须招标的工程项目规定》第2条、第3条规定情形的大型基础设施、公用事业等关系社会公共利益、公众安全的项目，必须招标的具体范围包括：(1)煤炭、石油、天然气、电力、新能源等能源基础设施项目；(2)铁路、公路、管道、水运，以及公共航空和A1级通用机场等交通运输基础设施项目；(3)电信枢纽、通信信息网络等通信基础设施项目；(4)防洪、灌溉、排涝、引(供)水等水利基础设施项目；(5)城市轨道交通等城建项目。

《必须招标的工程项目规定》第2条至第4条规定范围内的项目，其勘察、设计、施工、监理以及与工程建设有关的重要设备、材料等的采购达到下列标准之一的，必须招标：(1)施工单项合同估算价在400万元人民币以上；(2)重要设备、材料等货物的采购，单项合同估算价在200万元人民币以上；(3)勘察、设计、监理等服务的采购，单项合同估算价在100万元人民币以上。同一项目中可以合并进行的勘察、设计、施工、监理以及与工程建设有关的重要设备、材料等的采购，合同估算价合计达到前述规定标准的，必须招标。《必须招标的工程项目规定》第2条至第4条及《必须招标的基础设施和公用事业项目范围规定》第2条规定范围的项目，其勘察、设计、施工、监理以及与工程建设有关的重要设备、材料等的单项采购分别达到《必须招标的工程项目规定》第5条规定的相应单项合同价估算标准的，该单项采购必须招标；该项目中未达到前述相应标准的单项采购，不属于《必须招标的工程项目规定》规定的必须招标范畴。《必须招标的工程项目规定》第5条第2款规定的“同一项目中可以合并进行的勘察、设计、施工、监理以及与工程建设有关的重要设备、材料等的采购，合同估算价合计达到前款规定标准的，必须招标”，目的是防止发包方通过化整为零方式规避招标。其中“同一项目中可以合并进行”，是指根据项目实际，以及行业标准或行业惯例，符合科学性、经济性、可操作性要求，同一项目中适宜放在一起进行采购的同类采购项目。

对于《必须招标的工程项目规定》第2条至第4条规定范围内的项目，发包人依法对工程以及与工程建设有关的货物、服务全部或者部分实行总承包发包的，总承包中施工、货物、服务等各部分的估算价中，只要有一项达到《必须招标的工程项目规定》第5条规定相应标准，即施工部分估算价达到400万元以上，或者货物部分达到200万元以上，或者服务部分达到100万元以上，则整个总承包发包应当招标。

《必须招标的工程项目规定》第2条至第4条及《必须招标的基础设施和公用

事业项目范围规定》第2条规定范围的项目，其施工、货物、服务采购的单项合同估算价未达到《必须招标的工程项目规定》第5条规定规模标准的，该单项采购由采购人依法自主选择采购方式，任何单位和个人不得违法干涉；其中，涉及政府采购的，按照政府采购法律法规规定执行。国有企业可以结合实际，建立健全规模标准以下工程建设项目采购制度，推进采购活动公开透明。

关于原由国务院批准、原国家发展计划委员会发布，现已被《必须招标的工程项目规定》替代的《工程建设项目招标范围和规模标准规定》的效力，最高人民法院在“（2016）最高法民申1285号”民事裁定书中认为：“一审判决认为《工程建设项目招标范围和规模标准规定》属部门规章，不能作为认定合同效力的依据，在判断招标范围时不予适用该规定，是错误的。本案判断合同效力问题的依据是招投标法以及施工合同司法解释的有关规定。《工程建设项目招标范围和规模标准规定》中关于必须招标工程范围的规定，并不直接涉及合同效力的判断问题，其只是界定了招投标法中涉及的‘关系社会公共利益、公众安全的公用事业项目’的范围，而这种范围和规模标准是直接根据招投标法的授权而制定，并经国务院批准发布施行的，故该规定的法律地位等同于招投标法的规定，在被修改或者被更高层级的规范文件取代之前，法院在按照招投标法判断争议工程是否必须招标时应当适用。”

《必须招标的工程项目规定》未明确将社会资本投资的房屋建筑工程列入必须招标的工程项目，是国家近年来积极探索、改革的成果。2014年7月1日，住房和城乡建设部《关于推进建筑业发展和改革的若干意见》提出，“调整非国有资金投资项目发包方式，试行非国有资金投资项目建设单位自主决定是否进行招标发包，是否进入有形市场开展工程交易活动，并由建设单位对选择的设计、施工等单位承担相应的责任”。2017年2月21日，国务院办公厅《关于促进建筑业持续健康发展的意见》发布。该意见提出：“加快修订《工程建设项目招标范围和规模标准规定》，缩小并严格界定必须进行招标的工程建设项目范围，放宽有关规模标准，防止工程建设项目实行招标‘一刀切’。在民间投资的房屋建筑工程中，探索由建设单位自主决定发包方式。”2018年5月，国务院办公厅发布的《关于开展工程建设项目审批制度改革试点的通知》明确提出，社会投资的房屋建筑工程，建设单位可以自主决定发包方式。

通过招标选定施工单位，主要目的是控制工程造价。对民间投资而言，以营利为目的且收益归股东所有的民营企业，天然会严格控制工程造价，即便对工程造价或有放松，通常会有充足理由并属建设单位自主处分范围，且不损害公共利益。如果工程造价低于成本价，正常情况下不会有承包人与建设单位合作，且此类合同的效力不会得到法院支持。法律明确要求从事建筑活动的建筑施工企业、勘察单位、设计单位和工程监理单位，取得相应等级的资质证书后，方可在其资质等级许可的范围内从事建筑活动，这一准入政策及其他法律上的要求，可以保证建筑工程质量。因此，考虑到建筑工程质量有相关约束机制，对于民间投资的房屋建筑工程，从法律、行政法规的层面开放由建设单位自主决定发包方式，可减轻民间投资的相关政策性成本，提升民间投资活力。

（二）可以不进行招标的项目

根据《招标投标法》第 66 条和《招标投标法实施条例》第 9 条的规定，工程建设项目有以下情形之一的，可以不进行招标：（1）涉及国家安全、国家秘密、抢险救灾或者属于利用扶贫资金实行以工代赈、需要使用农民工等特殊情况，不适宜进行招标的项目；（2）需要采用不可替代的专利或者专有技术；（3）采购人依法能够自行建设、生产或者提供；（4）已通过招标方式选定的特许经营项目投资人依法能够自行建设、生产或者提供；（5）需要向原中标人采购工程、货物或者服务，否则将影响施工或者功能配套要求；（6）国家规定的其他特殊情形。

（三）建设工程必须进行招标而未招标或者中标无效的，签署的建设工程合同无效

最高人民法院《关于审理建设工程施工合同纠纷案件适用法律问题的解释（一）》第 1 条第 1 款第 3 项规定，建设工程必须进行招标而未招标或者中标无效的，应当依据《民法典》第 153 条第 1 款的规定，认定无效。《民法典》第 153 条第 1 款规定："违反法律、行政法规的强制性规定的民事法律行为无效。但是，该强制性规定不导致该民事法律行为无效的除外。"结合上述两条规定来看，可见法律、行政法规关于相关工程建设项目必须进行招标的规定，以及可能导致中标无效的禁止性规定，属于效力性强制性规定。

（四）中标无效的情形

根据《招标投标法》第 50 条、第 52 ~ 55 条、第 57 条和《招标投标法实施条例》第 81 条的规定，中标无效的情形包括以下 11 种：（1）招标代理机构违反《招标投标法》规定，泄露应当保密的与招标投标活动有关的情况和资料，影响中标结果的；（2）招标代理机构与招标人、投标人串通损害国家利益、社会公共利益或者他人合法权益，影响中标结果的；（3）投标人相互串通投标或者与招标人串通投标的；（4）投标人以向招标人或者评标委员会成员行贿的手段谋取中标的；（5）投标人以他人名义投标或者以其他方式弄虚作假，骗取中标的；（6）招标人在评标委员会依法推荐的中标候选人以外确定中标人的；（7）依法必须进行招标的项目的招标人向

他人透露已获取招标文件的潜在投标人的名称、数量或者可能影响公平竞争的有关招标投标的其他情况，影响中标结果的；(8)依法必须进行招标的项目的招标人泄露标底，影响中标结果的；(9)依法必须进行招标的项目，招标人违反《招标投标法》的规定，与投标人就投标价格、投标方案等实质性内容进行谈判，影响中标结果的；(10)依法必须进行招标的项目在所有投标被评标委员会否决后自行确定中标人的；(11)依法必须进行招标的项目的招标投标活动违反《招标投标法》和《招标投标法实施条例》的规定，对中标结果造成实质性影响，且不能采取补救措施予以纠正的。

根据最高人民法院《关于审理建设工程施工合同纠纷案件适用法律问题的解释(一)》第1条第1款第3项的规定，建设工程必须进行招标而中标无效的，建设工程施工合同无效。

三、工程总承包

(一)工程总承包的概念与模式

工程总承包是指从事工程总承包的企业受业主委托，按照总承包合同约定对工程项目的勘察、设计、采购、施工等实行全过程或若干阶段的承包，并对承包范围内的工程的质量、安全、工期和造价等全面负责的承包方式。

工程总承包是国际通行的建设项目组织实施方式。大力推进工程总承包，尤其是设计—采购—施工总承包、设计—施工总承包，充分发挥工程总承包企业在工程专业方面的优势，实现勘察、设计、采购、施工等各阶段工作的深度融合，提升项目可行性研究和初步设计深度，有利于尽量减少工程设计变更，控制工程造价和工期，提高工程质量。

根据《建筑法》第24条的规定以及中共中央、国务院《关于进一步加强城市规划建设管理工作的若干意见》、住房和城乡建设部《关于进一步推进工程总承包发展的若干意见》、建设部《关于培育发展工程总承包和工程项目管理企业的指导意见》的相关意见，国家提倡对建筑工程实行总承包，推广工程总承包制。建设单位在选择建设项目组织实施方式时，应当本着质量可靠、效率优先的原则，优先采用工程总承包模式。政府投资项目和装配式建筑应当积极采用工程总承包模式。

工程总承包一般采用设计—采购—施工总承包或者设计—施工总承包模式。建设单位也可以根据项目特点和实际需要，按照风险合理分担原则和承包工作内容采用其他工程总承包模式。工程总承包主要有如下方式：

(1)设计采购施工(EPC)/交钥匙总承包。设计采购施工总承包是指工程总承包企业按照合同约定，承担工程项目的设计、采购、施工、试运行服务等工作，并对承包工程的质量、安全、工期、造价全面负责。交钥匙总承包是设计采购施工总承包业务和责任的延伸，最终是向业主提交一个满足使用功能、具备使用条件的工程项目。

（2）设计—施工总承包（D-B）。设计—施工总承包是指工程总承包企业按照合同约定，承担工程项目设计和施工，并对承包工程的质量、安全、工期、造价全面负责。

（3）设计—采购总承包（E-P）。

（4）采购—施工总承包（P-C）等方式。

在房地产开发领域，建设单位采用采购—施工总承包的工程总承包方式较多，采用其他方式较少。这里面有多方面原因。第一，房地产开发企业，特别是具有相当规模的房地产开发企业，以房地产开发为主要经营范围，多年来持续进行房地产开发，维持成熟的工程管理力量是企业生存发展所必须。其自身的工程管理力量足以对设计、采购、施工等工程建设各环节进行有效协调与组织，不必采取交钥匙等总承包方式。第二，房地产开发企业需面向市场销售商品房，承担最终的市场风险，因而开发受市场欢迎、成本适当的商品房是房地产企业的生命线。这就要求工程设计上能充分体现房地产开发企业的意图，包括按房地产开发企业的需要进行及时和必要的设计修改。为此，房地产开发企业和设计单位直接对话是最有效的方式。第三，房地产开发企业需直接面对作为客户的购房人。随着房地产市场的日益规范，掌握较充分房地产开发法律知识的购房人越来越多。规范的房地产开发企业会尊重购房人必要的知情权等权益，向购房人提供关于房地产开发项目和作为买卖合同标的的商品房的相关信息，以减少不必要的纠纷，防范相关风险。这就要求房地产开发企业尽量与设计单位、施工单位等建立直接沟通的合作关系，掌控房地产开发各环节，了解尽可能多的工程信息、产品信息，主动作出工程和销售方面的安排。所以，采用采购—施工总承包方式是比较适当的选择。

在交通工程领域或生产型企业的厂房建设等方面，完成不同工程建设并转让获利并不是建设单位的主要经营模式，建设工程最终交付给一个或少量几个主体，采用设计—施工总承包或交钥匙总承包，是比较合适的工程总承包方式。

（二）对工程总承包企业的资质要求

1. 对工程总承包企业的资质要求变化

工程总承包企业的资质要求经历了一个变化过程。1992 年 4 月 3 日，建设部印发《工程总承包企业资质管理暂行规定（试行）》，规定工程总承包企业，是指对工程从立项到交付使用全过程承包的企业，不包括以设计院为主体的设计工程公司；工程总承包企业按照资质条件分为三级，即一级、二级、三级；经审查合格的工程总承包企业，由资质审批部门发给《工程总承包企业资质等级证书》；工程总承包企业必须按照《工程总承包企业资质等级证书》规定的承包范围从事总承包活动，不得无证或者越级总承包工程。1992 年 11 月 17 日，建设部印发《设计单位进行工程总承包资格管理的有关规定》（已废止），其第 1 条规定设计单位进行工程总承包，必须先提出申请，经有关勘察设计管理部门审查批准并取得《工程总承包资格证书》后，方可承担批准范围内的总承包任务。2002 年，国务院《关于取消第一批行政审批项目的决定》取消了工程总承包资格核准的行政审批。2003 年，建设部在《关于工程总承包市场准入问题说明的函》（已失效）等文件中说明，在国务院《关于取消第一批行政审批项目的决定》取消了工程总承包资格核准的行政审批后，建设部印发了《关于培育发展工程总承包和工程项目管理企业的指导意见》。按照该指导意见的规定，《工程总承包资格证书》废止之后，对从事工程总承包业务的企业不专门设立工程总承包资质，具有工程勘察、设计或施工总承包资质的企业可以在其资质等级许可的工程项目范围内开展工程总承包业务。2016 年，住房和城乡建设部印发《关于进一步推进工程总承包发展的若干意见》，其第 7 条规定工程总承包企业应当具有与工程规模相适应的工程设计资质或者施工资质，未提及勘察资质。

所以，当前未专门设置工程总承包资质，工程总承包企业应当具有与工程规模相适应的工程设计资质或者施工资质，不是要求必须具备施工资质，具备相应设计资质也可开展工程总承包经营。

2.《房屋建筑和市政基础设施项目工程总承包管理办法》出台后的新变化

对工程总承包企业的资质要求，以《房屋建筑和市政基础设施项目工程总承包管理办法》的印发为标志，出现了重大转变。

根据住房和城乡建设部《关于进一步推进工程总承包发展的若干意见》的规定，工程总承包企业具有与工程规模相适应的工程设计资质或者施工资质即可单独参加工程总承包招标项目的投标，并不要求投标人要么具有与工程规模相适应的工程设计资质和施工资质（双资质），要么由具有相应资质的设计单位和施工单位组成联合体参加投标。中标以后，工程总承包企业可以在其资质证书许可的工程项目范围内自行实施设计和施工，也可以根据合同约定或者经建设单位同意，直接将工程项目的设计或者施工业务择优分包给具有相应资质的企业。仅具有设计资质的企业承接工程总承包项目时，应当将工程总承包项目中的施工业务依法分包给具有相应施工资质的企业。仅具有施工资质的企业承接工程总承包项目时，应当将工程总承包项目中的设计业务依法分包给具有相应设计资质的企业。

2019年12月23日,住房和城乡建设部、国家发展和改革委员会联合印发了《房屋建筑和市政基础设施项目工程总承包管理办法》,该办法第10条第1款规定,工程总承包单位应当同时具有与工程规模相适应的工程设计资质和施工资质,或者由具有相应资质的设计单位和施工单位组成联合体。此规定对住房和城乡建设部《关于进一步推进工程总承包发展的若干意见》第7条规定工程总承包企业具有与工程规模相适应的工程设计资质或者施工资质即可的要求形成颠覆。

应当说,《房屋建筑和市政基础设施项目工程总承包管理办法》的上述规定有一定的实践基础。2015年8月1日起施行的《公路工程设计施工总承包管理办法》是一份对公路工程的总承包范围包括但不限于设计、施工的总承包方式进行规范的部门规章。该办法第6条第1项规定总承包单位应当同时具备与招标工程相适应的勘察设计和施工资质,或者由具备相应资质的勘察设计和施工单位组成联合体。从《房屋建筑和市政基础设施项目工程总承包管理办法》第3条的规定来看,该办法规范的房屋建筑和市政基础设施项目总承包范围至少包括设计、施工,可以是工程设计、采购、施工或者设计、施工等阶段,所规范的工程总承包类别与《公路工程设计施工总承包管理办法》相同。要求总承包单位应当同时具备与招标工程相适应的勘察设计和施工资质,或者由具备相应资质的勘察设计和施工单位组成联合体的适用工程范围还在进一步扩展。2021年1月8日,国家民用航空局印发《运输机场专业工程总承包管理办法(试行)》,该办法第9条第1款也规定工程总承包单位应当同时具有与工程规模相适应的工程设计资质和施工资质,或者由具有相应资质的设计单位和施工单位组成联合体。

3.“双资质或联合体要求”的利弊

在传统的总承包模式下,建设单位的要求传达到总承包单位后,再由总承包单位传达到联合体成员单位(工程设计单位或施工单位)。现行的“双资质或联合体要求”,与总承包单位是工程设计单位或施工单位相比,客观上有利于建设单位的要求更迅速、并且是不打折扣地直接传达到总承包单位(包括联合体各方),联合体牵头单位与成员单位信息对称。

总体而言,现在的“双资质或联合体要求”,更多是从建设单位角度考虑的,有利于建设单位要求的传达并在一定程度上有利于建设单位要求的落实。但对于联合体各方而言,意味着以前总承包单位(设计单位或施工单位)对分包单位(施工单位或设计单位)的直接部署工作的模式变成联合体成员之间的平等协商模式,联合体的工作效率可能降低。

《房屋建筑和市政基础设施项目工程总承包管理办法》第12条规定："鼓励设计单位申请取得施工资质，已取得工程设计综合资质、行业甲级资质、建筑工程专业甲级资质的单位，可以直接申请相应类别施工总承包一级资质。鼓励施工单位申请取得工程设计资质，具有一级及以上施工总承包资质的单位可以直接申请相应类别的工程设计甲级资质。完成的相应规模工程总承包业绩可以作为设计、施工业绩申报。"这种对企业取得设计、施工双资质的鼓励，是否有利于打造更强大高效的工程总承包单位，尚待时间检验。不可否认的是，设计与施工对工作的要求差别很大。设计工作的主要任务是使设计满足法律、法规和规范等的要求，以及建设单位包括控制投资等在内的设计要求，工作更具有专业性、要求工作人员更专注。施工工作的主要任务是将图纸变成现实，工作更侧重于对施工组织、施工技术、工人、监管部门等的资源整合。设计与施工工作的管理思路、风格有很大区别，如果一个单位同时负责一个工程的设计和施工，不得不说，对一个单位的人力资源和管理能力是很大的考验。

4. 只具有与招标工程相适应的工程设计或施工资质的总承包单位签署的工程总承包合同是否有效？

由于相应部门规章、规范性法律文件的出台，可以预料，政府投资项目、国有企业投资项目涉及工程总承包的，会严格落实对总承包单位的相关要求。如果民间投资项目没有遵循对总承包单位的"双资质或联合体要求"，总承包单位仅具有与招标工程相适应的工程设计或施工资质，总承包合同是否因资质问题而归于无效？

《民法典》第153条第1款规定："违反法律、行政法规的强制性规定的民事法律行为无效。但是，该强制性规定不导致该民事法律行为无效的除外。"当前没有法律规定总承包单位应当同时具备与招标工程相适应的设计和施工资质，或者由具备相应资质的设计和施工单位组成联合体，更不用说这类规定是否是效力性强制性规定。而且，总承包单位在具备与招标工程相适应的设计或施工资质的情形下，不满足"双资质或联合体要求"并不明显影响社会公共利益。因此，笔者认为，仅以不满足"双资质或联合体要求"为由认定合同无效缺乏足够的法理支持。

5. 新的政策下的分包发包新变化

《房屋建筑和市政基础设施项目工程总承包管理办法》第21条规定："工程总承包单位可以采用直接发包的方式进行分包。但以暂估价形式包括在总承包范围内的工程、货物、服务分包时，属于依法必须进行招标的项目范围且达到国家规定规模标准的，应当依法招标。"《运输机场专业工程总承包管理办法（试行）》第20条规定："工程总承包单位可以依法采用直接发包的方式进行分包。但以暂估价形式包括在总承包范围内的工程、货物、服务分包时，属于依法必须进行招标的项目范围且达到国家规定规模标准的，应当依法招标。”《公路工程设计施工总承包管理办法》第23条规定：“总承包单位应当加强对分包工程的管理。选择的分包单位应当具备相应资格条件，并经项目法人同意，分包合同应当送项目法人。”《铁路建设项目工程总承包办法》第37条规定了，工程总承包单位必须独立完成补充定测和施工图设计等工作，除特殊勘察业务经建设单位批准外，不得分包勘察设计业务。

从上述规定看，《房屋建筑和市政基础设施项目工程总承包管理办法》和《运输机场专业工程总承包管理办法（试行）》均明确了，除以暂估价形式包括在总承包范围内的工程、货物、服务分包时，属于依法必须进行招标的项目范围且达到国家规定规模标准的应当依法招标外，总承包单位可以采用直接发包的方式进行分包。这一规定无疑有利于提升工程实施效率。

6. 新的政策下总承包单位可以将全部设计任务或全部施工任务进行分包吗？

从“双资质或联合体要求”来看，主管部门应该是倡导总承包单位自行实施设计和施工。《铁路建设项目工程总承包办法》更是明确工程总承包单位必须独立完成补充定测和施工图设计等工作，除特殊勘察业务经建设单位批准外，不得分包勘察设计业务。

住房和城乡建设部《关于进一步推进工程总承包发展的若干意见》第10条明确，工程总承包企业自行实施设计的，不得将工程总承包项目工程主体部分的设计业务分包给其他单位。工程总承包企业自行实施施工的，不得将工程总承包项目工程主体结构的施工业务分包给其他单位。在“双资质或联合体要求”下，笔者认为，总承包单位将工程主体部分以外的设计业务进行分包，或者将工程主体结构以外的施工业务分包，如果不违反总承包合同约定，则相应行为效力并不存在明显障碍。

（三）工程总承包与施工总承包的区别

工程总承包与施工总承包主要的区别在于两个方面。

1. 承包范围的区别。工程总承包承包的工程范围可以是勘察、设计、采购、施工全过程的承包，也可以是其中两个或两个以上阶段的承包，可能包括施工的承包，也可能不包括施工的承包。施工总承包，从字面意义上来看，是指施工方面的总承包，一般不包括勘察、设计、采购的承包。如果施工总承包企业在承包工程施工的同时，还承包勘察、设计、采购中的一部分或全部，则施工总承包企业就是工程总承包企业了。

2. 主体与资质要求不同。工程总承包企业可以是具有与工程规模相适应的工程设计资质的企业，也可以是具有与工程规模相适应的施工资质的企业。其中，如前文所述，在房屋建筑和市政基础设施项目工程等领域，工程总承包单位应当同时具有与工程规模相适应的工程设计资质和施工资质，或者由具有相应资质的设计单位和施工单位组成联合体。而施工总承包企业是施工企业，并应具有综合资质或施工总承包资质。取得综合资质或施工总承包资质的企业可以对所承接的施工总承包工程内各专业工程全部自行施工，也可以将专业工程依法进行分包。

四、联合承包

《建筑法》第12条、第13条规定了建筑施工企业从事建筑施工活动应当具备的条件，包括：(1)有符合国家规定的注册资本；(2)有与其从事的建筑活动相适应的具有法定执业资格的专业技术人员；(3)有从事相关建筑活动所应有的技术装备；(4)取得相应等级的资质证书后，方可在其资质等级许可的范围内从事建筑活动；(5)法律、行政法规规定的其他条件。即使建筑施工企业具备上述全部条件，有些工程仍需联合承包，原因可能包括：需要双方或多方一起组织更多的劳务人员，需要满足业主对工程进度的严格要求，需要借助一方在安全生产或难度较高工程方面的施工组织经验等。

建设工程设计领域等也是如此，两个以上的法人或者其他组织可以组成一个联合体，充分发挥各自优势，比如位于甲地的设计单位甲设计经验丰富，位于项目所在地乙地的设计单位乙便于同建设单位沟通，两者可以发挥各自优势共同承揽位于乙地的设计项目。

（一）招标发包下的联合承包

在招投标制度下，招标人应当在资格预审公告、招标公告或者投标邀请书中载明是否接受联合体投标，即是否接受两个以上法人或者其他组织组成一个联合体，以一个投标人的身份共同投标。招标人接受联合体投标并进行资格预审的，联合体应当在提交资格预审申请文件前组成。联合体各方均应当具备承担招标项目的相应能力；国家有关规定或者招标文件对投标人资格条件有规定的，联合体各方均应当具备规定的相应资格条件。由同一专业的单位组成的联合体，按照资质等级较低的单位确定资质等级。资格预审后联合体增减、更换成员的，其投标无效。联合体各方在同一招标项目中以自己名义单独投标或者参加其他联合体投标的，相关投标均无效。

联合体各方应当签订共同投标协议，明确约定各方拟承担的工作和责任，并将共同投标协议连同投标文件一并提交招标人。联合体中标的,联合体各方应当共同与招标人签订合同,就中标项目向招标人承担连带责任。

联合承包应基于自愿原则。根据《招标投标法》及《招标投标法实施条例》相关规定,招标人不得强制投标人组成联合体共同投标,不得限制投标人之间的竞争。招标人强制要求投标人组成联合体共同投标的,责令改正,可以处1万元以上5万元以下的罚款。

(二)其他发包情形下的联合承包

在非招标发包情形下的联合承包,共同承包的各方应签署联合体协议提交发包人,以明确联合体成员之间的权利义务。由同一专业的单位组成的联合体,按照资质等级较低的单位确定资质等级,按照资质等级低的单位的业务许可范围承揽工程,以避免名为联合承包,实为挂靠,即实由资质等级低的联合体成员借用资质等级高的成员的资质承揽工程,影响工程质量或工期等,扰乱建设市场秩序,使建设单位预期目标不能实现。联合体各方应当共同与发包人签署承包合同,并对承包合同的履行承担连带责任。比如,《建筑法》第27条规定:“大型建筑工程或者结构复杂的建筑工程,可以由两个以上的承包单位联合共同承包。共同承包的各方对承包合同的履行承担连带责任。两个以上不同资质等级的单位实行联合共同承包的,应当按照资质等级低的单位的业务许可范围承揽工程。”《房屋建筑和市政基础设施项目工程总承包管理办法》第10条第2款规定,工程总承包单位如是设计单位和施工单位组成联合体的,应当根据项目的特点和复杂程度,合理确定牵头单位,并在联合体协议中明确联合体成员单位的责任和权利。联合体各方应当共同与建设单位签订工程总承包合同,就工程总承包项目承担连带责任。《运输机场专业工程总承包管理办法(试行)》第9条第2款规定:“设计单位和施工单位组成联合体的,应当根据项目的特点和复杂程度,合理确定牵头单位,并在联合体协议中明确联合体成员单位的责任和权利。联合体各方应当共同与建设单位签订工程总承包合同,就工程总承包项目承担连带责任。”

五、内部承包

在建筑施工企业中,为了调动公司内部人员拓展业务的积极性,或者为了鼓励优秀的项目经理勇挑重担,抑或为了发挥部分员工在融资方面的优势等,存在公司内部人员承包公司承接的工程的情况。这种内部承包,既包括建设工程施工合同的承包人将其承包的全部工程交由其下属的分支机构或在册的项目经理等企业职工个人承包施工，也包括建设工程施工合同的承包人将其承包的部分工程交由其下属的分支机构或在册的项目经理等企业职工个人承包施工。建筑施工企业中的内部承包现象，在建设工程施工合同纠纷中时有体现。部分高院对此做了梳理并提出处理意见。

四川省高级人民法院《关于审理建设工程施工合同纠纷案件若干疑难问题的解答》规定，建筑施工企业将其承包的全部或部分工程交由其下属分支机构或在册的项目经理等本企业职工个人承包施工，建筑施工企业对工程施工过程及质量进行管理，并在资金、技术、设备、人力等方面给予支持的，属于内部承包。审判实践中，可以结合下列情形综合认定是否属于内部承包：(1)合同的发包人为建筑施工企业，承包人为建筑施工企业下属分支机构或在册的项目经理等本企业职工，两者之间存在管理与被管理的行政隶属关系的；(2)发包给个人的，发、承包人之间有合法的劳动关系以及社会保险关系的；(3)承包人使用建筑施工企业的建筑资质、商标及企业名称等是履行职责行为，在建筑施工企业的管理和监督下进行项目施工，承包人根据承包合同约定向建筑施工企业交纳承包合同保证金的；(4)施工现场的项目经理或其他现场管理人员接受建筑施工企业的任免、调动和聘用的；(5)承包人组织项目施工所需的人、财、物及资金，由建筑施工企业予以协调支持的；(6)承包人在建筑施工企业统一管理和监督下独立核算、自负盈亏，承包人与建筑施工企业按照承包合同约定对经营利润进行分配的。同时，内部承包的对外民事权利义务主体为该合同发包人建筑施工企业。

安徽省高级人民法院《关于审理建设工程施工合同纠纷案件适用法律问题的指导意见(二)》第1条规定："建筑施工企业的内部人员对外以企业名义承包工程，对内与企业签订承包协议，企业只收取管理费，不在资金、技术、设备、人力等方面提供支持，不承担技术、质量监管和经济责任的，应当认定为借用资质，以建筑施工企业名义与发包人签订的建设工程施工合同无效。"

北京市高级人民法院《关于审理建设工程施工合同纠纷案件若干疑难问题的解答》第5条规定，建设工程施工合同的承包人将其承包的全部或部分工程交由其下属的分支机构或在册的项目经理等企业职工个人承包施工，承包人对工程施工过程及质量进行管理，对外承担施工合同权利义务的，属于企业内部承包行为；发包人以内部承包人缺乏施工资质为由主张施工合同无效的，不予支持。

浙江省高级人民法院民事审判第一庭《关于审理建设工程施工合同纠纷案件若干疑难问题的解答》规定，建设工程施工合同的承包人与其下属分支机构或在册职工签订合同，将其承包的全部或部分工程承包给其下属分支机构或职工施工，并在资金、技术、设备、人力等方面给予支持的,可认定为企业内部承包合同;当事人以内部承包合同的承包方无施工资质为由,主张该内部承包合同无效的,不予支持。

福建省高级人民法院《关于审理建设工程施工合同纠纷案件疑难问题的解答》明确,建设工程施工合同的承包人与其下属分支机构或职工就所承包的全部或部分工程施工所签订的承包合同为企业内部承包合同,属建筑施工企业的一种内部经营方式,法律和行政法规对此并不禁止,承包人仍应对工程施工过程及质量等进行管理,对外承担施工合同的权利义务。当事人以内部承包合同的承包方无施工资质为由主张合同无效的,不予支持。

综合以上高院意见,可以得出以下观点:

(1)建筑施工企业内部承包对与发包人签署的建设工程施工合同效力的影响,根据具体情况可分为两种情形。一种是企业内部人员构成借用资质,所签署建设工程施工合同无效。另一种是所签署建设工程施工合同有效,对外民事权利义务主体为建筑施工企业。(2)建筑施工企业内部承包不影响合同效力,应具备的条件包括:内部承包合同的发包人为建筑施工企业,承包人为建筑施工企业下属分支机构或在册的项目经理等本企业职工,两者之间存在管理与被管理的行政隶属关系;发包给个人的,发、承包人之间有合法的劳动关系以及社会保险关系;承包人使用建筑施工企业的建筑资质、商标及企业名称等是履行职责行为,在建筑施工企业的管理和监督下进行项目施工;施工现场的项目经理或其他现场管理人员接受建筑施工企业的任免,调动和聘用;承包人组织项目施工所需的人、财、物及资金,由建筑施工企业予以协调支持;承包人在建筑施工企业统一管理和监督下独立核算、自负盈亏,承包人与建筑施工企业按照承包合同约定对经营利润进行分配。(3)建筑施工企业的内部人员对外以企业名义承包工程,对内与企业签订承包协议,企业只收取管理费,不在资金、技术、设备、人力等方面提供支持,不承担技术、质量监管和经济责任的,应当认定为借用资质,以建筑施工企业名义与发包人签订的建设工程施工合同无效。

六、挂靠

(一)挂靠的界定及相关合同的效力

《建筑工程施工发包与承包违法行为认定查处管理办法》第9条规定:“本办法所称挂靠,是指单位或个人以其他有资质的施工单位的名义承揽工程的行为。前款所称承揽工程，包括参与投标、订立合同、办理有关施工手续、从事施工等活动。”

该办法第10条列举了以下挂靠情形：“（一）没有资质的单位或个人借用其他施工单位的资质承揽工程的；（二）有资质的施工单位相互借用资质承揽工程的，包括资质等级低的借用资质等级高的，资质等级高的借用资质等级低的，相同资质等级相互借用的；（三）本办法第八条第一款第（三）至（九）项规定的情形，有证据证明属于挂靠的。”

根据最高人民法院《关于审理建设工程施工合同纠纷案件适用法律问题的解释（一）》第1条第1款第2项的规定，没有资质的实际施工人借用有资质的建筑施工企业名义签订的建设工程施工合同，应当依据《民法典》第153条第1款的规定，认定无效。

（二）挂靠人、被挂靠人与发包人的关系

最高人民法院《关于审理建设工程施工合同纠纷案件适用法律问题的解释（一）》第7条规定：“缺乏资质的单位或者个人借用有资质的建筑施工企业名义签订建设工程施工合同，发包人请求出借方与借用方对建设工程质量不合格等因出借资质造成的损失承担连带赔偿责任的，人民法院应予支持。”

北京高院、江苏高院明确挂靠人与挂靠施工人应当就施工合同产生的债务对发包人承担连带责任。北京市高级人民法院《关于审理建设工程施工合同纠纷案件若干疑难问题的解答》在第20个解答中规定，不具有资质的实际施工人（挂靠施工人）挂靠有资质的建筑施工企业（被挂靠人），并以该企业的名义签订建设工程施工合同的，因履行施工合同产生的债务，被挂靠人与挂靠施工人应当承担连带责任。江苏省高级人民法院《关于审理建设工程施工合同纠纷案件若干问题的意见》第25条规定，挂靠人以被挂靠人名义订立建设工程施工合同，因履行该合同产生的民事责任，挂靠人与被挂靠人应当承担连带责任。

关于挂靠人以自己的名义起诉要求发包人支付工程款。北京市高级人民法院《关于审理建设工程施工合同纠纷案件若干疑难问题的解答》在第20个解答中规定：不具有资质的实际施工人（挂靠施工人）挂靠有资质的建筑施工企业（被挂靠人），并以该企业的名义签订建设工程施工合同，被挂靠人怠于主张工程款债权的，挂靠施工人可以以自己名义起诉要求发包人支付工程款，法院原则上应当追加被挂靠人为诉讼当事人，发包人在欠付工程款范围内承担给付责任。四川省高级人民法院《关于审理建设工程施工合同纠纷案件若干疑难问题的解答》有如下解答，发包人知晓并认可实际施工人借用资质施工，能够认定发包人实际与实际施工人建立建设工程施工合同关系，实际施工人要求发包人直接承担工程价款支付责任的，应予支持。北京高院对被挂靠人怠于主张工程款债权的，挂靠施工人可以以自己名义起诉要求发包人支付工程款的情形作了规定。四川高院对发包人知晓并认可实际施工人借用资质施工，能够认定发包人实际与实际施工人建立建设工程施工合同关系，实际施工人要求发包人直接承担工程价款支付责任的情形作了规定。

（三）挂靠人、被挂靠人与第三人（不含发包人）的关系

关于挂靠人承揽工程后，以被挂靠人名义将工程分包、转包，责任如何承担，北京高院与福建高院的观点存在区别。北京高院强调共同责任，福建高院强调单方责任。北京市高级人民法院《关于审理建设工程施工合同纠纷案件若干疑难问题的解答》第20条规定，挂靠人承揽工程后，以被挂靠人名义将工程分包、转包给他人施工，施工人主张欠付工程款的，按照《北京市高级人民法院审理民商事案件若干问题的解答之五（试行）》第47条的规定处理。《北京市高级人民法院审理民商事案件若干问题的解答之五（试行）》第47条规定："在建筑行业的挂靠经营中，挂靠者以被挂靠者的名义从事对外经济活动的，被挂靠者是否承担民事责任？合同相对人同时起诉挂靠者和被挂靠者的，如果合同相对人对于挂靠事实不明知，由挂靠者与被挂靠者承担连带民事责任；如果合同相对人对于挂靠事实明知，首先由挂靠者承担责任，被挂靠者承担补充的民事责任。合同相对人只起诉被挂靠者的，被挂靠者对外应先行承担民事责任。在被挂靠者对外承担责任的范围内，被挂靠者对挂靠者享有追偿权。"福建省高级人民法院《关于审理建设工程施工合同纠纷案件疑难问题的解答》规定，挂靠人以被挂靠单位的名义将工程转包，一般应由被挂靠单位承担合同责任，但实际施工人或者材料设备供应商签订合同时明知挂靠的事实，并起诉要求挂靠人承担合同责任的，由挂靠人承担责任。

关于挂靠人以被挂靠人的名义与材料设备供应商签订购销合同，实际施工人或者材料设备供应商起诉要求被挂靠单位承担合同责任的问题。福建省高级人民法院《关于审理建设工程施工合同纠纷案件疑难问题的解答》规定，挂靠人以被挂靠单位的名义与材料设备供应商签订购销合同的，一般应由被挂靠单位承担合同责任，但实际施工人或者材料设备供应商签订合同时明知挂靠的事实，并起诉要求挂靠人承担合同责任的，由挂靠人承担责任。

关于挂靠人以自己的名义将工程转包或者与材料设备供应商签订购销合同，实际施工人或者材料设备供应商起诉要求被挂靠单位承担合同责任。福建省高级人民法院《关于审理建设工程施工合同纠纷案件疑难问题的解答》有如下解答，问：被挂靠单位（出借名义的建筑施工企业）是否应对挂靠人在施工过程中的转包、购买施工材料等行为承担责任？答：挂靠人以自己的名义将工程转包或者与材料设备供应商签订购销合同,实际施工人或者材料设备供应商起诉要求被挂靠单位承担合同责任的,不予支持;挂靠人以被挂靠单位的名义将工程转包或者与材料设备供应商签订购销合同的,一般应由被挂靠单位承担合同责任,但实际施工人或者材料设备供应商签订合同时明知挂靠的事实,并起诉要求挂靠人承担合同责任的,由挂靠人承担责任。

七、分包

(一)概述

1. 对分包的基本要求

《建筑法》第 29 条第 1 款规定:"建筑工程总承包单位可以将承包工程中的部分工程发包给具有相应资质条件的分包单位;但是,除总承包合同中约定的分包外,必须经建设单位认可。施工总承包的,建筑工程主体结构的施工必须由总承包单位自行完成。"《民法典》第 791 条第 2 款规定:总承包人或者勘察、设计、施工承包人经发包人同意,可以将自己承包的部分工作交由第三人完成。第三人就其完成的工作成果与总承包人或者勘察、设计、施工承包人向发包人承担连带责任。承包人不得将其承包的全部建设工程转包给第三人或者将其承包的全部建设工程肢解以后以分包的名义分别转包给第三人。《建筑业企业资质标准》在"总则"部分说明:"取得施工总承包资质的企业可以对所承接的施工总承包工程内各专业工程全部自行施工,也可以将专业工程依法进行分包。对设有资质的专业工程进行分包时,应分包给具有相应专业承包资质的企业。""取得专业承包资质的企业可以承接具有施工总承包资质的企业依法分包的专业工程或建设单位依法发包的专业工程。取得专业承包资质的企业应对所承接的专业工程全部自行组织施工,劳务作业可以分包,但应分包给具有施工劳务资质的企业。"

可见,法律允许合法分包。总承包合同中约定的分包可以分包,除总承包合同中约定的分包外,分包必须经建设单位认可。但建设工程主体结构的施工必须由承包人自行完成。承包人不得将其承包的全部建设工程肢解以后以分包的名义分别转包给第三人。取得专业承包资质的企业应对所承接的专业工程全部自行组织施工,劳务作业可以分包,但应分包给具有施工劳务资质的企业。分包单位应具有相应资质条件。禁止分包单位将其承包的工程再分包。

2. 总、分包的责任关系

根据《建筑法》第 29 条第 2 款的规定,建筑工程总承包单位按照总承包合同的约定对建设单位负责,分包单位按照分包合同的约定对总承包单位负责。总承包单位和分包单位就分包工程对建设单位承担连带责任。《建筑法》第 45 条规定:“施工现场安全由建筑施工企业负责。实行施工总承包的,由总承包单位负责。分包单位向总承包单位负责,服从总承包单位对施工现场的安全生产管理。”《建筑法》第 55 条规定:“建筑工程实行总承包的,工程质量由工程总承包单位负责,总承包单位将建筑工程分包给其他单位的,应当对分包工程的质量与分包单位承担连带责任。分包单位应当接受总承包单位的质量管理。”最高人民法院《关于审理建设工程施工合同纠纷案件适用法律问题的解释(一)》第 15 条规定:“因建设工程质量发生争议的,发包人可以以总承包人、分包人和实际施工人为共同被告提起诉讼。”四川省高级人民法院《关于审理建设工程施工合同纠纷案件若干疑难问题的解答》规定,承包人经发包人同意将自己承包的部分工程交由第三人完成,因建设工程质量发生争议的,发包人可以以承包人、第三人为共同被告主张权利,承包人和第三人就工程质量向发包人承担连带责任。综合上述规定,在总、分包的责任关系上,对于分包工程的质量、安全生产等,分包单位根据分包合同向总承包单位负责,总承包单位根据总承包合同对建设单位负责。对于分包工程的质量、安全生产等,总承包单位和分包单位对建设单位承担连带责任。

3. 违法分包的界定

法律禁止违法分包。《建筑工程施工发包与承包违法行为认定查处管理办法》第 11 条规定:“本办法所称违法分包,是指承包单位承包工程后违反法律法规规定,把单位工程或分部分项工程分包给其他单位或个人施工的行为。”

关于违法分包的界定。《建设工程质量管理条例》第 78 条第 2 款规定:“本条例所称违法分包,是指下列行为:(一)总承包单位将建设工程分包给不具备相应资质条件的单位的;(二)建设工程总承包合同中未有约定,又未经建设单位认可,承包单位将其承包的部分建设工程交由其他单位完成的;(三)施工总承包单位将建设工程主体结构的施工分包给其他单位的;(四)分包单位将其承包的建设工程再分包的。”《建筑工程施工发包与承包违法行为认定查处管理办法》第 12 条规定:“存在下列情形之一的,属于违法分包:(一)承包单位将其承包的工程分包给个人的;(二)施工总承包单位或专业承包单位将工程分包给不具备相应资质单位的;(三)施工总承包单位将施工总承包合同范围内工程主体结构的施工分包给其他单位的,钢结构工程除外;(四)专业分包单位将其承包的专业工程中非劳务作业部分再分包的;(五)专业作业承包人将其承包的劳务再分包的;(六)专业作业承包人除计取劳务作业费用外,还计取主要建筑材料款和大中型施工机械设备、主要周转材料费用的。”

4. 违法分包的法律后果

(1)违法分包行为无效。根据最高人民法院《关于审理建设工程施工合同纠纷案件适用法律问题的解释(一)》第1条第2款的规定,承包人因违法分包建设工程与他人签订的建设工程施工合同,应当依据《民法典》第153条第1款及第791条第2款、第3款的规定,认定无效。

(2)发包人可以解除合同。根据《民法典》第806条第1款的规定,承包人将建设工程违法分包的,发包人可以解除合同。

(3)违法分包人应与接受分包的单位承担连带赔偿责任,并会承担行政责任。根据《建筑法》第67条的规定,承包单位违法分包工程的,对因违法分包的工程不符合规定的质量标准造成的损失,与接受分包的单位承担连带赔偿责任。承包单位将承包的工程违法分包的,责令改正,没收违法所得,并处罚款,可以责令停业整顿,降低资质等级;情节严重的,吊销资质证书。

(二)指定分包

指定分包,通常是指发包人指定承包人所承包的建设工程的单位工程或分部分项工程的分包人,并由承包人与分包人签订分包合同的情形。指定分包在建设工程领域是较为普遍的现象,通常是发包人为了控制某一部分工程的质量或造价而安排。指定分包可能给总承包人或专业承包人的施工管理增加难度,并可能影响总承包人或专业承包人的利润。因此,在指定分包问题上,发包人与总承包人或专业承包人应事先达成共识,以免后期产生不必要纠纷,影响工程施工的正常进行。

原《建筑工程施工转包违法分包等违法行为认定查处管理办法(试行)》第5条第7项规定,“建设单位违反施工合同约定,通过各种形式要求承包单位选择其指定分包单位的”,属于违法发包。值得注意的是,替代《建筑工程施工转包违法分包等违法行为认定查处管理办法(试行)》的《建筑工程施工发包与承包违法行为认定查处管理办法》全文中,已不再有关于指定分包的条文。也就是说,不论施工合同是否有约定,建设单位通过各种形式要求承包单位选择其指定分包单位的,都不再属于行政机关应予查处的违法行为。相应的法律关系从民事法律关系的角度进行调整。最高人民法院《关于审理建设工程施工合同纠纷案件适用法律问题的解释(一)》第13条规定,发包人直接指定分包人分包专业工程,造成建设工程质量缺陷的,应当承担过错责任。承包人有过错的,也应当承担相应的过错责任。该司法解释并未否定发包人直接指定分包人分包专业工程行为的效力,而是明确了发包人和承包人应因此承担过错责任的情形。

(三)劳务分包

劳务分包是指建设工程的总承包人或者专业承包人将其承包工程中的劳务作业(包括木工、砌筑、抹灰、石制作、油漆、钢筋、混凝土、脚手架、模板、焊接、水暖、钣金、架线等)发包给具有相应劳务资质的劳务作业承包人完成的行为。

根据《建筑业企业资质标准》的规定,施工劳务企业的建筑业企业资质不分类别和等级,取得资质的企业可承担各类施工劳务作业。根据《建设工程企业资质管理制度改革方案》的规定,将施工劳务企业资质改为专业作业资质,属于施工资质的一种,由审批制改为备案制,专业作业资质不分等级。

关于有效劳务分包合同的认定。北京市高级人民法院《关于审理建设工程施工合同纠纷案件若干疑难问题的解答》第4条规定,同时符合下列情形的,所签订的劳务分包合同有效:(1)劳务作业承包人取得相应的劳务分包企业资质等级标准;(2)分包作业的范围是建设工程中的劳务作业(包括木工、砌筑、抹灰、石制作、油漆、钢筋、混凝土、脚手架、模板、焊接、水暖、钣金、架线);(3)承包方式为提供劳务及小型机具和辅料。合同约定劳务作业承包人负责与工程有关的大型机械、周转性材料租赁和主要材料、设备采购等内容的,不属于劳务分包。四川省高级人民法院《关于审理建设工程施工合同纠纷案件若干疑难问题的解答》规定,审判实践中,可以结合下列情形综合认定是否属于劳务分包:(1)劳务作业承包人具有劳务分包企业资质;(2)分包内容是劳务作业而不是工程本身;(3)劳务作业承包人一般仅提供劳务作业,施工技术、工程主要材料、大型机械、设备等均由总承包人或者专业承包人负责;(4)劳务费用一般是通过工日的单价和工日的总数量进行费用结算,不发生主要材料、大型机械、设备等费用的结算,不收取管理费。

分析上述法院意见可见,有效劳务分包合同应具有以下特点:(1)劳务分包人应取得施工劳务企业资质;(2)劳务分包作业的范围是劳务作业,劳务分包人可以提供小型机具和辅料,但不负责施工技术,也不负责与工程有关的大型机械、周转性材料和主要材料、设备,施工技术、工程主要材料、大型机械、设备等均由总承包人或者专业承包人负责;(3)劳务费用一般是通过工日的单价和工日的总数量进行费用结算,不发生主要材料、大型机械、设备等费用的结算,不收取管理费。

不具有施工劳务企业资质的劳务分包人签署的劳务分包合同无效。劳务分包人负责与工程有关的大型机械、周转性材料和主要材料、设备以及施工技术的,劳务分包的发包人相关行为应认定为转包,从而相关合同也属无效。

承包人将工程分包给无劳务作业法定资质的劳务分包人的,尽管劳务分包合同无效,但除非发包人与承包人签订的建设工程施工合同另有约定,否则发包人不应以承包人违法劳务分包为由要求解除建设工程施工合同。对此，深圳市中级人民法院《关于建设工程合同若干问题的指导意见》第5条规定："承包人将工程分包给无劳务作业法定资质的劳务分包人，发包人以承包人违法劳务分包为由要求解除建设工程施工合同的，不予支持。"

八、转包

所谓转包，根据《建设工程质量管理条例》第78条第3款的规定，是指"承包单位承包建设工程后，不履行合同约定的责任和义务，将其承包的全部建设工程转给他人或者将其承包的全部建设工程肢解以后以分包的名义分别转给其他单位承包的行为"。《建筑法》第28条规定："禁止承包单位将其承包的全部建筑工程转包给他人，禁止承包单位将其承包的全部建筑工程肢解以后以分包的名义分别转包给他人。"《民法典》第791条第2款规定，承包人不得将其承包的全部建设工程转包给第三人或者将其承包的全部建设工程肢解以后以分包的名义分别转包给第三人。

对转包的界定，根据《建筑工程施工发包与承包违法行为认定查处管理办法》第8条的规定："存在下列情形之一的，应当认定为转包，但有证据证明属于挂靠或者其他违法行为的除外：（一）承包单位将其承包的全部工程转给其他单位（包括母公司承接建筑工程后将所承接工程交由具有独立法人资格的子公司施工的情形）或个人施工的；（二）承包单位将其承包的全部工程肢解以后，以分包的名义分别转给其他单位或个人施工的；（三）施工总承包单位或专业承包单位未派驻项目负责人、技术负责人、质量管理负责人、安全管理负责人等主要管理人员，或派驻的项目负责人、技术负责人、质量管理负责人、安全管理负责人中一人及以上与施工单位没有订立劳动合同且没有建立劳动工资和社会养老保险关系，或派驻的项目负责人未对该工程的施工活动进行组织管理，又不能进行合理解释并提供相应证明的；（四）合同约定由承包单位负责采购的主要建筑材料、构配件及工程设备或租赁的施工机械设备，由其他单位或个人采购、租赁，或施工单位不能提供有关采购、租赁合同及发票等证明，又不能进行合理解释并提供相应证明的；（五）专业作业承包人承包的范围是承包单位承包的全部工程，专业作业承包人计取的是除上缴给承包单位'管理费'之外的全部工程价款的；（六）承包单位通过采取合作、联营、个人承包等形式或名义，直接或变相将其承包的全部工程转给其他单位或个人施工的；（七）专业工程的发包单位不是该工程的施工总承包或专业承包单位的，但建设单位依约作为发包单位的除外；（八）专业作业的发包单位不是该工程承包单位的；

（九）施工合同主体之间没有工程款收付关系，或者承包单位收到款项后又将款项转拨给其他单位和个人，又不能进行合理解释并提供材料证明的。两个以上的单位组成联合体承包工程，在联合体分工协议中约定或者在项目实际实施过程中，联合体一方不进行施工也未对施工活动进行组织管理的，并且向联合体其他方收取管理费或者其他类似费用的，视为联合体一方将承包的工程转包给联合体其他方。”

也有地方法院明确了对转包的界定标准，但与《建筑工程施工发包与承包违法行为认定查处管理办法》的相关规定基本保持一致。如四川省高级人民法院《关于审理建设工程施工合同纠纷案件若干疑难问题的解答》关于转包的认定采用以下标准，转包是指建筑施工企业承包工程后，不履行合同约定的责任和义务，将其承包的全部工程或者将其承包的全部工程肢解后以分包的名义分别转给其他企业或个人施工的行为。存在下列情形之一的，一般可以认定为转包：(1)建筑施工企业未在施工现场设立项目管理机构或未派驻项目负责人、技术负责人、质量管理负责人、安全管理负责人等主要管理人员，不履行管理义务，未对该工程的施工活动进行组织管理的；(2)建筑施工企业不履行管理义务，只向实际施工企业或个人收取费用，主要建筑材料、构配件及工程设备由实际施工企业或个人采购的；(3)劳务分包企业承包的范围是建筑施工企业承包全部工程，劳务分包企业计取的是除上缴给建筑施工承包企业管理费之外的全部工程价款的；(4)建筑施工企业通过采取合作、联营、个人承包等形式或名义，直接或变相将其承包的全部工程转给其他企业或个人施工的；(5)法律、行政法规规定的其他转包情形。

关于转包的法律后果。根据最高人民法院《关于审理建设工程施工合同纠纷案件适用法律问题的解释(一)》第1条第2款的规定，承包人因转包建设工程与他人签订的建设工程施工合同，应当依据《民法典》第153条第1款及第791条第2款的规定，认定无效。根据《民法典》第806条第1款的规定，承包人将建设工程转包的，发包人可以解除合同。根据《建筑法》第67条的规定，承包单位非法转包工程的，对因转包工程不符合规定的质量标准造成的损失，与接受转包的单位承担连带赔偿责任。承包单位将承包的工程转包的，责令改正，没收违法所得，并处罚款，可以责令停业整顿，降低资质等级；情节严重的，吊销资质证书。

九、实际施工人

实际施工人是最高人民法院《关于审理建设工程施工合同纠纷案件适用法律

问题的解释》(已废止)创设的概念。最高人民法院《关于审理建设工程施工合同纠纷案件适用法律问题的解释(一)》共有第1条、第15条、第43条、第44条4个条文提到实际施工人。第1条第1款规定:"建设工程施工合同具有下列情形之一的,应当依据民法典第一百五十三条第一款的规定,认定无效:(一)承包人未取得建筑业企业资质或者超越资质等级的;(二)没有资质的实际施工人借用有资质的建筑施工企业名义的;(三)建设工程必须进行招标而未招标或者中标无效的。"第15条规定:"因建设工程质量发生争议的,发包人可以以总承包人、分包人和实际施工人为共同被告提起诉讼。"第43条规定:"实际施工人以转包人、违法分包人为被告起诉的,人民法院应当依法受理。实际施工人以发包人为被告主张权利的,人民法院应当追加转包人或者违法分包人为本案第三人,在查明发包人欠付转包人或者违法分包人建设工程价款的数额后,判决发包人在欠付建设工程价款范围内对实际施工人承担责任。"第44条规定:"实际施工人依据民法典第五百三十五条规定,以转包人或者违法分包人怠于向发包人行使到期债权或者与该债权有关的从权利,影响其到期债权实现,提起代位权诉讼的,人民法院应予支持。"

(一)关于实际施工人的界定

从文义可以看出,最高人民法院《关于审理建设工程施工合同纠纷案件适用法律问题的解释(一)》第1条所指实际施工人是指没有资质的施工人,而第43条、第44条所指实际施工人应是转包人和违法分包人的合同相对人,第15条所指实际施工人并不十分明确。

最高人民法院民一庭法官会议讨论认为:可以依据最高人民法院《关于审理建设工程施工合同纠纷案件适用法律问题的解释(一)》第43条规定的突破合同相对性原则请求发包人在欠付工程款范围内承担责任的实际施工人不包括借用资质及多层转包和违法分包关系中的实际施工人,即最高人民法院《关于审理建设工程施工合同纠纷案件适用法律问题的解释(一)》第43条规定的实际施工人不包含借用资质及多层转包和违法分包关系中的实际施工人。主要理由为:本条解释涉及三方当事人两个法律关系。一是发包人与承包人之间的建设工程施工合同关系;二是承包人与实际施工人之间的转包或者违法分包关系。原则上,当事人应当依据各自的法律关系,请求各自的债务人承担责任。本条解释为保护农民工等建筑工人的利益,突破合同相对性原则,允许实际施工人请求发包人在欠付工程款范围内承担责任。对该条解释的适用应当从严把握。该条解释只规范转包和违法分包两种关系,未规定借用资质的实际施工人以及多层转包和违法分包关系中的实际施工人有权请求发包人在欠付工程款范围内承担责任。因此,可以依据最高人民法院《关于审理建设工程施工合同纠纷案件适用法律问题的解释(一)》第43条的规定突破合同相对性原则请求发包人在欠付工程款范围内承担责任的实际施工人不包括借用资质及多层转包和违法分包关系中的实际施工人①。

《民事审判指导与参考》研究组认为,“实际施工人”意在表达“无效合同中实际干活的单位或者个人为实际施工人,实际施工人可能是法人、非法人团体、个人合伙、自然人等。使用‘实际施工人’的概念本身就意味着‘实际施工人’参与签订的合同无效,实际施工人为无效合同当事人,包括转包、非法分包、没有资质借用有资质的建筑施工企业名义等违反法律、行政法规强制性规定的违法行为”②。四川省高级人民法院《关于审理建设工程施工合同纠纷案件若干疑难问题的解答》规定,实际施工人是指转包、违法分包以及借用资质的无效建设工程施工合同的承包人。建设工程经数次转包或分包的,实际施工人应当是实际投入资金、材料和劳力进行工程施工的企业或个人。北京市高级人民法院《关于审理建设工程施工合同纠纷案件若干疑难问题的解答》第18条规定,“实际施工人”是指无效建设工程施工合同的承包人,即违法的专业工程分包和劳务作业分包合同的承包人、转承包人、借用资质的施工人(挂靠施工人)。建设工程经数次转包的,实际施工人应当是最终实际投入资金、材料和劳力进行工程施工的法人、非法人企业、个人合伙、包工头等民事主体。山东省高级人民法院《关于印发全省民事审判工作会议纪要的通知》规定,最高人民法院《关于审理建设工程施工合同纠纷案件适用法律问题的解释》第26条规定的实际施工人,是指工程转包合同的转承包人、违法分包合同的承包人、借用资质(资质挂靠)的承包人。司法实务中应当严格实际施工人的认定标准,不得随意扩大实际施工人的适用范围。实际施工人可以是法人、其他组织、个人合伙,也可以是自然人(俗称“包工头”),但从事建筑业劳务作业的农民工不属于实际施工人。

综合上述观点、规定及最高人民法院《关于审理建设工程施工合同纠纷案件适用法律问题的解释(一)》第1条、第43条、第44条的规定,可以看出实际施工人具有以下特点:(1)实际施工人应当是实际投入资金、材料和劳力进行工程施工的企业、其他组织或个人;(2)有权向发包人主张权利的实际施工人是转包合同、违法分

① 参见最高人民法院民一庭:《〈建工解释(一)〉第四十三条规定的实际施工人不包含借用资质及多层转包和违法分包关系中的实际施工人》,载微信公众号“最高人民法院民一庭”2022年1月1日,https://mp.weixin.qq.com/s/epuZlkphe2h-hLWGhmDGYA。

② 最高人民法院民事审判第一庭编:《民事审判指导与参考》总第36辑,法律出版社2009年版,第274~275页。

包合同这两种无效施工合同的当事人；(3)实际施工人可以是法人、其他组织、个人合伙，也可以是俗称“包工头”的自然人，但纯粹从事劳务分包的劳务分包人以及完全从事建筑业劳务作业的农民工不属于实际施工人。

（二）关于实际施工人主张权利的相对人

最高人民法院《关于审理建设工程施工合同纠纷案件适用法律问题的解释》(已废止)第26条第2款的规定，一方面突破了合同相对性原则，另一方面又产生实际施工人恶意提起诉讼，损害发包人、总承包人、转包人、违法分包人合法权益之忧。对此，《民事审判指导与参考》研究组认为，从法理上讲，债权合同的基础就是合同相对性，物权的基础是对世权。① 准许一审原告突破合同相对性向不具有合同关系的当事人主张权利，从法理和法律规定上讲是有一定缺陷的。为弥补突破合同相对性带来的法理上的缺陷，适用最高人民法院《关于审理建设工程施工合同纠纷案件适用法律问题的解释》(已废止)第26条第2款的规定是受严格条件限制的。首先，该解释第26条之所以在第1款中对无须解释的内容做出安排，并在该条第1款中予以明确，其目的在于提示各级法院原则上不准许当事人突破合同相对性提起诉讼，应当按照合同相对性原则有序诉讼，这是符合法律规定的主导诉讼方向。该解释第26条第2款规定是有严格适用条件的，是为保护农民工利益作出的补充规定，不能因此款规定的存在而否认法定合同相对性的大原则。其次，适用该解释第26条第2款规定时，原则上第一手承包合同与下手的所有转包合同均应当无效。最后，不准许借用实际施工人名义，以适用该解释第26条第2款为名，提起以发包人或总承包人为被告的诉讼，恶意损害他们的合法权益。②

根据最高人民法院《关于审理建设工程施工合同纠纷案件适用法律问题的解释》(已废止)第26条的规定，实际施工人实际上有三种主张权利的方式：(1)向发包人主张权利；(2)向转包人、违法分包人主张权利；(3)同时向发包人、转包人、违法分包人主张权利。对此，先看一看各地高院的相关规定。

四川省高级人民法院《关于审理建设工程施工合同纠纷案件若干疑难问题的解答》规定，最高人民法院《关于审理建设工程施工合同纠纷案件适用法律问题的解释》(已废止)第26条中的“发包人”应当理解为建设工程的业主，不应扩大理解为转包人、违法分包人等中间环节的相对发包人。建设工程因转包、违法分包导致

① 参见最高人民法院民事审判第一庭编：《民事审判指导与参考》总第36辑，法律出版社2009年版，第274～275页。

② 参见最高人民法院民事审判第一庭编：《民事审判指导与参考》总第36辑，法律出版社2009年版，第274～275页。

建设工程施工合同无效的，实际施工人以转包人、违法分包人为被告主张权利的，人民法院一般不主动依职权追加发包人作为共同被告参加诉讼。实际施工人以发包人为被告主张权利的，人民法院应当追加与实际施工人存在直接合同关系的转包人、违法分包人作为共同被告参加诉讼，发包人在欠付工程价款范围内对实际施工人承担责任。发包人以其未欠付工程价款为由提出抗辩的，应当承担举证责任。实际施工人可以以发包人、转包人、违法分包人为共同被告主张权利，当事人之间依据相应的合同关系承担法律责任。建设工程施工合同无效，实际施工人要求未与其建立合同关系的转包人、违法分包人对工程欠款承担支付责任的，不予支持。

北京市高级人民法院《关于审理建设工程施工合同纠纷案件若干疑难问题的解答》第 19 条规定：实际施工人以违法分包人、转包人为被告要求支付工程款的，法院不得依职权追加发包人为共同被告；实际施工人以发包人为被告要求支付工程款的，应当追加违法分包人或转包人作为共同被告参加诉讼，发包人在其欠付违法分包人或转包人工程款范围内承担连带责任。发包人以其未欠付工程款为由提出抗辩的，应当对此承担举证责任。

浙江省高级人民法院民事审判第一庭《关于审理建设工程施工合同纠纷案件若干疑难问题的解答》第 23 条规定，实际施工人的合同相对人破产、下落不明或资信状况严重恶化，或实际施工人至承包人（总承包人）之间的合同均为无效的，可以依照最高人民法院《关于审理建设工程施工合同纠纷案件适用法律问题的解释》（已废止）第 26 条第 2 款的规定，提起包括发包人在内为被告的诉讼。

山东省高级人民法院《关于印发全省民事审判工作会议纪要的通知》规定，依据最高人民法院《关于审理建设工程施工合同纠纷案件适用法律问题的解释》（已废止）第 26 条的规定，实际施工人直接起诉发包人请求支付欠付工程价款的，为查明案件事实，应当追加转包人、违法分包人为共同被告；实际施工人直接起诉转包人或者违法分包人请求支付工程价款的，不得追加发包人为诉讼当事人。依据最高人民法院《关于审理建设工程施工合同纠纷案件适用法律问题的解释》（已废止）第 26 条的规定，实际施工人起诉发包人请求支付欠付工程价款的，发包人在欠付工程价款的范围内对实际施工人承担直接支付欠付工程价款的责任，发包人与转包人或者违法分包人承担支付工程价款的连带责任没有法律依据。

江苏省高级人民法院《关于审理建设工程施工合同纠纷案件若干问题的意见》第 23 条规定："实际施工人以发包人为被告要求支付工程款的，人民法院一般应当追加转包人或者违法分包人为被告参加诉讼。建设工程因转包、违法分包导致建设工程施工合同无效的，实际施工人要求转包人、违法分包人和发包人对工程欠款承担连带责任的,人民法院应予支持,但发包人只在欠付的工程款范围内承担连带责任。实际施工人要求发包人给付工程款,发包人以实际施工人要求给付的工程款高于其欠付的工程款进行抗辩的,应当由发包人承担举证责任。”

对以上法院规定进行汇总,可得到以下结论:(1)关于实际施工人以发包人为被告主张权利。“发包人”应当理解为建设工程的业主,不应扩大理解为转包人、违法分包人等中间环节的相对发包人。(2)关于实际施工人以转包人、违法分包人为被告主张权利。不得要求未与其建立合同关系的转包人、违法分包人对工程欠款承担支付责任。在以转包人、违法分包人为被告主张权利的情况下追加发包人为共同被告,存在三种观点,即法院不得依职权追加发包人为共同被告、一般不主动依职权追加发包人作为共同被告、可以追加发包人作为共同被告。(3)关于实际施工人以发包人、转包人、违法分包人为共同被告主张权利。实际施工人可以以发包人、转包人,违法分包人为共同被告主张权利,当事人之间依据相应的合同关系承担法律责任。在要求转包人、违法分包人和发包人对工程欠款承担连带责任方面,有两种观点。江苏高院认为,实际施工人要求转包人、违法分包人和发包人对工程欠款承担连带责任的,人民法院应予支持,但发包人只在欠付的工程款范围内承担连带责任。山东高院认为,实际施工人起诉发包人请求支付欠付工程价款的,发包人在欠付工程价款的范围内对实际施工人承担直接支付欠付工程价款的责任,发包人与转包人或者违法分包人承担支付工程价款的连带责任没有法律依据。

（三）关于实际施工人以发包人为被告主张权利的新规定

最高人民法院《关于审理建设工程施工合同纠纷案件适用法律问题的解释》(已废止)第26条用词不够准确,实务中的适用效果不尽理想。最高人民法院《关于审理建设工程施工合同纠纷案件适用法律问题的解释(二)》(已废止)第24条进行了完善。该条规定:“实际施工人以发包人为被告主张权利的,人民法院应当追加转包人或者违法分包人为本案第三人,在查明发包人欠付转包人或者违法分包人建设工程价款的数额后,判决发包人在欠付建设工程价款范围内对实际施工人承担责任。”

最高人民法院《关于审理建设工程施工合同纠纷案件适用法律问题的解释(二)》(已废止)第25条还明确了实际施工人可提起代位权诉讼主张权利。该条规定:“实际施工人根据合同法第七十三条规定,以转包人或者违法分包人怠于向发包人行使到期债权,对其造成损害为由,提起代位权诉讼的,人民法院应予支持。”

最高人民法院《关于审理建设工程施工合同纠纷案件适用法律问题的解释(一)》第43条保留了最高人民法院《关于审理建设工程施工合同纠纷案件适用法

律问题的解释》(已废止)第26条第1款和最高人民法院《关于审理建设工程施工合同纠纷案件适用法律问题的解释(二)》(已废止)第24条第2款。最高人民法院《关于审理建设工程施工合同纠纷案件适用法律问题的解释(二)》(已废止)第25条明确的实际施工人可提起代位权诉讼主张权利也在最高人民法院《关于审理建设工程施工合同纠纷案件适用法律问题的解释(一)》第44条中得到了体现。

(四)实际施工人作为被告

最高人民法院《关于审理建设工程施工合同纠纷案件适用法律问题的解释(一)》第15条规定:"因建设工程质量发生争议的,发包人可以以总承包人、分包人和实际施工人为共同被告提起诉讼。"《建筑法》第66条规定:建筑施工企业转让、出借资质证书或者以其他方式允许他人以本企业的名义承揽工程的,责令改正,没收违法所得,并处罚款,可以责令停业整顿,降低资质等级;情节严重的,吊销资质证书。对因该项承揽工程不符合规定的质量标准造成的损失,建筑施工企业与使用本企业名义的单位或者个人承担连带赔偿责任。《建筑法》第67条规定:"承包单位将承包的工程转包的,或者违反本法规定进行分包的,责令改正,没收违法所得,并处罚款,可以责令停业整顿,降低资质等级;情节严重的,吊销资质证书。承包单位有前款规定的违法行为的,对因转包工程或者违法分包的工程不符合规定的质量标准造成的损失,与接受转包或者分包的单位承担连带赔偿责任。"

可见,在建设工程质量发生争议时,实际施工人可能与总承包人或专业承包人、分包人作为共同被告被起诉,并可能与总承包人或专业承包人、分包人一起对发包人承担连带责任。

第二节　建设工程施工合同

一、建设工程施工合同的发包人

建设工程施工合同的发包人可能是建设工程项目的所有人,但在不少情况下,建设工程施工合同的发包人也可能不是建设工程项目的所有人。比如,某一栋办公楼所有人将办公楼分散出租,承租人与装修工程施工人签订建设工程装修合同,在此种情形下,装修合同的发包人为办公楼承租人而非所有人。再比如,实施代建制的工程项目,建设工程施工合同一般由项目管理单位与施工人签署,在此情形下,施工合同的发包人为项目管理单位,但并非项目所有权人。

建设工程施工合同的发包人是建设工程项目的所有人时,建设工程的承包人可根据法律规定和合同约定向项目所有人主张权利。如果建设工程施工合同的发包人不是建设工程项目的所有人，承包人除根据法律规定和合同约定向合同发包人主张权利外，是否可以向建设工程项目的所有人或工程代建合同的委托人主张权利呢？

北京市高级人民法院《关于审理建设工程施工合同纠纷案件若干疑难问题的解答》第40条规定："发包人承租建筑物后以自己名义对外签订施工合同，承包人应当如何主张权利？发包人（承租人）与建筑物所有权人签订租赁合同租赁该建筑物后，以自己的名义对外签订施工合同，承包人主张工程款的，应当以施工合同的发包人为被告提起诉讼。发包人下落不明或丧失支付能力，且建筑物所有权人与发包人之间的租赁合同已经终止，承包人以建筑物所有权人为被告主张权利的，建筑物所有权人在其实际受益范围内承担赔偿责任。"

深圳市中级人民法院《关于建设工程合同若干问题的指导意见》有如下规定，建设工程合同的发包人非建设工程项目的所有人，发包人以自己的名义实际履行合同的，建设工程的所有人与发包人共同对建设工程合同的履行承担连带责任。工程代建合同的委托人与受托人共同对建设工程合同的履行承担连带责任，但建设工程合同明确约定仅由受托人、委托人或发包人承担合同约定义务的除外。

可以看到，北京高院和深圳中院的规定差别比较大。根据北京高院规定，发包人承租建筑物后以自己名义对外签订施工合同，建筑物所有权人有条件地承担有限责任，而深圳中院的规定是建设工程合同的发包人非建设工程项目的所有人时，在工程代建合同下，建设工程的所有人原则上应对建设工程合同的履行承担连带责任，在非代建合同下，建设工程的所有人应对建设工程合同的履行承担连带责任。北京高院的规定相对具有合理性。比如，在租赁合同下，承租人与装修施工人签订装修合同，装修工程可能对作为出租人的建筑物所有人并无价值，甚至是负资产。因为租赁合同终止后，新的承租人可能觉得原有的装修毫无价值，需要彻底清除以恢复毛坯状态再进行装修。新的承租人清除原承租人完成的装修工程会产生费用，此费用新的承租人会向建筑物所有人主张。所以租赁中的惯例，是出租人在出租合同中会主张租赁合同终止时，承租人应负责将租赁房屋恢复原状。在承租人的装修工程对出租人无意义、出租人并无受益的情况下，建筑物所有权人不应对装修工程承包人的损失承担责任。在建设工程施工合同的发包人非建设工程项目的所有人时，建设工程项目的所有人无受益不应向承包人承担责任，受益时可在受益范围内承担责任。非经营性政府投资项目的代建合同，由使用单位与代建单位签署，使用单位是代建项目的受益人，如无相反约定，使用单位与代建单位共同对代建工程合同的履行承担连带责任就是合理的。

办公楼出租和商铺出租是非常普遍的经营活动，作为产权人的出租人要避免对承租人签署的装修合同承担责任，或避免因此产生的损失，应该在租赁合同中作出妥善安排。

二、建设工程施工合同的形式与内容

《民法典》第 788 条规定，建设工程合同是承包人进行工程建设，发包人支付价款的合同。建设工程合同包括工程勘察、设计、施工合同。第 789 条规定，建设工程合同应当采用书面形式。《建筑法》第 15 条第 1 款规定："建筑工程的发包单位与承包单位应当依法订立书面合同，明确双方的权利和义务。"故建设工程施工合同应当采用书面形式。

相关法律、部门规章等对建设工程施工合同的签订依据和应具备的内容作了规定。比如《民法典》第 792 条规定："国家重大建设工程合同，应当按照国家规定的程序和国家批准的投资计划、可行性研究报告等文件订立。"第 795 条规定："施工合同的内容一般包括工程范围、建设工期、中间交工工程的开工和竣工时间、工程质量、工程造价、技术资料交付时间、材料和设备供应责任、拨款和结算、竣工验收、质量保修范围和质量保证期、相互协作等条款。"《建筑工程施工发包与承包计价管理办法》第 12 条规定："招标人与中标人应当根据中标价订立合同。不实行招标投标的工程由发承包双方协商订立合同。合同价款的有关事项由发承包双方约定，一般包括合同价款约定方式，预付工程款、工程进度款、工程竣工价款的支付和结算方式，以及合同价款的调整情形等。"合同当事人可根据前述规定及双方协商情况确定合同内容，并在此基础上依法进行补充和修改，以避免在合同履行过程中因合同约定的空白产生纷争。

尽管合同各方当事人会尽量对合同所涉各方面内容作出周到安排，但对相关事项没有约定或者约定不明确仍难以避免。《民法典》对合同生效后当事人就合同相关内容没有约定或者约定不明确的处理作出了安排，该法第 510 条规定："合同生效后，当事人就质量、价款或者报酬、履行地点等内容没有约定或者约定不明确的，可以协议补充；不能达成补充协议的，按照合同相关条款或者交易习惯确定。"第 511 条规定："当事人就有关合同内容约定不明确，依据前条规定仍不能确定的，适用下列规定：(一)质量要求不明确的，按照强制性国家标准履行；没有强制性国家标准的，按照推荐性国家标准履行；没有推荐性国家标准的，按照行业标准履行；

没有国家标准、行业标准的，按照通常标准或者符合合同目的的特定标准履行。（二）价款或者报酬不明确的，按照订立合同时履行地的市场价格履行；依法应当执行政府定价或者政府指导价的，依照规定履行。（三）履行地点不明确，给付货币的，在接受货币一方所在地履行；交付不动产的，在不动产所在地履行；其他标的，在履行义务一方所在地履行。（四）履行期限不明确的，债务人可以随时履行，债权人也可以随时请求履行，但是应当给对方必要的准备时间。（五）履行方式不明确的，按照有利于实现合同目的的方式履行。（六）履行费用的负担不明确的，由履行义务一方负担；因债权人原因增加的履行费用，由债权人负担。”

对建设工程施工领域何种交易习惯可能构成《民法典》第510条所指的交易习惯，江苏省高级人民法院《关于审理建设工程施工合同纠纷案件若干问题的意见》和《山东省高级人民法院2008年民事审判工作会议纪要》有基本相同的意见。相关意见可供参考。江苏省高级人民法院《关于审理建设工程施工合同纠纷案件若干问题的意见》第8条规定，建设工程合同生效后，当事人对有关内容没有约定或者约定不明确的，可以协议补充；不能达成补充协议的，按照合同有关条款或者参照国家建设部和国家工商总局联合推行的《建设工程施工合同（示范文本）》的通用条款确定。《山东省高级人民法院2008年民事审判工作会议纪要》第4条第5款规定，关于建设工程施工合同示范文本的适用问题。为了规范建设工程施工活动，我国国家有关部门先后制定了建设工程施工合同示范文本等多项格式合同文本，这些文本一般由协议书、通用条款、专用条款三部分内容组成，其中通用条款既是国家为加强建筑行业的行政管理而制定的规范，也是建筑行业中众多交易习惯的总结和体现，是建设工程施工合同必不可少的条件。实践中，应当注重对建筑行业交易习惯的运用，对当事人采用示范文本签订合同的，在协议书没有明确约定的情形下，可以采纳通用条款确定当事人的权利义务。

可以看出，江苏高院和山东高院都认为示范文本中的通用条款，是行业交易习惯的体现，建设工程施工合同生效后，当事人对有关内容没有约定或者约定不明确，又不能达成补充协议的，可以参照《建设工程施工合同（示范文本）》的通用条款确定。

三、建设工程施工合同示范文本

关于建设工程施工合同文本，国际上有FIDIC合同版本可供参考。通常所见的FIDIC是法文缩写，指国际咨询工程师联合会（Fédération lnternationale Des

Ingénieurs Conseils, FIDIC)，中文音译为“菲迪克”，其英文名称是 International Federation of Consulting Engineers。FIDIC 于 1913 年由欧洲 5 国独立的咨询工程师协会在比利时根特成立，目前是国际上最有权威的咨询工程师组织。FIDIC 所编写的相关标准合同条件是国际工程界几十年来实践经验的总结，公正地规定了合同各方的职责、权利和义务，程序严谨，可操作性强，如今已在工程建设、机械和电气设备的提供等方面为联合国有关组织和世界银行、亚洲开发银行等国际金融组织以及许多国家普遍承认和广泛采用。

1999 年，FIDIC 出版了一套 4 本全新的标准合同条件。一是新红皮书：《施工合同条件》(*Conditions of Contract for Construction for Building and Engineering Works Designed by the Employer*)，适用于由业主提供设计，由承包商按照业主提供的设计进行工程施工的工程，但承包商可以完成土木、机械、电气和构筑物的某些部分设计。二是新黄皮书：《生产设备和设计——施工合同条件》(*Conditions of Contract for Plant and Design-Build for Electrical and Mechanical Works and for Building and Engineering Works Designed by the Contractor*)，适用于由承包商按照业主要求，设计和提供生产设备和/或其他工程；可以包括土木、机械、电气和构筑物的任何组合。三是银皮书：《设计采购施工(EPC)/交钥匙工程合同条件》(*Conditions of Contract for EPC/Turnkey Projects*)，适用于以交钥匙方式提供服务的工程项目，这种方式下项目的最终价格和要求的工期具有更大程度的确定性，由承包商承担项目的设计和实施的全部职责，业主很少介入。四是绿皮书：《简明合同格式》(*Short Form of Contract*)，推荐用于价值相对较低的建筑或工程。根据工程的类型和具体条件的不同，此格式也适用于价值较高的工程，特别是较简单的、或重复性的、或工期短的工程。在这种合同形式下，一般都是由承包商按照雇主或其代表(工程师)提供的设计实施工程，但对于部分或完全由承包商设计的土木、机械、电力和/或建造工程的合同也同样适用。2017 年 12 月，FIDIC 发行了 1999 年版系列合同条件中红皮书、黄皮书和银皮书的第二版。

在国内，住房和城乡建设部、国家工商行政管理总局联合制定有《建设项目工程总承包合同(示范文本)》(GF－2020－0216)、《建设工程施工合同(示范文本)》(GF－2017－0201)。住房和城乡建设部和国家工商行政管理总局另联合制定有建设工程勘察合同、建设工程设计合同(分专业建筑工程和房屋建筑工程)、建设工程施工专业分包合同、建设工程施工劳务分包合同、建设工程造价咨询合同、建设工程监理合同等的示范文本。此外，一些省、自治区、直辖市的建设行政主管部门和工商行政主管部门也联合制定有适用于相应行政区域的相关合同示范文本。根据国家工商行政管理总局《关于制定推行合同示范文本工作的指导意见》第11条意见,“合同示范文本供合同当事人自愿参照使用,工商和市场监管部门不得强制要求当事人使用合同示范文本”。故上述合同示范文本不具有强制适用的效力,仅供合同当事人参照使用。不过,在实务中,对于按相关规定要求备案的建设工程合同,多数备案机关通常只接受在所在省、自治区、直辖市的建设行政主管部门和工商行政主管部门联合制定的合同示范文本基础上补充形成的合同文本。所以,建设工程施工合同当事人采用相应合同备案主管机关认可的合同示范文本订立合同,可以少走一些弯路。当然,双方当事人可以依法另行签订补充协议。另外,如前所述,住房和城乡建设部和国家工商行政管理总局联合制定的相关示范文本对相关事项作出的安排可能被视为行业交易习惯而为法院用于处理合同当事人未约定或约定不明确事项,因而建设工程合同当事人仍应高度重视。

四、建设工程施工合同的一般有效要件

建设工程施工合同是承包人进行工程施工,发包人支付工程价款的合同。由于建设工程施工合同涉及金额往往较大,合同当事人应尽量确保所签署的合同有效,以维护自身的合法权益。事实上,建设工程施工合同的效力是法院审理建设工程施工合同纠纷案件首要审查的内容。即使一方或双方当事人未对建设工程施工合同的效力提出主张或抗辩,双方对建设工程施工合同的性质与效力没有争议,人民法院也都会主动审查建设工程施工合同的效力并在判决书中明确载明。

《民法典》第143条规定,具备下列条件的民事法律行为有效:(1)行为人具有相应的民事行为能力;(2)意思表示真实;(3)不违反法律、行政法规的强制性规定,不违背公序良俗。根据《民法典》前述规定以及《建筑法》《招标投标法》等法律及相关行政法规等的规定,有效的建设工程施工合同应当具备以下条件:(1)合同的发包人和承包人应当符合法律和行政法规规定的条件;(2)合同内容经双方协商一致,是双方的真实意思表示;(3)合同签署时发包人已取得建设用地规划许可证、建设工程规划许可证,根据国家规定必须招标的项目,按照招标文件和中标人的投标文件订立书面合同;(4)建设工程施工合同应当符合法律规定的形式要件;(5)合同内容合法,不违反法律或社会公共利益。

五、建设工程施工合同无效

(一)合同无效情形

《民法典》第153条规定:“违反法律、行政法规的强制性规定的民事法律行为无效。但是,该强制性规定不导致该民事法律行为无效的除外。违背公序良俗的民事法律行为无效”。第154条规定:“行为人与相对人恶意串通,损害他人合法权益的民事法律行为无效。”此外,《民法典》和其他相关法律、行政法规、司法解释还规定了合同无效的其他情形。下文将对建设工程施工合同领域合同无效的具体情形进行梳理。

1. 承包人未取得建筑施工企业资质或者超越资质等级的,建设工程施工合同无效

建筑施工企业在取得相应等级的资质证书后,方可在其资质等级许可的范围内从事建筑活动。《建筑法》第13条规定:“从事建筑活动的建筑施工企业、勘察单位、设计单位和工程监理单位,按照其拥有的注册资本、专业技术人员、技术装备和已完成的建筑工程业绩等资质条件,划分为不同的资质等级,经资质审查合格,取得相应等级的资质证书后,方可在其资质等级许可的范围内从事建筑活动。”第65条第3款规定:“未取得资质证书承揽工程的,予以取缔,并处罚款;有违法所得的,予以没收。”

根据最高人民法院《关于审理建设工程施工合同纠纷案件适用法律问题的解释(一)》第1条第1款第1项的规定,承包人未取得建筑业企业资质或者超越资质等级的,应当依据《民法典》第153条第1款的规定,认定其所签订的建设工程施工合同无效。

《江苏省高级人民法院建设工程施工合同案件审理指南(2010年)》认为,承包人未取得建筑施工企业资质或者超越资质等级,比较典型的表现形式主要有以下几种情况:(1)个体施工队伍在没有资质的情况下违法承揽建设工程的;(2)施工单位冒用、盗用营业执照、资质证书承揽工程的;(3)建筑施工企业的分支机构以自己的名义对外承揽工程的;(4)非建筑施工企业超越经营范围对外承揽建设工程的。

承包人超越资质等级许可的业务范围签订建设工程施工合同,无效合同存在转化为有效合同的空间。最高人民法院《关于审理建设工程施工合同纠纷案件适用法律问题的解释(一)》第4条规定:“承包人超越资质等级许可的业务范围签订建设工程施工合同,在建设工程竣工前取得相应资质等级,当事人请求按照无效合同处理的,人民法院不予支持。”但承包人取得相应资质等级以补救合同效力存在严格时间限制,即应在建设工程竣工前。如果承包人在建设工程竣工后才取得相

应资质，合同应被认定为无效。如《江苏省高级人民法院建设工程施工合同案件审理指南（2010年）》在建设工程施工合同的无效情形部分规定，承包人在工程竣工前未取得相应资质，竣工验收合格后才取得资质的，建设工程施工合同也应认定为无效。

2. 没有资质的实际施工人借用有资质的建筑施工企业名义的，建设工程施工合同无效

依据为最高人民法院《关于审理建设工程施工合同纠纷案件适用法律问题的解释（一）》第1条第1款第2项的规定。

3. 建设工程必须进行招标而未招标或者中标无效的，建设工程施工合同无效

依据为最高人民法院《关于审理建设工程施工合同纠纷案件适用法律问题的解释（一）》第1条第1款第3项的规定。必须进行招标的建设工程范围以及中标无效的情形，见本章第一节。现列举几种建设工程施工合同领域会被认为属于中标无效的情形，出现相应情形则建设工程施工合同无效：

（1）在履行法定招标投标程序之前，招标人与投标人签订的建设工程施工合同无效。在履行法定招标投标程序之前，招标人与投标人即签订建设工程施工合同，说明招标人未经招投标程序即已确定中标人，后续即使有招标投标程序，也只是招标人和投标人精心设计的程序，目的仅仅是构建招标投标的形式，实质上规避了国家关于招标投标相关规定的要求，违反了《招标投标法》相关规定，合同应属无效。

在履行法定招标投标程序之前，招标人与投标人即签订建设工程施工合同，违反了《招标投标法》的什么规定？《民事审判指导与参考》（总第39辑）“民事审判信箱”栏目如下问答可供参考：“问：对依法必须进行招标的建设工程项目，如果在履行法定招标投标程序之前，招标人即与投标人签订了建设工程施工合同，应当如何认定该合同的效力？答：《中华人民共和国招标投标法》第43条规定，在确定中标人前，招标人不得与投标人就投标价格、投标方案等实质性内容进行谈判。该规定对实现《中华人民共和国招标投标法》的立法目的，即规范招标投标活动，保护国家利益、社会公共利益和招标投标活动当事人的合法权益，保证项目质量具有重要意义。相比较‘在确定中标人前，招标人不得与投标人就投标价格、投标方案等实质性内容进行谈判’，在进行招标投标之前就在实质上先行确定了工程承包人，是对《中华人民共和国招标投标法》更为严重的违反。举轻以明重，应当认定当事人的行为违反了法律强制性规定中的效力性规定，故该建设工程施工合同应为无效。”①

① 最高人民法院民事审判第一庭编：《民事审判指导与参考》总第39辑，法律出版社2010年版，第290页。

(2)中标合同约定的工程价款低于成本价。江苏高院也规定中标合同约定的工程价款低于成本价的,合同无效。江苏省高级人民法院《关于审理建设工程施工合同纠纷案件若干问题的意见》第3条规定:“具有下列情形之一,当事人要求确认建设工程施工合同无效的,人民法院应予支持:(一)承包人未取得建筑施工企业资质或者超越资质等级的;(二)没有资质的实际施工人借用有资质的建筑施工企业名义的;(三)建设工程必须进行招标而未招标或者中标无效的;(四)承包单位将工程进行转包或者违法分包的;(五)中标合同约定的工程价款低于成本价的;(六)法律、行政法规规定的其他情形。”

(3)发包人与承包人存在恶意串标、虚假招标的行为,双方签订的“黑白合同”均无效。发包人与承包人恶意串标、虚假招标的,中标无效,所签建设工程施工合同无效。《湖北省高级人民法院民事审判工作座谈会会议纪要(2013年)》第35条认为,必须经过招标投标的项目,发包人与承包人存在恶意串标、虚假招标的行为,双方签订的“黑白合同”均无效。

最高人民法院作出的《江苏省金陵建工集团有限公司与沛县汉之源商贸有限公司、沛县国有资产经营有限公司等建设工程施工合同纠纷二审民事判决书》[(2016)最高法民终687号]有相关论述。

关于以上案件,一审法院认为:“本案当事人虽然形式上履行了招投标程序,但案涉工程招投标时,汉之源公司尚未成立;根据《招标投标法》第二十四条规定,依法必须进行招标的项目,自招标文件开始发出之日起至投标人提交投标文件截止之日止,最短不得少于二十日,案涉工程于2007年6月11日发布第一次招标公告,于2007年6月26日发布第二次招标公告,在十余天内进行了两次招投标,违反了《招标投标法》法定最低不得少于二十日的规定;根据《招标投标法》第三十二条的规定,投标人不得与招标人串通投标,损害国家利益、社会公共利益或者他人的合法权益,案涉工程在招投标过程中,金陵建工集团于2007年6月25日即进场施工,故当事人存在明标暗定的串标行为,违反了法律强制性规定。综合上述事实,当事人针对案涉工程订立的合同依法应认定为无效。”

最高人民法院认为:“本案中,案涉工程招投标时汉之源公司尚未成立;案涉工程两次招标公告的间隔时间仅为十余日;2007年6月26日第二次发布招标公告,而金陵建工集团在2007年6月25日已经进场施工。当事人在招投标过程中的上述行为违背工程招投标程序,违反了法律的强制性规定。一审法院据此认定当事人之间存在明标暗定的串标行为、案涉建设工程合同无效正确,本院予以维持。”

4. 承包人非法转包的，转包行为无效，所签订的转包合同无效

依据为最高人民法院《关于审理建设工程施工合同纠纷案件适用法律问题的解释（一）》第1条第2款的规定。非法转包的界定，见本章第一节相关内容。

5. 违法分包行为无效，所签订的分包合同无效

依据为最高人民法院《关于审理建设工程施工合同纠纷案件适用法律问题的解释（一）》第1条第2款的规定。违法分包行为的界定，见本章第一节相关内容。

（二）项目未取得国有建设用地使用权证、建设用地规划许可证、建设工程规划许可证、建筑工程施工许可证对建设工程施工合同效力的影响

先看一看各地法院的相关意见。

北京市高级人民法院《关于审理建设工程施工合同纠纷案件若干疑难问题的解答》第1条有如下解答："未取得建设审批手续的施工合同的效力如何认定？发包人就尚未取得建设用地规划许可证、建设工程规划许可证等行政审批手续的工程，与承包人签订的建设工程施工合同无效。但在一审法庭辩论终结前发包人取得相应审批手续或者经主管部门批准建设的，应当认定合同有效。发包人未取得建筑工程施工许可证的，不影响施工合同的效力。"

四川省高级人民法院《关于审理建设工程施工合同纠纷案件若干疑难问题的解答》第2条有如下解答，未取得建设审批手续的建设工程施工合同的效力如何认定？未取得建设用地规划许可证、建设工程规划许可证签订的建设工程施工合同无效。但在审理期间取得建设用地使用权，办理了相应审批手续或者经行政主管部门批准建设且已经竣工验收合格的，应当认定为有效。建设单位未领取施工许可证的，不影响建设工程施工合同的效力。

《湖北省高级人民法院民事审判工作座谈会会议纪要（2013年）》："34. 建设工程应办理施工许可证的规范属于管理性规范，不是效力性规范，是否取得施工许可证不影响建设工程施工合同的效力。"

浙江省高级人民法院民事审判第一庭《关于审理建设工程施工合同纠纷案件若干疑难问题的解答》有如下解答："二、如何认定未取得'四证'而签订的建设工程施工合同的效力？发包人未取得建设用地规划许可证或建设工程规划许可证，与承包人签订建设工程施工合同的，应认定合同无效；但在一审庭审辩论终结前取得建设用地规划许可证和建设工程规划许可证或者经主管部门予以竣工核实的，可认定有效。"

深圳市中级人民法院《关于建设工程合同若干问题的指导意见》规定："2. 人民法院受理的建设工程施工合同纠纷，在审理过程中，一方当事人以涉案工程未取得

土地使用权或建设用地规划许可、建设工程规划许可主张合同无效的，在开庭前发包人仍未取得土地使用权及上述行政许可的，应认定施工合同无效；开庭前已经取得土地使用权及上述行政许可，但未取得施工许可的，应认定施工合同有效。”

《江苏省高级人民法院建设工程施工合同案件审理指南（2010 年）》第 2 条第 3 款规定了建设工程施工合同无效的情形，其中第 4 项为“发包人在一审庭审结束前未取得土地使用权证、建设工程规划许可证的”。2001 年 10 月 18 日江苏省高级人民法院印发的《2001 年全省民事审判工作座谈会纪要》“关于合同效力的认定”部分规定：“（1）承包人未依法领取资质证书，超越资质等级承揽工程或者承担业务的，订立的合同无效。（2）根据《建设工程质量管理条例》第七十八条规定认定属于肢解发包、违法分包、转包的情形，因肢解发包、违法分包或者转包订立的合同无效。（3）使用他人的资质证书、营业执照，以他人的名义承揽工程或者承担业务的，订立的合同无效。（4）发包人未取得建筑工程用地批准手续或者规划许可证，在一审法庭辩论终结前仍未补办的，订立的合同不生效。发包人未领取国有土地使用权证书，不影响合同的效力。（5）发包人未领取施工许可证，不影响施工合同的效力。（6）合法有效的建设工程合同对工程造价的确定、结算有明确约定的，依法应予保护，一方当事人主张依审计行政机关作出的审计结论来否定合同约定的，不能支持。但其主张并且能够证明原约定具有显失公平情形的除外。”

重庆市高级人民法院《关于当前民事审判若干法律问题的指导意见》规定，有关施工许可证的规范属于管理性规范，不是影响合同效力性的规范，是否取得施工许可证不影响合同的效力。

从以上法院意见、规定来看，关于发包人未取得国有建设用地使用权证是否影响建设工程施工合同效力，存在不同意见。浙江高院认为不影响合同效力，深圳中院认为在开庭前发包人未取得土地使用权的，应认定施工合同无效。江苏高院认为发包人在一审庭审结束前未取得土地使用权证的，建设工程施工合同无效。

发包人未取得建设用地规划许可证、建设工程规划许可证的，北京高院、浙江高院、四川高院均认为合同无效。但在无效转有效的条件上，三地高院略有不同。北京高院的规定是“在一审法庭辩论终结前发包人取得相应审批手续或者经主管部门批准建设的，应当认定合同有效”。浙江高院的规定是“在一审庭审辩论终结前取得建设用地规划许可证和建设工程规划许可证或者经主管部门予以竣工核实的，可认定有效”。四川高院的规定是“在审理期间取得建设用地使用权，办理了相应审批手续或者经行政主管部门批准建设且已经竣工验收合格的，应当认定为有效”。对此，最高人民法院《关于审理建设工程施工合同纠纷案件适用法律问题的解释(一)》第3条规定:“当事人以发包人未取得建设工程规划许可证等规划审批手续为由,请求确认建设工程施工合同无效的,人民法院应予支持,但发包人在起诉前取得建设工程规划许可证等规划审批手续的除外。发包人能够办理审批手续而未办理,并以未办理审批手续为由请求确认建设工程施工合同无效的,人民法院不予支持。”

根据《建筑法》第8条第1款第4项的规定,申请领取施工许可证以已经确定建筑施工企业为条件。如果因建设工程施工合同发生纠纷时,发包人尚未取得建筑工程施工许可证的,北京高院、浙江高院、四川高院、湖北高院、重庆高院均认为不影响建设工程施工合同的效力。湖北高院、重庆高院均明确,建设工程应办理施工许可证的规范属于管理性规范,不是效力性规范。

(三)建设工程施工合同被确认无效后的结算与民事责任

根据《民法典》第157条的规定,合同无效后的责任包括两部分。一是因该合同取得的财产,应当予以返还;不能返还或者没有必要返还的,应当折价补偿。二是有过错的一方应当赔偿对方因此所受到的损失,双方都有过错的,应当各自承担相应的责任。法律另有规定的,依照其规定。《民法典》第793条规定:“建设工程施工合同无效,但是建设工程经验收合格的,可以参照合同关于工程价款的约定折价补偿承包人。建设工程施工合同无效,且建设工程经验收不合格的,按照以下情形处理:(一)修复后的建设工程经验收合格的,发包人可以请求承包人承担修复费用;(二)修复后的建设工程经验收不合格的,承包人无权请求参照合同关于工程价款的约定折价补偿。发包人对因建设工程不合格造成的损失有过错的,应当承担相应的责任。”

1. 关于折价补偿

在工程建设中,施工单位消耗的劳动和建筑材料等已物化到建设工程中,建设单位将建设工程返还给施工单位不具有可操作性。在建设工程施工合同无效的情况下,如果已施工部分建设工程质量合格,具有价值,建设单位可以对施工单位进行折价补偿。此种情况下,根据《民法典》第793条的规定,施工单位可请求建设单位参照合同约定支付工程价款。有人认为,“承包人请求参照合同约定支付工程价款的”这一表述即表明承包人“可以”请求参照合同约定支付工程价款,承包人当然也可以不请求参照合同约定支付工程价款,而是请求按实结算工程价款,人民法院对于承包人选择的结算方式的处理结果是“应予支持”,这其实是一种误解。[①] 如果

① 参见最高人民法院民一庭:《建设工程施工合同无效,但建设工程经竣工验收合格,承包人是否有权选择要求发包人参照合同约定结算或者据实结算支付工程价款》,载最高人民法院民事审判第一庭编:《民事审判指导与参考》总第48辑,人民法院出版社2012年版,第115页。

施工单位主张建设单位按照实际造价支付工程价款，不应获支持，因为如果合同无效按照建设工程实际造价补偿，就可能使施工单位达到获取高于合同约定工程款的目的，而在合同无效时施工单位不应获取比合同有效时更多的利益，否则与无效合同处理原则及制定关于审理建筑工程纠纷案件的司法解释以期达到规范建筑市场、促进建筑业的发展并提供法律保障的初衷相悖。参照合同约定确定工程款数额，符合签约时当事人的真实意思，有利于保证工程质量，平衡双方之间的利益关系。[①] 当然，参照合同约定支付价款是处理合同无效，工程经竣工验收合格时，双方支付工程款的一项基本原则，在通常情况下，应当依照合同约定来支付工程款。但是，需要注意的是，对此原则的适用也不能过于僵化，“参照”合同约定也并非意味着在任何情况下均要完全按照约定来给付工程价款，而是应当结合案件的具体情况加以具体处理。如在出现未完工的建设工程或者建设工程的设计出现大规模修改变化而导致的改变工程量，使其增减较大，从而无法参照合同约定计算工程价款时，就需要根据案件具体情况委托有资质的中介机构通过评估鉴定的方式来认定建设工程的工程价款。[②]

就同一建设工程分别签订的多份施工合同均被认定无效后，如果已施工部分建设工程质量合格，应当参照双方当事人达成合意并实际履行的合同结算工程价款。[③] 最高人民法院《关于审理建设工程施工合同纠纷案件适用法律问题的解释（一）》第 24 条规定：“当事人就同一建设工程订立的数份建设工程施工合同均无效，但建设工程质量合格，一方当事人请求参照实际履行的合同关于工程价款的约定折价补偿承包人的，人民法院应予支持。实际履行的合同难以确定，当事人请求参照最后签订的合同关于工程价款的约定折价补偿承包人的，人民法院应予支持。”

如果已施工部分建设工程质量不合格，则该部分建设工程质量无价值，施工单位无权要求建设单位进行折价补偿，建设单位无义务向施工单位进行折价补偿。

---

① 参见王毓莹：《建设工程施工合同应当认定无效的，应参照合同约定确定工程价款——莫某华与东莞市长富广场房地产开发有限公司、深圳市东深工程有限公司建设工程施工合同纠纷再审案》，载最高人民法院民事审判第一庭编：《民事审判指导与参考》总第 54 辑，人民法院出版社 2013 年版，第 166 页。

② 参见最高人民法院民一庭：《建设工程施工合同无效，但建设工程经竣工验收合格，承包人是否有权选择要求发包人参照合同约定结算或者据实结算支付工程价款》，载最高人民法院民事审判第一庭编：《民事审判指导与参考》总第 48 辑，人民法院出版社 2012 年版，第 117 页。

③ 参见关丽：《就同一建设工程分别签订的多份施工合同均被认定无效后，应当参照双方当事人达成合意并实际履行的合同结算工程价款——汕头市建安（集团）公司与北京秦浪屿工艺品有限公司建设工程施工合同纠纷上诉案》，载最高人民法院民事审判第一庭编：《民事审判指导与参考》总第 55 辑，人民法院出版社 2014 年版，第 115 页。

施工单位如要减少损失，只能按《民法典》第157条及最高人民法院《关于审理建设工程施工合同纠纷案件适用法律问题的解释（一）》第6条的规定，要求建设单位就其对合同无效存在的过错向施工单位承担责任。

在建设工程未经验收的情况下，是否支付工程款成为建设单位的权利。建设单位可以依法处分自己的民事权利，既可同意支付工程价款，也可拒绝支付。如果建设工程未经验收，但建设单位接收了该部分未经验收的工程，参照最高人民法院《关于审理建设工程施工合同纠纷案件适用法律问题的解释（一）》第9条第3项"建设工程未经竣工验收，发包人擅自使用的，以转移占有建设工程之日为竣工日期"规定之精神，建设单位接收相应工程的行为可视为其认可该部分工程为验收合格的工程，建设单位应支付相应的工程价款。[①]

2. 关于过错赔偿

合同无效的，凡是因合同的无效而给对方当事人造成的损失，主观上有故意或者过失的当事人都应当赔偿对方的财产损失。双方都有过错的，应当各自承担相应的责任。最高人民法院《关于审理建设工程施工合同纠纷案件适用法律问题的解释（一）》第6条规定："建设工程施工合同无效，一方当事人请求对方赔偿损失的，应当就对方过错、损失大小、过错与损失之间的因果关系承担举证责任。损失大小无法确定，一方当事人请求参照合同约定的质量标准、建设工期、工程价款支付时间等内容确定损失大小的，人民法院可以结合双方过错程度、过错与损失之间的因果关系等因素作出裁判。"

如果在建设工程施工合同被确认无效前，房地产开发企业已经开始依法预售商品房且施工单位对此知情，但后来施工合同被确认无效，房地产开发企业与施工单位又不能就工程继续施工达成一致，施工单位退出施工的，房地产开发企业受此影响承担逾期交房责任后，可否要求施工单位赔偿逾期交房的损失？

最高人民法院民一庭认为，建设工程施工合同被确认无效后，发包人与第三人签订的房屋买卖合同，因逾期交房发生的违约损失，如果承包人在签订合同时或履行合同中已经知道或应当知道该损失发生，且该损失与承包人的过错有因果关系，则可以纳入无效合同过错责任赔偿范围。可根据承包方订立合同、履行合同中的

① 参见最高人民法院民一庭：《建设工程施工合同无效、工程尚未竣工且未经验收，承包人请求支付工程价款，发包人同意并主张参照合同约定支付的，一般应当参照合同约定支付工程价款》，载最高人民法院民事审判第一庭编：《民事审判指导与参考》总第59辑，人民法院出版社2015年版，第135页。

过错责任程度及违反诚实信用原则的程度，判令其承担相应的责任。[①]

六、建设工程施工合同解除

(一)发包人解约权

最高人民法院《关于审理建设工程施工合同纠纷案件适用法律问题的解释》(已废止)第8条规定，承包人具有下列情形之一的，发包人可请求解除建设工程施工合同：(1)明确表示或者以行为表明不履行合同主要义务的；(2)合同约定的期限内没有完工，且在发包人催告的合理期限内仍未完工的；(3)已经完成的建设工程质量不合格，并拒绝修复的；(4)将承包的建设工程非法转包、违法分包的。现上述规定已失效。发包人要解除合同的，应当根据《民法典》第562条和第563条的规定行使解除权。《民法典》第562条规定："当事人协商一致，可以解除合同。当事人可以约定一方解除合同的事由。解除合同的事由发生时，解除权人可以解除合同。"《民法典》第563条规定："有下列情形之一的，当事人可以解除合同：(一)因不可抗力致使不能实现合同目的；(二)在履行期限届满前，当事人一方明确表示或者以自己的行为表明不履行主要债务；(三)当事人一方迟延履行主要债务，经催告后在合理期限内仍未履行；(四)当事人一方迟延履行债务或者有其他违约行为致使不能实现合同目的；(五)法律规定的其他情形。以持续履行的债务为内容的不定期合同，当事人可以随时解除合同，但是应当在合理期限之前通知对方。"此外，《民法典》第806条第1款规定，承包人将建设工程转包、违法分包的，发包人可以解除合同。

关于发包人是否可以根据《民法典》相关规定随时解除建设工程施工合同，福建省高级人民法院《关于审理建设工程施工合同纠纷案件疑难问题的解答》有如下解答，问：根据原《合同法》第287条，建设工程合同一章没有规定的，适用承揽合同的有关规定，而原《合同法》第268条规定，定作人可以随时解除承揽合同。建设工程施工合同的发包人能否据此行使任意解除权？答：发包人行使解除权必须符合最高人民法院《关于审理建设工程施工合同纠纷案件适用法律问题的解释》(已废止)第8条的规定，不宜任意扩大解除权的行使。《民法典》第808条规定，本章[②]没有规定的，适用承揽合同的有关规定。第787条规定，定作人在承揽人完成工作前可以随时解除合同，造成承揽人损失的，应当赔偿损失。参照上述福建高院的解

---

① 参见最高人民法院民一庭：《〈建设工程施工合同〉被确认无效后的过错赔偿责任》，载最高人民法院民事审判第一庭编：《民事审判指导与参考》总第53辑，人民法院出版社2013年版，第146页。

② 此处指《民法典》第3编第18章"建设工程合同"。——编者注

答，原则上发包人不享有对建设工程施工合同的任意解除权。

（二）承包人解约权

最高人民法院《关于审理建设工程施工合同纠纷案件适用法律问题的解释》（已废止）第9条规定，发包人具有下列情形之一，致使承包人无法施工，且在催告的合理期限内仍未履行相应义务的，承包人可请求解除建设工程施工合同：（1）未按约定支付工程价款的；（2）提供的主要建筑材料、建筑构配件和设备不符合强制性标准的；（3）不履行合同约定的协助义务的。现上述规定已失效。承包人要解除合同的，应当根据《民法典》第562条和第563条的规定行使解除权。此外，《民法典》第806条第2款规定，发包人提供的主要建筑材料、建筑构配件和设备不符合强制性标准或者不履行协助义务，致使承包人无法施工，经催告后在合理期限内仍未履行相应义务的，承包人可以解除合同。

（三）合同解除后续事宜

1.《民法典》规定的合同解除的法律后果

根据《民法典》第566条的规定，合同解除后，尚未履行的，终止履行；已经履行的，根据履行情况和合同性质，当事人可以请求恢复原状或者采取其他补救措施，并有权请求赔偿损失。合同因违约解除的，解除权人可以请求违约方承担违约责任，但是当事人另有约定的除外。主合同解除后，担保人对债务人应当承担的民事责任仍应当承担担保责任，但是担保合同另有约定的除外。

2. 支付工程价款以已经完成的建设工程质量合格为前提

《民法典》第806条第3款规定："合同解除后，已经完成的建设工程质量合格的，发包人应当按照约定支付相应的工程价款；已经完成的建设工程质量不合格的，参照本法第七百九十三条的规定处理。"第793条规定："建设工程施工合同无效，但是建设工程经验收合格的，可以参照合同关于工程价款的约定折价补偿承包人。建设工程施工合同无效，且建设工程经验收不合格的，按照以下情形处理：（一）修复后的建设工程经验收合格的，发包人可以请求承包人承担修复费用；（二）修复后的建设工程经验收不合格的，承包人无权请求参照合同关于工程价款的约定折价补偿。发包人对因建设工程不合格造成的损失有过错的，应当承担相应的责任。"故合同解除后，发包人向承包人支付工程价款以承包人已经完成的建设工程质量合格为前提条件。如果已经完成的建设工程质量不合格，则发包人向承包人支付工程价款以修复后的建设工程经验收合格为前提条件。

考虑到已完工工程质量合格与否对工程价款支付的重要意义，建设工程施工合同解除的，承包人主张工程款，如果双方不能就已完成工程质量是否合格达成一致，则当事人应根据需要对已完成工程进行质量鉴定。

有关合同解除后的工程款结算，另见本章第五节相关内容。

3. 是否支持扣留保修金

承包人已经完成一定量工程的施工并形成一定量的工程实体后，建设工程施工合同解除的，原则上发包人享有保修权益，承包人有保修义务。但如果发包人与承包人通过诉讼解除合同或因解除合同产生诉讼，承包人请求不予扣留保修金的，如果不支持承包人该请求，则承包人将来可能需再次起诉主张保修金，因而产生诉累。建设工程施工合同解除后是否支持扣留保修金应根据具体情况确定。安徽省高级人民法院《关于审理建设工程施工合同纠纷案件适用法律问题的指导意见（二）》第 14 条规定："建设工程尚未竣工，合同终止履行的，已完工程质量合格，发包人主张按照合同约定扣留一定比例的工程价款作为质量保修金的，不予支持。"上述意见算是一种观点。

发包人与承包人应在合同中约定质量保修金的返还时间，包括合同解除时质量保修金的返还时间。在最高人民法院审结的辽宁建工集团有限公司与抚顺市远达房地产开发有限公司建设工程施工合同纠纷案［（2016）最高法民申 3556 号］中，承包人起诉主张解除施工合同获法院支持，法院并判决发包人应将应付工程款全部支付给承包人，未扣留工程质量保证金。发包人向最高人民法院申诉。最高人民法院认为，对于发包人提出的原判决未预留工程造价 5% 作为质量保证金不当的问题，一是发包人对此问题在一审审理中并未提出主张或抗辩。二是依据该案事实，承包人施工的涉案工程仅为主体部分，其余工程并未施工，因而除主体工程之外不存在质量保修的前提。三是对于主体工程部分的质量保修，一方面，双方并未对质量保证金的支付和返还作出具体约定；另一方面，依据最高人民法院《关于审理建设工程施工合同纠纷案件适用法律问题的解释》（已废止）第 13 条之规定，属于辽宁建工集团有限公司在涉案工程的合理使用寿命内应当承担的责任，均不以质量保证金支付为约束。四是基于双方合同解除的认定，该部分未履行的约定无须履行。故原判决未予扣留质量保证金的认定并无不当。

该案中，发包人扣留工程质量保证金的请求未获法院支持的一个主要原因是双方未对工程质量保证金的支付和返还作出具体约定。从该案中可以总结的经验为，建设单位如果希望合同解除时能扣留工程质量保证金以作为对承包人按国家规定和合同约定进行工程保修的牵制，应在施工合同中对合同解除时工程质量保证金的扣留比例和返还时间作出约定。因为根据《民法典》第 557 条第 2 款和第 567 条的规定，合同解除的，合同的权利义务关系终止，但合同的权利义务关系终止，不影响合同中结算和清理条款的效力。合同解除时关于工程质量保证金的扣留比例和返还时间的约定，属于合同结算和清理条款，基于此类条款提出的请求，有机会得到法院支持。

4. 承包人有权要求返还履约保证金

履约保证金旨在为承包人履行合同义务提供担保。在合同解除的情况下，尚未履行的合同终止履行，履约保证金已无存在的意义，承包人有权要求返还履约保证金。最高人民法院在辽宁建工集团有限公司与抚顺市远达房地产开发有限公司建设工程施工合同纠纷案[（2016）最高法民申3556号]民事裁定书中有如下观点，可供参考："三、关于远达公司应否返还履约保证金问题。……涉案工程主体已经验收合格，双方在诉讼中就工程造价进行了确认，符合约定的返还条件。特别是在本案《建设工程施工合同》及《补充协议》已经解除的前提下，作为履约保证金的40万元已经失去其合同约定之前提和意义，故依据《中华人民共和国合同法》第九十七条'合同解除后，尚未履行的，终止履行；已经履行的，根据履行情况和合同性质，当事人可以要求恢复原状、采取其他补救措施，并有权要求赔偿损失'之规定，原判决认定由远达公司返还该笔40万元履约保证金正确，不存在认定事实或适用法律错误的情形。"

七、"黑白合同"问题

（一）"黑白合同"的含义及其产生原因

必须进行招标的同一建设工程，发包人与承包人签订的包括备案的中标合同在内、关于实质性内容的约定不一致的几份施工合同，统称为"黑白合同"。

"黑白合同"中的"白合同"是指"备案的中标合同"，即履行招投标程序后，承发包双方按《中标通知书》记载的实质性内容，在法定签约期限内签订并备案的施工合同。"备案的中标合同"应具备以下条件：一是应当招标的工程项目。《招标投标法》第3条对哪些工程项目应当招标作出了明确规定，体现了公权力对建筑市场的规制。二是履行了招投标法定程序，依《中标通知书》记载的实质性内容签订的正式的施工合同。三是按照相关法律、法规规定，在工程建设行政管理部门办理了备案的合同。"黑白合同"中的"黑合同"是指"黑白合同"中除"备案的中标合同"外的其他合同。

"黑白合同"的产生原因主要是两方面。一是发包人规避招投标程序。对于必须进行招标的建设工程，发包人通常觉得，选择承包人应是自己的处分权，自己愿意按什么条件选择哪家承包人即可按什么条件选择哪家承包人，只要潜在承包人接受发包人的条件，双方即可签署施工合同。通过招投标程序签署的施工合同，通常需要满足国家相关规定、标准等的要求，于承包人而言通常更为有利。于是，发包人会与承包人签署"黑白合同"。"黑合同"更多体现发包人意愿，"白合同"相对于"黑合同"通常在结算上更有利于承包人。二是备案。工程建设行政管理部门在接收备案的施工合同时，通常会依据国家相关规定对合同进行审查。如果备案的施工合同不符合国家相关规定，多数备案机关会不予办理备案手续。由于发包人需要提交经过备案的施工合同办理施工许可证以便开始工程施工，对于备案机关会不予办理备案手续的施工合同，发承包双方通常会按备案机关要求进行修改以完成备案程序，此后双方再签署体现双方真实意愿的施工合同，由此也产生了"黑白合同"问题。

2018 年 5 月，国务院办公厅《关于开展工程建设项目审批制度改革试点的通知》提出在房屋建筑和城市基础设施领域取消施工合同备案。2018 年 9 月，住房和城乡建设部《关于修改〈房屋建筑和市政基础设施工程施工招标投标管理办法〉的决定》发布，删去原办法第 47 条第 1 款中的"订立书面合同后 7 日内，中标人应当将合同送工程所在地的县级以上地方人民政府建设行政主管部门备案"。至此，房屋建筑和市政基础设施领域工程施工合同不再需要送主管部门备案，发包人不必再为了特定目的需要而签署"黑白合同"。由于建设工程施工合同中的绝大多数争议来自狭义的房地产领域（商品房的建设与销售领域），可以预计，建设工程领域因"黑白合同"产生的争议将大幅减少。

（二）"黑白合同"的效力

如果"黑白合同"不存在法律规定的无效情形的，"黑白合同"中的"白合同"或"黑合同"并不因其是否备案而影响合同效力。法律、行政法规并未规定施工合同须经备案才能生效。国务院办公厅《关于开展工程建设项目审批制度改革试点的通知》第 8 条明确取消施工合同备案。

由于"黑合同"多数情况下会违反《招标投标法》第 46 条的规定，因此必然涉及对其效力的认定问题。《民事审判指导与参考》研究组认为，"如果备案和未备案的两份施工合同在建设工期、施工质量、计付价款等方面发生变化，当无疑义属于实质性内容的变化，未备案的合同应属于无效的'黑合同'"①。《江苏省高级人民法

① 《民事审判指导与参考》研究组：《如何认定备案合同与未备案合同的内容发生实质性变化》，载最高人民法院民事审判第一庭编：《民事审判指导与参考》总第 53 辑，人民法院出版社 2013 年版，第 243 页。

院建设工程施工合同案件审理指南(2010年)》认为,若强制招标工程虽然通过招标程序,但是双方签订了"黑白合同",则无论"黑合同"签署在"白合同"之前还是之后都属无效。山东省高级人民法院《关于印发全省民事审判工作会议纪要的通知》规定,关于"黑白合同"的法律效力问题,最高人民法院《关于审理建设工程施工合同纠纷案件适用法律问题的解释》(已废止)第21条并未对"黑白合同"的效力作出评判,只是规定将"白合同"作为结算工程价款的依据,因此,在审判实践中不宜对"黑白合同"的法律效力进行认定。

最高人民法院《关于审理建设工程施工合同纠纷案件适用法律问题的解释(一)》第2条规定:"招标人和中标人另行签订的建设工程施工合同约定的工程范围、建设工期、工程质量、工程价款等实质性内容,与中标合同不一致,一方当事人请求按照中标合同确定权利义务的,人民法院应予支持。招标人和中标人在中标合同之外就明显高于市场价格购买承建房产、无偿建设住房配套设施、让利、向建设单位捐赠财物等另行签订合同,变相降低工程价款,一方当事人以该合同背离中标合同实质性内容为由请求确认无效的,人民法院应予支持。"

如果从字面意义上理解,上述司法解释规定意味着,变相降低工程价款的"黑合同",如果当事人请求确认为无效,应认定为无效。如果"黑合同"与中标合同在工程范围、建设工期、工程质量、工程价款等实质性内容方面的约定不一致,当事人并不请求确认合同无效,而是请求按照中标合同确定权利义务的,法院可以不考虑"黑合同"的效力,仅支持按中标合同确定权利义务即可。

(三)"黑白合同"下的工程款结算

根据最高人民法院《关于审理建设工程施工合同纠纷案件适用法律问题的解释(一)》第2条的规定,如果施工合同存在"黑白合同","黑白合同"的实质性内容不一致的,应当以"白合同"即备案的中标合同作为结算工程价款的根据。

事关工程价款的结算的"中标合同实质性内容"到底指哪些内容呢?

根据最高人民法院《关于审理建设工程施工合同纠纷案件适用法律问题的解释(一)》第2条第1款的规定,有关工程范围、建设工期、工程质量、工程价款的约定属于合同实质性内容。

《第八次全国法院民事商事审判工作会议(民事部分)纪要》第31条规定:"招标人和中标人另行签订改变工期、工程价款、工程项目性质等影响中标结果实质性内容的协议,导致合同双方当事人就实质性内容享有的权利义务发生较大变化的,应认定为变更中标合同实质性内容。"

浙江省高级人民法院民事审判第一庭《关于审理建设工程施工合同纠纷案件

若干疑难问题的解答(2012 年)》有如下解答,如何认定“黑白合同”? 认定“黑白合同”时所涉的“实质性内容”,主要包括合同中的工程价款、工程质量、工程期限三部分。对施工过程中,因设计变更、建设工程规划指标调整等客观原因,承、发包双方以补充协议、会谈纪要、往来函件、签证等洽商纪录形式,变更工期、工程价款、工程项目性质的书面文件,不应认定为《招标投标法》第 46 条规定的“招标人和中标人再行订立背离合同实质性内容的其他协议”。

北京市高级人民法院《关于审理建设工程施工合同纠纷案件若干疑难问题的解答》第 16 条有如下解答:“‘黑白合同’中如何认定实质性内容变更? 招投标双方在同一工程范围下另行签订的变更工程价款、计价方式、施工工期、质量标准等中标结果的协议,应当认定为《解释》第二十一条规定的实质性内容变更。中标人作出的以明显高于市场价格购买承建房产、无偿建设住房配套设施、让利、向建设方捐款等承诺,亦应认定为变更中标合同的实质性内容。”

综上所述,变更中标合同实质性内容,一般指变更中标合同关于工程范围、工期、工程价款、工程计价方式、工程质量标准、工程项目性质的内容。在中标合同之外,中标人作出的以明显高于市场价格购买承建房产、无偿建设住房配套设施、让利、向建设方捐款等承诺,亦应认定为变更中标合同的实质性内容。

以下情形有机会不被视为变更中标合同的实质性内容:(1)变更中标合同关于工程范围、工期、工程价款、工程计价方式、工程质量标准、工程项目性质以外的内容,包括改变中标合同约定的争议解决方式等;(2)对中标合同的工程范围、工程价款、工程质量和工程期限等实质性内容予以修改、变更,但其幅度较小,并未影响双方的基本权利义务;(3)在施工过程中,因设计变更、建设工程规划指标调整等客观原因,承、发包双方以补充协议、会谈纪要、往来函件、签证等洽商记录形式,变更工期、工程价款、工程项目性质的书面文件等。

值得说明的是,备案合同一般为中标后按照招投标文件签订的合同,即备案的合同就是中标合同;如备案合同实质性内容与招标文件、投标文件、《中标通知书》不一致,应以后者为准。对此,最高人民法院《关于审理建设工程施工合同纠纷案件适用法律问题的解释(一)》第 22 条作了相应规定,即“当事人签订的建设工程施工合同与招标文件、投标文件、中标通知书载明的工程范围、建设工期、工程质量、工程价款不一致,一方当事人请求将招标文件、投标文件、中标通知书作为结算工程价款的依据的,人民法院应予支持”。

(四)不属于必须招标项目的多份施工合同

未规定必须进行招标的建设工程,发包人根据公司管理制度,进行实质意义上的招投标确定承包人的，应适用《招标投标法》相关规定。当事人实际履行的施工合同与中标合同实质性内容不一致的，按最高人民法院《关于审理建设工程施工合同纠纷案件适用法律问题的解释（一）》第23条规定，应以中标合同作为结算建设工程价款依据，但发包人与承包人因客观情况发生了在招标投标时难以预见的变化而另行订立建设工程施工合同的除外。

不是法律、行政法规规定必须进行招标的建设工程，且未进行实质意义上的招投标或未经过招投标程序，当事人按照建设行政主管部门的规定，将施工合同在相关行政管理部门予以登记备案，该备案合同内容与发包方和承包方另行签订的施工合同不一致的，不适用《招标投标法》相关规定，应以反映当事人真实意思表示的实际履行的合同结算工程价款。

第三节　施工许可、工期

一、施工许可

（一）概述

从施工许可的角度而言，建设工程分为需领取施工许可证、需审批开工报告、不实行施工许可三种。《建筑法》第7条规定，建筑工程开工前，建设单位应当按照国家有关规定向工程所在地县级以上人民政府建设行政主管部门申请领取施工许可证；但是，国务院建设行政主管部门确定的限额以下的小型工程除外。按照国务院规定的权限和程序批准开工报告的建筑工程，不再领取施工许可证。

《政府投资条例》第20条规定："政府投资项目开工建设，应当符合本条例和有关法律、行政法规规定的建设条件；不符合规定的建设条件的，不得开工建设。国务院规定应当审批开工报告的重大政府投资项目，按照规定办理开工报告审批手续后方可开工建设。"根据《中央预算内直接投资项目管理办法》的相关规定，中央预算内直接投资项目中情况特殊、影响重大的项目需要审批开工报告。需要审批开工报告的，应当在可行性研究报告批复文件中予以明确。对于按照可行性研究报告批复文件的规定需要审批开工报告的项目，应当在开工报告批准后方可开工建设。申请安排中央预算内投资3000万元及以上的项目，以及需要跨地区、跨部门、跨领域统筹的项目，由国家发展改革委审批或者由国家发展改革委委托中央有关部门审批，其中特别重大项目由国家发展改革委核报国务院批准；其余项目按照隶属关系，由中央有关部门审批后抄送国家发展改革委。中央预算内直接投资项目,是指国家发展改革委安排中央预算内投资建设的中央本级(包括中央部门及其派出机构、垂直管理单位、所属事业单位)非经营性固定资产投资项目。

不需要审批开工报告的建设工程,除地方规定不实行施工许可的工程外,均应在开工前领取施工许可证。不实行施工许可的工程的管理办法,以地方相关规定为准。

(二)申请领取施工许可证应当具备的条件

2011 年《建筑法》第 8 条规定,申请领取施工许可证,应当具备下列条件:(1)已经办理该建筑工程用地批准手续;(2)在城市规划区的建筑工程,已经取得规划许可证;(3)需要拆迁的,其拆迁进度符合施工要求;(4)已经确定建筑施工企业;(5)有满足施工需要的施工图纸及技术资料;(6)有保证工程质量和安全的具体措施;(7)建设资金已经落实;(8)法律、行政法规规定的其他条件。建设行政主管部门应当自收到申请之日起 15 日内,对符合条件的申请颁发施工许可证。

第十三届全国人民代表大会常务委员会第十次会议于 2019 年 4 月 23 日通过的《关于修改〈中华人民共和国建筑法〉等八部法律的决定》对《建筑法》第 8 条进行了修改,修改后的条文为:"申请领取施工许可证,应当具备下列条件:(一)已经办理该建筑工程用地批准手续;(二)依法应当办理建设工程规划许可证的,已经取得建设工程规划许可证;(三)需要拆迁的,其拆迁进度符合施工要求;(四)已经确定建筑施工企业;(五)有满足施工需要的资金安排、施工图纸及技术资料;(六)有保证工程质量和安全的具体措施。建设行政主管部门应当自收到申请之日起七日内,对符合条件的申请颁发施工许可证。"本次修改主要体现在两个方面:一是将"建设资金已经落实"修改为"有满足施工需要的资金安排";二是将建设行政主管部门颁发施工许可证的期限由 15 日减少至 7 日。

(三)申领施工许可证义务人

应当领取施工许可证的工程,取得施工许可证后方可开工。未取得施工许可证擅自施工的,根据《建筑法》第 64 条和《建设工程质量管理条例》第 57 条的规定,责令停止施工,限期改正,处工程合同价款 1% 以上 2% 以下的罚款。

根据《建筑法》第 7 条的规定,施工许可证应由建设单位申请领取。建设单位申请领取施工许可证时,按规定需要施工单位配合完成一些手续和提供一些资料,所以施工单位配合的速度也影响着施工许可证的办理进度。建设工程通常都存在争抢工期的压力和动力,为尽早取得施工许可证,也为避免因施工单位配合的迟延影响工程开工或避免处罚,实践中存在发包人与承包人约定,由承包人负责办理施工许可证的情形。那么,此种约定是否有效呢?

最高人民法院在《北京建工一建工程建设有限公司与天津金发新材料有限公司建设工程施工合同纠纷申请再审民事裁定书》[（2013）民申字第1632号]中认为，虽然《建筑法》第7条规定了建设单位申领施工许可证的法定责任，但该规定并不影响当事人在合同中作出相反约定的效力，即在当事人在合同中约定由承包人北京建工一建工程建设有限公司（以下简称北京一建）负责办理施工许可证，天津金发新材料有限公司①（以下简称金发公司）仅负配合责任的情况下，在北京一建与金发公司的内部民事法律关系上，北京一建应当对未能如期申领施工许可证承担相应的合同责任。

可见，如果发包人与承包人约定，由承包人负责办理施工许可证的，约定有效。由承包人负责办理施工许可证时，在资料与手续齐全的情况下，承包人如未能如期申领施工许可证，应承担相应的合同责任。

（四）施工许可证废止

《建筑法》第9条规定，建设单位应当自领取施工许可证之日起3个月内开工。因故不能按期开工的，应当向发证机关申请延期；延期以两次为限，每次不超过3个月。既不开工又不申请延期或者超过延期时限的，施工许可证自行废止。

二、工期概述

工期是建设工程施工合同的核心内容之一。建设单位需要按要求期限或合同约定期限将建设工程投产、投入使用或交付最终客户，否则可能承担违约责任，或产生其他不良社会效果。延长工期，在部分情况下对施工单位而言也是风险，施工单位也需要按期推进工程建设，以控制工程成本，并在工程竣工后及时收回相应工程款。

建设工程施工合同约定的工期应当合理。建设单位违反规定可能面临的后果包括：（1）行政责任。根据《建设工程质量管理条例》第10条和第56条的规定，建设工程发包单位不得任意压缩合理工期，否则可能被主管部门责令改正，处20万元以上50万元以下的罚款。（2）相关约定无效。最高人民法院2016年11月21日发布的《第八次全国法院民事商事审判工作会议（民事部分）纪要》第30条规定，“要依法维护通过招投标所签订的中标合同的法律效力。当事人违反工程建设强制性标准，任意压缩合理工期、降低工程质量标准的约定，应认定无效。对于约定无效后的工程价款结算，应依据建设工程施工合同司法解释的相关规定处理”。故发包

① 为案涉工程发包人。

人和承包人在建设工程施工合同中违反工程建设强制性标准压缩合理工期的，相应的工期约定无效。

承包人应遵守关于工期的合理约定。因承包人原因延误工期，承包人可能面临的后果包括：(1)支付违约金、赔偿损失。《民法典》第801条规定："因施工人的原因致使建设工程质量不符合约定的，发包人有权请求施工人在合理期限内无偿修理或者返工、改建。经过修理或者返工、改建后，造成逾期交付的，施工人应当承担违约责任。"施工合同一般会约定因承包人原因延误工期，承包人应承担的违约金以及赔偿责任。实践中，承包人往往会要求在施工合同中约定因工期延误承担违约金的上限，比如不超过工程总造价的一定比例，以控制风险。(2)发包人解除合同。发包人可以根据合同约定解除合同。此外，根据《民法典》第563条第1款第3项的规定，当事人一方迟延履行主要债务，经催告后在合理期限内仍未履行的，另一方当事人可以解除合同。承包人在合同约定的期限内没有完工，且在发包人催告的合理期限内仍未完工的，发包人解除建设工程施工合同的请求应予支持。

最高人民法院作为二审法院审结的中广建设集团有限公司与昆明西南广商城有限公司与云南星长征投资开发控股集团有限公司建设工程施工合同纠纷案[(2015)民一终字第341号]中，发包人提供监理日志来证明承包人延误工期的天数。一审法院和最高人民法院均未对监理日志的证明力提出质疑，发包人通过该证据证明了承包人延误工期的天数，在工期延误索赔上获得了两级法院的支持。发包人应高度重视监理日志等记录。

三、开工日期

开工日期关系到是否构成工期延误，在建设工程施工合同纠纷中往往是争议焦点。一些地方的法院就此出台相关指导意见。

安徽省高级人民法院《关于审理建设工程施工合同纠纷案件适用法律问题的指导意见(二)》第3条规定："建设工程的开工日期应依据开工令、开工报告记载的时间予以认定。当事人认为实际开工时间与开工令、开工报告记载的时间不符的，应当承担举证责任。因发包人原因导致延误开工的，以实际开工时间作为开工日期；因承包人原因导致延误开工的，以开工令、开工报告记载的时间作为开工日期。既无开工令、开工报告，又无法查明实际开工时间的，依据合同约定的开工日期予以认定。"

北京市高级人民法院《关于审理建设工程施工合同纠纷案件若干疑难问题的

解答》第25条规定：建设工程施工合同实际开工日期的确定，一般以开工通知载明的开工时间为依据；因发包人原因导致开工通知发出时开工条件尚不具备的，以开工条件具备的时间确定开工日期；因承包方原因导致实际开工时间推迟的，以开工通知载明的时间为开工日期；承包人在开工通知发出前已经实际进场施工的，以实际开工时间为开工日期；既无开工通知也无其他相关证据能证明实际开工日期的，以施工合同约定的开工时间为开工日期。

浙江省高级人民法院民事审判第一庭《关于审理建设工程施工合同纠纷案件若干疑难问题的解答》规定，建设工程施工合同的开工时间以开工通知或开工报告为依据。开工通知或开工报告发出后，仍不具备开工条件的，应以开工条件成就时间确定。没有开工通知或开工报告的，应以实际开工时间确定。

深圳市中级人民法院《关于建设工程合同若干问题的指导意见》规定："建设工程开工时间一般以发包人签发的《开工报告》确认的时间为准，但如果发包人签发的《开工报告》确认的开工时间早于《施工许可证》确认的开工时间，则以《施工许可证》确定的开工时间作为建设工程开工时间。承包人在领取《施工许可证》之前已实际施工，且双方约定以实际施工日为工期起算时间的，依照约定。如果发包人签发开工报告后，迟延履行合同的约定义务而无法施工，工期顺延。"

下面看看相关案例。

在最高人民法院审结的广州市建筑集团有限公司与广州东顺房地产开发有限公司建设工程施工合同纠纷案[（2013）民申字第862号]中，最高人民法院认为："东顺公司主张开工日期为2004年8月1日，即建筑集团实际进场施工之日。建筑集团主张其虽然在2004年8月1日进场，但因不符合全面施工条件，而无法全面施工，故开工时间应以《建筑工程施工许可证》核发之日的2004年12月6日为准。经查，双方当事人在2004年7月30日签订的《建设工程承包合同》中，对合同工期进行了约定：开工日期2004年8月1日。而从建筑集团于2004年8月24日向东顺公司发出的《关于计划延误事宜通知的复函》、2004年11月25日向东顺公司发出《关于确认第二期工程进度款的函》、2005年8月4日向东顺公司发出《关于提前支付合同款的说明》内容看，建筑集团均认可并实际已于2004年8月1日组织各有关施工人员进场施工，在2004年11月时，案涉工程已建到第五层，建筑集团向东顺公司确认收取第二期进度款为200万元。案涉工程的《建筑工程施工许可证》的核发时间虽然是2004年12月6日，但在核发《建筑工程施工许可证》之前，建筑集团早已对案涉工程进行施工建设，并未影响建筑集团的开工建设，故二审判决认定案涉工程开工日期为2004年8月1日，符合本案履约实际，并无不当。"

在最高人民法院作为二审法院审结的中广建设集团有限公司与昆明西南广商城有限公司与云南星长征投资开发控股集团有限公司建设工程施工合同纠纷案[(2015)民一终字第341号]中,施工合同约定开工日期暂定为2010年9月30日,发包人于2011年8月10日取得《房屋建筑工程施工许可证》,2011年1月5日至10月31日共有31天承包人停工。一审法院认为:“结合前述西南广公司取得相关行政许可的时间及各方无争议的中广公司进场时间早于前述西南广公司取得涉案工程《房屋建筑工程施工许可证》的事实,依照《中华人民共和国合同法》第二百八十三条之规定,对于中广公司进场后至2011年8月10日西南广公司取得涉案工程《房屋建筑工程施工许可证》期间的停工不可归咎于中广公司,故中广公司不应承担此期间因停工导致的违约责任,中广公司有关西南广公司未按照合同约定提供相关许可证造成停工的抗辩有理,依法予以采信。”最高人民法院最终判决维持一审法院相应判决。

最高人民法院《关于审理建设工程施工合同纠纷案件适用法律问题的解释(一)》第8条规定:“当事人对建设工程开工日期有争议的,人民法院应当分别按照以下情形予以认定:(一)开工日期为发包人或者监理人发出的开工通知载明的开工日期;开工通知发出后,尚不具备开工条件的,以开工条件具备的时间为开工日期;因承包人原因导致开工时间推迟的,以开工通知载明的时间为开工日期。(二)承包人经发包人同意已经实际进场施工的,以实际进场施工时间为开工日期。(三)发包人或者监理人未发出开工通知,亦无相关证据证明实际开工日期的,应当综合考虑开工报告、合同、施工许可证、竣工验收报告或者竣工验收备案表等载明的时间,并结合是否具备开工条件的事实,认定开工日期。”前述规定,充分总结经验,考虑了各种情形下开工日期的确定方案,且公平合理,可有效解决当事人关于开工日期确定的争议。

四、可顺延工期的情形

关于工期顺延,相关法律、司法解释、法院指导意见等规定如下。

《民法典》第798条规定:“隐蔽工程在隐蔽以前,承包人应当通知发包人检查。发包人没有及时检查的,承包人可以顺延工程日期,并有权请求赔偿停工、窝工等损失。”第803条规定:“发包人未按照约定的时间和要求提供原材料、设备、场地、资金、技术资料的,承包人可以顺延工程日期,并有权请求赔偿停工、窝工等损失。”第804条规定:“因发包人的原因致使工程中途停建、缓建的,发包人应当采取措施弥补或者减少损失，赔偿承包人因此造成的停工、窝工、倒运、机械设备调迁、材料和构件积压等损失和实际费用。”

最高人民法院《关于审理建设工程施工合同纠纷案件适用法律问题的解释（一）》第11条规定，建设工程竣工前，当事人对工程质量发生争议，工程质量经鉴定合格的，鉴定期间为顺延工期期间。

2016年11月21日最高人民法院发布的《第八次全国法院民事商事审判工作会议（民事部分）纪要》第33条规定：“发包人不履行告知变更后的施工方案、施工技术交底、完善施工条件等协作义务，致使承包人停（窝）工，以至难以完成工程项目建设的，承包人催告在合理期限内履行，发包人逾期仍不履行的，人民法院视违约情节，可以依据合同法第二百五十九条、第二百八十三条规定裁判顺延工期，并有权要求赔偿停（窝）工损失。”

安徽省高级人民法院《关于审理建设工程施工合同纠纷案件适用法律问题的指导意见（二）》第4条规定：“承包人未能提供顺延工期的签证等书面文件，但能够证明工程存在延期开工、不具备施工条件、设计变更、工程量增加、发包人指定的分包工程迟延完工、不可抗力等不可归责于承包人的原因，影响施工进度的，可以允许承包人相应顺延工期。”

北京市高级人民法院《关于审理建设工程施工合同纠纷案件若干疑难问题的解答》第26条规定：因发包人拖欠工程预付款、进度款、迟延提供施工图纸、场地及原材料、变更设计等行为导致工程延误，合同明确约定顺延工期应当经发包人签证确认，经审查承包人虽未取得工期顺延的签证确认，但其举证证明在合同约定的办理期限内向发包人主张过工期顺延，或者发包人的上述行为确实严重影响施工进度的，对承包人顺延相应工期的主张，可予支持。

深圳市中级人民法院《关于建设工程合同若干问题的指导意见》规定，发包人未按建设工程合同约定支付工程进度款致使停工、窝工的，承包人可顺延工程日期并有权要求赔偿停工、窝工等损失。施工过程中因发包人拖欠工程预付款、进度款、变更设计造成工程停工、窝工或因不可抗力因素造成工程停工的，工期顺延计算。

综合以上规定，以下情况下工期可顺延：（1）因发包人的原因延期开工、不具备施工条件的；（2）发包人未按照约定的时间和要求提供原材料、设备、场地、资金、施工图纸、技术资料的；（3）发包人拖欠工程预付款、进度款的；（4）发包人没有及时检查隐蔽工程的；（5）因发包人变更设计的；（6）因发包人不履行告知变更后的施工方案、施工技术交底、完善施工条件等协作义务的；（7）因工程量增加的；（8）因发包人的原因致使工程中途停建、缓建的;(9)发包人指定分包工程迟延完工的;(10)进行建设工程质量鉴定,鉴定合格的鉴定期间;(11)不可抗力因素造成工程停工的。因发包人的原因延期开工、不具备施工条件下的工期顺延与开工日期的认定,是一件事情的两个方面。

五、工期顺延的主张与确认

北京市高级人民法院《关于审理建设工程施工合同纠纷案件若干疑难问题的解答》第26条规定:因发包人拖欠工程预付款、进度款、迟延提供施工图纸、场地及原材料、变更设计等行为导致工程延误,合同明确约定顺延工期应当经发包人签证确认,经审查承包人虽未取得工期顺延的签证确认,但其举证证明在合同约定的办理期限内向发包人主张过工期顺延,或者发包人的上述行为确实严重影响施工进度的,对承包人顺延相应工期的主张,可予支持。

浙江省高级人民法院民事审判第一庭《关于审理建设工程施工合同纠纷案件若干疑难问题的解答》规定,发包人仅以承包人未在规定时间内提出工期顺延申请而主张工期不能顺延的,该主张不能成立。但合同明确约定不在规定时间内提出工期顺延申请视为工期不顺延的,应遵从合同的约定。

安徽省高级人民法院《关于审理建设工程施工合同纠纷案件适用法律问题的指导意见》第15条规定:“承包人以发包人未按合同约定支付工程进度款为由主张工期顺延权,发包人以承包人未按合同约定办理工期顺延签证抗辩的,如承包人举证证明其在合同约定的办理工期顺延签证期限内向发包人提出过顺延工期的要求,或者举证证明因发包人迟延支付工程进度款严重影响工程施工进度,对其主张,可予支持。因发包人迟延支付工程进度款而认定承包人享有工期顺延权的,顺延期间自发包人拖欠工程进度款之日起至进度款付清之日止。”

《最高人民法院公报》2013年第1期(总第195期)刊登的“河南省偃师市鑫龙建安工程有限公司与洛阳理工学院、河南省第六建筑工程公司索赔及工程欠款纠纷案”,其中的裁判摘要为:“因发包人提供错误的地质报告致使建设工程停工,当事人对停工时间未作约定或未达成协议的,承包人不应盲目等待而放任停工状态的持续以及停工损失的扩大。对于计算由此导致的停工损失所依据的停工时间的确定,也不能简单地以停工状态的自然持续时间为准,而是应根据案件事实综合确定一定的合理期间作为停工时间。”

最高人民法院《关于审理建设工程施工合同纠纷案件适用法律问题的解释

（一）》第10条规定："当事人约定顺延工期应当经发包人或者监理人签证等方式确认，承包人虽未取得工期顺延的确认，但能够证明在合同约定的期限内向发包人或者监理人申请过工期顺延且顺延事由符合合同约定，承包人以此为由主张工期顺延的，人民法院应予支持。当事人约定承包人未在约定期限内提出工期顺延申请视为工期不顺延的，按照约定处理，但发包人在约定期限后同意工期顺延或者承包人提出合理抗辩的除外。"

总结以上规定及观点，可得出以下要点：（1）合同明确约定顺延工期应当经发包人签证确认的，承包人主张顺延工期，应要求发包人确认。（2）合同明确约定顺延工期应当在规定时间内向发包人提出申请并经发包人签证确认的，承包人应在规定时间内提出顺延工期主张。（3）承包人按约定申请顺延工期，虽未取得工期顺延的签证确认，但其举证证明在合同约定的办理期限内向发包人主张过工期顺延，或者发包人的行为确实严重影响施工进度的，对承包人顺延相应工期的主张，可予支持。（4）合同未约定顺延工期应当经发包人签证确认的，发包人仅以承包人未在规定时间内提出工期顺延申请而主张工期不能顺延的主张不能成立。（5）当事人约定承包人未在约定期限内提出工期顺延申请视为工期不顺延的，按照约定处理，但发包人在约定期限后同意工期顺延或者承包人提出合理抗辩的除外。（6）对应顺延工期的确定，不能简单地以停工状态的自然持续时间为准，而是应根据案件事实综合确定一定的合理期间作为停工时间。（7）因发包人迟延支付工程进度款而认定承包人享有工期顺延权的，顺延期间可按发包人拖欠工程进度款之日起至进度款付清之日止的期间确定。（8）停工期间，承包人应采取有效措施防止损失扩大。

第四节　工程质量与保修

一、工程质量标准

（一）施工合同约定的工程质量标准与国家强制性标准不一致的是否有效

根据《建筑法》第3条和第52条第1款的规定，建筑活动应当确保建筑工程质量和安全，符合国家的建筑工程安全标准。建筑工程勘察、设计、施工的质量必须符合国家有关建筑工程安全标准的要求。根据《标准化法》第2条第2款、第3款和第10条第1款的规定，标准包括国家标准、行业标准、地方标准和团体标准、企业标准。国家标准分为强制性标准和推荐性标准，行业标准、地方标准是推荐性标准。

强制性标准必须执行。国家鼓励采用推荐性标准。对保障人身健康和生命财产安全、国家安全、生态环境安全以及满足经济社会管理基本需要的技术要求,应当制定强制性国家标准。根据《实施工程建设强制性标准监督规定》第 2 条和第 3 条第 1 款的规定,在中华人民共和国境内从事新建、扩建、改建等工程建设活动,必须执行工程建设强制性标准。工程建设强制性标准,是指直接涉及工程质量、安全、卫生及环境保护等方面的工程建设标准强制性条文。

根据上述规定,在中华人民共和国境内从事新建、扩建、改建等工程建设活动,必须执行工程建设标准强制性条文。那么,如果施工合同约定的工程质量标准与国家强制性标准不一致,应如何处理?

最高人民法院于 2016 年 11 月 21 日印发的《第八次全国法院民事商事审判工作会议(民事部分)纪要》第 30 条规定:“要依法维护通过招投标所签订的中标合同的法律效力。当事人违反工程建设强制性标准,任意压缩合理工期、降低工程质量标准的约定,应认定无效。对于约定无效后的工程价款结算,应依据建设工程施工合同司法解释的相关规定处理。”

北京市高级人民法院《关于审理建设工程施工合同纠纷案件若干疑难问题的解答》第 27 条规定:建设工程施工合同中约定的建设工程质量标准低于国家规定的工程质量强制性安全标准的,该约定无效;合同约定的质量标准高于国家规定的强制性标准的,应当认定该约定有效。

山东省高级人民法院《关于印发全省民事审判工作会议纪要的通知》规定,建设工程质量关系到人民群众生命财产安全,关系到国家利益和社会公共安全。因此,国家对建设工程质量要求十分严格,建筑法、合同法在立法上均对建设工程质量作出明确规定,并确定了建设工程质量的强制性国家标准。但建设工程质量作为建设工程施工合同的核心内容,是建设工程施工合同履行过程中纠纷频发、争议激烈的问题。因此,对于建设工程质量争议,必须坚持质量第一的审判原则,依法通过司法手段确保建设工程质量符合国家规定的强制性安全标准。当事人在建设工程施工合同中约定的建设工程质量标准低于国家颁布的建设工程质量强制性标准的,该约定无效,建设工程发生质量缺陷的,承包人应当按照国家强制性标准承担修理或者返工、改建等责任;对于当事人约定的建设工程质量标准高于国家规定的强制性安全标准的,如约定获得“鲁班奖”等,应当认定该约定有效,承包人的工程质量不符合合同约定质量标准的,应当按照合同约定承担违约责任,但合同另有约定的除外。

综上所述,建设工程施工合同中约定的建设工程质量标准低于国家规定的工程质量强制性安全标准的,该约定无效;合同约定的质量标准高于国家规定的强制性标准的,应当认定该约定有效。当事人约定的建设工程质量标准高于国家规定的强制性安全标准的,如约定获得“鲁班奖”等,应当认定该约定有效,承包人的工程质量不符合合同约定质量标准的,应当按照合同约定承担违约责任,但合同另有约定的除外。

(二)房地产开发企业应高度重视推荐性标准

为了确保人民群众生命财产安全,建设工程领域不断总结经验、教训,形成了众多的国家标准、行业标准、地方标准。如前文所述,国家标准分为强制性标准和推荐性标准,行业标准和地方标准是推荐性标准。强制性标准不可违反,那么推荐性标准是否必须遵守呢?

由于商品房涉及众多的标准,买卖双方不可能就商品房质量的所有细节方面均作出约定,商品房完成竣工验收及达到国家规定、商品房买卖合同约定的其他交房标准,即可交付使用。一般细节方面,除非另有约定,不大可能构成交房的障碍。但房地产开发企业不能因为买卖双方未就一般细节方面作出约定,就认为自己不受约束,可不顾及推荐性标准的要求。对于合同当事人没有约定或者约定不明确的方面,《民法典》第510条规定:“合同生效后,当事人就质量、价款或者报酬、履行地点等内容没有约定或者约定不明确的,可以协议补充;不能达成补充协议的,按照合同相关条款或者交易习惯确定。”《民法典》第511条规定:“当事人就有关合同内容约定不明确,依据前条规定仍不能确定的,适用下列规定:(一)质量要求不明确的,按照强制性国家标准履行;没有强制性国家标准的,按照推荐性国家标准履行;没有推荐性国家标准的,按照行业标准履行;没有国家标准、行业标准的,按照通常标准或者符合合同目的的特定标准履行。(二)价款或者报酬不明确的,按照订立合同时履行地的市场价格履行;依法应当执行政府定价或者政府指导价的,依照规定履行。(三)履行地点不明确,给付货币的,在接受货币一方所在地履行;交付不动产的,在不动产所在地履行;其他标的,在履行义务一方所在地履行。(四)履行期限不明确的,债务人可以随时履行,债权人也可以随时请求履行,但是应当给对方必要的准备时间。(五)履行方式不明确的,按照有利于实现合同目的的方式履行。(六)履行费用的负担不明确的,由履行义务一方负担;因债权人原因增加的履行费用,由债权人负担。”

可以看到,根据《民法典》的规定,如果商品房买卖双方就质量没有约定或约定不明确,且既不能达成补充协议,也不能按照合同有关条款或者交易习惯确定的,按照国家标准、行业标准履行。因此,房地产开发企业需谨慎对待推荐性标准,避免因此承担法律责任。

(三)推荐性标准与施工图设计的不一致

《建设工程质量管理条例》第 11 条规定:“施工图设计文件审查的具体办法,由国务院建设行政主管部门、国务院其他有关部门制定。施工图设计文件未经审查批准的,不得使用。”施工图审查,是指审查机构按照有关法律、法规,对施工图涉及公共利益、公众安全和工程建设强制性标准的内容进行的审查。《房屋建筑和市政基础设施工程施工图设计文件审查管理办法》第 3 条第 3 款规定:“施工图未经审查合格的,不得使用。从事房屋建筑工程、市政基础设施工程施工、监理等活动,以及实施对房屋建筑和市政基础设施工程质量安全监督管理,应当以审查合格的施工图为依据。”第 11 条规定:“审查机构应当对施工图审查下列内容:(一)是否符合工程建设强制性标准;(二)地基基础和主体结构的安全性;(三)消防安全性;(四)人防工程(不含人防指挥工程)防护安全性;(五)是否符合民用建筑节能强制性标准,对执行绿色建筑标准的项目,还应当审查是否符合绿色建筑标准;(六)勘察设计企业和注册执业人员以及相关人员是否按规定在施工图上加盖相应的图章和签字;(七)法律、法规、规章规定必须审查的其他内容。”

按照以上规定,房屋建筑和市政基础设施工程的施工,应当以审查合格的施工图为依据。但对施工图的审查,审查的主要内容是施工图是否符合工程建设强制性标准、地基基础和主体结构的安全性、是否符合民用建筑节能强制性标准等,并未明确规定施工图审查必须对施工图是否符合推荐性标准进行审查。因此,施工图可能与推荐性标准出现不一致。那么,假如施工图与推荐性标准不一致,房地产开发企业会不会因为《民法典》第 511 条的规定而承担违约责任呢?

对于合同当事人没有约定或者约定不明确的方面,《民法典》第 511 条的适用应以法律、行政法规、规章等没有明确规定为前提。在《房屋建筑和市政基础设施工程施工图设计文件审查管理办法》明文规定房屋建筑和市政基础设施工程的施工应当以审查合格的施工图为依据的情形下,如果房地产开发企业交付的商品房与经审查合格的施工图一致,且不存在不符合一般购房人合理预期的情形,一般情况下应认为交付行为符合合同约定。如果经审查合格的施工图内容有重大变更,建设单位应将修改后的施工图重新委托原审查机构进行审查。如果房地产开发企业怠于将发生重大变更的施工图重新委托审查机构审查,据以进行施工的施工图的合法性将可能存在瑕疵,房地产开发企业可能因此承担法律责任。因此,房地产开发企业应重视施工图审查,尤其应确保涉及审查机构审查内容的设计变更经审查合格。

二、建筑材料、建筑构配件与设备

建筑材料、部分建筑构配件与设备会物化到建设工程中，从而对建设工程质量有直接影响。根据《建设工程质量管理条例》第14条的规定，建设工程不得使用不合格的建筑材料、建筑构配件和设备。有些地方政府规章对此也作了规定，比如《湖北省建筑市场管理条例》第42条规定，工程建设过程中不得使用国家和省明令淘汰或者禁止使用的工艺、设备和材料。

关于建筑材料、建筑构配件和设备方面对设计单位和设计文件的要求。《建筑法》第56条规定，设计文件选用的建筑材料、建筑构配件和设备，应当注明其规格、型号、性能等技术指标，其质量要求必须符合国家规定的标准。第57条规定，建筑设计单位对设计文件选用的建筑材料、建筑构配件和设备，不得指定生产厂、供应商。

建筑材料、建筑构配件和设备可以根据合同约定由发包人采购，或由承包人采购。由发包人采购的，根据《建设工程质量管理条例》第14条第1款的规定，建设单位应当保证建筑材料、建筑构配件和设备符合设计文件和合同要求。根据最高人民法院2016年11月21日发布的《第八次全国法院民事商事审判工作会议（民事部分）纪要》第32条规定，因发包人未按照约定提供原材料、设备、场地、资金、技术资料，致使工程中途停、缓建的，发包人应当赔偿因此给承包人造成的停（窝）工损失，包括停（窝）工人员人工费、机械设备窝工费和因窝工造成设备租赁费用等停（窝）工损失。根据最高人民法院《关于审理建设工程施工合同纠纷案件适用法律问题的解释（一）》第13条的规定，发包人提供或者指定购买的建筑材料、建筑构配件、设备不符合强制性标准，造成建设工程质量缺陷的，应当承担过错责任；承包人明知发包人提供的建筑材料、建筑构配件、设备不符合强制性标准而未拒绝使用，或明知发包人指定购买的建筑材料、建筑构配件、设备不符合强制性标准而仍然采购，造成建设工程质量缺陷的，应当承担过错责任。根据《民法典》第806条第2款的规定，发包人提供的主要建筑材料、建筑构配件和设备不符合强制性标准，致使承包人无法施工，经催告后在合理期限内仍未履行相应义务的，承包人可以解除合同。

关于发包人要求承包人购买其指定的建筑材料、建筑构配件和设备。根据《建筑法》第25条的规定，按照合同约定，建筑材料、建筑构配件和设备由工程承包单位采购的，发包单位不得指定承包单位购入用于工程的建筑材料、建筑构配件和设备或者指定生产厂、供应商。另外，根据最高人民法院《关于审理建设工程施工合同纠纷案件适用法律问题的解释(一)》第13条的规定推断,尽管存在《建筑法》第25条的规定,但若合同约定建筑材料、建筑构配件和设备由工程承包单位采购,并同时约定承包人应购买发包人指定的用于工程的建筑材料、建筑构配件和设备或者发包人指定的生产厂、供应商生产、供应的用于工程的建筑材料、建筑构配件和设备,且此种约定不存在其他无效情形(如不符合国家强制性标准)的,应有效。由此可以确定《建筑法》第25条的规定属于管理性强制性规范,不属于效力性强制性规范。

与此类似的问题是供水、供电、供气、公安消防等部门或者单位明示或者暗示建设单位、施工单位购买其指定的生产供应单位的建筑材料、建筑构配件和设备。《建设工程质量管理条例》第51条的规定是,供水、供电、供气、公安消防等部门或者单位不得明示或者暗示建设单位、施工单位购买其指定的生产供应单位的建筑材料、建筑构配件和设备。

关于建筑材料、建筑构配件和设备的检验。《建筑法》第59条规定,建筑施工企业必须按照工程设计要求、施工技术标准和合同的约定,对建筑材料、建筑构配件和设备进行检验,不合格的不得使用。根据《建设工程质量管理条例》第16条第2款第3项的规定,工程使用的主要建筑材料、建筑构配件和设备的进场试验报告,是建设工程竣工验收的必备条件之一。

三、发包人与承包人关于质量的义务与责任

(一)发包人的质量义务与责任

发包人对建设工程质量应履行相应义务,承担相应责任。《建筑法》第54条规定:"建设单位不得以任何理由,要求建筑设计单位或者建筑施工企业在工程设计或者施工作业中,违反法律、行政法规和建筑工程质量、安全标准,降低工程质量。建筑设计单位和建筑施工企业对建设单位违反前款规定提出的降低工程质量的要求,应当予以拒绝。"根据最高人民法院《关于审理建设工程施工合同纠纷案件适用法律问题的解释(一)》第13条第1款的规定,发包人具有下列情形之一,造成建设工程质量缺陷,应当承担过错责任:(1)提供的设计有缺陷;(2)提供或者指定购买的建筑材料、建筑构配件、设备不符合强制性标准;(3)直接指定分包人分包专业工程。

除上述规定外,发包人还应遵守其他有关质量义务。《最高人民法院公报》2015年第6期(总第224期)刊登了"海擎重工机械有限公司与江苏中兴建设有限公司、中国建设银行股份有限公司泰兴支行建设工程施工合同纠纷案"。该案裁判

摘要为："从事建设工程活动，必须严格执行基本建设程序，坚持先勘察、后设计、再施工原则。建设单位未提前交付地质勘查报告、施工图设计文件未经过建设主管部门审查批准的，应对于因双方签约前未曾预见的特殊地质条件导致工程质量问题承担主要责任。施工单位应秉持诚实信用原则，采取合理施工方案，避免损失扩大。人民法院应当根据合同约定、法律及行政法规规定的工程建设程序，依据诚实信用原则，合理确定建设单位与施工单位对于建设工程质量问题的责任承担。"该案中，建设单位因违反基本建设程序，提供的设计有缺陷，法院认定应由其对双方签约前未曾预见的特殊地质条件导致工程质量问题承担主要责任。

发包人应遵守建设工程应经竣工验收合格后方可交付使用的规定。最高人民法院《关于审理建设工程施工合同纠纷案件适用法律问题的解释（一）》第 14 条规定："建设工程未经竣工验收，发包人擅自使用后，又以使用部分质量不符合约定为由主张权利的，人民法院不予支持；但是承包人应当在建设工程的合理使用寿命内对地基基础工程和主体结构质量承担民事责任。"

（二）承包人的质量义务与责任

根据《建筑法》第 52 条、第 54 条、第 58 条、第 59 条，《民法典》第 798 条，《建设工程质量管理条例》第 3 条等规定，承包人的质量义务包括：(1) 对工程的施工质量负责。(2) 对建筑设计单位和建筑施工企业对建设单位违反规定提出的降低工程质量的要求，应当予以拒绝。(3) 按照工程设计图纸和施工技术标准施工，不得偷工减料。(4) 不得擅自修改工程设计。(5) 必须按照工程设计要求、施工技术标准和合同的约定，对建筑材料、建筑构配件和设备进行检验，不合格的不得使用。(6) 隐蔽工程在隐蔽以前，承包人应当通知发包人检查。(7) 其他。

对于最高人民法院《关于审理建设工程施工合同纠纷案件适用法律问题的解释（一）》第 13 条第 2 款规定的"承包人有过错的，也应当承担相应的过错责任"应如何理解，北京高院和福建高院有相关规定。

北京市高级人民法院《关于审理建设工程施工合同纠纷案件若干疑难问题的解答》第 29 条有如下解答："如何认定承包人对建设工程质量缺陷存在过错？承包人具有下列情形之一的，应当认定其对建设工程质量缺陷存在过错：(1) 承包人明知发包人提供的设计图纸、指令存在问题或者在施工过程中发现问题，而没有及时提出意见和建议并继续施工的；(2) 承包人对发包人提供或指定购买的建筑材料、建筑构配件、设备等没有进行必要的检验或经检验不合格仍然使用的；(3) 对发包人提出的违反法律法规和建筑工程质量、安全标准，降低工程质量的要求，承包人不予拒绝而进行施工的。前述情形下，因工程质量存在缺陷造成第三人损失的，由发包人与承包人承担连带责任。”北京高院的上述规定不仅明确了承包人应承担质量过错责任的情形,还进一步规定了该等情形下,发包人与承包人应对因工程质量存在缺陷造成的第三人损失承担连带责任。

福建省高级人民法院《关于审理建设工程施工合同纠纷案件疑难问题的解答》有如下问答,问:最高人民法院《关于审理建设工程施工合同纠纷案件适用法律问题的解释》(已废止)第12条第2款规定,造成建设工程质量缺陷,承包人有过错的,也应当承担相应的过错责任,应如何理解?答:承包人具有下列情形的,应当认定其有过错:(1)承包人明知发包人提供的工程设计有问题或者在施工中发现设计文件和图纸有差错,而没有及时提出意见和建议,并继续进行施工的;(2)对发包人提供的建筑材料、建筑构配件、设备等未按规定进行检验或者检验不合格仍予以使用的;(3)对发包人提出的违反法律、行政法规和建筑工程质量、安全标准,降低工程质量要求,未拒绝而进行施工的。

(三)发包人在质量方面的权利与修复费用的承担

《民法典》第801条规定:“因施工人的原因致使建设工程质量不符合约定的,发包人有权请求施工人在合理期限内无偿修理或者返工、改建。经过修理或者返工、改建后,造成逾期交付的,施工人应当承担违约责任。”《民法典》第793条第2款第1项规定,建设工程施工合同无效,且建设工程经竣工验收不合格的,修复后的建设工程经竣工验收合格,发包人请求承包人承担修复费用的,应予支持。最高人民法院《关于审理建设工程施工合同纠纷案件适用法律问题的解释(一)》第12条规定:“因承包人的原因造成建设工程质量不符合约定,承包人拒绝修理、返工或者改建,发包人请求减少支付工程价款的,人民法院应予支持。”

可见,因施工人的原因致使建设工程质量不符合约定的,发包人有如下权利:(1)有权要求施工人在合理期限内无偿修理或者返工、改建;(2)经过修理或者返工、改建后,造成逾期交付的,有权要求施工人承担违约责任;(3)施工人拒绝修理、返工或者改建的,发包人可请求减少支付工程价款,或要求施工人承担修复费用,也可请求解除建设工程施工合同。建设工程质量缺陷的保修,应按保修相关规定执行。

在因承包人原因,建设工程质量不符合合同约定或不合格时,发包人要求承包人承担修复费用可能有两种情形。第一种是承包人拒绝修复、在合理期限内不能修复或者发包人有正当理由拒绝承包人修复,发包人另行委托他人修复后要求承包人承担合理修复费用。第二种是发包人未通知承包人或无正当理由拒绝由承包人修复而另行委托他人修复后,要求承包人承担修复费用。

四川省高级人民法院《关于审理建设工程施工合同纠纷案件若干疑难问题的

解答》规定,因承包人原因致使工程质量不符合合同约定,发包人要求承包人承担保修责任或者赔偿修复费用等实际损失的,按保修的相关规定处理。承包人拒绝修复、在合理期限内不能修复或者发包人有正当理由拒绝承包人修复,发包人另行委托他人修复后要求承包人承担合理修复费用的,应予支持。发包人未通知承包人或无正当理由拒绝由承包人修复而另请他人修复的,所发生的修复费用由发包人自行承担。北京市高级人民法院《关于审理建设工程施工合同纠纷案件若干疑难问题的解答》第 30 条有如下解答:“发包人以工程质量不符合合同约定为由,要求承包人承担修复费用的,如何处理?因承包人原因致使工程质量不符合合同约定,承包人拒绝修复、在合理期限内不能修复或者发包人有正当理由拒绝承包人修复,发包人另行委托他人修复后要求承包人承担合理修复费用的,应予支持。发包人未通知承包人或无正当理由拒绝由承包人修复,并另行委托他人修复的,承包人承担的修复费用以由其自行修复所需的合理费用为限。”福建省高级人民法院《关于审理建设工程施工合同纠纷案件疑难问题的解答》有如下解答,问:建设工程质量不合格,发包人拒绝由承包人修复而另行委托他人修复的,承包人应否承担修复费用?答:因承包人的原因造成建设工程质量不合格的,承包人应当承担合理的修复费用。发包人无正当理由拒绝由承包人修复而另请他人修复的,因另请他人而增加的费用不应由承包人承担。

从以上三个高院的观点来看,第一种情形下,发包人要求承包人承担修复费用能得到支持。第二种情形下有不同观点。四川高院认为发包人未通知承包人或无正当理由拒绝由承包人修复而另请他人修复的,所发生的修复费用由发包人自行承担。北京高院认为发包人未通知承包人或无正当理由拒绝由承包人修复,并另行委托他人修复的,承包人承担的修复费用以由其自行修复所需的合理费用为限。

为规避风险,发包人在另行委托他人修复工程前,应先通知承包人修复,在承包人无正当理由拒绝修复时再委托他人进行修复。建设工程施工合同中应对承包人的修复反应要求作出详细约定。

四、建设工程质量保证金

为减轻企业负担,降低制度性交易成本,激发市场活力,国务院办公厅于 2016 年 6 月 23 日印发《关于清理规范工程建设领域保证金的通知》,通知要求对建筑业企业在工程建设中需缴纳的保证金,除依法依规设立的投标保证金、履约保证金、工程质量保证金、农民工工资保证金外,其他保证金一律取消。对保留的保证金,要抓紧修订相关法律法规，完善保证金管理制度和具体办法。按照国务院要求，住房和城乡建设部、财政部共同印发了《关于切实做好清理规范工程建设领域保证金有关工作的通知》，对清理规范工程建设领域保证金工作做出部署。2017 年，住房和城乡建设部、财政部对《建设工程质量保证金管理办法》进行了修订，并于 2017 年 6 月 20 日以“建质〔2017〕138 号”文印发了新的《建设工程质量保证金管理办法》。根据新的《建设工程质量保证金管理办法》第 7 条规定，发包人应按照合同约定方式预留保证金，保证金总预留比例不得高于工程价款结算总额的 3%；合同约定由承包人以银行保函替代预留保证金的，保函金额不得高于工程价款结算总额的 3%。新的《建设工程质量保证金管理办法》有利于进一步减轻承包人的负担。

相较于之前的《建设工程质量保证金管理暂行办法》规定，《建设工程质量保证金管理办法》立法技术上更加成熟，对概念的把握也更加准确，条文更加严谨。

(一)建设工程质量保证金的概念与预留金额上限

建设工程质量保证金，是指发包人与承包人在建设工程承包合同中约定，从应付的工程款中预留，用以保证承包人在缺陷责任期内对建设工程出现的缺陷进行维修的资金。建设工程实行工程总承包的，总承包单位与分包单位有关工程质量保证金的权利与义务的约定，参照发包人与承包人相应权利与义务的约定执行。发包人应按照合同约定方式预留建设工程质量保证金，保证金总预留比例不得高于工程价款结算总额的 3%。

有些地方，如湖北省在《建设工程质量保证金管理办法》规定的建设工程质量保证金预留比例幅度范围内规定了比较低的标准。湖北省经济和信息化厅、湖北省财政厅《关于调整涉企保证金目录清单的通知》规定，工程质量保证金预留比例由发包方和承包方自行约定，但不得高于工程价款结算总额的 1.5%。

(二)缺陷责任期与建设工程质量保证金的返还

根据《建设工程质量保证金管理办法》的规定，缺陷是指建设工程质量不符合工程建设强制性标准、设计文件，以及承包合同的约定。缺陷责任期一般为 1 年，最长不超过 2 年，由发、承包双方在合同中约定。缺陷责任期内，承包人认真履行合同约定的责任，到期后，承包人向发包人申请返还保证金。发包人在接到承包人返还保证金申请后，应于 14 天内会同承包人按照合同约定的内容进行核实。如无异议，发包人应当按照约定将保证金返还给承包人。对返还期限没有约定或者约定不明确的，发包人应当在核实后 14 天内将保证金返还承包人，逾期未返还的，依法承担违约责任。发包人在接到承包人返还保证金申请后 14 天内不予答复，经催告后 14 天内仍不予答复，视同认可承包人的返还保证金申请。

最高人民法院《关于审理建设工程施工合同纠纷案件适用法律问题的解释（一）》第17条第1款对发包人返还工程质量保证金的期限作出了较为全面的安排。该款规定，有下列情形之一，承包人请求发包人返还工程质量保证金的，人民法院应予支持：(1)当事人约定的工程质量保证金返还期限届满。(2)当事人未约定工程质量保证金返还期限的，自建设工程通过竣工验收之日起满两年。(3)因发包人原因建设工程未按约定期限进行竣工验收的，自承包人提交工程竣工验收报告90日后当事人约定的工程质量保证金返还期限届满；当事人未约定工程质量保证金返还期限的，自承包人提交工程竣工验收报告90日后起满两年。

发包人返还工程质量保证金后，不影响承包人根据合同约定或者法律规定履行工程保修义务及承担工程质量缺陷责任。最高人民法院《关于审理建设工程施工合同纠纷案件适用法律问题的解释（一）》第17条第2款规定，发包人返还工程质量保证金后，不影响承包人根据合同约定或者法律规定履行工程保修义务。《民法典》第802条规定，因承包人的原因致使建设工程在合理使用期限内造成人身损害和财产损失的，承包人应当承担赔偿责任。

（三）可以不预留或不得同时预留建设工程质量保证金的情形

在工程项目竣工前，已经缴纳履约保证金的，发包人不得同时预留工程质量保证金。采用工程质量保证担保、工程质量保险等其他保证方式的，发包人不得再预留保证金。对建设工程质量保证金，推行银行保函制度，建筑业企业可以银行保函方式缴纳。合同约定由承包人以银行保函替代预留保证金的，保函金额不得高于工程价款结算总额的3%。在缺陷责任期内，由承包人原因造成的缺陷，承包人应负责维修，并承担鉴定及维修费用。如承包人不维修也不承担费用，发包人可按合同约定从银行保函中扣除，费用超出保证金额的，发包人可按合同约定向承包人进行索赔。

五、建设工程质量鉴定

当事人对工程质量发生争议的，有时需要通过鉴定来解决争议。为节约社会成本，应避免鉴定范围的扩大。最高人民法院《关于审理建设工程施工合同纠纷案件适用法律问题的解释（一）》第31条规定，当事人对部分案件事实有争议的，仅对有争议的事实进行鉴定，但争议事实范围不能确定，或者双方当事人请求对全部事实鉴定的除外。关于工程质量鉴定对工期的影响，根据最高人民法院《关于审理建设工程施工合同纠纷案件适用法律问题的解释（一）》第11条规定，建设工程竣工前，当事人对工程质量发生争议，工程质量经鉴定合格的，鉴定期间为顺延工期期间。

部分法院对支持鉴定和不支持鉴定的情形作了规定。

浙江省高级人民法院民事审判第一庭《关于审理建设工程施工合同纠纷案件若干疑难问题的解答》第8条有如下解答,如何把握工程质量鉴定程序的启动?要严格把握工程质量鉴定程序的启动。建设工程未经竣工验收,发包人亦未擅自提前使用,发包人对工程质量提出异议并提供了初步证据的,可以启动鉴定程序。

江苏省高级人民法院《关于审理建设工程施工合同纠纷案件若干问题的意见》第16条规定:“建设工程竣工并经验收合格后,承包人要求发包人支付工程价款,发包人对工程质量提出异议并要求对工程进行鉴定的,人民法院不予支持。建设工程竣工但未经验收,承包人要求发包人支付工程价款,发包人对工程质量提出异议并要求进行鉴定的,人民法院应予支持。”

深圳市中级人民法院《关于建设工程合同若干问题的指导意见》第20条规定,建设工程合同无效或解除的,承包人主张工程款,发包人提出对已完成工程进行质量鉴定的,应予支持。

从以上法院规定来看,以下情形支持进行鉴定:(1)建设工程未经竣工验收,发包人亦未擅自提前使用,发包人对工程质量提出异议并提供了初步证据,承包人不认可的;(2)建设工程竣工但未经验收,承包人要求发包人支付工程价款,发包人对工程质量提出异议并要求进行鉴定的;(3)建设工程合同无效或解除的,承包人主张工程款,发包人提出对已完成工程进行质量鉴定的。以下情形不支持鉴定:建设工程竣工并经验收合格后,承包人要求发包人支付工程价款,发包人对工程质量提出异议并要求对工程进行鉴定的。

六、发包人基于质量的抗辩与反诉

发包人基于质量问题提出主张,应按抗辩处理还是反诉处理,关系到发包人的实体权利。

四川省高级人民法院《关于审理建设工程施工合同纠纷案件若干疑难问题的解答》第31条有如下解答:“如何处理发包人提出的工程质量问题?承包人诉请支付工程价款,发包人主张工程质量不符合合同约定或者国家强制性质量规范标准,要求减少工程价款的,按抗辩主张处理;发包人要求承包人赔偿损失的,应以反诉的方式提出或另行起诉。”“工程尚未进行竣工验收且未交付使用,发包人以工程质量不符合合同约定或者国家强制性质量规范标准为由要求拒付或减付工程款,经查证属实的,应予支持;发包人要求承包人支付违约金或者赔偿修理,返工或改建的合理费用等损失的，应以反诉的方式提出或另行起诉。”

安徽省高级人民法院《关于审理建设工程施工合同纠纷案件适用法律问题的指导意见（二）》第6条规定：“尚未竣工验收或使用的建设工程，承包人主张工程价款，发包人以工程质量不符合合同约定或者国家质量标准为由，主张减少工程价款或者扣除修复费用的，属于抗辩。工程已经竣工验收合格，发包人又以工程质量不合格为由，主张承包人承担违约责任的，应当提起反诉。”

北京市高级人民法院《关于审理建设工程施工合同纠纷案件若干疑难问题的解答》第28条有如下解答：“发包人主张工程质量不符合合同约定的，应按反诉还是抗辩处理？承包人要求支付工程款，发包人主张工程质量不符合合同约定给其造成损害的，应按以下情形分别处理：（1）建设工程已经竣工验收合格，或虽未经竣工验收，但发包人已实际使用，工程存在的质量问题一般应属于工程质量保修的范围，发包人以此为由要求拒付或减付工程款的，对其质量抗辩不予支持，但确因承包人原因导致工程的地基基础工程或主体结构质量不合格的除外；发包人反诉或另行起诉要求承包人承担保修责任或者赔偿修复费用等实际损失的，按建设工程保修的相关规定处理。（2）工程尚未进行竣工验收且未交付使用，发包人以工程质量不符合合同约定为由要求拒付或减付工程款的，可以按抗辩处理；发包人要求承包人支付违约金或者赔偿修理、返工或改建的合理费用等损失的，应告知其提起反诉或另行起诉。（3）发包人要求承包人赔偿因工程质量不符合合同约定而造成的其他财产或者人身损害的，应告知其提起反诉或另行起诉。”

浙江省高级人民法院《民事审判第一庭关于审理建设工程施工合同纠纷案件若干疑难问题的解答》第9条有如下解答，发包人以工程质量为由提出的对抗性主张，究竟是抗辩还是反诉？承包人诉请给付工程价款，发包人以工程质量不符合合同约定或国家强制性的质量规范标准为由，要求减少工程价款的，按抗辩处理；发包人请求承包人赔偿损失的，按反诉处理。

福建省高级人民法院《关于审理建设工程施工合同纠纷案件疑难问题的解答》第10条有如下解答：“问：因承包人的过错造成建设工程质量不符合约定，承包人拒绝修理、返工或者改建，发包人以工程质量不符合约定为由请求减少支付工程价款的，应否必须反诉？工程未经竣工验收交付使用的，发包人以工程质量不符合约定为由请求减少支付工程款，应否支持？答：发包人可以以此抗辩，请求在工程价款中扣减修理、返工或者改建的合理费用；也可以提起反诉，请求承包人支付修理、返工或者改建的合理费用。但发包人要求承包人赔偿因工程质量不符合约定而造成的其他财产或者人身损害的，应当提起反诉。工程未经竣工验收，发包人擅自使用后，又以质量不符合约定为由请求减少支付工程价款的，不予支持。”

江苏省高级人民法院印发的《2001年全省民事审判工作座谈会纪要》在关于反诉和抗辩的区分方面规定，承包人起诉要求发包人支付工程款，发包人以工程质量不符合约定或者不合格为由提出反诉的，应当一并解决，不得要求其另案起诉。承包人起诉要求发包人支付工程款，发包人就工程质量问题提出异议但未提起反诉的，该异议属于抗辩，在承包人诉讼请求的范围内，不需发包人提出反诉或另案起诉。如果发包人提出其因工程质量问题所受到的损失超过承包人要求支付的工程款的，超出部分须由发包人提出反诉，才能予以支持。

对上述法院规定进行总结，结论是：要求减少工程价款，要求扣减修理、返工或者改建的合理费用，主张付款条件未成就的，按抗辩处理；请求赔偿修理、返工或改建的合理费用等损失，赔偿财产或者人身损害，要求支付违约金或承担其他违约责任的，按反诉处理。

最高人民法院《关于审理建设工程施工合同纠纷案件适用法律问题的解释（一）》第16条就发包人以质量为由提出反诉的合并审理作了规定。该条条文如下：“发包人在承包人提起的建设工程施工合同纠纷案件中，以建设工程质量不符合合同约定或者法律规定为由，就承包人支付违约金或者赔偿修理、返工、改建的合理费用等损失提出反诉的，人民法院可以合并审理。”

七、质量监督、质量事故的社会监督、报告与调查

根据《建筑法》第63条和《建设工程质量管理条例》第53条的规定，任何单位和个人对建筑工程的质量事故、质量缺陷都有权向建设行政主管部门或者其他有关部门进行检举、控告、投诉。根据《建设工程质量管理条例》第52条的规定，建设工程发生质量事故，有关单位应当在24小时内向当地建设行政主管部门和其他有关部门报告。对重大质量事故，事故发生地的建设行政主管部门和其他有关部门应当按照事故类别和等级向当地人民政府和上级建设行政主管部门和其他有关部门报告。特别重大质量事故的调查程序按照国务院有关规定办理。

八、建设工程质量保修

（一）建设工程实行质量保修制度

根据《建筑法》第62条、《建设工程质量管理条例》第39条和《房屋建筑工程质量保修办法》等的规定，建设工程实行质量保修制度。中华人民共和国境内新建、

扩建、改建各类房屋建筑工程（包括装修工程），均实行质量保修制度。房屋建筑工程质量保修，是指对房屋建筑工程竣工验收后在保修期限内出现的质量缺陷，予以修复。质量缺陷，是指房屋建筑工程的质量不符合工程建设强制性标准以及合同的约定。建筑工程的保修范围应当包括地基基础工程、主体结构工程、屋面防水工程和其他土建工程，以及电气管线、上下水管线的安装工程，供热、供冷系统工程等项目；保修的期限应当按照保证建筑物合理寿命年限内正常使用，维护使用者合法权益的原则确定。具体的保修范围和最低保修期限由国务院规定。建设工程承包单位在向建设单位提交工程竣工验收报告时，应当向建设单位出具质量保修书。质量保修书中应当明确建设工程的保修范围、保修期限和保修责任等。

根据《民法典》第795条的规定，施工合同的内容包括质量保修范围和质量保证期。建设工程承包单位在向建设单位提交工程竣工验收报告时，向建设单位出具的质量保修书，属于承包单位的单方承诺，经建设单位接受后对双方具有约束力。承包单位向建设单位出具的质量保修书，应符合国家相关规定及施工合同约定。

（二）保修范围和最低保修期限

根据《建设工程质量管理条例》第40条和《房屋建筑工程质量保修办法》第7条、第8条的规定，在正常使用条件下，房屋建筑工程的最低保修期限为：(1)地基基础工程和主体结构工程，为设计文件规定的该工程的合理使用年限；(2)屋面防水工程、有防水要求的卫生间、房间和外墙面的防渗漏，为5年；(3)供热与供冷系统，为2个采暖期、供冷期；(4)电气管线、给排水管道、设备安装为2年；(5)装修工程为2年。其他项目的保修期限由建设单位和施工单位约定。房屋建筑工程保修期从工程竣工验收合格之日起计算。

建设单位和施工单位双方约定的保修范围、保修期限必须符合国家有关规定。双方约定正常使用条件下工程的保修期限低于法律、行政法规规定的最低期限的，该约定无效。四川高院、浙江高院还规定，建设单位和施工单位双方约定正常使用条件下工程的保修期限低于该省规定的最低期限的，该约定也无效。

北京市高级人民法院《关于审理建设工程施工合同纠纷案件若干疑难问题的解答》第31条规定，建设工程施工合同中约定正常使用条件下工程的保修期限低于法律、行政法规规定的最低期限的，该约定无效。

江苏省高级人民法院《关于审理建设工程施工合同纠纷案件若干问题的意见》第6条规定："建设工程施工合同中约定的正常使用条件下工程的保修期限低于法律、行政法规规定的最低期限，当事人要求确认该约定无效的，人民法院应予支持。"

四川省高级人民法院《关于审理建设工程施工合同纠纷案件若干疑难问题的

解答》第10条有如下解答,如何认定当事人约定的保修期限的效力?建设工程施工合同中约定的正常使用条件下工程的保修期限低于国家和省相关行政主管部门规定的最低期限的,该约定应认定无效。

浙江省高级人民法院民事审判第一庭《关于审理建设工程施工合同纠纷案件若干疑难问题的解答》有如下解答:"四、如何认定当事人约定的保修期低于法律规定的最低保修期限的条款的效力?建设工程施工合同中约定的正常使用条件下工程的保修期限低于国家和省规定的最低期限的,该约定应认定无效。"

(三)保修责任承担

《建设工程质量管理条例》第41条规定:"建设工程在保修范围和保修期限内发生质量问题的,施工单位应当履行保修义务,并对造成的损失承担赔偿责任。"但在保修范围和保修期限内的建设工程质量缺陷,并非都是由施工单位承担费用。以缺陷责任期内的保修为例,《建设工程质量保证金管理办法》第9条规定:"缺陷责任期内,由承包人原因造成的缺陷,承包人应负责维修,并承担鉴定及维修费用。如承包人不维修也不承担费用,发包人可按合同约定从保证金或银行保函中扣除,费用超出保证金额的,发包人可按合同约定向承包人进行索赔。承包人维修并承担相应费用后,不免除对工程的损失赔偿责任。由他人原因造成的缺陷,发包人负责组织维修,承包人不承担费用,且发包人不得从保证金中扣除费用。"

山东高院对不同情形下的建设工程质量缺陷的民事责任承担者作了比较详细的厘清,并指出施工单位承担保修责任与建设工程质量缺陷责任不是同一概念,施工单位负有保修责任并不意味着承担建设工程的质量缺陷责任。

山东省高级人民法院《关于印发全省民事审判工作会议纪要的通知》相关内容如下,建设工程在保修范围和保修期限内发生质量缺陷的,施工单位应当履行保修义务,否则应承担相应的法律责任。但施工单位承担保修责任与建设工程质量缺陷责任不是同一概念,施工单位负有保修责任并不意味着承担建设工程的质量缺陷责任。对于在建设工程保修期间出现的质量问题,虽由施工单位负责保修,但保修所发生的费用应当由造成质量缺陷的责任方负担。实务中,对于保修期间的质量责任划分和损失承担原则根据以下情形确定:(1)施工单位未按国家有关工程建设规范、标准和设计要求施工,造成质量缺陷的,应当履行保修义务,并对造成的损失承担赔偿责任。(2)属于勘察、设计方面的原因造成的质量缺陷,由施工单位负责返修,费用由建设单位支付,建设单位可向勘察、设计单位追偿。(3)因建筑材料、建筑构配件和设备质量不合格引起的质量缺陷,属于施工单位负责采购的,由施工单位承担民事责任;属于建设单位负责采购的,但施工单位提出异议而建设单位坚持使用的，由建设单位承担民事责任，如果施工单位没有验收或者验收不合格仍然使用的，则由建设单位与施工单位共同承担责任。(4)因建设单位或者建筑物所有人使用不当造成的质量缺陷，由建设单位或者建筑物所有人自行负责。(5)因自然事故、社会事件等不可抗力造成的质量事故，由建筑物的所有人或者使用人承担责任。(6)对发包人提出的违反法律法规和建筑工程质量、安全标准，降低工程质量的要求，承包人不予拒绝而进行施工的，由建设单位与施工单位共同承担责任。

第五节　工程造价与工程款支付

一、建筑安装工程费用项目组成

(一)按照费用构成要素划分

根据《建筑安装工程费用项目组成》，建筑安装工程费按照费用构成要素划分，分为人工费、材料(包含工程设备，下同)费、施工机具使用费、企业管理费、利润、规费和税金。其中人工费、材料费、施工机具使用费、企业管理费和利润包含在分部分项工程费、措施项目费、其他项目费中。

人工费是指按工资总额构成规定，支付给从事建筑安装工程施工的生产工人和附属生产单位工人的各项费用。内容包括计时工资或计件工资、奖金、津贴补贴、加班加点工资和特殊情况下支付的工资。

材料费是指施工过程中耗费的原材料、辅助材料、构配件、零件、半成品或成品、工程设备的费用。内容包括材料原价、运杂费、运输损耗费、采购及保管费和工程设备费用。

施工机具使用费是指施工作业所发生的施工机械、仪器仪表使用费或其租赁费。施工机械使用费以施工机械台班耗用量乘以施工机械台班单价表示，施工机械台班单价应由下列7项费用组成：折旧费、大修理费、经常修理费、安拆费及场外运费、人工费、燃料动力费、税费。仪器仪表使用费是指工程施工所需使用的仪器仪表的摊销及维修费用。

企业管理费是指建筑安装企业组织施工生产和经营管理所需的费用。内容包括管理人员工资、办公费、差旅交通费、固定资产使用费、工具用具使用费、劳动保险和职工福利费、劳动保护费、检验试验费、工会经费、职工教育经费、财产保险费、财务费、税金和包括技术转让费、技术开发费、投标费、业务招待费、绿化费、广告费、公证费、法律顾问费、审计费、咨询费、保险费等在内的其他费用。

利润是指施工企业完成所承包工程获得的盈利。

规费是指按国家法律、法规规定，由省级政府和省级有关权力部门规定必须缴纳或计取的费用。包括社会保险费（养老保险费、失业保险费、医疗保险费、生育保险费、工伤保险费）、住房公积金和工程排污费等。

税金是指国家税法规定的应计入建筑安装工程造价内的增值税、城市维护建设税、教育费附加以及地方教育附加。

（二）按造价形成划分

建筑安装工程费按照工程造价形成顺序划分为分部分项工程费、措施项目费、其他项目费、规费和税金。分部分项工程费、措施项目费、其他项目费包含人工费、材料费、施工机具使用费、企业管理费和利润。

分部分项工程费是指各专业工程的分部分项工程应予列支的各项费用。专业工程是指按现行国家计量规范划分的房屋建筑与装饰工程、仿古建筑工程、通用安装工程、市政工程、园林绿化工程、矿山工程、构筑物工程、城市轨道交通工程、爆破工程等各类工程。分部分项工程指按现行国家计量规范对各专业工程划分的项目，如房屋建筑与装饰工程划分的土石方工程、地基处理与桩基工程、砌筑工程、钢筋及钢筋混凝土工程等。

措施项目费是指为完成建设工程施工，发生于该工程施工前和施工过程中的技术、生活、安全、环境保护等方面的费用。内容包括安全文明施工费、夜间施工增加费、二次搬运费、冬雨季施工增加费、已完工程及设备保护费、工程定位复测费、特殊地区施工增加费、大型机械设备进出场及安拆费、脚手架工程费。

其他项目费包括暂列金额（是指建设单位在工程量清单中暂定并包括在工程合同价款中的一笔款项，用于施工合同签订时尚未确定或者不可预见的所需材料、工程设备、服务的采购，施工中可能发生的工程变更、合同约定调整因素出现时的工程价款调整以及发生的索赔、现场签证确认等的费用）、计日工（是指在施工过程中，施工企业完成建设单位提出的施工图纸以外的零星项目或工作所需的费用）、总承包服务费（是指总承包人为配合、协调建设单位进行的专业工程发包，对建设单位自行采购的材料、工程设备等进行保管以及施工现场管理、竣工资料汇总整理等服务所需的费用）。

二、建设工程计价办法与确定合同价款的方式

建设工程计价方式可采用工程量清单计价办法或定额计价办法。按国家标准

《建设工程工程量清单计价规范》(GB 50500—2013)规定,工程量清单是载明建设工程分部分项工程项目、措施项目、其他项目、规费项目和税金项目的名称和相应数量等内容的明细清单。根据《建设工程定额管理办法》第3条的规定,定额是指在正常施工条件下完成规定计量单位的合格建筑安装工程所消耗的人工、材料、施工机具台班、工期天数及相关费率等的数量基准。定额是国有资金投资工程编制投资估算、设计概算和最高投标限价的依据,对其他工程仅供参考。根据《建筑工程施工发包与承包计价管理办法》第6条第1款的规定,全部使用国有资金投资或者以国有资金投资为主的建筑工程,应当采用工程量清单计价;非国有资金投资的建筑工程,鼓励采用工程量清单计价。住房和城乡建设部《关于进一步推进工程造价管理改革的指导意见》进一步提出,“全面推行工程量清单计价,完善配套管理制度,为‘企业自主报价,竞争形成价格’提供制度保障”。根据上述规定,定额计价办法正在慢慢退出舞台,而根据最新发展趋势,定额也将慢慢退出舞台。根据住房和城乡建设部办公厅《关于印发〈工程造价改革工作方案〉的通知》决定在全国房地产开发项目,以及北京市、浙江省、湖北省、广东省、广西壮族自治区有条件的国有资金投资的房屋建筑、市政公用工程项目进行工程造价改革试点。推行清单计量、市场询价、自主报价、竞争定价的工程计价方式,进一步完善工程造价市场形成机制。提出优化概算定额、估算指标编制发布和动态管理,取消最高投标限价按定额计价的规定,逐步停止发布预算定额。引导建设单位根据工程造价数据库、造价指标指数和市场价格信息等编制和确定最高投标限价。

建设工程施工合同约定的价款明显低于工程定额标准,已经超出一定合理范围的,当事人能否以合同约定价款明显违反定额为由,主张价款之约定无效,或者以显失公平为由,主张撤销或变更合同?福建省高级人民法院《关于审理建设工程施工合同纠纷案件疑难问题的解答》对此的解答是,工程造价定额标准不属于法律、法规的强制性规定,因此,建设工程施工合同约定的价款低于工程定额标准,不导致该约定无效。当事人以合同约定的价款过低从而显失公平为由,主张撤销或变更合同的,依《合同法》(已废止)的相关规定处理。

根据《建筑工程施工发包与承包计价管理办法》第13条的规定,发承包双方采用单价方式、总价方式或成本加酬金方式确定合同价款。实行工程量清单计价的建筑工程,鼓励发承包双方采用单价方式确定合同价款。建设规模较小、技术难度较低、工期较短的建筑工程,发承包双方可以采用总价方式确定合同价款。紧急抢险、救灾以及施工技术特别复杂的建筑工程,发承包双方可以采用成本加酬金方式确定合同价款。以固定价确定合同价款的,合同双方应按《建筑工程施工发包与承包计价管理办法》第14条规定，约定发生下列情形时合同价款的调整方法：(1)法律、法规、规章或者国家有关政策变化影响合同价款的；(2)工程造价管理机构发布价格调整信息的；(3)经批准变更设计的；(4)发包方更改经审定批准的施工组织设计造成费用增加的；(5)双方约定的其他因素。

三、固定价格合同下的人工、材料、机械费用出现波动的处理

四川省高级人民法院《关于审理建设工程施工合同纠纷案件若干疑难问题的解答》第24条规定，约定工程价款实行固定总价结算的施工合同履行过程中，主要建筑材料价格发生重大变化，超出了正常市场风险范围，合同对建材价格变动风险负担有约定的，依照其约定处理；没有约定或约定不明的，当事人要求调整工程价款，如不调整显失公平的，可在市场风险范围和幅度之外酌情予以支持，具体数额可以委托鉴定机构参照工程所在地建设行政主管部门关于处理建材差价问题的意见予以确定。因一方当事人原因致使工期或建筑材料供应时间延误导致的建材价格变化风险由该方当事人承担，该方当事人要求调整工程价款的，不予支持。

安徽省高级人民法院《关于审理建设工程施工合同纠纷案件适用法律问题的指导意见(二)》第15条规定："建设工程施工合同履行过程中，人工、材料、机械费用出现波动，合同有约定的，按照约定处理；合同无约定，当事人又不能协商一致的，参照建设行政主管部门的规定或者行业规范处理。因工期延误导致上述费用增加造成损失的，由导致工期延误的一方承担；双方对工期延误均有过错的，应当各自承担相应的责任。"

北京市高级人民法院《关于审理建设工程施工合同纠纷案件若干疑难问题的解答》第12条规定，建设工程施工合同约定工程价款实行固定价结算，在实际履行过程中，钢材、木材、水泥、混凝土等对工程造价影响较大的主要建筑材料价格发生重大变化，超出了正常市场风险的范围，合同对建材价格变动风险负担有约定的，原则上依照其约定处理；没有约定或约定不明，该当事人要求调整工程价款的，可在市场风险范围和幅度之外酌情予以支持；具体数额可以委托鉴定机构参照施工地建设行政主管部门关于处理建材差价问题的意见予以确定。因一方当事人原因导致工期延误或建筑材料供应时间延误的，在此期间的建材差价部分工程款，由过错方予以承担。

山东省高级人民法院《关于印发全省民事审判工作会议纪要的通知》规定，建设工程施工合同约定工程价款实行固定价格结算，在合同履行中，发生建筑材料价

格或者人工费用过快上涨，当事人能否请求适用情势变更原则变更合同价款或者解除合同。如果建筑材料价格或者人工费用的上涨没有超出固定价格合同约定的风险范围，当事人请求适用情势变更原则调整合同价款的，不予支持；如果建筑材料价格或者人工费用的上涨超出了固定价格合同约定的风险范围，发生异常变动的情形，如继续履行固定价格合同将导致当事人双方权利义务严重失衡或者显失公平的，则属于发生了当事人双方签约时无法预见的客观情况，当事人请求适用情势变更原则调整合同价款或者解除合同的，可以依照最高人民法院《关于适用〈中华人民共和国合同法〉若干问题的解释（二）》（已废止）第26条和最高人民法院《关于当前形势下审理民商事合同纠纷案件若干问题的指导意见》的相关规定，予以支持。

江苏省高级人民法院《关于审理建设工程施工合同纠纷案件若干问题的意见》第9条第1款规定，建设工程施工合同约定工程价款实行固定价结算的，一方当事人要求按定额结算工程价款的，人民法院不予支持，但合同履行过程中原材料价格发生重大变化的除外。

由以上规定可以看到，固定价格合同下的人工、材料、机械费用出现波动的，如是因一方当事人原因致使工期或建筑材料供应时间延误导致的建材价格变化，风险由该方当事人承担，该方当事人要求调整工程价款的，不予支持；双方对工期延误均有过错的，应当各自承担相应的责任。除此之外，合同有约定的，按照约定处理，合同无约定，当事人又不能协商一致的，可在市场风险范围和幅度之外酌情予以支持，具体数额可以委托鉴定机构参照工程所在地建设行政主管部门关于处理建材差价问题的意见予以确定，或者参照建设行政主管部门的规定或者行业规范处理。其中，江苏高院的意见明确保留了按定额结算工程价款的可能性。根据山东高院印发的会议纪要，如果建筑材料价格或者人工费用的上涨超出了固定价格合同约定的风险范围，发生异常变动的情形，如继续履行固定价格合同将导致当事人双方权利义务严重失衡或者显失公平的，则属于发生了当事人双方签约时无法预见的客观情况，当事人也可请求适用情势变更原则调整合同价款或者解除合同。

四、因规划、设计变更导致工程量或者质量标准发生变化的处理

（一）处理原则

对于因规划、设计变更导致的建设工程工程量变化，发包人与承包人应按照公平和诚信原则，协商结算相应工程价款。《湖北省高级人民法院民事审判工作座谈

会会议纪要(2013)》第32条第2款规定,因设计变更导致工程量变化或质量标准变化,当事人要求对工程量增加或减少部分据实结算的,应予支持。

对于因规划、设计变更导致的建设工程工程量或者质量标准发生变化,发包人与承包人就相应工程价款协商不能达成一致的,最高人民法院《关于审理建设工程施工合同纠纷案件适用法律问题的解释(一)》第19条第2款规定,可以参照签订建设工程施工合同时当地建设行政主管部门发布的计价方法或者计价标准结算工程价款。既然是"可以参照",则应理解为可以参照,也可以不参照。有些地方法院便制定了更加详细的解决方案。比如,深圳市中级人民法院《关于建设工程合同若干问题的指导意见》第22条规定,施工过程中修改施工图纸或工程返工的,工程造价按双方约定或签证单确定;如果施工过程中废止原图纸,采用新的施工图纸,双方又重新约定工程造价的,按新约定确定;没有新约定或者新约定不明确的,则按实际工程量和原合同确定的单项价格确定工程造价;如果新的施工图纸所涉及施工内容原施工合同没有规定,双方又未重新约定工程造价或约定不明确,则按实际工程量,参照签订建设工程合同时当地建设行政主管部门发布的计价方法和计价标准结算。深圳中院的规定在确定按最高人民法院前述"参照签订建设工程施工合同时当地建设行政主管部门发布的计价方法或者计价标准结算工程价款"规定结算工程价款的同时,前置了按推定的当事人约定解决争议的思路,比较可取。

建设工程施工过程中,发包人进行了工程的重大变更,导致工程量发生了重大变化,当事人对于该部分工程款结算达不成一致的,是否应当参照签订原合同时建设行政主管部门发布的工程定额标准或工程量清单计价方法结算工程款?《民事审判指导与参考》研究组对此的回答是:"实践中,因设计变更、进度计划变更、施工条件变更或者发包方提出'新增工程'等工程变更导致建设工程的工程量或者质量标准发生变化的情况非常普遍。此时,如果发包人和承包人就如何结算工程价款达不成一致,根据《最高人民法院关于审理建设工程施工合同纠纷案件适用法律问题的解释》(以下简称《解释》)第十六条第二款的规定,可以参照签订原合同时建设行政主管部门发布的工程定额标准或工程量清单计价方法结算工程款。注意此处的用词是'可以'而非'应当'。建设工程结算工程款的基本原则是尊重当事人之间的约定,只要合同对于工程增加如何结算的约定是明确、具体的,根据增减工程的性质、标准可以适用原合同约定的计价方法和计价标准结算工程款,并不会因此而导致当事人之间利益的显失公平,那么,原则上仍应参照合同约定结算工程价款。而在因增减工程的性质、标准不宜适用原合同约定的计价方法和计价标准结算工程款,或者原合同约定不明无法适用的情况下,则可根据《解释》第十六条第二款的规定，选择结算工程款的方式。”①

（二）固定总价下的处理

四川省高级人民法院《关于审理建设工程施工合同纠纷案件若干疑难问题的解答》第23条规定，当事人约定按照固定总价结算工程价款，应当严格按照合同约定的工程价款执行，一方当事人请求对工程造价进行鉴定并依据鉴定结论结算的，不予支持。建设工程因设计变更导致工程量或质量标准发生变化，当事人要求对工程价款予以调整的，如果合同对工程价款调整有约定的，依照其约定；没有约定或约定不明的，应当由当事人协商解决，不能协商一致的，可以就变更部分参照签订建设工程施工合同时当地建设行政主管部门发布的计价方法或者计价标准结算工程价款。主张工程价款调整的当事人应当对合同约定施工的具体范围、实际工程量增减的原因、数量等事实承担举证责任。

北京市高级人民法院《关于审理建设工程施工合同纠纷案件若干疑难问题的解答》第11条规定，建设工程施工合同约定工程价款实行固定总价结算，在实际履行过程中，因工程发生设计变更等原因导致实际工程量增减，当事人要求对工程价款予以调整的，应当严格掌握，合同对工程价款调整有约定的，依照其约定；没有约定或约定不明的，可以参照合同约定标准对工程量增减部分予以单独结算，无法参照约定标准结算的，可以参照施工地建设行政主管部门发布的计价方法或者计价标准结算。主张工程价款调整的当事人应当对合同约定施工的具体范围、实际工程量增减的原因、数量等事实承担举证责任。

浙江省高级人民法院民事审判第一庭《关于审理建设工程施工合同纠纷案件若干疑难问题的解答》第12条规定，建设工程施工合同采用固定总价包干方式，当事人以实际工程量存在增减为由要求调整的，有约定的按约定处理。没有约定，总价包干范围明确的，可相应调整工程价款；总价包干范围约定不明的，主张调整的当事人应承担举证责任。

江苏省高级人民法院《关于审理建设工程施工合同纠纷案件若干问题的意见》第9条第2款规定：“建设工程施工合同约定工程价款实行固定价结算的，因设计变更导致工程量变化或质量标准变化，当事人要求对工程量增加或减少部分按实结算的，人民法院应予支持，当事人另有约定的除外。”

深圳市中级人民法院《关于建设工程合同若干问题的指导意见》第21条规定：

---

① 最高人民法院民事审判第一庭编：《民事审判指导与参考》总第58辑，人民法院出版社2014年版，第240页。

"建设工程合同约定为固定总价的,承包人以工程量增加为由要求调整合同价款的,应按照以下方式处理:(1)在固定总价若干范围以外增加的工程量,应计入合同价款。(2)固定总价包干范围约定不明,如发包人不能证明该增加的工程量已包括在包干范围内的,应计入合同价款。(3)发包人以固定单价包干形式招标而签订固定总价包干合同后,发生工程量争议的,以实际工程量计算包干总价。(4)签订固定总价合同后,工程发生重大变化或固定总价所依据的设计图纸发生重大变更的,按照双方确定的工程量清单单价据实计价。"

综合以上规定,固定总价合同下因设计变更导致工程量或者质量标准发生变化的,有约定的,按约定处理;无约定,又不能协商一致的,在固定总价若干范围以外增加的工程量,应计入合同价款。固定总价包干范围约定不明,如发包人不能证明该增加的工程量已包括在包干范围内的,应计入合同价款。可以参照合同约定标准对工程量增减部分予以单独结算,无法参照合同约定标准结算的,可以就变更部分参照签订建设工程施工合同时当地建设行政主管部门发布的计价方法或者计价标准结算工程价款。主张工程价款调整的当事人应当对合同约定施工的具体范围、实际工程量增减的原因、数量等事实承担举证责任。

五、工程结算

(一)一般程序

工程完工后,发承包双方应按《建筑工程施工发包与承包计价管理办法》等国家相关规定及双方约定进行结算。

承包方应当在工程完工后的约定期限内提交竣工结算文件。如果双方未约定承包方提交竣工结算文件的期限,承包方应在工程完工后的28日内提交竣工结算文件。

承包方提交竣工结算文件后,国有资金投资建筑工程的发包方,应当委托具有相应资质的工程造价咨询企业对竣工结算文件进行审核,并在收到竣工结算文件后的约定期限内向承包方提出由工程造价咨询企业出具的竣工结算文件审核意见;逾期未答复的,按照合同约定处理。

非国有资金投资的建筑工程发包方,应当在收到竣工结算文件后的约定期限内予以答复,逾期未答复的,按照合同约定处理。发包方对竣工结算文件有异议的,应当在答复期内向承包方提出,并可以在提出异议之日起的约定期限内与承包方协商;发包方在协商期内未与承包方协商或者经协商未能与承包方达成协议的,应当委托工程造价咨询企业进行竣工结算审核,并在协商期满后的约定期限内向承包方提出由工程造价咨询企业出具的竣工结算文件审核意见。

承包方对发包方提出的工程造价咨询企业竣工结算审核意见有异议的,在接到该审核意见后一个月内,可以向有关工程造价管理机构或者有关行业组织申请调解,调解不成的,可以依法申请仲裁或者向人民法院提起诉讼。

值得注意的是,建设工程价款过程结算正在推行中。住房和城乡建设部办公厅印发的《工程造价改革工作方案》提出全面推行施工过程价款结算和支付。湖北省人民政府《关于促进全省建筑业改革发展二十条意见》已经提出,积极推行工程价款过程结算,2018 年 10 月 1 日起,建设周期超过 2 年的项目,应按照经验收合格的分部工程,同步完成进行过程结算;2020 年开始,所有工程项目实行工程价款按分部工程过程结算。

(二)"法释〔2020〕25 号"司法解释第 21 条适用及其例外

当事人约定,发包人收到竣工结算文件后,在约定期限内不予答复,视为认可竣工结算文件的,按照最高人民法院《关于审理建设工程施工合同纠纷案件适用法律问题的解释(一)》(法释〔2020〕25 号)第 21 条规定,应按照约定处理。承包人请求按照竣工结算文件结算工程价款的,应予支持。

前述第 21 条的适用有严格条件,一是合同有相应约定;二是发包人确实没有在规定期限内答复。如果合同没有约定在约定期限内不予答复视为认可竣工结算文件,则没有在约定期限内答复不产生视为认可竣工结算文件的后果。或者合同未约定答复期限,也未约定逾期未答复视为认可竣工结算文件的,不适用该条规定。发包人在答复期限内作与结算无关的答复,应视为没有答复,除非当事人另有约定。深圳市中级人民法院《关于建设工程合同若干问题的指导意见》第 18 条的规定即是如此。该条规定,当事人约定,发包人收到竣工结算文件后,在约定期限内不予答复,视为认可竣工结算文件的,按照约定处理。发包人的答复应是针对竣工结算文件的内容,与竣工结算文件内容无关的答复视为没有答复,当事人另行约定的除外。

关于承包人提交竣工结算文件与发包人对竣工结算文件作出答复,住房和城乡建设部、国家工商总局制定的《建设工程施工合同(示范文本)》(GF - 2017 - 0201)通用条款第 14.2 款的相关内容为:"除专用合同条款另有约定外,监理人应在收到竣工结算申请单后 14 天内完成核查并报送发包人。发包人应在收到监理人提交的经审核的竣工结算申请单后 14 天内完成审批,并由监理人向承包人签发经发包人签认的竣工付款证书。监理人或发包人对竣工结算申请单有异议的,有权要求承包人进行修正和提供补充资料，承包人应提交修正后的竣工结算申请单。发包人在收到承包人提交竣工结算申请书后28天内未完成审批且未提出异议的，视为发包人认可承包人提交的竣工结算申请单，并自发包人收到承包人提交的竣工结算申请单后第29天起视为已签发竣工付款证书。”“除专用合同条款另有约定外，发包人应在签发竣工付款证书后的14天内，完成对承包人的竣工付款。发包人逾期支付的，按照中国人民银行发布的同期同类贷款基准利率支付违约金；逾期支付超过56天的，按照中国人民银行发布的同期同类贷款基准利率的两倍支付违约金。”

由此，如果发承包双方当事人采用《建设工程施工合同（示范文本）》（GF－2017－0201）签订建设工程施工合同，且未对通用条款第14.2款作修改，发包人收到竣工结算文件后，在约定期限内不予答复，则视为认可竣工结算文件。此安排的实质要害在于认可竣工结算文件所载明的竣工结算价款金额。由于承包人提交的竣工结算文件通常从自身利益角度出发，相应的竣工结算价款会有或多或少的审减空间，如果发包人疏于研究合同或疏于履行合同义务，必会因此产生损失，甚至是重大损失。

有意见认为，最高人民法院《关于审理建设工程施工合同纠纷案件适用法律问题的解释（一）》第21条规定的适用，以建设工程施工合同有效为前提，如果施工合同无效，即使有相关约定，发包人收到竣工结算文件后在约定期限内不予答复，也不应作认可竣工结算文件处理。江苏省高级人民法院《建设工程施工合同案件审理指南（2010年）》规定，法释〔2004〕14号第二十条规定当事人约定，发包人收到竣工结算文件后，在约定期限内不予答复，视为认可竣工结算文件的，按照约定处理。承包人请求按照竣工结算文件结算工程价款的，应予支持。该条是发包人逾期不答复也不结算所承担的法律后果，前提是施工合同为有效。当合同无效时，当事人不得依据此规定请求按照竣工结算文件结算工程价款。

最高人民法院《关于审理建设工程施工合同纠纷案件适用法律问题的解释（一）》第21条规定的适用，还以合同相关约定未作变更为前提。如果合同约定发包人收到竣工结算文件后，在约定期限内不予答复，视为认可竣工结算文件，发包人在答复期限内未作答复，但在答复期限届满后，双方又作审价并达成共识或部分达成共识，可以认为双方以事实行为变更了“发包人收到竣工结算文件后，在约定期限内不予答复，视为认可竣工结算文件”的约定，且此种约定不构成对中标合同（如果经过招投标程序）的实质性修改。《民事审判指导与参考》研究组的以下问答，可资借鉴。“问：甲公司（发包人）与乙公司（承包人）签订的《施工合同》约定：

‘发包人收到承包人递交的竣工结算报告及完整的结算资料后，应在60日内进行核实，给予确认或者提出修改意见。如发包人在上述期限内对结算报告及资料没有提出意见，则视同认可。’工程完工后，乙公司向甲公司提交《工程结算书》。甲公司未能提交证据证明在60日内提出异议，但是此后甲公司委托第三方对部分工程进行审核，双方确认该部分工程造价，对其余工程造价虽经协商，却不能达成一致意见。乙公司诉至法院请求按照报送的《工程结算书》确定工程造价，乙公司的请求应否支持？答：乙公司的请求不应予以支持，《最高人民法院关于审理建设工程施工合同纠纷案件适用法律问题的解释》第二十条规定：‘当事人约定，发包人收到竣工结算文件后，在约定期限内不予答复，视为认可竣工结算文件的，按照约定处理。承包人请求按照竣工结算文件结算工程价款的，应予支持。’该条款的适用有严格条件，一是合同通用条款或者专用条款明确约定‘发包人收到竣工结算文件后，在约定期限内不予答复，视为认可竣工结算文件’；二是发包人确实没有答复，如果发包人有回复，已不能适用该规定。案涉事实说明，甲公司与乙公司间就工程结算问题，先后进行施工企业报价、业主方委托第三方审价、会商后对部分已完工程结算款达成共识、后续又对未结算工程部分继续协商等；虽然甲公司未能举证证明其在《施工合同》约定时间内对乙公司报送的《工程结算书》予以答复，但是乙公司并未及时主张按照竣工结算报告计算工程价款，双方进行了实质性的审价并确认了部分工程价款，不符合《施工合同》约定的‘如发包人在上述期限内对结算报告及资料没有提出意见，则视同认可’的合同适用条件，也不符合《最高人民法院关于审理建设工程施工合同纠纷案件适用法律问题的解释》第二十条规定适用条件。”①

（三）双方约定发包人收到竣工结算文件后逾期未答复，视为认可竣工结算文件，但未对答复期限作出约定的处理

按照《建筑工程施工发包与承包计价管理办法》第18条规定，对承包人提交的竣工结算报告的答复期限，如果双方没有明确约定的，应当按照国家有关规定执行；国家没有规定的，可认为答复期限为28日。对此，部分法院有自己的理解。如果双方约定发包人收到竣工结算文件后逾期未答复，视为认可竣工结算文件，但未对答复期限作出约定的，福建高院认为不应推定发包人的答复期限。福建省高级人民法院《关于审理建设工程施工合同纠纷案件疑难问题的解答》第14条有如下解答，问：当事人约定发包人收到竣工结算文件后一定期限内应予答复，但未明确

① 最高人民法院民事审判第一庭编：《民事审判指导与参考》总第67辑，人民法院出版社2017年版，第274～275页。

约定不答复即视为认可竣工结算文件,发包人未在约定的期限内答复,承包人请求以其提交的竣工结算文件作为结算依据的,应否支持?承包人提交的竣工结算资料不完整,发包人未在约定期限内答复的,如何处理?如果当事人未约定答复期限,能否根据建设部《建筑工程施工发包与承包计价管理办法》第16条第1款第2项和第2款的规定,认定双方约定的答复期限为28日?答:当事人约定发包人收到竣工结算文件后一定期限内应予答复,但未明确约定不答复即视为认可竣工结算文件的,若发包人未在约定的期限内答复,承包人提交的竣工结算文件不能作为工程造价的结算依据。承包人提交的竣工结算资料不完整的,发包人应在约定的期限内告知承包人,发包人未告知的,视为在约定的期限内不予答复。当事人未约定发包人的答复期限的,不应推定其答复期限。尽管住房和城乡建设部已对福建高院前述解答中提及的原《建筑工程施工发包与承包计价管理办法》作出修改,但不妨碍对福建高院不推定发包人答复期限的理解。

四川高院则认为人民法院可根据实际情况确定合理的答复期限。四川省高级人民法院《关于审理建设工程施工合同纠纷案件若干疑难问题的解答》第18条规定,当事人在建设工程施工合同专用条款或另行签订的协议中明确约定发包人应在承包人提交竣工结算文件后未答复则视为认可竣工结算文件,但未约定答复期限,经承包人催告后,发包人仍不予答复的,人民法院可根据实际情况确定合理的答复期限,但答复期限不应超过60日。

(四)政府财政、审计部门审核、审计结果能否作为合同结算依据

政府财政部门和审计部门依据国家相关规定对相关建设行为进行监督。比如,《基本建设财务规则》第2条规定:"本规则适用于行政事业单位的基本建设财务行为,以及国有和国有控股企业使用财政资金的基本建设财务行为。基本建设是指以新增工程效益或者扩大生产能力为主要目的的新建、续建、改扩建、迁建、大型维修改造工程及相关工作。"第30条规定:"项目主管部门应当会同财政部门加强工程价款结算的监督,重点审查工程招投标文件、工程量及各项费用的计取、合同协议、施工变更签证、人工和材料价差、工程索赔等。"又如,《政府投资项目审计规定》第2条规定:"审计机关对政府投资和以政府投资为主的项目实施的审计和专项审计调查适用本规定。"第22条规定:"审计机关对国有资本占控股地位或者主导地位的企业和国家事业组织投资的项目审计,参照本规定执行。"

那么,对于需接受政府财政部门、审计部门监督的建设工程,如何既能满足相关监督要求,又能不违反合同约定呢?如果相关监督与合同约定出现不一致,该如何处理呢?

《最高人民法院公报》2014 年第 4 期（总第 210 期）所载“重庆建工集团股份有限公司与中铁十九局集团有限公司建设工程合同纠纷案”的“裁判摘要”为：“一、根据审计法的规定，国家审计机关对工程建设单位进行审计是一种行政监督行为，审计人与被审计人之间因国家审计发生的法律关系与本案当事人之间的民事法律关系性质不同。因此，在民事合同中，当事人对接受行政审计作为确定民事法律关系依据的约定，应当具体明确，而不能通过解释推定的方式，认为合同签订时，当事人已经同意接受国家机关的审计行为对民事法律关系的介入。二、在双方当事人已经通过结算协议确认了工程结算价款并已基本履行完毕的情况下，国家审计机关做出的审计报告，不影响双方结算协议的效力。”

2015 年 3 月 16 日四川省高级人民法院《关于审理建设工程施工合同纠纷案件若干疑难问题的解答》第 17 条规定，政府投资的建设工程施工合同结算纠纷，发包人主张以政府审计部门审计结果作为工程造价结算依据的原则上不予支持，但当事人在合同中有明确约定的除外。当事人在合同中明确约定工程价款以政府审计部门审计结果作为结算依据，并约定了审计时间，在合同约定的审计时间内非因承包人原因未作出审计结论，或虽未约定审计时间，经承包人催告，发包人未在合理期限内送交政府审计部门审计的，承包人主张按照双方签章确认的送审结算价结算工程价款的，可予支持。政府审计部门审计结论明确部分项目已经超出政府投资项目，但合同明确约定属于施工内容的，承包人主张支付工程价款的，应予支持。

江苏省高级人民法院《关于审理建设工程施工合同纠纷案件若干问题的意见》第 13 条规定，由国家财政投资的建设工程，当事人未在合同中约定以国家财政部门或国家审计部门的审核、审计结果作为工程价款结算依据的，承包人要求按照合同约定结算工程价款的，人民法院应予支持。

安徽省高级人民法院《关于审理建设工程施工合同纠纷案件适用法律问题的指导意见（二）》第 10 条规定，政府投资和以政府投资为主的建设项目，当事人在合同中约定以审计机关出具的审计报告、财政评审机构出具的评审结论作为工程价款结算依据，发包人请求依据审计报告、评审结论结算工程价款的，予以支持。

深圳市中级人民法院《关于建设工程合同若干问题的指导意见》第 23 条规定，合同已约定工程价款或双方已经委托中介机构审价并确认的价款，与政府行政审计确定的价款不一致的，应以双方确认的为结算依据。但在合同明确约定以审计结论作为结算依据或者合同约定不明确、合同约定无效的情况下，可以将审计结论作为结算依据。

综上所述，国家审计机关、财政部门对工程建设单位进行审计是一种行政监督行为，工程施工合同的双方当事人之间是平等主体之间的民事法律关系，一种法律关系中的权利义务不能替代另一种法律关系中的权利义务。当事人如希望以审计机关作出的审计报告、财政评审机构作出的评审结论作为双方结算依据的，应在合同中作出明确约定。有约定，则从约定。为防止审计监督的延迟影响工程价款结算，四川高院规定，当事人在合同中明确约定工程价款以政府审计部门审计结果作为结算依据，并约定了审计时间，在合同约定的审计时间内非因承包人原因未作出审计结论，或虽未约定审计时间，经承包人催告，发包人未在合理期限内送交政府审计部门审计的，承包人主张按照双方签章确认的送审结算价结算工程价款的，可予支持。

如果合同没有约定以审计机关作出的审计报告、财政评审机构作出的评审结论作为双方结算依据的，不能通过解释推定的方式认为合同签订时当事人已经同意接受国家机关的审计行为对民事法律关系的介入，此种情况下若审计机关作出的审计报告、财政评审机构作出的评审结论与合同约定工程价款不一致，应按合同约定进行结算。但在主合同对有关工程结算的约定不明确，或合同约定无效的情况下，深圳中院认为，可以将审计结论作为结算依据。

多个省级人大常委会曾先后出台了地方性审计条例或监督条例，规定政府投资和以政府投资为主的建设项目以审计结果作为工程竣工结算依据。2015 年 5 月，中国建筑业协会向全国人大常委会法工委寄送了一份《关于申请对规定“以审计结果作为建设工程竣工结算依据”的地方性法规进行立法审查的函》。在函中，中国建筑业协会称，强制性地将第三方作出的审计结果作为平等主体之间的民事合同双方的最终结算依据，不仅不合理，也没有现行法律的支持。中国建筑业协会已收到全国人大常委会法工委的反馈函。全国人大常委会法工委认为，地方性法规中直接以审计结果作为竣工结算依据和应当在招标文件中载明或者在合同中约定以审计结果作为竣工结算依据的规定，限制了民事权利，超越了地方立法权限，应当予以纠正。后全国人大常委会法工委将研究意见印送各省、自治区、直辖市人大常委会。

（五）合同约定以政府相关文件的规定作为结算标准和依据的问题

当事人双方在建设工程施工合同中约定以地方人民政府的文件作为工程价款的结算标准和依据的，应认为该政府文件已经构成合同的内容，只要该约定不违反法律、行政法规的强制性规定，约定有效。在建设工程施工合同履行中，如果合同所依据的政府文件被撤销或者失效，仍应以政府文件的规定作为结算工程价款的依据。当地人民政府出台新的文件对原文件的规定进行调整和修改的，除当事人另有约定的外，仍应以原政府文件的规定作为结算工程价款的依据，因为原政府文件已构成合同的内容，对双方当事人具有约束力。山东高院对此有相关规定。

山东省高级人民法院《关于印发全省民事审判工作会议纪要的通知》规定，当事人双方在建设工程施工合同中约定以地方人民政府的文件作为工程价款的结算标准和依据的，该政府文件已经构成合同的内容，该约定并不违反法律、行政法规的强制性规定，应当依法认定约定有效。在建设工程施工合同履行中，如果合同所依据的政府文件被撤销或者失效，但该政府文件已经转化为合同约定，仍应按照政府文件的规定作为结算工程价款的依据。当地人民政府出台新的文件对原文件的规定进行调整和修改的，除当事人另有约定的外，仍应以原政府文件的规定作为结算工程价款的依据。

（六）已达成一致的结算协议的约束力

《建筑工程施工发包与承包计价管理办法》第19条规定："工程竣工结算文件经发承包双方签字确认的，应当作为工程决算的依据，未经对方同意，另一方不得就已生效的竣工结算文件委托工程造价咨询企业重复审核。发包方应当按照竣工结算文件及时支付竣工结算款。竣工结算文件应当由发包方报工程所在地县级以上地方人民政府住房城乡建设主管部门备案。"

北京市高级人民法院《关于审理建设工程施工合同纠纷案件若干疑难问题的解答》有如下解答："7、当事人在诉讼前已就工程价款的结算达成协议，一方要求重新结算的，如何处理？当事人在诉讼前已就工程价款的结算达成协议，一方在诉讼中要求重新结算的，不予支持，但结算协议被法院或仲裁机构认定为无效或撤销的除外。建设工程施工合同无效，但工程经竣工验收合格，当事人一方以施工合同无效为由要求确认结算协议无效的，不予支持。""24、当事人就工程款结算达成一致后又主张索赔的，如何处理？结算协议生效后，承包人依据协议要求支付工程款，发包人以因承包人原因导致工程存在质量问题或逾期竣工为由，要求拒付、减付工程款或赔偿损失的，不予支持，但结算协议另有约定的除外。当事人签订结算协议不影响承包人依据约定或法律、行政法规规定承担质量保修责任。结算协议生效后，承包人以因发包人原因导致工程延期为由，要求赔偿停工、窝工等损失的，不予支持，但结算协议另有约定的除外。"

四川省高级人民法院《关于审理建设工程施工合同纠纷案件若干疑难问题的解答》第22条有如下解答，当事人诉前达成的结算协议如何处理？当事人在诉讼前已就工程价款的结算达成协议，一方在诉讼中要求重新结算的，不予支持，但结算协议被人民法院或仲裁机构认定为无效或撤销的除外。

最高人民法院《关于审理建设工程施工合同纠纷案件适用法律问题的解释(一)》第29条规定:“当事人在诉讼前已经对建设工程价款结算达成协议,诉讼中一方当事人申请对工程造价进行鉴定的,人民法院不予准许。”

综合以上规定,可以得出以下观点:

(1)工程竣工结算文件经发承包双方签字确认的,应当作为工程决算的依据,未经对方同意,另一方不得就已生效的竣工结算文件委托工程造价咨询企业重复审核或要求重新结算,发包方应当按照竣工结算文件及时支付竣工结算款,但结算协议被法院或仲裁机构认定为无效或撤销的除外。

(2)建设工程施工合同无效,但工程经竣工验收合格,当事人一方以施工合同无效为由要求确认结算协议无效的,不予支持。最高人民法院在《张家界市永定区电影发行放映公司与湖南影视设备安装公司、张家界文化影视城有限公司建设工程施工合同纠纷再审审查民事裁定书》中也认为:“《施工合同》是否招投标以及合同效力问题,不影响案件审理中双方当事人对欠付工程款的支付达成一致意见的效力。”

(3)结算协议生效后,承包人依据协议要求支付工程款,发包人以因承包人原因导致工程存在质量问题或逾期竣工为由,要求拒付、减付工程款或赔偿损失的,不予支持,但结算协议另有约定的除外。

(4)结算协议生效后,承包人以因发包人原因导致工程延期为由,要求赔偿停工、窝工等损失的,不予支持,但结算协议另有约定的除外。

(5)竣工结算文件应当由发包方报工程所在地县级以上地方人民政府住房城乡建设主管部门备案。

(七)工程未完工合同即解除的结算

在极端情况下,因建设单位资金链断裂、施工单位因管理或资金等原因不能继续施工、发承包双方完全失去信任等原因,在工程尚未竣工的情况下,建设工程施工合同解除。此种情况下的已完工工程如合格,发包人应向承包人支付相应工程款,对此本章第二节相关内容已有初步论述。但此种情形下的结算是一个复杂的问题,一方面难在已完工工程量的计量,另一方面还有施工单位已订购、已采购、已运进或未运进施工现场的材料、设备的处理。

四川省高级人民法院《关于审理建设工程施工合同纠纷案件若干疑难问题的解答》第25条有如下解答,约定工程价款实行固定总价结算的施工合同在未全部完成施工即终止履行的工程价款如何结算?约定工程价款实行固定总价结算的建设工程施工合同在未全部完成施工即终止履行,承包人已施工的工程质量合格,承包人要求发包人支付工程价款的,由双方协商确定已施工的工程价款,协商不成的，由鉴定机构根据工程设计图纸、施工图纸、施工签证、交接记录等资料以及现场勘验结果，对已完工程量占合同工程量比例计算系数，再用合同约定的固定价乘以该系数确定发包人应付的工程价款。当事人就已施工的工程量存在争议的，应当根据双方在撤场交接时签订的会议纪要、交接记录以及监理材料、后续施工资料等文件予以确定；不能确定的，应根据承包人撤场时未能办理交接及工程未能完工的原因等因素合理分配举证责任。

《湖北省高级人民法院民事审判工作座谈会会议纪要（2013 年）》第 32 条规定，如果工程未完工，承包人请求结算工程款的，区分情况处理：(1)已完工程质量不合格的，由承包人进行修复，修复后质量合格的，可以请求支付工程款，修复后质量仍不合格的，承包人请求支付工程款的，不予支持。(2)已完工程质量合格的，合同约定以单价包干方式计价的，按照包干单价和已完工程量计算工程款；合同约定以总价包干方式计价的，若工程未完工系承包人原因导致，按合同约定的取费标准鉴定未完工部分，以总包干价减未完工部分造价计算工程款；若工程未完工系发包人原因导致，按照建设行政主管部门颁发的定额及取费标准据实结算。

北京市高级人民法院《关于审理建设工程施工合同纠纷案件若干疑难问题的解答》第 13 条有如下解答："13、固定总价合同履行中，承包人未完成工程施工的，工程价款如何确定？建设工程施工合同约定工程价款实行固定总价结算，承包人未完成工程施工，其要求发包人支付工程款，经审查承包人已施工的工程质量合格的，可以采用'按比例折算'的方式，即由鉴定机构在相应同一取费标准下分别计算出已完工程部分的价款和整个合同约定工程的总价款，两者对比计算出相应系数，再用合同约定的固定价乘以该系数确定发包人应付的工程款。当事人就已完工程的工程量存在争议的，应当根据双方在撤场交接时签订的会议纪要、交接记录以及监理材料、后续施工资料等文件予以确定；不能确定的，应根据工程撤场时未能办理交接及工程未能完工的原因等因素合理分配举证责任。"

山东省高级人民法院《关于印发全省民事审判工作会议纪要的通知》关于固定价格合同未履行完毕而解除，工程价款如何结算的问题，规定"对于建设工程施工合同约定按固定单价结算的，则应根据固定单价核算出已完工程的实际工程量，据实结算工程价款；如果建设工程施工合同约定按固定总价结算，则按照实际施工部分的工程量占全部的工程量的比例，再按照合同约定的固定价格计算出已完部分工程价款"。

重庆市高级人民法院《关于当前民事审判若干法律问题的指导意见》第 15 条规定，固定价合同的结算。建设工程合同中当事人约定按固定价结算，或者总价包干,或者单价包干的,承包人按照合同约定范围完工后,应当严格按照合同约定的固定价结算工程款。如果承包人中途退出,工程未完工,承包人主张按定额计算工程款,而发包人要求按定额计算工程款后比照包干价下浮一定比例的,应予支持。

分析上述高院规定可以看到,在合同解除时工程未完工的情况下,如已完工工程质量合格,应采用何种方式进行结算,上述高院意见总体上各有千秋,但也有相同的做法。比如,在合同约定按固定总价计价时,四川高院和山东高院均规定应按实际施工部分的工程量占全部的工程量的比例及合同约定的固定价格计算出已完部分工程价款。

在《最高人民法院公报》刊登的(2014)民一终字第69号案件民事判决书中,最高人民法院认为,根据该案的实际,确定案涉工程价款,只能通过工程造价鉴定部门进行鉴定的方式进行。通过鉴定方式确定工程价款,司法实践中大致有三种方法:一是以合同约定总价与全部工程预算总价的比值作为下浮比例,再以该比例乘以已完工程预算价格进行计价;二是已完施工工期与全部应完施工工期的比值作为计价系数,再以该系数乘以合同约定总价进行计价;三是依据政府部门发布的定额进行计价。在该案中,最高人民法院在认定发包人有过错、承包人无过错的情况下,并未直接采纳鉴定价,而是将上述三种方法下得出的工程总价款分别与合同约定总价进行比较,并选择将与合同约定总价最相近、略高于合同约定总价的按第三种方法计算出的总价款确定为认定已完工工程价款的基础。《最高人民法院公报》关于该案的“裁判摘要”观点为:对于约定了固定价款的建设工程施工合同,双方未能如约履行,致使合同解除的,在确定争议合同的工程价款时,既不能简单地依据政府部门发布的定额计算工程价款,也不宜直接以合同约定的总价与全部工程预算总价的比值作为下浮比例,再以该比例乘以已完工程预算价格的方式计算工程价款,而应当综合考虑案件实际履行情况,并特别注重双方当事人的过错和司法判决的价值取向等因素来确定。由于《最高人民法院公报》的特殊地位,最高人民法院处理该案的思路非常值得重视。

(八)工程造价鉴定

1. 工程造价鉴定的启动原则、鉴定范围

工程造价属于专门性问题。对于工程造价鉴定的启动,各法院的观点比较一致,即人民法院应避免随意、盲目委托鉴定和不必要的多次、重复鉴定。对工程造价委托鉴定,通常以当事人对工程价款存在争议,不能协议一致,也无法采取其他方式确定为前提。建设工程的造价或者工程款的数额不通过鉴定可以确定,如根据双方当事人的合同约定或者现有证据,足以认定工程量和工程价款的,不应再就工程价款委托鉴定。根据最高人民法院《关于审理建设工程施工合同纠纷案件适用法律问题的解释(一)》第28条规定，当事人约定按照固定价结算工程价款，一方当事人请求对建设工程造价进行鉴定的，人民法院不予支持。根据最高人民法院《关于审理建设工程施工合同纠纷案件适用法律问题的解释(一)》第30条规定，当事人在诉讼前共同委托有关机构、人员对建设工程造价出具咨询意见，且双方当事人明确表示受该咨询意见约束的，诉讼中一方当事人不认可该咨询意见申请鉴定的，人民法院不予准许。

确需鉴定，能不全部鉴定，如当事人仅对部分案件事实有争议的，则不进行全部鉴定，仅对有争议的事实进行鉴定；争议事实范围不能确定，或者双方当事人请求对全部事实鉴定的，则进行全部鉴定。必须通过鉴定才能确定工程价款的，要尽可能减少鉴定次数；能不重新鉴定的，则不重新鉴定；能通过补充鉴定修正鉴定意见的，则可以补充鉴定。

当事人对工程造价、质量、修复费用等专门性问题有争议，人民法院认为需要鉴定的，应当向负有举证责任的当事人释明。当事人经释明未申请鉴定，或虽申请鉴定但未支付鉴定费用或者拒不提供相关材料的，应当承担举证不能的法律后果。

为了查明案件事实，人民法院也可以根据案件情况，依职权启动司法鉴定程序。

2. 鉴定机构的确定与要求

当事人申请鉴定经人民法院同意后，由双方当事人协商确定有相应资格的鉴定机构。协商不成的，由人民法院指定。当事人协商一致选择鉴定机构的，人民法院应当审查协商选择的鉴定机构是否具备鉴定资质及符合法律、司法解释等规定。人民法院发现双方当事人的选择有可能损害国家利益、集体利益或第三方利益的，应当终止协商选择程序，采用随机方式选择。人民法院选择鉴定机构，应当根据法律、司法解释等规定，审查鉴定机构的资质、执业范围等事项。

需要说明的是，根据国务院《关于深化“证照分离”改革进一步激发市场主体发展活力的通知》及住房和城乡建设部办公厅《关于取消工程造价咨询企业资质审批加强事中事后监管的通知》，国家取消了工程造价咨询企业资质认定，自2021年7月1日起，住房和城乡建设主管部门停止工程造价咨询企业资质审批，工程造价咨询企业按照其营业执照经营范围开展业务，行政机关、企事业单位、行业组织不得要求企业提供工程造价咨询企业资质证明。2021年6月3日起，住房和城乡建设主管部门已不再办理工程造价咨询企业资质延续手续。因此，今后不能再以是否具有工程造价咨询企业资质来判断相应机构是否具有相应资格的工程造价鉴定机构。

3. 鉴定材料的提供、质证

人民法院准许当事人的鉴定申请后,对需要鉴定的待证事实负有举证责任的当事人应当提供鉴定材料,拒不提供相关材料,致使待证事实无法查明的,应当承担举证不能的法律后果。对当事人提供的鉴定材料。人民法院应严格审查鉴定材料是否符合鉴定要求,人民法院应当告知当事人不提供符合要求鉴定材料的法律后果。人民法院应组织当事人对鉴定材料进行质证,未经法庭质证的材料(包括补充材料),不得作为鉴定材料。当事人无法联系、公告送达或当事人放弃质证的,鉴定材料应当经合议庭确认。对当事人有争议的材料,应当由人民法院予以认定,不得直接交由鉴定机构、鉴定人选用。

4. 鉴定期限

根据最高人民法院《关于人民法院民事诉讼中委托鉴定审查工作若干问题的规定》第 13 条规定,人民法院委托鉴定应当根据鉴定事项的难易程度、鉴定材料准备情况,确定合理的鉴定期限,一般案件鉴定时限不超过 30 个工作日,重大、疑难、复杂案件鉴定时限不超过 60 个工作日。鉴定机构、鉴定人因特殊情况需要延长鉴定期限的,应当提出书面申请,人民法院可以根据具体情况决定是否延长鉴定期限。鉴定人未按期提交鉴定书的,人民法院应当审查鉴定人是否存在正当理由。如无正当理由且人民法院准许当事人申请另行委托鉴定的,应当责令原鉴定机构、鉴定人退回已经收取的鉴定费用。

5. 鉴定意见的形式要求

根据最高人民法院《关于民事诉讼证据的若干规定》第 36 条规定,人民法院对鉴定人出具的鉴定书,应当审查是否具有下列内容:(1)委托法院的名称;(2)委托鉴定的内容、要求;(3)鉴定材料;(4)鉴定所依据的原理、方法;(5)对鉴定过程的说明;(6)鉴定意见;(7)承诺书。鉴定书应当由鉴定人签名或者盖章,并附鉴定人的相应资格证明。委托机构鉴定的,鉴定书应当由鉴定机构盖章,并由从事鉴定的人员签名。根据《建筑工程施工发包与承包计价管理办法》第 20 条规定,造价工程师编制工程造价鉴定文件,应当签字并加盖造价工程师执业专用章。

6. 鉴定依据

鉴定人应按照当事人约定的计价标准或计价方法进行鉴定。当事人没有约定或约定不明的,可以参照签订建设工程施工合同时当地建设行政主管部门发布的计价方法或者计价标准结算工程价款。

《最高人民法院公报》选登了(2011)民提字第 104 号案件(齐河环盾钢结构有限公司与济南永君物资有限责任公司建设工程施工合同纠纷案)的最高人民法院

民事判决书涉及鉴定依据。现摘要如下供参考：鉴定机构分别按照定额价和市场价作出鉴定结论的，在确定工程价款时，一般应以市场价确定工程价款。这是因为，以定额为基础确定工程造价大多未能反映企业的施工、技术和管理水平，定额标准往往跟不上市场价格的变化，而建设行政主管部门发布的市场价格信息，更贴近市场价格，更接近建筑工程的实际造价成本，且符合《合同法》的有关规定，对双方当事人更公平。

7. 对鉴定意见的质证

根据最高人民法院《关于审理建设工程施工合同纠纷案件适用法律问题的解释（一）》第34条、《民事诉讼法》第82条、最高人民法院《关于适用〈中华人民共和国民事诉讼法〉的解释》第122、123条等的规定，人民法院应当组织当事人对鉴定意见进行质证。当事人可以在举证期限届满前申请人民法院通知1名至2名具有专门知识的人出庭，代表当事人对鉴定意见进行质证，或者对案件事实所涉及的专业问题提出意见。申请书中应当载明有专门知识的人的基本情况和申请的目的。人民法院准许当事人申请的，应当通知双方当事人，相关费用由提出申请的当事人负担。具有专门知识的人在法庭上就专业问题提出的意见，视为当事人的陈述。人民法院可以对出庭的具有专门知识的人进行询问。经法庭准许，当事人可以对出庭的具有专门知识的人进行询问，当事人各自申请的具有专门知识的人可以就案件中的有关问题进行对质。具有专门知识的人不得参与专业问题之外的法庭审理活动。

鉴定机构应防止鉴定出现以下情形：（1）鉴定机构或者鉴定人员不具备相关的鉴定资格；（2）鉴定程序严重违法；（3）鉴定意见明显依据不足；（4）鉴定意见存在重大错误、遗漏；（5）鉴定机构或鉴定人员与一方当事人恶意串通；（6）经过质证认定不能作为证据使用的其他情形。

安徽省高级人民法院《关于审理建设工程施工合同纠纷案件适用法律问题的指导意见（二）》第21条规定，鉴定机构出具的鉴定意见，因具有最高人民法院《关于民事诉讼证据的若干规定》第27条规定情形，未被采信的，当事人可以依据《民事诉讼法》相关规定，向鉴定机构要求返还鉴定费用。

8. 鉴定人出庭作证

当事人对鉴定意见有异议或者人民法院认为鉴定人有必要出庭的，鉴定人应当出庭作证。鉴定人依照《民事诉讼法》第81条的规定出庭作证的，人民法院应当在开庭审理3日前将出庭的时间、地点及要求通知鉴定人。委托机构鉴定的，应当由从事鉴定的人员代表机构出庭。经法庭许可，当事人可以询问鉴定人。鉴定人应当就鉴定事项如实答复当事人的异议和审判人员的询问。当庭答复确有困难的，经人民法院准许，可以在庭审结束后书面答复。人民法院应当及时将书面答复送交当事人，并听取当事人的意见。必要时，可以再次组织质证。

鉴定人拒不出庭作证的，鉴定意见不得作为认定案件事实的根据。人民法院应当建议有关主管部门或者组织对拒不出庭作证的鉴定人予以处罚。支付鉴定费用的当事人可以要求返还鉴定费用，当事人要求退还鉴定费用的，人民法院应当在3日内作出裁定，责令鉴定人退还；拒不退还的，由人民法院依法执行。因鉴定人拒不出庭作证的，当事人有权申请重新鉴定；当事人申请重新鉴定的，人民法院应当准许。

六、工程款支付

建设工程施工合同下的工程款包括预付工程款、工程进度款、工程竣工价款，其支付和结算方式由发承包双方约定。其中预付工程款按照合同价款或者年度工程计划额度的一定比例确定和支付，并在工程进度款中予以抵扣。发承包双方应当按照合同约定，定期或者按照工程进度分段进行工程款结算和支付。

（一）垫资

垫资建设，又称带资建设，是指发包方和承包方约定，发包方不支付工程预付款，由承包方利用自有资金先进场进行施工，待工程施工到合同约定的进度后，由发包方按合同约定支付垫付的工程款。

《政府投资条例》第22条第2款规定，政府投资项目不得由施工单位垫资建设。对于何为垫资，目前缺乏统一界定。一般认为，预付款的比例，如果按《建设工程价款结算暂行办法》规定，包工包料工程预付比例不低于合同金额的10%，应不视为构成垫资。对于进度款的支付比例，则应在工程量计量基础上确定。

政府投资工程不得要求施工企业带资建设，但采用BOT①、BOOT②、BOO③等建设方式建设的工程除外。

对于非政府投资工程，发包人可将垫资作为投标的条件，以便选择有实力的承包人合作，同时理论上可以减少工程成本。对承包人来说，垫资建设既意味着因垫

---

① PPP项目运作方式之一，BOT英文全称为Build - Operate - Transfer，即“建设—运营—转让”模式，该模式主要用于收费公路、电厂、废水处理设施等基础设施项目。

② PPP项目运作方式之一，BOOT英文全称为Build - Own - Operate - Transfer，即“建设—拥有—运营—转让”模式。

③ PPP项目运作方式之一，BOO英文全称为Build - Own - Operate，即“建设—拥有—运营”模式。

资而增加资金成本，又意味着因垫资而在一定程度上增加了经营风险。所以垫资的多少及垫资的期限，是承包人在投标报价时需考虑的重要方面。

关于承包人垫资的收回与利息，最高人民法院《关于审理建设工程施工合同纠纷案件适用法律问题的解释（一）》第25条规定："当事人对垫资和垫资利息有约定，承包人请求按照约定返还垫资及其利息的，人民法院应予支持，但是约定的利息计算标准高于垫资时的同类贷款利率或者同期贷款市场报价利率的部分除外。当事人对垫资没有约定的，按照工程欠款处理。当事人对垫资利息没有约定，承包人请求支付利息的，人民法院不予支持。"

根据上述司法解释规定，承包人垫资建设的，如果对垫资没有约定，按照工程欠款处理。在工程款支付期限届至时，由发包人支付工程款，但无须支付利息。如果发包人未按约定支付工程款，由发包人按合同约定承担违约责任。如果双方对垫资有约定，但没有约定垫资利息，发包人应按约定返还垫资，但不需支付利息。如果双方对垫资和垫资利息有约定，承包人可要求发包人按合同约定返还垫资及其利息。

最高人民法院作出的《江西省工业设备安装公司与海口海景酒店有限公司建设工程施工合同纠纷申请再审民事裁定书》中以下内容有利于对垫资是否应支付利息的理解。"'双方约定的工程款（进度款）支付的方式和时间：承包人完成总工作量50%时，次月发包人开始按当月工程进度报表95%支付，工程竣工验收合格后两个月内支付至总工程量的97%，留3%质保金两年后付清。'案涉工程应为安装公司垫资施工，但双方并没有对垫资利息进行约定。""本院认为，安装公司的垫资，应根据司法解释规定，按照工程欠款处理。根据《建设工程合同司法解释》第十八条规定，利息从应付工程价款之日给付。案涉合同约定承包人完成总工作量50%时，发包人才予付款，而直至合同解除时，并未达到合同约定的工程量。""安装公司请求工程款利息条件尚未成就，其诉请亦不会得到支持，安装公司的该项再审请求不符合《民事诉讼法》第二百条规定之条件，对其该项再审请求不予支持。"

（二）以房屋抵付工程价款

1.《全国法院民商事审判工作会议纪要》规定

实务中，发包人用在建或已建成房屋抵付工程款（以房抵债）的情形较为常见。此类情形，《全国法院民商事审判工作会议纪要》第44条和第45条明确了处理方案。

（1）当事人在债务履行期届满前达成以物抵债协议，抵债物尚未交付债权人，债权人请求债务人交付的，因此种情况不同于让与担保，人民法院应当向其释明，其应当根据原债权债务关系提起诉讼。经释明后当事人仍拒绝变更诉讼请求的，应当驳回其诉讼请求,但不影响其根据原债权债务关系另行提起诉讼。

(2)当事人在债务履行期限届满后达成以物抵债协议,抵债物尚未交付债权人,债权人请求债务人交付的,人民法院要着重审查以物抵债协议是否存在恶意损害第三人合法权益等情形,避免虚假诉讼的发生。经审查,不存在以上情况,且无其他无效事由的,人民法院依法予以支持。

当事人在一审程序中因达成以物抵债协议申请撤回起诉的,人民法院可予准许。当事人在二审程序中申请撤回上诉的,人民法院应当告知其申请撤回起诉。当事人申请撤回起诉,经审查不损害国家利益、社会公共利益、他人合法权益的,人民法院可予准许。当事人不申请撤回起诉,请求人民法院出具调解书对以物抵债协议予以确认的,因债务人完全可以立即履行该协议,没有必要由人民法院出具调解书,故人民法院不应准许,同时应当继续对原债权债务关系进行审理。

2. 建设工程施工合同无效,不影响以房抵债协议的效力

在建设工程施工合同无效的情况下,以房抵工程款协议的效力如何?《民事审判指导与参考》研究组有如下问答:“问:建设工程施工过程中,发包人与承包人就已欠工程款签订以房抵顶协议。后因建设工程施工合同存在未经法定招投标程序而无效,由此,发包人与承包人签订的以房抵顶工程款的协议是否因而也应无效?答:实务中,发包人与承包人就已欠工程款签订以房抵顶工程款(即以房抵债)协议的情形较为常见。协议签订后,发包人又以建设工程施工合同未经法定招投标程序,违反了法律、行政法规的强制性规定为由,主张对方所签订的以房抵债协议亦应无效。对该以房抵债协议的效力如何认定,存在两种不同的观点:第一种观点认为,以房抵债,属于施工合同的一部分,施工合同无效,以房抵债协议也无效;第二种观点认为,以房抵债,属双方意思表示一致,应承认其效力。我们倾向第二种观点是正确的。以房抵债协议的效力是否受施工合同无效的影响,应综合根据该协议的内容进行分析判定。从以房抵顶工程款的协议看,当事人约定的是用房屋(通常是在建房屋)抵顶已欠的工程款。根据相关司法解释的精神,无论施工合同有效与否,发包人都负有支付工程价款的义务。该以房抵顶工程款协议为当事人对欠付的工程款进行结算的约定,性质上属于发包人与承包人对既存债权债务关系的清理。相较于施工合同,以房抵顶工程款的协议具有相对的独立性,根据合同法第九十八条的立法精神,应认定其效力。”①而《合同法》第 98 条规定:“合同的权利义

① 最高人民法院民事审判第一庭编:《民事审判指导与参考》总第 64 辑,人民法院出版社 2016 年版,第 240 ~ 241 页。

务终止，不影响合同中结算和清理条款的效力。”

按照《民事审判指导与参考》上述观点，相对于建设工程施工合同，以房抵工程款协议具有独立性。以房抵工程款的安排，属施工合同体系下的结算安排，其协议的效力应不受建设工程施工合同无效的影响。

（三）发包人已经向合法分包人、实际施工人、其他第三人付款的抵扣

1. 向合法分包人、实际施工人的付款

根据《民法典》第522条规定，当事人约定由债务人向第三人履行债务的约定有效。具体到建设工程施工合同，如果发包人与承包人约定，发包人应支付给承包人的全部或部分款项，由发包人支付给承包人指定的合法分包人或其他第三人，发包人支付给承包人指定的第三人的款项，应抵扣发包人应支付给承包人的款项。

如果发包人与承包人间不存在发包人将应支付给承包人的全部或部分款项支付给承包人指定的第三人的约定，而发包人将应支付给承包人的工程款支付给第三人的，北京高院原则上不支持发包人的抵扣主张，江苏高院原则上支持发包人的抵扣主张。

北京市高级人民法院《关于审理建设工程施工合同纠纷案件若干疑难问题的解答》第21条有如下解答：“21、发包人主张将其已向合法分包人、实际施工人支付的工程款予以抵扣的，如何处理？承包人依据建设工程施工合同要求发包人支付工程款，发包人主张将其已向合法分包人、实际施工人支付的工程款予以抵扣的，不予支持，但当事人另有约定、生效判决、仲裁裁决予以确认或发包人有证据证明其有正当理由向合法分包人、实际施工人支付的除外。”

江苏省高级人民法院《关于审理建设工程施工合同纠纷案件若干问题的意见》第14条规定，承包人根据建设工程施工合同要求发包人支付工程款，发包人要求对已经向实际施工人支付的部分进行抵扣的，人民法院应予支持，但承包人有证据证明发包人与实际施工人恶意串通的除外。

实践中，有些情况下，发包人可能希望直接向合法分包人、指定分包人或实际施工人付款，以确保农民工工资支付到位，或实现其他目的。偶尔也会有承包人因合法分包人、指定分包人或材料设备供应商的期望，需要发包人直接向合作第三方付款的情形。不论是哪种情况，由发包人向第三人付款，从发包人的角度考虑，发包人与承包人之间应有明确的向第三人付款的协议安排，以免在发承包双方发生争议后需要进行充分的举证以证明向第三人付款的正当性。

2. 向其他第三人的付款

在《最高人民法院公报》刊登的《青海方升建筑安装工程有限责任公司与青海

隆豪置业有限公司建设工程施工合同纠纷二审民事判决书》中,涉及发包人隆豪公司向承包人方升公司的合伙人付款的性质界定。最高人民法院认为,隆豪公司已付的工程款中,除方升公司对毛某峰领取的100000元不予认可外,双方均认可隆豪公司已支付工程款合计30957562元。毛某峰为案涉工程项目方升公司的合伙人,以往的工程款支付借据中均有毛某峰的签字;毛某峰代表方升公司经办了向隆豪公司申请工程款的事宜,其向隆豪公司出具的收条载明,该100000元系海南工地五标工程款。由此,毛某峰向隆豪公司出具收条的法律后果应当由方升公司承担,毛某峰领取的100000元应当认定为隆豪公司支付的工程款。方升公司提出的一审判决错误认定毛某峰领取的100000元系隆豪公司支付的工程款的上诉理由不成立,不予支持。”

实务中,有可能因发包人过错原因或者因承包人过错原因,出现以上案例中由发包人向并非发包人、承包人双方确认的收款人付款的情况(尽管可能仅是表面上如此)。此种情况下,如果法院认定相关付款构成发包人支付的工程款,则承包人产生损失,如果法院认为相关付款不构成向承包人支付的工程款,则发包人出现损失。此类付款是否构成发包人向承包人支付的工程款,主要看实际收款人相关行为是否构成对承包人的表见代理。为避免不必要损失,发包人与承包人应就付款人、收款人作出明确约定,包括在某次特别的支付发生前作出书面安排。

(四)影响工程款支付的因素

1.竣工验收与工程款支付

(1)工程竣工价款以工程通过竣工验收为条件。如果工程完工后,发包人拒不验收或者不组织验收,可以不承担责任吗?

浙江省高级人民法院民事审判第一庭《关于审理建设工程施工合同纠纷案件若干疑难问题的解答》第18条有如下解答,工程因发包人的原因未及时竣工验收,发包人能否以工程未竣工验收为由拒绝支付工程款?发包人收到承包人竣工验收报告后,在合理期限内无正当理由不组织竣工验收的,不能以工程未验收合格为由,拒绝支付工程价款。

北京市高级人民法院《关于审理建设工程施工合同纠纷案件若干疑难问题的解答》第23条有如下解答:“23、发包人以工程未验收或承包人未移交工程竣工资料为由拒绝支付工程款的,如何处理?建设工程施工合同约定工程竣工验收合格后再支付工程款,发包人收到承包人提交的工程竣工验收资料后,无正当理由在合同约定期限或合理期限内未组织竣工验收,其又以工程未验收为由拒绝支付工程款的,不予支持。发包人以承包人未移交工程竣工资料为由拒绝支付工程款的,不予支持，但合同另有约定的除外。”

福建省高级人民法院《关于审理建设工程施工合同纠纷案件疑难问题的解答》有如下解答，问：建设工程施工合同约定，工程竣工验收合格后支付工程款，但工程完工后，发包人拒不验收或者不组织验收，承包人起诉要求支付工程款的，如何处理？答：工程完工后，发包人无正当理由不依照法律规定或者合同约定进行竣工验收的，视为恶意阻止付款条件成就，其应当履行验收或者组织验收义务之日为付款条件成就之日。

深圳市中级人民法院《关于建设工程合同若干问题的指导意见》第13条规定，发包人接到承包人竣工报告后，无正当理由不组织验收的，经过一定合理时间（30日）后应视为工程已竣工验收，发包人以工程未验收或存在质量问题为由，要求不支付或缓支付工程款的，不予支持。

《民法典》第159条规定：“附条件的民事法律行为，当事人为自己的利益不正当地阻止条件成就的，视为条件已经成就；不正当地促成条件成就的，视为条件不成就。”浙江、北京、福建三地高院及深圳中院均认为，发包人接到承包人竣工报告后，无正当理由不组织验收，又以工程未验收为由拒绝支付工程款的，法院不予支持。在发包人无正当理由不组织验收的情况下，福建高院认为应以发包人应当履行验收或者组织验收义务之日为付款条件成就之日，深圳中院认为发包人接到承包人竣工报告后，无正当理由不组织验收的，经过一定合理时间（30日）后应视为工程已竣工验收。所以，如果工程完工，达到竣工验收条件，发包人应正常组织竣工验收，并在竣工验收后按约定支付工程款，否则可能被视为支付竣工价款的条件已成就，发包人需承担违反付款约定的违约责任。

（2）工程未经竣工验收，发包人擅自使用后，又以质量不符合约定为由请求减少支付工程价款的，可否获得支持？

2008年福建省高级人民法院《关于审理建设工程施工合同纠纷案件疑难问题的解答》规定，工程未经竣工验收，发包人擅自使用后，又以质量不符合约定为由请求减少支付工程价款的，不予支持。

（3）发包人在工程验收合格后以质量为由拒付或要求延期付款，可否获得支持？

浙江省高级人民法院民事审判第一庭《关于审理建设工程施工合同纠纷案件若干疑难问题的解答》第7条有如下解答，发包人已经签字确认验收合格，能否再以质量问题提出抗辩，主张延期或不予支付工程价款？发包人已组织验收并在相关文件上签字确认验收合格，后又以工程质量存在瑕疵为由，拒绝支付或要求延期支付工程价款的，该主张不能成立。但确因承包人施工导致地基基础工程、工程主体结构质量不合格的，发包人仍可以拒绝支付或要求延期支付工程价款。

深圳市中级人民法院《关于建设工程合同若干问题的指导意见》第12条规定，发包人或监理单位已组织验收并在填写的《建筑工程验收报告书》或相关文件上签字确认验收合格的，应认定工程验收合格，对工程中存在的质量问题作保修期内质量问题处理，发包人以工程存在质量问题为由，要求不支付或缓支付工程款的，不予支持。

可见，发包人已经签字确认验收合格，后又以工程质量存在瑕疵为由，拒绝支付或要求延期支付工程价款的，该主张不能成立，应按保修处理。但确因承包人施工导致地基基础工程、工程主体结构质量不合格的，发包人仍可以拒绝支付或要求延期支付工程价款。

2. 工程交付与工程款支付

深圳市中级人民法院《关于建设工程合同若干问题的指导意见》第26条规定，当事人约定工程款于工程竣工验收并交付后支付的，建设工程已竣工验收，发包人已实际控制工程，承包人已移交施工现场的，视为工程已交付使用，发包人以未签订工程移交协议为由不支付工程款的，不予支持。

深圳中院的上述规定合理。建设工程已竣工验收，承包人已移交施工现场、发包人已实际控制工程的，如果仅仅是双方未签署工程交付的书面文件，且发包人无正当理由拖延签署工程交付的书面文件，影响相应工程款支付的，对承包人不公平，此种情况下应视为工程已交付使用。当事人约定应于工程竣工验收并交付后支付的工程款，应在承包人移交施工现场、发包人实际控制施工现场后支付。

3. 移交工程竣工资料、开具发票与工程款支付

如果发包人与承包人约定，某部分工程款的支付以承包人移交工程竣工资料为前提，承包人不向发包人移交工程竣工资料的，发包人可拒绝支付相应工程款，此类约定有效。同样，如果发包人与承包人约定，发包人付款以承包人提供相应发票为前提，承包人不提供相应发票的，发包人可拒绝支付相应工程款，此类约定也有效。如果发包人与承包人未约定付款以移交工程竣工资料或提供发票为前提，在承包人未移交工程竣工资料或未提供发票的情况下，发包人不应拒付工程款。

以发票事由为例，《民事审判指导与参考》研究组表明了以下观点："建设施工合同作为一种双务合同，依据其合同的本质，合同抗辩的范围仅限于对价义务，也就是说，一方不履行对价义务的，相对方才享有抗辩权。支付工程款义务与开具发票义务是两种不同性质的义务，前者是合同的主要义务，后者并非合同的主要义

务，二者不具有对等关系。只有对等关系的义务才存在先履行抗辩权的适用条件。如果不是对等关系的义务，就不能适用先履行抗辩权。”“在建设工程施工合同中的主要义务就是一方完成合同项下的建设工程，另一方依约支付工程款项。合同中主要义务的特点在于，主要义务与合同的成立或当事人的缔约目的紧密相连，对主要义务的不履行将会导致债权人订立合同目的的无法实现，债务人的违约行为将会构成根本违约，债权人有权解除合同；在双务合同中如果一方不履行其依据合同所负有的主要义务，另一方有权行使抗辩权。而开具发票的义务显然不属于建设工程施工合同中的主要义务，一方当事人违反该义务并不构成根本违约，另一方当事人不能仅仅因为未及时出具相应发票而主张解除合同。在一方违反约定没有开具发票的情况下，另一方不能以此为由拒绝履行合同主要义务即支付工程价款。除非当事人明确约定：一方不及时开具发票，另一方有权拒绝支付工程价款。这种情况就意味着双方将开具发票视为与支付工程价款同等的义务。”①

四川省高级人民法院《关于审理建设工程施工合同纠纷案件若干疑难问题的解答》第29条有如下解答，欠付工程价款的利息如何确定？当事人对欠付工程价款利息计付标准有约定的，按照约定处理，但不得超过中国人民银行公布的同期同类贷款利率的4倍；没有约定的，按照中国人民银行发布的同期同类贷款利率计算。发包人以承包人未开具发票、未移交工程竣工资料为由拒付工程价款的，不予支持。但建设工程施工合同另有约定的除外。

北京市高级人民法院《关于审理建设工程施工合同纠纷案件若干疑难问题的解答》第23条有如下解答，发包人以工程未验收或承包人未移交工程竣工资料为由拒绝支付工程款的，如何处理？建设工程施工合同约定工程竣工验收合格后再支付工程款，发包人收到承包人提交的工程竣工验收资料后，无正当理由在合同约定期限或合理期限内未组织竣工验收，其又以工程未验收为由拒绝支付工程款的，不予支持。发包人以承包人未移交工程竣工资料为由拒绝支付工程款的，不予支持，但合同另有约定的除外。

那么，如果承包人不履行配合工程档案备案、开具发票等协作义务，发包人因无合同依据不能拒付相应工程款，发包人可如何主张权利呢？最高人民法院2016年11月21日发布的《第八次全国法院民事商事审判工作会议（民事部分）纪要》第34条规定：“承包人不履行配合工程档案备案、开具发票等协作义务的，人民法院视

---

① 最高人民法院民事审判第一庭编：《民事审判指导与参考》总第58辑，人民法院出版社2014年版，第238～239页。

违约情节，可以依据合同法第六十条、第一百零七条规定，判令承包人限期履行、赔偿损失等。”

4.“背靠背”条款

“背靠背”条款是承包人以业主向其付款作为其向下游供应商，包括分包人甚至供货商等付款的条件的合同条款。“背靠背”条款起源于欧美国家建设工程分包合同中的“pay-if-paid”和“pay-when-paid”条款。目前，在承包人与分包人、承包人与供货商、挂靠人与被挂靠人、转包合同双方当事人的合同中，“背靠背”条款比较常见。为表述方便起见，下文中所指“背靠背”条款仅指承包人与分包人签订的分包合同中的“背靠背”条款。

因“背靠背”条款产生的争议包括，该类条款是否有效，该类条款是附条件条款还是附期限条款，业主向承包人付款情况由承包人承担举证责任还是分包人承担举证责任，在分包合同无效的情况下“背靠背”条款是否属于应当参照适用的条款等。

北京市高级人民法院《关于审理建设工程施工合同纠纷案件若干疑难问题的解答》第22条有如下解答，分包合同中约定总包人收到发包人支付工程款后再向分包人支付的条款的效力如何认定？分包合同中约定待总包人与发包人进行结算且发包人支付工程款后，总包人再向分包人支付工程款的，该约定有效。因总包人拖延结算或怠于行使其到期债权致使分包人不能及时取得工程款，分包人要求总包人支付欠付工程款的，应予支持。总包人对于其与发包人之间的结算情况以及发包人支付工程款的事实负有举证责任。

5.发包人可拒付、减付工程款的情形

参照《民法典》第793条第2款第2项、第806条的规定，建设工程质量不合格，发包人可拒付工程款。此外，承包人在施工过程中不按图纸施工，擅自改变约定的建筑材料、构配件、设备的品种、规格等情形，发包人可以要求核减原材料差价。比如，深圳市中级人民法院《关于建设工程合同若干问题的指导意见》第24条规定，承包人在施工过程中不按图纸施工，擅自改变约定的建筑材料、构配件、设备的品种、规格等情形，发包人要求核减原材料差价的，应予支持。在合同有其他合理约定的情况下，发包人也可拒付、减付工程款或要求承包人承担相应款项。

（五）股东对发包人工程欠款的责任

在实务中，不乏因发包人股东对工程的介入或其他原因，在发包人欠付工程款时，承包人将发包人及其股东一并起诉的现象。

在最高人民法院二审审结的案号为（2015）民一终字第341号的建设工程施工

合同纠纷中，星长征公司与工程发包人西南广公司系两个企业法人，星长征公司是西南广公司的股东，参与了对工程的管理。承包人中广公司与西南广公司发生争议，起诉西南广公司及星长征公司，要求西南广公司支付相关款项，并请求法院判令星长征公司对相关款项与西南广公司承担连带付款责任。

星长征公司答辩称，其仅是西南广公司的股东之一，出于对自身投资保值增值的考虑参与了涉案项目的管理，但该项目的业主单位是西南广公司，星长征公司不属于合作建设方，不是本案适格被告，应当依法驳回中广公司针对星长征公司的诉讼请求。

一审法院认为，在我国现行民事法律体系框架内，连带责任的承担必须具备法定或约定的条件，在本案中未见各方当事人对星长征公司应承担连带责任有明确的约定。在庭审中，各方当事人对星长征公司系西南广公司股东之一不持异议。经核查，涉案项目的业主系西南广公司，本案系建设工程法律关系，中广公司要求星长征公司就西南广公司欠付中广公司的工程款承担连带责任的主张不符合最高人民法院《关于审理建设工程施工合同纠纷案件适用法律问题的解释》第 26 条之规定，对此不予支持。

最高人民法院认为，《公司法》第 3 条规定，公司是企业法人，有独立的法人财产，享有法人财产权。公司以其全部财产对公司的债务承担责任。有限责任公司的股东以其认缴的出资额为限对公司承担责任；股份有限公司的股东以其认购的股份为限对公司承担责任。《公司法》第 4 条规定，公司股东依法享有资产收益、参与重大决策和选择管理者等权利。本案中，西南广公司为有限责任公司，具有独立的法人人格，与股东财产相互独立。中广公司并未举证证明两者存在人格混同。同时，星长征公司作为西南广公司股东享有参与重大决策的权利。中广公司据此主张星长征公司对西南广公司的债务承担连带责任没有法律依据。原判决对其该项诉请不予支持，并无不当。

以上案例涉及的债权人要求债务人股东就债务人债务向债权人承担连带责任，涉及合同相对性原则及公司法上的“揭开法人面纱”理论。合同相对性包括合同主体的相对性、合同内容的相对性以及合同责任的相对性。合同主体的相对性，是指合同的权利义务关系只对合同当事人产生约束力，只有合同当事人能够依据合同权利向对方提出请求或诉讼，合同当事人之外的第三人不得向合同当事人提出请求或提起诉讼。合同内容的相对性，是指合同所产生的权利义务，只有合同当事人才能享有和承担，任何当事人以外的第三人都不能主张合同的权利或承担合同义务。合同责任的相对性，是指合同责任的承担只能由合同当事人来承担，非合同当事人的第三人不能承担合同的责任①。具体到上述案例,根据合同相对性原则,中广公司应向西南广公司主张权利,一般情况下不能要求第三人星长征公司承担合同责任。

但合同相对性原则也有其弊端,影响社会交易的效率和安全。为此,许多国家都根据具体情况对该原则作出了一些例外规定。在公司股东与公司向公司债权人承担连带责任方面,我国《民法典》和《公司法》均作出了相关规定。《民法典》第 83 条第 2 款规定:“营利法人的出资人不得滥用法人独立地位和出资人有限责任损害法人债权人的利益;滥用法人独立地位和出资人有限责任,逃避债务,严重损害法人债权人的利益的,应当对法人债务承担连带责任。”《公司法》第 20 条第 3 款规定,“公司股东滥用公司法人独立地位和股东有限责任,逃避债务,严重损害公司债权人利益的,应当对公司债务承担连带责任”。该法第 63 条规定,“一人有限责任公司的股东不能证明公司财产独立于股东自己的财产的,应当对公司债务承担连带责任”。以上规定的理论依据是公司法理论中的“揭开公司面纱”制度。所谓“公司面纱”,是指公司的独立人格和公司股东的有限责任。公司是企业法人,有独立的法人财产,享有法人财产权,公司以其全部财产对公司的债务承担责任。有限责任公司的股东以其认缴的出资额为限对公司承担责任,股份有限公司的股东以其认购的股份为限对公司承担责任。所谓“揭开公司面纱”,是指在某些情形下,如《公司法》第 20 条和第 63 条规定的情形下,为保护公司债权人,法院可否定公司与股东分别独立之人格,要求公司股东对公司债务承担责任。在(2015)民一终字第 341 号案件中,中广公司要想达到星长征公司对相关款项与西南广公司承担连带付款责任请求得到法院支持的目的,须举证证明星长征公司滥用西南广公司法人独立地位和股东有限责任,逃避债务,严重损害其利益。但最高人民法院认为中广公司未能举证证明星长征公司与西南广公司存在人格混同,因而未支持中广公司相关请求。

如果发包人股东未履行或者未全面履行出资义务,或抽逃出资的,承包人可请求该股东在其未出资或抽逃出资本息范围内对发包人债务不能清偿的部分承担补充赔偿责任。最高人民法院《关于适用〈中华人民共和国公司法〉若干问题的规定(三)》第 13 条第 2 款规定:“公司债权人请求未履行或者未全面履行出资义务的股东在未出资本息范围内对公司债务不能清偿的部分承担补充赔偿责任的,人民法

① 最高人民法院民法典贯彻实施工作领导小组主编:《中华人民共和国民法典合同编理解与适用》,人民法院出版社 2020 年版,第 30 页。

院应予支持；未履行或者未全面履行出资义务的股东已经承担上述责任，其他债权人提出相同请求的，人民法院不予支持。”第14条第2款规定：“公司债权人请求抽逃出资的股东在抽逃出资本息范围内对公司债务不能清偿的部分承担补充赔偿责任、协助抽逃出资的其他股东、董事、高级管理人员或者实际控制人对此承担连带责任的，人民法院应予支持；抽逃出资的股东已经承担上述责任，其他债权人提出相同请求的，人民法院不予支持。”

（六）发包人逾期支付工程款时承包人的权利

在发包人未按合同约定支付工程款时，承包人有如下权利：(1)承包人可以催告发包人在合理期限内支付价款。根据《民法典》第807条规定，发包人未按照约定支付价款的，承包人可以催告发包人在合理期限内支付价款。(2)可要求发包人支付逾期付款的利息并承担其他约定的违约责任。(3)如本章工期部分所述，承包人可主张顺延工期。(4)符合相应条件的，可解除建设工程施工合同。(5)不交付价值与工程欠款基本相当的工程。深圳市中级人民法院《关于建设工程合同若干问题的指导意见》第15条规定，工程已施工完毕，承包人以发包人未按约定支付工程款为由，不协助办理工程竣工验收的，视为工程停工；工程施工完毕且已竣工验收的，发包人拖欠工程款或结算已到期工程尚未交工的，承包人可以行使抗辩权为由不交付建设工程，但不交付的工程价值应与工程欠款基本相当。如果发包人拖欠的工程款与不交付的建设工程价值差距较大或部分不交付影响整个工程使用的，承包人应承担赔偿责任。

（七）发包人逾期支付工程款的违约金和利息

对于发包人逾期付款，承包人对违约金和利息的主张，安徽高院、北京高院、浙江高院分别作了相关规定。

安徽省高级人民法院《关于审理建设工程施工合同纠纷案件适用法律问题的指导意见（二）》第16条有如下解答，当事人同时主张违约金和利息的，可予支持。当事人主张的总额在中国人民银行公布的同期同类贷款利率或贷款基础利率4倍范围内的，应当综合违约行为的情节、程度，给守约方造成损失的大小等因素进行确定。当事人主张的总额超出中国人民银行公布的同期同类贷款利率或贷款基础利率4倍范围的，应当举证证明实际损失的数额，人民法院按照《最高人民法院关于适用〈中华人民共和国合同法〉若干问题的解释（二）》（已废止）第29条的规定处理。

北京市高级人民法院《关于审理建设工程施工合同纠纷案件若干疑难问题的解答》第36条有如下解答，承包人同时主张逾期支付工程款的违约金和利息的，如何处理？建设工程施工合同明确约定发包人逾期支付工程款，承包人可以同时主张逾期付款违约金和利息的，依照其约定，发包人主张合同约定的违约金和利息之和过分高于实际损失请求予以适当减少的，按照最高人民法院《关于适用〈中华人民共和国合同法〉若干问题的解释(二)》(已废止)第29条的规定处理；没有约定或约定不明的，对承包人的主张，一般不应同时支持，但承包人有证据证明合同约定的违约金或利息单独不足以弥补其实际损失的除外。

浙江省高级人民法院民事审判第一庭《关于审理建设工程施工合同纠纷案件若干疑难问题的解答》第21条有如下解答，承包人能否一并请求逾期支付工程款的违约金和利息？承包人不能按照建设工程施工合同的约定，既请求发包人承担逾期支付工程款的违约金，又同时请求支付相应利息。

综合上述三高院的规定及实务中出现的情况，在发包人逾期付款时，承包人对违约金和利息的主张可分为四种情形。

1. 约定了利息和违约金或赔偿损失并约定可同时主张的

当事人在施工合同中明确约定了在承担利息之外还应赔偿损失或者承担其他违约责任的，北京高院和安徽高院的规定是从约定；如发包人主张合同约定的违约金和利息之和过分高于实际损失请求予以适当减少的，人民法院应当以实际损失为基础，兼顾合同的履行情况、当事人的过错程度以及预期利益等综合因素，根据公平原则和诚实信用原则予以衡量，并作出裁决。浙江高院的规定是承包人不能同时主张违约金和利息。《民事审判指导与参考》研究组表达了以下观点："发包人违反合同约定欠付工程价款，则构成违约，应承担违约责任，如果当事人在施工合同中明确约定了在承担利息之外还应赔偿损失或者承担其他违约责任的，则承包人在请求承担违约责任同时还请求支付相应约定的利息的，应当从其约定。"①

2. 约定了利息和违约金或赔偿损失，但对是否可同时主张没有约定或约定不明的

按照北京高院的规定，此种情况下一般不应同时支持违约金和利息主张，但承包人有证据证明合同约定的违约金或利息单独不足以弥补其实际损失的除外。

《民法典》第577条规定，当事人一方不履行合同义务或者履行合同义务不符合约定的，应当承担继续履行、采取补救措施或者赔偿损失等违约责任。第583条规定，当事人一方不履行合同义务或者履行合同义务不符合约定的，在履行义务或

① 最高人民法院民事审判第一庭编：《民事审判指导与参考》总第49辑，人民法院出版社2012年版，第265～266页。

者采取补救措施后,对方还有其他损失的,应当赔偿损失。

从《民法典》上述两条规定来看,违约人承担违约责任的形式有多种。《民法典》第583条的规定表明,违约方承担了其他形式的违约责任,如继续履行后,仍有可能需要承担赔偿损失的责任。但受损方并不是可以同时要求对方承担各类违约责任。比如,《民法典》第588条第1款规定,当事人既约定违约金,又约定定金的,一方违约时,对方可以选择适用违约金或者定金条款,但并没有赋予守约方可同时适用违约金和定金条款的权利。

那么在建设工程施工合同下,发包人逾期付款,承包人可否同时主张逾期支付工程款利息和逾期付款违约金呢?《民法典》、《建筑法》、相关行政法规及有关建设工程的司法解释,目前均未见有明确规定。最高人民法院《关于审理民间借贷案件适用法律若干问题的规定》相关规定具有参考意义。该规定第29条规定:"出借人与借款人既约定了逾期利率,又约定了违约金或者其他费用,出借人可以选择主张逾期利息、违约金或者其他费用,也可以一并主张,但是总计超过合同成立时一年期贷款市场报价利率四倍的部分,人民法院不予支持。"也就是说,在民间借贷案件中,借款人逾期还款的,出借人可以同时主张逾期利息和违约金,但总额有限制,不应超过合同成立时一年期贷款市场报价利率四倍。该规定显示了在一方违约时,违约方既应弥补守约方损失,同时也应承担一定的惩罚性赔偿的思路。

在最高人民法院二审审结的案号为(2016)最高法民终106号的案件中,承包人黑龙江建工集团在一审中的诉讼请求包括要求发包人鑫臻房开公司按中国人民银行同期贷款利率计算支付逾期未付工程款利息及支付双方约定的按工程总价款20%计算的违约金。对此,案件一审法院贵州省高级人民法院认为,该案中,黑龙江建工集团既主张违约金又主张利息(损失赔偿)。"违约金与损失赔偿在补偿性上,都能使违约相对方得到全面的补偿,如果违约金或损失赔偿单独适用,违约相对方的利益都能得到全面、充分的保护,那么违约金与损失赔偿不能同时适用。本案中,违约金的单独适用,能够使黑龙江建工集团的利益得到全面充分的保护,故对黑龙江建工集团'违约金与利息能同时主张'的诉讼理由不予采信。"该案中,一审法院最终判决发包人支付逾期付款违约金,驳回了承包人要求支付欠付工程款利息的请求。

如果简单概括贵州省高级人民法院关于可否同时主张欠付工程款利息和逾期付款违约金的观点,应是:如果违约金或损失赔偿单独适用,违约相对方的利益都能得到全面、充分的保护,那么违约金与损失赔偿不能同时适用;如果违约金或损失赔偿单独适用,违约相对方的利益都不能得到全面、充分的保护,那么违约金与损失赔偿可以同时适用。

笔者赞同上述贵州省高级人民法院的观点。违约方承担的责任,应可弥补守约方所受损失。如果违约金或利息单独适用,违约相对方的利益都能得到全面、充分的保护,则违约相对方没有必要同时主张违约金和利息。如果一定要僵硬地同时主张违约金和利息,则势必需要将违约相对方所受损失在违约金和按照当事人约定利率或贷款市场报价利率之间进行切割,这样的工作只会增加法院工作量,没有明显价值。

司法实践中也有按不同思路处理的判例。最高人民法院(2015)民一终字第341号民事判决书中,最高人民法院不仅支持了承包人主张的发包人应按双方当事人约定支付违约金的请求,同时还支持了承包人主张的发包人应按双方当事人约定支付利息的请求。

3. 仅约定承担违约责任的方式,而未约定支付欠付工程款利息的

仅约定承担违约责任的方式,而未约定支付欠付工程款利息的,承包人有权请求发包人承担违约责任,但不能再请求发包人支付欠付工程款利息。

4. 未约定承担违约责任的方式,也未约定支付欠付工程款利息的

双方当事人未约定承担违约责任的方式,也未约定支付欠付工程款利息的,应由发包人向承包人支付逾期付款利息。

关于利息的计付标准,根据最高人民法院《关于审理建设工程施工合同纠纷案件适用法律问题的解释(一)》第26条的规定,当事人对欠付工程价款利息计付标准有约定的,按照约定处理。没有约定的,按照同期同类贷款利率或者同期贷款市场报价利率计息。

关于利息的起算时间,最高人民法院《关于审理建设工程施工合同纠纷案件适用法律问题的解释(一)》第27条规定,利息从应付工程价款之日开始计付。当事人对付款时间没有约定或者约定不明的,下列时间视为应付款时间:(1)建设工程已实际交付的,为交付之日;(2)建设工程没有交付的,为提交竣工结算文件之日;(3)建设工程未交付,工程价款也未结算的,为当事人起诉之日。

对于欠付工程款应支付的利息,有人认为是一种法定孳息。但利息既可能按照同期同类贷款利率或者同期贷款市场报价利率计息,也可能按当事人约定的高利率计息。在前一种情况下,利息具有法定孳息的特征。在后一种情况下,如果也认定欠付工程款应支付的利息构成法定孳息,显然不符合事实情况,宜视为违约金。故对于利息的性质,应结合具体情况判断。

七、建设工程施工合同下的违约金

（一）建设工程施工合同下，当事人可以约定违约金的金额或违约金的计算方法

《民法典》第585条第1款规定，当事人可以约定一方违约时应当根据违约情况向对方支付一定数额的违约金，也可以约定因违约产生的损失赔偿额的计算方法。

违约金有法定违约金和约定违约金之分。由法律直接规定的违约金为法定违约金。违约金是由当事人约定的，为约定违约金。违约金合同是诺成合同，与定金合同不同，不以预先给付为成立要件。约定违约金可以看成一种附条件合同，只有在违约行为发生的情况下，违约金合同生效；违约行为不发生，违约金合同不生效。违约的种类繁多，违约金合同则有概括性和具体性之分。概括性违约金合同，指当事人对违约行为不做具体区分，概括约定凡违约即支付违约金。具体性违约金合同，指当事人针对不同的违约行为所约定的违约金，如债务不履行违约金、债务部分履行违约金、债务迟延履行违约金等。当事人约定了违约金的，一方违约时，应当按照该约定支付违约金。

建设工程施工合同往往合同金额巨大，双方权利义务关系复杂。为确保合同目的能顺利达成，确保双方及时全面履行义务，在合同中约定对等违约金以约束合同双方，是十分必要的。

（二）违约金的性质以补偿性为主、以惩罚性为辅

最高人民法院《关于当前形势下审理民商事合同纠纷案件若干问题的指导意见》明确：对于违约金数额过分高于违约造成损失的，应当根据合同法规定的诚实信用原则、公平原则，坚持以补偿性为主、以惩罚性为辅的违约金性质，合理调整裁量幅度，切实防止以意思自治为由而完全放任当事人约定过高的违约金。

（三）可以请求人民法院或者仲裁机构对违约金予以增加或减少

当事人如发现合同约定的违约金过高，惩罚性太重，或如发现约定的违约金过低，己方所受损失没有得到弥补的太多，对自己不利，可根据《民法典》第585条第2款规定，请求人民法院或者仲裁机构予以增加或减少。

（四）建设工程施工合同下，高比例的违约金有机会得到支持

1. 建设工程施工合同下，发包人逾期付款，可否援引最高人民法院《关于审理民间借贷案件适用法律若干问题的规定》以对抗建设工程施工合同约定的年利率超过36%的违约金？

2020年修改后的最高人民法院《关于审理民间借贷案件适用法律若干问题的规定》第25条规定:“出借人请求借款人按照合同约定利率支付利息的,人民法院应予支持,但是双方约定的利率超过合同成立时一年期贷款市场报价利率四倍的除外。前款所称‘一年期贷款市场报价利率’,是指中国人民银行授权全国银行间同业拆借中心自2019年8月20日起每月发布的一年期贷款市场报价利率。”根据该规定,民间借贷年利率超过合同成立时一年期贷款市场报价利率四倍的,超过部分约定无效,借款人可以请求出借人返还。

但是上述规定仅适用于人民法院审理民间借贷案件,并不适用于建设工程施工合同。不同种类的法律关系中,由于各方当事人的行为能力、对违约责任的理解能力、承受能力,以及不同的违约责任安排可能达成不同的制约效果等原因,相关的法律规定尽管可能具有借鉴意义,却并不一定能跨越特定的法律关系适用。

在(2016)最高法民申1584号案中,双方约定了违约金以未付款为基数按每日千分之一的标准计算,折合年利率超过36%。再审申请人主张,最高人民法院《关于审理民间借贷案件适用法律若干问题的规定》对高于年息24%的资金利息不予支持,对于高于36%的资金利息绝对否定,也侧面印证支持了天威公司对违约金标准过高认识的法理基础。本案中的违约金是对债权人资金利息损失的认定,不能高于最高人民法院的上述审判标准,否则有悖常理和逻辑。

最高人民法院对此的观点是,本案为建设工程施工合同纠纷,当事人争议的是工程价款违约金,天威公司主张适用最高人民法院《关于审理民间借贷案件适用法律若干问题的规定》的申请再审理由不能成立。

2. 建设工程施工合同下,发包人逾期付款,承包人按合同约定工程总价款的20%主张违约金可否得到支持?

在最高人民法院二审审结的案号为(2016)最高法民终106号的案件中,发包人与承包人就案涉工程施工发生较大矛盾并造成停工,当地政府主持调解并经发包人与承包人同意形成会议纪要,发包人与承包人并签署《纠纷处理协议》,约定若任何一方违反调解约定,违约方须向守约方承担该项目住宅及酒店工程总价款20%的违约金。

后承包人起诉,要求发包人按《纠纷处理协议》约定的工程总价款的20%向其支付违约金,并提出其他诉讼请求。该请求先后得一审法院和二审法院(最高人民法院)的支持,违约金金额达12029897.6元(60149488.17元×20%),数目巨大。贵州省高级人民法院于2015年10月14日作出(2015)黔高民初字第1号民事判决,判决发包人在判决生效之日起10日内支付承包人违约金12029897.6元。根据最高人民法院的认定，发包人至迟应在2014年12月15日前向承包人支付剩余工程款13644468.52元。从应付款期限届至日至一审判决作出日，时间不到一年，但违约金金额达到应付未付款的88%。违约金的畸高，在于双方约定违约金以工程总价款为基数计算，而不是按应付未付款为基数计算，且在以工程总价款为基数计算违约金的情况下，违约金比例高达20%。

最高人民法院认为，该案中高额违约金的约定，其主要目的在于预防双方再次出现违约行为，激化双方矛盾。该违约金的约定适用条件，对双方当事人公平一致，即任何一方违约均应适用。且在签订《纠纷处理协议》时，双方当事人对于工程总造价应当具有合理预期，任何一方违约承担的支付违约金的数额，并未超出双方当事人签订该协议时应当预见的范围。发包人上诉主张违约金数额明显过高，一方面并未就其该主张提供证据证明约定的违约金数额明显高于承包人实际遭受的损失，另一方面该违约金调减请求，与双方当事人签订上述协议时约定高额违约金的目的明显不符，故一审判决判令发包人支付承包人违约金12029897.6元（60149488.17元×20%），符合双方协议约定，对发包人的该项上诉请求，最高人民法院不予支持。

（五）请求减少违约金的举证责任

《民事诉讼法》第67条第1款规定，当事人对自己提出的主张，有责任提供证据。最高人民法院《关于当前形势下审理民商事合同纠纷案件若干问题的指导意见》明确，当事人主张约定的违约金过高请求予以适当减少的，违约方对于违约金约定过高的主张承担举证责任，非违约方主张违约金约定合理的，亦应提供相应的证据。然而，违约方提供什么证据才能证明违约金过高，而非违约方应提供什么证据才能证明违约金合理呢？

在最高人民法院审理的案号为（2016）最高法民申1584号的建设工程施工合同纠纷再审民事案件中，双方约定了违约金按日千分之一计算。再审申请人天威公司主张调减违约金。最高人民法院认为，"双方约定按照日千分之一的标准计算违约金，系对因违约产生的损失赔偿额计算方法的约定，天威公司在对案涉合同效力未提出异议的情况下，仅以川海公司未提供证据证明其受到损失为由，否定上述约定的违约金计算方法，并主张按照中国人民银行同期同类贷款利率四倍计算违约金，理据不足"。再审裁判结果为驳回天威公司的再审申请。

综合最高人民法院（2016）最高法民终106号民事判决及（2016）最高法民申1584号民事裁定，最高人民法院否决减少违约金的理由可能如下：

（1）高额违约金的约定，其主要目的在于预防出现违约行为，引起或激化双方矛盾,违约金调减请求,与双方当事人签订相关协议时约定高额违约金的目的明显矛盾。

(2)违约金的约定适用条件,对双方当事人公平一致,即任何一方违约均应适用。

(3)签订合同或协议时,双方当事人对于违约金金额应当具有合理预期,任何一方违约承担的支付违约金的数额,并未超出双方当事人签订该协议时应当预见的范围。

(4)违约方主张违约金数额明显过高,但并未就其该主张提供证据证明约定的违约金数额明显高于非违约方实际遭受的损失。

由此看来,在建设工程施工合同下,期望法院支持适当减少违约金的主张并非易事。当事人应谨慎约定违约金金额或计算方法,可以考虑约定违约金的计算方法,同时约定违约金的最高限额,如约定违约金最高不超过工程总价款的一定百分比。

八、建设工程价款优先受偿权

(一)法律框架

法律赋予承包人建设工程价款优先受偿权的一个重要原因是,建筑业是具有高就业容纳能力的劳动密集型产业,建设工程价款优先受偿有利于保障建筑工人的报酬支付,对于维护从事建筑施工的工人及其家庭的生存权利、维护社会稳定具有重要意义。

建设工程价款优先受偿权源自《合同法》第286条,且在狭义的法律层面,只有该条文作出规定。《民法典》第807条保留了《合同法》第286条的主要内容。《民法典》第807条规定:"发包人未按照约定支付价款的,承包人可以催告发包人在合理期限内支付价款。发包人逾期不支付的,除根据建设工程的性质不宜折价、拍卖外,承包人可以与发包人协议将该工程折价,也可以请求人民法院将该工程依法拍卖。建设工程的价款就该工程折价或者拍卖的价款优先受偿。"

《民法典》第807条的规定比较原则,反映了立法设计上,既要保护建设工程价款优先受偿,又要为这一制度的研究、完善留下空间的思路。另外,由于立法留下诸多空白,在此问题上,争议比较多,司法实践中存在不少不一致的方面。为规范《合同法》第286条的适用,最高人民法院先后发布了《关于建设工程价款优先受偿权问题的批复》(已失效)和《关于装修装饰工程款是否享有合同法第二百八十六条规定的优先受偿权的函复》，各地高院、中院也纷纷出台指导意见。

最高人民法院《关于审理建设工程施工合同纠纷案件适用法律问题的解释（一）》共用了8个条文对建设工程价款优先受偿权进行规范，有关建设工程价款优先受偿权的内容是该司法解释条文最多的部分之一。

（二）能否适用优先受偿权的界定

1. 适用、不适用优先受偿权规定的建设工程

（1）关于适用优先受偿权的建设工程。除一般情形外，以下工程适用优先受偿权的规定：①装修装饰工程的发包人是该建筑物的所有权人或者承包人与该建筑物的所有权人之间有合同关系的，装修装饰工程适用优先受偿权的规定。最高人民法院《关于装修装饰工程款是否享有合同法第二百八十六条规定的优先受偿权的函复》规定："装修装饰工程属于建设工程，可以适用《中华人民共和国合同法》第二百八十六条关于优先受偿权的规定，但装修装饰工程的发包人不是该建筑物的所有权人或者承包人与该建筑物的所有权人之间没有合同关系的除外。享有优先权的承包人只能在建筑物因装修装饰而增加价值的范围内优先受偿。"最高人民法院《关于审理建设工程施工合同纠纷案件适用法律问题的解释（一）》第37条规定："装饰装修工程具备折价或者拍卖条件，装饰装修工程的承包人请求工程价款就该装饰装修工程折价或者拍卖的价款优先受偿的，人民法院应予支持。"②按照深圳中院规定，建设单位直接发包的消防工程、玻璃幕墙工程，相应工程价款享有优先受偿权。深圳市中级人民法院《关于建设工程合同若干问题的指导意见》第32条规定，建设单位直接发包的基础工程，享有工程价款优先受偿权。建设单位直接发包的消防工程、玻璃幕墙工程、装修装饰工程，在该工程增加价值的范围内享有工程价款优先受偿权。总承包人分包的专业工程，专业工程分包人不享有工程价款优先权。

（2）关于不适用优先受偿权的建设工程。①根据最高人民法院《关于装修装饰工程款是否享有合同法第二百八十六条规定的优先受偿权的函复》规定，装修装饰工程的发包人不是该建筑物的所有权人或者承包人与该建筑物的所有权人之间没有合同关系的，相应工程价款不享有优先受偿权。②按照深圳中院前述规定，总承包人分包的专业工程，专业工程分包人不享有工程价款优先权，但四川高院、浙江高院、安徽高院等对此有不同规定。③按安徽高院规定，工程勘察人或设计人就工程勘察或设计费主张优先受偿权，不予支持。安徽省高级人民法院《关于审理建设工程施工合同纠纷案件适用法律问题的指导意见》规定："装饰装修工程承包人主张工程款优先受偿权，可予支持；工程勘察人或设计人就工程勘察或设计费主张优

先受偿权,不予支持。"

2. 关于享有优先受偿权的主体

与发包人订立建设工程施工合同的承包人享有建设工程价款优先受偿权。最高人民法院《关于审理建设工程施工合同纠纷案件适用法律问题的解释(一)》第35条规定:"与发包人订立建设工程施工合同的承包人,依据民法典第八百零七条的规定请求其承建工程的价款就工程折价或者拍卖的价款优先受偿的,人民法院应予支持。"

关于分包人,《民事审判指导与参考》研究组、浙江高院、安徽高院认为,分包人享有优先受偿权,在总承包人或转包人怠于行使工程价款优先受偿权时,分包人可就其承建的工程在发包人欠付工程价款范围内向发包人主张工程价款优先受偿权。

关于转包或违法分包下的实际施工人能否享有建设工程价款优先受偿权,实务中存在争议。《民事审判指导与参考》研究组、浙江高院、安徽高院认为,实际施工人完成了其与总包人或转包人之间合同约定的施工义务且工程质量合格的,在总包人或者转包人不主张或者怠于主张工程价款优先受偿权的情况下,应允许实际施工人就其承建的工程部分在发包人欠付的工程款范围内向发包人主张工程价款优先受偿权。最高人民法院有相关案例不支持转包或违法分包下的实际施工人主张建设工程价款优先受偿权。

《民事审判指导与参考》研究组认为:"建设工程施工合同纠纷司法解释第二十六条规定了分包人和实际施工人完成了其与总包人或转包人之间合同约定的施工义务且工程质量合格的,在总包人或者转包人不主张或者怠于主张工程价款优先受偿权的情况下,应允许分包人或者实际施工人就其承建的工程部分在发包人欠付的工程款范围内向发包人主张工程价款优先受偿权。分包人或者实际施工人有条件地享有优先受偿权。"①

浙江省高级人民法院民事审判第一庭《关于审理建设工程施工合同纠纷案件若干疑难问题的解答》第22条有如下解答,建设工程施工合同无效情形下,谁有权行使优先受偿权?建设工程施工合同无效,但工程经竣工验收合格,承包人可以主张工程价款优先受偿权。分包人或实际施工人完成了合同约定的施工义务且工程质量合格,在总承包人或转包人怠于行使工程价款优先受偿权时,就其承建的工程

① 最高人民法院民事审判第一庭编:《民事审判指导与参考》总第65辑,人民法院出版社2016年版,第252页。

在发包人欠付工程价款范围内可以主张工程价款优先受偿权。

安徽省高级人民法院《关于审理建设工程施工合同纠纷案件适用法律问题的指导意见》第18条规定："分包人或实际施工人完成了合同约定的施工义务且工程质量合格的，在总包人或非法转包人怠于主张工程价款优先受偿权时，就其承建的工程在发包人欠付的工程款范围内主张工程价款优先受偿权，可予支持。"

3. 关于可以优先受偿的工程价款

根据《民事审判指导与参考》研究组的观点，享有优先保护的建筑工程价款的范围可以界定为，如指已竣工工程，应指竣工结算价，未竣工工程则应以施工预算价为基础进行评估确定工程价款；包含承包人为建设工程应当支付的工作人员报酬、材料款等实际支出的费用，包含承包人的正常利润，也包括承包人的垫资款。

不属于建设工程价款优先受偿权的受偿范围的款项，包括未用于建设工程的借款，承包人、实际施工人支付的履约保证金、工程质量保证金、发包人应当支付的违约金或者因为发包人违约所造成的损失。

2016年第4期《最高人民法院公报》刊登的最高人民法院作出的"中铁二十二局集团第四工程有限公司与安徽瑞讯交通开发有限公司、安徽省高速公路控股集团有限公司建设工程施工合同纠纷案"的民事判决书有以下内容："根据最高人民法院《关于建设工程价款优先受偿权问题的批复》第三条规定：'建筑工程价款包括承包人为建设工程应当支付的工作人员报酬、材料款等实际支出的费用，不包括承包人因发包人违约所造成的损失'，能够行使建设工程价款优先受偿权的权利范围不包括因发包人违约导致的损失。而从前述中铁公司在本案中被支持的诉请款项来看，包括因瑞讯公司违约给其造成的停窝工损失和材料价差损失两项，均不属于建设工程价款优先受偿权的权利行使范围，故一审法院未予支持中铁公司主张对案涉工程项目享有优先受偿权的请求，并无不当。"

《民事审判指导与参考》研究组认为："《合同法》第286条的立法精神是保护建筑施工企业被拖欠的工程款，主要是工人的工资、承包人的管理费和正常的利润。利润是工程价款的重要组成部分，显然应享有优先受偿权。""享有优先保护的建筑工程价款的范围可以界定为，如指已竣工工程，应指竣工结算价，未竣工工程则应以施工预算价为基础进行评估确定工程价款；包含承包人的正常利润，也包括承包人的垫资款，但不包括承包人因发包人违约造成的损失。"①

① 最高人民法院民事审判第一庭编：《民事审判指导与参考》总第38辑，法律出版社2009年版，第306～307页。

四川省高级人民法院《关于审理建设工程施工合同纠纷案件若干疑难问题的解答》第38条有如下解答,如何界定优先受偿权的范围?建设工程经验收合格,工程的直接成本、间接成本、利润和税金属于优先受偿范围。承包人、实际施工人支付的履约保证金、工程质量保证金、发包人应当支付的违约金等不属于优先受偿范围。承包人、实际施工人请求确认对建设工程占用范围内的土地使用权享有优先受偿权的,不予支持。

江苏省高级人民法院《关于审理建设工程施工合同纠纷案件若干问题的意见》第21条规定,承包人的优先受偿权范围限于建设工程合同约定的工程价款,包括承包人应当支付的工作人员报酬、材料款、用于建设工程的垫资等实际支出的费用。未用于建设工程的借款以及发包人应当支付的违约金或者因为发包人违约所造成的损失不属于建设工程价款优先受偿权的受偿范围。

最高人民法院《关于审理建设工程施工合同纠纷案件适用法律问题的解释(一)》第40条规定:“承包人建设工程价款优先受偿的范围依照国务院有关行政主管部门关于建设工程价款范围的规定确定。承包人就逾期支付建设工程价款的利息、违约金、损害赔偿金等主张优先受偿的,人民法院不予支持。”

4. 建设工程占用土地的使用权不作为建设工程优先受偿权的客体

建设工程占用土地的使用权不作为建设工程优先受偿权的客体。《民事审判指导与参考》研究组认为:“合同法第二百八十六条规定的原因在于,承包方在整个建设的过程当中,承包人的建筑材料和劳动力已经物化在在建工程当中,它的所有的投入就转化为在建工程,他的投入在权利的标的物当中,在物的所有权的转化中转化为在建工程,已经和在建工程不可分离了,因为这个原因,所以基于所有权的转化方式对在建工程享有优先受偿的权利。作为土地来讲,是建设工程当中一个载体,但是对于土地这一部分,承包方没有任何的投入,或者说承包方的建筑材料也好,劳动力也好,并没有物化在土地上,从这个角度来讲,从立法的背景和出发点来看,土地不应该作为建设工程优先受偿权的客体。”①

广东省高级人民法院在(2015)粤高法民撤终字第7号案件的二审判决书中认为,建设工程施工合同的标的物是建设工程,虽然建设工程与所占用的建设用地是一体的,但按照我国原《物权法》的规定,土地和地上建筑物、构筑物属于不同的物,原《合同法》第286条规定建设工程承包人优先受偿权的范围应限于土地上的建筑

① 最高人民法院民事审判第一庭编:《民事审判指导与参考》总第62辑,人民法院出版社2015年版,第294页。

物、构筑物，与土地本身的价值没有直接联系，且在将建筑物价值变现时，亦要区分建筑物的价值和建设用地使用权的价值，建设工程价款优先受偿权仅仅对建筑物的价值部分有优先受偿的效力。原审判决认定相关工程价款、相关工程规费及利息在“时尚翡翠公寓”项目及工程处理价款中优先受偿，超出了法律规定的关于建设工程价款优先受偿权的适用范围，损害了贷款人对涉案土地使用权的抵押权及由此派生的优先受偿权之民事权益正确，该院予以确认。承包人关于原判决第一项判定工程价款优先权及于“时尚翡翠公寓”项目整体拍卖价款不会侵害案涉土地使用权之抵押权人之民事权益的上诉主张不成立，该院不予支持。

（三）建设工程承包人行使优先权的期限

最高人民法院《关于建设工程价款优先受偿权问题的批复》（已失效）规定，建设工程承包人行使优先权的期限为6个月，自建设工程竣工之日或者建设工程合同约定的竣工之日起计算。该期限在性质上属于除斥期间，不适用时效中止、中断、延长的规定。行使期限届满后，优先权归于消灭，但其担保的主债权即建设工程价款并不因此消灭，后者作为请求权仅受诉讼时效的限制。

实践中，建设工程承包人行使优先权的期限自建设工程竣工之日或者建设工程合同约定的竣工之日起计算的适用遇到不少障碍，不少情况下显得不合理。最高人民法院《关于审理建设工程施工合同纠纷案件适用法律问题的解释（二）》（已失效）经过总结经验教训，明确承包人行使建设工程价款优先受偿权的期限自发包人应当给付建设工程价款之日起算。该解释第22条规定：“承包人行使建设工程价款优先受偿权的期限为六个月，自发包人应当给付建设工程价款之日起算。”

最高人民法院《关于审理建设工程施工合同纠纷案件适用法律问题的解释（一）》第41条规定：“承包人应当在合理期限内行使建设工程价款优先受偿权，但最长不得超过十八个月，自发包人应当给付建设工程价款之日起算。”该司法解释将承包人行使建设工程价款优先受偿权的期限延长至18个月，有利于降低承包人因不知晓相关规定而丧失建设工程价款优先受偿权的概率，维护承包人的权益。此外，以前较短的建设工程价款优先受偿权行使期限，也迫使本有机会协商解决争议的承包人为避免失权，而提起诉讼或申请仲裁。建设工程价款优先受偿权行使期限延长，或有利于降低建设工程施工合同争议案件数量。

关于建设工程价款优先受偿权行使期限的起算日期，最高人民法院发布的73号指导案例涉及一种情形。该案例的裁判要点为：“符合《中华人民共和国破产法》第十八条规定的情形，建设工程施工合同视为解除的，承包人行使优先受偿权的期限应自合同解除之日起计算。”《破产法》第18条规定：“人民法院受理破产申请后,管理人对破产申请受理前成立而债务人和对方当事人均未履行完毕的合同有权决定解除或者继续履行,并通知对方当事人。管理人自破产申请受理之日起二个月内未通知对方当事人,或者自收到对方当事人催告之日起三十日内未答复的,视为解除合同。管理人决定继续履行合同的,对方当事人应当履行;但是,对方当事人有权要求管理人提供担保。管理人不提供担保的,视为解除合同。”在发包人破产的情况下,承包人应注意根据上述规定判断行使优先受偿权的期间。

(四)合同无效与优先受偿权

建设工程施工合同无效,实际施工人能否享有优先受偿权,存在不同观点。

江苏高院、深圳中院认为,建设工程施工合同无效,承包人或实际施工人主张建设工程价款优先受偿权的,人民法院不应支持。《江苏省高级人民法院建设工程施工合同案件审理指南(2010年)》认为,对于工程价款优先受偿权的法理定性,梁慧星教授指出:在立法过程中,原《合同法》该条从设计、起草、讨论、修改、审议直到通过,始终是法定抵押权。担保物权中的抵押权、质权、保证以及附属于主债权的利息等,都属于主权利的从权利。既然工程款优先受偿权作为一种担保物权,是从主权利派生出来的,即对主债权工程款具有依附性,主权利无效从权利也无效。作为约定主债权的担保物权的工程款优先受偿权亦当然无效。深圳市中级人民法院《关于建设工程合同若干问题的指导意见》第30条规定,建设工程合同无效,承包人主张建设工程价款优先受偿权的,不予支持。

还有一种观点认为,建设工程施工合同无效,但工程经竣工验收合格或推定合格的,承包人主张工程价款优先受偿权,可予支持。四川省高级人民法院《关于审理建设工程施工合同纠纷案件若干疑难问题的解答》认为,建设工程施工合同无效,但建设工程经竣工验收合格,或者未经竣工验收但已经实际使用,实际施工人请求其工程价款就承建的建设工程折价或拍卖的价款优先受偿的,应予支持。安徽省高级人民法院《关于审理建设工程施工合同纠纷案件适用法律问题的指导意见》第17条规定,建设工程施工合同无效,但工程经竣工验收合格的,承包人主张工程价款优先受偿权,可予支持。

《民事审判指导与参考》研究组表明了以下观点:“工程款优先权是合同法第二百八十六条赋予建设工程施工人的一项法定优先权,目的是保障施工人能够及时取得工程款。建设工程施工合同被认定无效,并非排除适用合同法第二百八十六条的条件。只要工程款数额能够确定且不违反法律规定,施工人的优先权即受法律保护。发包人以建设工程施工合同无效为由,主张施工人对工程款不享有优先权的观点不能成立。”[①]“建设工程施工合同无效，不应影响优先受偿权的行使。建筑工程款优先受偿权的立法目的是保护劳动者的利益。因为在发包人拖欠承包人的工程款中，有相当部分是承包人应当支付给工人的工资和其他劳务费用。根据最高人民法院批复第三条的规定，建筑工程款包括了承包人为建设工程应当支付的工作人员的报酬、材料款等实际支付的费用。在无效建筑工程合同中，上述有关费用也已实际发生，应当由发包人予以支付。结合其立法目的来看，我们认为，即使合同无效，该笔费用亦应享有优先受偿权。”[②]

从最高人民法院《关于审理建设工程施工合同纠纷案件适用法律问题的解释（一）》的立场来看，承包人是否可享有建设工程价款优先受偿权，与建设工程质量是否合格有关，与合同是否无效无关。该司法解释第38条规定：“建设工程质量合格，承包人请求其承建工程的价款就工程折价或者拍卖的价款优先受偿的，人民法院应予支持。”第39条规定：“未竣工的建设工程质量合格，承包人请求其承建工程的价款就其承建工程部分折价或者拍卖的价款优先受偿的，人民法院应予支持。”

（五）建筑工程承包人的优先受偿权与抵押权、其他债权等的优先顺序

根据最高人民法院《关于审理建设工程施工合同纠纷案件适用法律问题的解释（一）》第36条规定，承包人根据《民法典》第807条规定享有的建设工程价款优先受偿权优于抵押权和其他债权。

在上述优先顺序下，建设工程价款优先受偿权人、抵押权人可参照最高人民法院发布的指导案例150号、154号，提起第三人撤销之诉或案外人执行异议之诉以维护权利。

（六）承包人、实际施工人不享有优先受偿权的情形

根据《民法典》第793条第2款的规定，建设工程经竣工验收不合格，承包人请求支付工程价款的，不予支持，此种情形下的建设工程价款优先受偿权自然也不能成立。此外，根据《民法典》第807条规定，按照建设工程的性质不宜折价、拍卖的，建设工程的价款无从就该工程折价或者拍卖的价款优先受偿。另外，根据最高人民法院在《关于装修装饰工程款是否享有合同法第二百八十六条规定的优先受偿权的函复》规定，装修装饰工程的发包人不是该建筑物的所有权人或者承包人与该建筑物的所有权人之间没有合同关系的，装修装饰工程的承包人不能向发包人主

---

① 最高人民法院民事审判第一庭编：《民事审判指导与参考》总第60辑，人民法院出版社2015年版，第255页。

② 最高人民法院民事审判第一庭编：《民事审判指导与参考》总第63辑，人民法院出版社2016年版，第238～239页。

张建设工程价款优先受偿权。

四川省高级人民法院《关于审理建设工程施工合同纠纷案件若干疑难问题的解答》第39条有如下解答,承包人、实际施工人不享有优先受偿权的情形有哪些?具有下列情形之一,承包人、实际施工人请求工程价款就承建的建设工程折价或拍卖的价款优先受偿的,不予支持:(1)经竣工验收不合格的工程;(2)建设工程属于为公益目的建设的教育设施、医疗设施及其他社会公益设施;(3)建设工程属于国家机关已投入使用的办公用房或者军事建筑;(4)建设工程属于设备安装等附属工程;(5)消费者购买承包人承建的商品房,并已经办理商品房产权变更或预告登记,或者消费者已交付购买商品房的全部或者大部分款项的。

(七)工程款债权转让对优先受偿权的影响

一般认为,建设工程承包人将工程款债权转让后,受让人享有该工程款的优先受偿权。

《民事审判指导与参考》研究组认为:"建设工程债权转让后,受让人也应享有优先受偿权。建设工程承包人转让其在施工中形成的债权,受让人基于债权的转让而取得工程款债权,因而其应当享有该工程款的优先受偿权。法定优先权属于担保物权,具有一定的追及效力,其功能是担保工程款优先支付,该权利依附于所担保的工程而存在,即使被担保的工程发生转让,也不影响承包人优先受偿权的行使。"①

江苏省高级人民法院《关于审理建设工程施工合同纠纷案件若干问题的意见》第20条规定,承包人将建设工程价款债权转让的,建设工程价款的优先受偿权随之转让。

(八)建设工程承包人优先受偿权的行使方式及其程序

根据《民法典》第807条相关规定,建设工程承包人行使优先受偿权的方式包括三种。

1. 由发包人与承包人协议将涉及工程折价,承包人就工程折价款优先受偿

这种方式包含几个前提:(1)发包人与承包人能就工程价款达成协议;(2)发包人愿意将工程折价转让给承包人,并且相信承包人能将工程折算价值超过工程款的部分按约定支付给发包人或第三人;(3)承包人也愿意接受工程,并且具有足够的资金实力,能够将工程折算价值超过工程款的部分支付给发包人或第三人。此

① 最高人民法院民事审判第一庭编:《民事审判指导与参考》总第65辑,人民法院出版社2016年版,第252~253页。

种方式对发包人有较大的风险，实现难度较高。

2. 承包人通过诉讼或仲裁获法院或仲裁机构认定优先受偿权

承包人通过诉讼或仲裁获法院或仲裁机构认定优先受偿权后，通过发包人主动执行生效判决、仲裁裁决或通过强制执行程序实现优先受偿权。此种方式是常规方式，也是相对稳妥的方式。承包人通过法院认定工程款优先受偿权，可对抗抵押权人和发包人的其他债权人。

3. 承包人申请人民法院将涉及工程依法拍卖实现优先受偿权

此种方式存在潜在障碍：(1)我国现行的民事诉讼法律法规对于承包人直接申请人民法院依法拍卖建设工程没有规定专门的执行程序；(2)即使法院能够进行拍卖，由于法院实行“审执分离”，法院在执行程序中又如何确定承包人可享有优先受偿权的债权金额？

此外，最高人民法院发布的 171 号指导案例裁判要点肯定了另一种行使建设工程价款优先受偿权的方式。该案裁判要点为：“执行法院依其他债权人的申请，对发包人的建设工程强制执行，承包人向执行法院主张其享有建设工程价款优先受偿权且未超过除斥期间的，视为承包人依法行使了建设工程价款优先受偿权。发包人以承包人起诉时行使建设工程价款优先受偿权超过除斥期间为由进行抗辩的，人民法院不予支持。”

综上分析，承包人需要行使建设工程价款优先受偿权时，最好先通过诉讼或仲裁获法院或仲裁机构认定相应债权金额及优先受偿权，再通过发包人履行生效判决、仲裁裁决或通过法院执行程序实现债权。同时，要注重通过其他方式行使建设工程价款优先受偿权，以免失权。

（九）建设工程价款优先受偿权的放弃

在工程建设中，满足项目融资需求，确保工程顺利完成建设，是发包人与承包人共同利益所在。另外，项目贷款人为了维护自身利益，不希望承包人对建设工程价款的优先受偿权影响到自身债权的实现，因而在借款协议达成前，通过项目发包人与承包人磋商，要求承包人放弃建设工程价款的优先受偿权，承包人因此而放弃优先受偿权的，比较常见。

承包人在放弃优先受偿权时可以附条件，如以发包人按期支付工程款为条件。如果发包人付款违约导致承包人放弃优先受偿权的条件不成就，承包人仍享有优先受偿权。最高人民法院民一庭认为：“承包人承诺放弃工程款优先受偿权的条件未成就，即使工程的所有权发生转让，如果受让人对工程的转让存在过错，发包人不支付工程款，承包人仍可依照《民法典》第 807 条及相关司法解释的规定，在工程款范围内对所建工程行使优先受偿权。”①

承包人在出具放弃优先受偿权的确认函件时，应清楚表明仅允许特定债权优先于其工程价款优先受偿，并不放弃依法对其他人、其他债权享有的优先受偿权的意见。如果承包人在出具放弃优先受偿权的确认函件时，未能清楚表明仅允许特定债权优先于其工程价款优先受偿，并不放弃依法对其他人、其他债权享有的优先受偿权的意见，可能被认定其在任何情况下均放弃优先受偿权。比如，最高人民法院在(2016)最高法民终532号案件的二审民事判决书中认为，承包人向银行和建设单位书面承诺放弃优先受偿权，对所有债权人均有效。出现这种结果，无疑与承包人意愿不一致有关，承包人因疏忽大意而处于十分不利的地位。

承包人关于放弃优先受偿权的承诺，仅对出具承诺的承包人有约束力，对其他施工人没有约束力。

此外，发包人与承包人约定放弃或者限制建设工程价款优先受偿权，不应损害建筑工人利益。最高人民法院《关于审理建设工程施工合同纠纷案件适用法律问题的解释(一)》第42条规定，“发包人与承包人约定放弃或者限制建设工程价款优先受偿权，损害建筑工人利益，发包人根据该约定主张承包人不享有建设工程价款优先受偿权的，人民法院不予支持”。

(十)法律实务建议

建设工程价款优先受偿权涉及问题众多，但截至目前，相应法律制度尚需进一步完善。尽管立法过于原则和滞后，但实践的发展不可能停滞，司法也不可能不作为，因此，作为工程价款优先受偿权的主要行使主体的施工企业尤其需要掌握司法实践的发展动态，尽量降低工程价款优先受偿权丧失的风险。建议从如下方面进行把控：(1)牢牢把握18个月法定行使期限，正确理解优先受偿权起始日期。(2)诉讼请求中要明确主张优先受偿权，并可就优先受偿权的确认单独提起诉讼。深圳市中级人民法院规定，即使发包人已按约定支付工程价款或办理结算，承包人也可根据需要及时请求确认建设工程价款优先受偿权。深圳市中级人民法院《关于建设工程合同若干问题的指导意见》第28条规定，发包人已按约定支付工程价款或办理结算，但在建设工程竣工之日或建设工程合同约定的竣工之日起6个月内，承包人请求确认建设工程价款优先受偿权的，应予支持。(3)在通过诉讼主张建设工程价款优先受偿权之前，可通过发函、以房抵债等方式主张建设工程价款优先受偿权。

① 最高人民法院民事审判第一庭编：《民事审判指导与参考》总第42辑，法律出版社2010年版，第158页。

第六节　竣工验收及备案

一、竣工验收及备案综述

工程竣工验收由建设单位负责组织实施。在施工单位向建设单位提交工程竣工报告，申请工程竣工验收后进行，且进行竣工验收需符合相关条件。

（一）房屋建筑工程竣工验收条件

房屋建筑工程符合以下条件方可进行竣工验收：（1）施工单位在工程完工后对工程质量进行了检查，确认工程质量符合有关法律、法规和工程建设强制性标准，符合设计文件及合同要求，并提出工程竣工报告；（2）对于委托监理的工程项目，监理单位对工程进行了质量评估，具有完整的监理资料，并提出工程质量评估报告；（3）勘察、设计单位对勘察、设计文件及施工过程中由设计单位签署的设计变更通知书进行了检查，并提出质量检查报告；（4）有完整的技术档案和施工管理资料，包括工程使用的主要建筑材料、建筑构配件和设备的进场试验报告，以及工程质量检测和功能性试验资料；（5）城建档案管理机构对工程档案进行预验收并出具工程档案认可文件；（6）建设单位已按合同约定支付工程款；（7）有施工单位签署的工程质量保修书；（8）对于住宅工程，进行分户验收并验收合格，建设单位按户出具《住宅工程质量分户验收表》；（9）施工单位应制作工程标牌，将工程名称、竣工日期和建设、勘察、设计、施工、监理单位全称镶嵌在该建筑工程外墙的显著部位；（10）建设主管部门及工程质量监督机构责令整改的问题全部整改完毕；（11）建设工程经核实符合规划条件；（12）法律、法规规定的其他条件。

（二）房屋建筑工程竣工验收的程序

工程竣工验收应当按以下程序进行：

1. 工程完工后，施工单位向建设单位提交工程竣工报告，申请工程竣工验收。实行监理的工程，工程竣工报告须经总监理工程师签署意见。

2. 建设单位收到工程竣工报告后，对符合竣工验收要求的工程，组织勘察、设计、施工、监理等单位组成验收组，制定验收方案。对于重大工程和技术复杂工程，根据需要可邀请有关专家参加验收组。

3. 建设单位应当在工程竣工验收 7 个工作日前将验收的时间、地点及验收组名单书面通知负责监督该工程的工程质量监督机构。

4. 建设单位组织工程竣工验收。

(1)建设、勘察、设计、施工、监理单位分别汇报工程合同履约情况和在工程建设各个环节执行法律、法规和工程建设强制性标准的情况。

(2)审阅建设、勘察、设计、施工、监理单位的工程档案资料。

(3)实地查验工程质量。

(4)对工程勘察、设计、施工、设备安装质量和各管理环节等方面作出全面评价,形成经验收组人员签署的工程竣工验收意见。

参与工程竣工验收的建设、勘察、设计、施工、监理等各方不能形成一致意见时,应当协商提出解决的方法,待意见一致后,重新组织工程竣工验收。

(三)联合验收

以更好更快方便企业和群众办事为导向,国务院持续推进政府职能转变和深化"放管服"改革,加大转变政府职能和简政放权力度,优化营商环境。在工程建设项目验收方面,国务院办公厅《关于全面开展工程建设项目审批制度改革的实施意见》第8条规定,实行规划、土地、消防、人防、档案等事项限时联合验收,统一竣工验收图纸和验收标准,统一出具验收意见。根据国务院上述意见,全国各地陆续出台了关于建设工程联合竣工验收的相关办法。

(四)房屋建筑竣工验收备案

竣工验收备案是政府建设主管部门对建设工程竣工验收进行监督的方式之一。办理竣工验收备案的义务人是房地产开发企业,且房地产开发企业应在工程竣工验收合格之日起15日内,向工程所在地的县级以上地方人民政府建设主管部门(以下简称备案机关)备案。

建设单位办理工程竣工验收备案应当提交下列文件:

(1)工程竣工验收备案表。

(2)工程竣工验收报告。竣工验收报告应当包括工程报建日期,施工许可证号,施工图设计文件审查意见,勘察、设计、施工、工程监理等单位分别签署的质量合格文件及验收人员签署的竣工验收原始文件,市政基础设施的有关质量检测和功能性试验资料以及备案机关认为需要提供的有关资料。

(3)法律、行政法规规定应当由规划等部门出具的认可文件或者准许使用文件。

(4)法律规定应当由应急管理部门出具的对大型的人员密集场所和其他特殊建设工程验收合格的证明文件。

(5)施工单位签署的工程质量保修书。

(6)法规、规章规定必须提供的其他文件。

住宅工程还应当提交《住宅质量保证书》和《住宅使用说明书》。

(五)从建设工程施工合同而言,当事人对建设工程实际竣工日期发生争议的处理

在商品房预售制下,当工程建设到一定程度,房地产开发企业即可以申请预售商品房。为确保可以及时向购房人交付商品房,房地产开发企业需要及时完成工程建设。所以,建设工程施工合同一定会约定工程竣工日期,并对逾期竣工约定标准较高的违约责任。在建设工程施工合同中,工程竣工验收通常是承包人向发包人交付工程的条件,并会是房地产开发企业向工程承包人支付工程款的重要节点,故工程竣工验收日期对房地产开发企业与工程承包人都具有重要意义。

由于工程竣工日期具有重大利害关系,如承包人是否应承担逾期竣工责任,发包人是否应向承包人赔偿停工、窝工损失,房地产开发企业可能会与工程承包人对工程竣工日期发生争议。对此争议的处理,最高人民法院《关于审理建设工程施工合同纠纷案件适用法律问题的解释(一)》第9条规定,当事人对建设工程实际竣工日期有争议的,人民法院应当分别按照以下情形予以认定:(1)建设工程经竣工验收合格的,以竣工验收合格之日为竣工日期;(2)承包人已经提交竣工验收报告,发包人拖延验收的,以承包人提交验收报告之日为竣工日期;(3)建设工程未经竣工验收,发包人擅自使用的,以转移占有建设工程之日为竣工日期。

二、对房地产开发企业的建议

1. 尽量在完成竣工验收备案以后交房。

工程完成竣工验收尚未完成备案时,不排除在备案阶段被备案机关要求重新组织竣工验收并责令停止使用的工程。如房地产开发企业在备案之前已将商品房交付使用,重新组织竣工验收或按要求停止使用,会给使用人造成损失,此种损失需由建设单位依法承担赔偿责任。因此,如果工程完成竣工时,商品房买卖合同约定的交房最后期限尚未届至,房地产开发企业应抓紧完成竣工验收备案,避免竣工验收备案环节产生风险。

2. 在确定商品房买卖合同中的交房期限条款前,妥善考虑影响因素,约定合理交房日期,避免承担违约责任。

第七节 建设工程施工合同纠纷诉讼时效与管辖法院

一、诉讼时效

《民法典》第188条规定："向人民法院请求保护民事权利的诉讼时效期间为三年。法律另有规定的,依照其规定。诉讼时效期间自权利人知道或者应当知道权利受到损害以及义务人之日起计算。法律另有规定的,依照其规定。但是,自权利受到损害之日起超过二十年的,人民法院不予保护,有特殊情况的,人民法院可以根据权利人的申请决定延长。"《仲裁法》第74条规定："法律对仲裁时效有规定的,适用该规定。法律对仲裁时效没有规定的,适用诉讼时效的规定。"因此,发包人与承包人因建设工程施工合同产生的纠纷,应自权利人知道或者应当知道权利受到损害之日起3年内提起诉讼,或根据双方之间有效的仲裁协议申请仲裁。如果是承包人起诉,且通过起诉主张建设工程价款优先受偿权的,还需在自发包人应当给付建设工程价款之日的18个月内主张建设工程价款优先受偿权。

二、管辖法院

《民事诉讼法》第24条规定："因合同纠纷提起的诉讼,由被告住所地或者合同履行地人民法院管辖。"第35条规定："合同或者其他财产权益纠纷的当事人可以书面协议选择被告住所地、合同履行地、合同签订地、原告住所地、标的物所在地等与争议有实际联系的地点的人民法院管辖,但不得违反本法对级别管辖和专属管辖的规定。"但建设工程施工合同纠纷的管辖并不能依据前两个条文确定。

最高人民法院《关于适用〈中华人民共和国民事诉讼法〉的解释》第28条规定："民事诉讼法第三十四条第一项规定的不动产纠纷是指因不动产的权利确认、分割、相邻关系等引起的物权纠纷。农村土地承包经营合同纠纷、房屋租赁合同纠纷、建设工程施工合同纠纷、政策性房屋买卖合同纠纷,按照不动产纠纷确定管辖。不动产已登记的,以不动产登记簿记载的所在地为不动产所在地;不动产未登记的,以不动产实际所在地为不动产所在地。"《民事诉讼法》第34条规定："下列案件,由本条规定的人民法院专属管辖:(一)因不动产纠纷提起的诉讼,由不动产所在地人民法院管辖;(二)因港口作业中发生纠纷提起的诉讼,由港口所在地人民法院管辖;(三)因继承遗产纠纷提起的诉讼,由被继承人死亡时住所地或者主要遗产所在地人民法院管辖。”据此，建设工程施工合同纠纷案件，应按照不动产纠纷确定管辖，由不动产所在地即建设工程所在地人民法院管辖。

实务中，对于实行专属管辖的建设工程施工合同纠纷的界定，尽管结论不尽一致，但多倾向于按照实质重于形式的原则来处理，即如果相关纠纷实质上属于建设工程施工合同纠纷，也实行专属管辖。如最高人民法院在《深圳市美达芙装饰工程有限公司与中建二局第一建筑工程有限公司建设工程分包合同纠纷民事裁定书》[(2017)最高法民辖30号]中认为，对最高人民法院《关于适用〈中华人民共和国民事诉讼法〉的解释》第28条第2项“农村土地承包经营合同纠纷、房屋租赁合同纠纷、建设工程施工合同纠纷、政策性房屋买卖合同纠纷，按照不动产纠纷确定管辖”下涉及的建设工程施工合同纠纷的理解，应不限于《民事案件案由规定》的建设工程合同项下的第3级、第4级案由“建设工程施工合同纠纷”，还包括该项下的建设工程施工相关案件：建设工程施工合同纠纷、建设工程价款优先受偿权纠纷、建设工程分包合同纠纷、建设工程监理合同纠纷、装饰装修合同纠纷、铁路修建合同纠纷、农村建房施工合同纠纷。2018年江苏省高级人民法院《关于审理建设工程施工合同纠纷案件若干问题的解答》第1条认为，最高人民法院《关于适用〈中华人民共和国民事诉讼法〉的解释》第28条规定建设工程施工合同案件按照不动产专属管辖确定受诉法院，即建设工程施工合同纠纷一律由建设工程所在地人民法院管辖。“建设工程施工合同纠纷”还包括建设工程价款优先受偿权纠纷、建设工程分包合同纠纷、建设工程监理合同纠纷、装饰装修合同纠纷、建设工程勘察合同纠纷、建设工程设计合同纠纷。

第八节　项目管理与代建制

工程项目管理是国际通行的工程建设项目组织实施方式。建设工程项目管理，是指从事工程项目管理的企业（以下简称项目管理企业），受工程项目业主方委托，对工程建设全过程或分阶段进行专业化管理和服务活动。国务院《关于投资体制改革的决定》提出，对非经营性政府投资项目加快推行“代建制”，即通过招标等方式，选择专业化的项目管理单位负责建设实施，严格控制项目投资、质量和工期，竣工验收后移交给使用单位。

政府以提供公共管理服务为主，对于涉及许多方面专业管理的非经营性政府投资项目管理，由政府选择向社会购买服务，有利于发挥社会分工的优势，控制非经营性政府投资项目的造价，保障项目的造价和质量。积极推行工程项目管理，是深化我国工程建设项目组织实施方式改革，提高工程建设管理水平，保证工程质量和投资效益的重要措施。

一、项目管理企业应当具备的条件与项目管理企业选择方式

根据《建设工程项目管理试行办法》第3条和建设部《关于培育发展工程总承包和工程项目管理企业的指导意见》第4条规定，项目管理企业应当具有工程勘察、设计、施工、监理等一项或多项资质。为培养项目管理企业，允许工程勘察、设计、施工、监理等企业打破行业界限，在本企业资质以外按照有关规定申请其他资质。企业申请资质时，其原有工程业绩、技术人员、管理人员、注册资金和办公场所等资质条件可合并考核。工程勘察、设计、监理等企业可以同时承担同一工程项目管理和其资质范围内的工程勘察、设计、监理业务。施工企业可以接受业主委托，按照合同约定承担工程项目管理业务，但不得在同一工程从事项目管理和工程承包业务。对于依法必须实行监理的工程项目，具有相应监理资质的工程项目管理企业受业主委托进行项目管理，业主可不再另行委托工程监理，该工程项目管理企业依法行使监理权利，承担监理责任；没有相应监理资质的工程项目管理企业受业主委托进行项目管理，业主应当委托监理。

工程项目业主方可以通过招标或委托等方式选择项目管理企业。两个及以上项目管理企业可以组成联合体以一个投标人身份共同投标。联合体中标的，联合体各方应当共同与业主方签订委托项目管理合同，对委托项目管理合同的履行承担连带责任。联合体各方应签订联合体协议，明确各方权利、义务和责任，并确定一方作为联合体的主要责任方，项目经理由主要责任方选派。

二、项目管理企业业务范围与项目管理方式

项目管理企业按照与业主方签订的委托项目管理合同提供工程项目管理服务。委托项目管理合同应当是书面形式，内容包括履约期限，工作范围，双方的权利、义务和责任，项目管理酬金及支付方式，合同争议的解决办法等。

根据《建设工程项目管理试行办法》第6条规定，工程项目管理业务范围包括：(1)协助业主方进行项目前期策划、经济分析、专项评估与投资确定；(2)协助业主方办理土地征用、规划许可等有关手续；(3)协助业主方提出工程设计要求、组织评审工程设计方案、组织工程勘察设计招标、签订勘察设计合同并监督实施，组织设计单位进行工程设计优化、技术经济方案比选并进行投资控制；(4)协助业主方组

织工程监理、施工、设备材料采购招标；(5)协助业主方与工程项目总承包企业或施工企业及建筑材料、设备、构配件供应等企业签订合同并监督实施；(6)协助业主方提出工程实施用款计划，进行工程竣工结算和工程决算，处理工程索赔，组织竣工验收，向业主方移交竣工档案资料；(7)生产试运行及工程保修期管理，组织项目后评估；(8)项目管理合同约定的其他工作。

工程项目管理主要有项目管理服务(PM)、项目管理承包(PMC)两种方式。根据工程项目的不同规模、类型和业主要求，还可采用其他项目管理方式。项目管理服务是指工程项目管理企业按照合同约定，在工程项目决策阶段，为业主编制可行性研究报告，进行可行性分析和项目策划；在工程项目实施阶段，为业主提供招标代理、设计管理、采购管理、施工管理和试运行(竣工验收)等服务，代表业主对工程项目进行质量、安全、进度、费用、合同、信息等管理和控制。工程项目管理企业一般应按照合同约定承担相应的管理责任。项目管理承包是指工程项目管理企业按照合同约定，除完成项目管理服务的全部工作内容外，还可以负责完成合同约定的工程初步设计(基础工程设计)等工作。对于需要完成工程初步设计(基础工程设计)工作的工程项目管理企业，应当具有相应的工程设计资质。项目管理承包企业一般应当按照合同约定承担一定的管理风险和经济责任。

工程项目管理企业不直接与该工程项目的总承包企业或勘察、设计、供货、施工等企业签订合同，但可以按合同约定，协助业主与工程项目的总承包企业或勘察、设计、供货、施工等企业签订合同，并受业主委托监督合同的履行。项目管理企业经业主方同意，可以与其他项目管理企业合作，并与合作方签订合作协议，明确各方权利、义务和责任。合作各方对委托项目管理合同的履行承担连带责任。

工程项目管理实行项目经理责任制。项目经理不得同时在两个及以上工程项目中从事项目管理工作。从事工程项目管理的专业技术人员，应当具有城市规划师、建筑师、工程师、建造师、监理工程师、造价工程师等一项或者多项执业资格。项目管理企业应当根据委托项目管理合同约定，选派具有相应执业资格的专业人员担任项目经理，组建项目管理机构，建立与管理业务相适应的管理体系，配备满足工程项目管理需要的专业技术管理人员，制定各专业项目管理人员的岗位职责，履行委托项目管理合同。

三、关于项目管理企业与项目管理人员的禁止性规定

项目管理企业不得有下列行为：(1)与受委托工程项目的施工以及建筑材

料、构配件和设备供应企业有隶属关系或者其他利害关系;(2)在受委托工程项目中同时承担工程施工业务;(3)将其承接的业务全部转让给他人,或者将其承接的业务肢解以后分别转让给他人;(4)以任何形式允许其他单位和个人以本企业名义承接工程项目管理业务;(5)与有关单位串通,损害业主方利益,降低工程质量。

在履行委托项目管理合同时,项目管理企业及其人员应当遵守国家现行的法律法规、工程建设程序,执行工程建设强制性标准,遵守职业道德,公平、科学、诚信地开展项目管理工作。项目管理人员不得有下列行为:(1)取得一项或多项执业资格的专业技术人员,不得同时在两个及以上企业注册并执业;(2)收受贿赂、索取回扣或者其他好处;(3)明示或者暗示有关单位违反法律法规或工程建设强制性标准,降低工程质量。

第九节 建设领域农民工工资支付保障

《保障农民工工资支付条例》已经2019年12月4日国务院第73次常务会议通过,自2020年5月1日起施行。该条例所称农民工,是指为用人单位提供劳动的农村居民。该条例所称工资,是指农民工为用人单位提供劳动后应当获得的劳动报酬。

一、农民工与欠薪单位、个人之间的法律关系

农民工与欠薪单位、个人之间可能构成劳动关系,也可能构成雇佣关系,还可能是其他情形。

根据劳动和社会保障部《关于确立劳动关系有关事项的通知》规定,用人单位招用劳动者未订立书面劳动合同,但同时具备下列情形的,劳动关系成立:(1)用人单位和劳动者符合法律、法规规定的主体资格;(2)用人单位依法制定的各项劳动规章制度适用于劳动者,劳动者受用人单位的劳动管理,从事用人单位安排的有报酬的劳动;(3)劳动者提供的劳动是用人单位业务的组成部分。故一般情况下,直接受雇于施工总承包单位、其他承包单位、分包单位的农民工,即使未与用人单位签署劳动合同,其与用人单位之间也构成劳动关系。

农民工受雇于不具备用工主体资格的组织或自然人时,其与相应组织或自然人的关系可能构成雇佣关系,也有可能构成劳务合同关系。

还有可能出现其他情形。比如，对于用工单位使用个人、不具备合法经营资格的单位或者未依法取得劳务派遣许可证的单位派遣的农民工，拖欠农民工工资的，《保障农民工工资支付条例》第18条规定由用工单位清偿，并可以依法进行追偿。

二、拖欠农民工工资的原因

近年来，每年春节前，全国各地都会出现农民工讨薪。出现农民工讨薪有以下几种原因：(1)建设单位因资金困难，未能及时拨付工程款；(2)建设单位因与工程总承包单位、其他承包单位在工程款确认方面出现争议，工程款不能及时支付；(3)承包单位未能合理安排、调度资金；(4)承包单位与分包单位在工程款确认方面出现争议，工程款不能及时支付；(5)劳务承包人与农民工在工资确认方面出现争议，就争议部分不能达成一致，争议部分或/和未出现争议部分工资未能及时支付；(6)“包工头”或作为实际施工人的个人将收到的应支付给农民工的款项截留，置农民工合法权益于不顾；(7)其他原因。

同时也要注意到，确也出现了单位或者个人编造虚假事实或者采取非法手段讨要农民工工资，或者以拖欠农民工工资为名讨要工程款的情形。对于此种情形，《保障农民工工资支付条例》第52条规定应依法予以处理，实践中有不少按治安案件、刑事案件处理的报道。

三、预防拖欠农民工工资的措施：建设单位的义务与责任

1. 建设单位应当有满足施工所需要的资金安排。没有满足施工所需要的资金安排的，工程建设项目不得开工建设；依法需要办理施工许可证的，相关行业工程建设主管部门不予颁发施工许可证。

2. 建设单位应当向施工单位提供工程款支付担保。建设单位与施工总承包单位依法订立书面工程施工合同，应当约定工程款计量周期、工程款进度结算办法以及人工费用拨付周期，并按照保障农民工工资按时足额支付的要求约定人工费用。人工费用拨付周期不得超过1个月。建设单位与施工总承包单位应当将工程施工合同保存备查。

3. 建设单位应当按照合同约定及时拨付工程款，并将人工费用及时足额拨付至农民工工资专用账户，加强对施工总承包单位按时足额支付农民工工资的监督。因建设单位未按照合同约定及时拨付工程款导致农民工工资拖欠的，建设单位应

当以未结清的工程款为限先行垫付被拖欠的农民工工资。

4. 建设单位与施工总承包单位或者承包单位与分包单位因工程数量、质量、造价等产生争议的,建设单位不得因争议不按照《保障农民工工资支付条例》第 24 条的规定拨付工程款中的人工费用。

5. 建设单位将建设工程发包给个人或者不具备合法经营资格的单位,导致拖欠农民工工资的,由建设单位清偿。

6. 工程建设项目违反国土空间规划、工程建设等法律法规,导致拖欠农民工工资的,由建设单位清偿。

7. 建设单位应当以项目为单位建立保障农民工工资支付协调机制和工资拖欠预防机制,督促施工总承包单位加强劳动用工管理,妥善处理与农民工工资支付相关的矛盾纠纷。发生农民工集体讨薪事件的,建设单位应当会同施工总承包单位及时处理,并向项目所在地人力资源社会保障行政部门和相关行业工程建设主管部门报告有关情况。

有下列情形之一的,由人力资源社会保障行政部门、相关行业工程建设主管部门按照职责责令限期改正;逾期不改正的,责令项目停工,并处 5 万元以上 10 万元以下的罚款:(1)建设单位未依法提供工程款支付担保;(2)建设单位未按约定及时足额向农民工工资专用账户拨付工程款中的人工费用;(3)建设单位拒不提供或者无法提供工程施工合同、农民工工资专用账户有关资料。

对于建设资金不到位、违法违规开工建设的社会投资工程建设项目拖欠农民工工资的,由人力资源社会保障行政部门、其他有关部门按照职责依法对建设单位进行处罚;对建设单位负责人依法依规给予处分。相关部门工作人员未依法履行职责的,由有关机关依法依规给予处分。

政府投资项目政府投资资金不到位拖欠农民工工资的,由人力资源社会保障行政部门报本级人民政府批准,责令限期足额拨付所拖欠的资金;逾期不拨付的,由上一级人民政府人力资源社会保障行政部门约谈直接责任部门和相关监管部门负责人,必要时进行通报,约谈地方人民政府负责人。情节严重的,对地方人民政府及其有关部门负责人、直接负责的主管人员和其他直接责任人员依法依规给予处分。政府投资项目建设单位未经批准立项建设、擅自扩大建设规模、擅自增加投资概算、未及时拨付工程款等导致拖欠农民工工资的,除依法承担责任外,由人力资源社会保障行政部门、其他有关部门按照职责约谈建设单位负责人,并作为其业绩考核、薪酬分配、评优评先、职务晋升等的重要依据。

四、预防拖欠农民工工资的措施：施工总承包单位的义务与责任

1. 施工总承包单位应当依法与所招用的农民工订立劳动合同并进行用工实名登记，具备条件的行业应当通过相应的管理服务信息平台进行用工实名登记、管理。未与施工总承包单位或者分包单位订立劳动合同并进行用工实名登记的人员，不得进入项目现场施工。

2. 施工总承包单位应当在工程项目部配备劳资专管员，对分包单位劳动用工实施监督管理，掌握施工现场用工、考勤、工资支付等情况，审核分包单位编制的农民工工资支付表。施工总承包单位应当建立用工管理台账，并保存至工程完工且工资全部结清后至少3年。

3. 施工总承包单位根据分包单位编制的工资支付表，通过农民工工资专用账户直接将工资支付到农民工本人的银行账户，并向分包单位提供代发工资凭证。施工总承包单位应当按照有关规定存储工资保证金，专项用于支付为所承包工程提供劳动的农民工被拖欠的工资。

4. 施工总承包单位对分包单位劳动用工和工资发放等情况进行监督。分包单位拖欠农民工工资的，由施工总承包单位先行清偿，再依法进行追偿。工程建设项目转包，拖欠农民工工资的，由施工总承包单位先行清偿，再依法进行追偿。

5. 施工总承包单位应当在施工现场醒目位置设立维权信息告示牌，明示下列事项：(1)建设单位、施工总承包单位及所在项目部、分包单位、相关行业工程建设主管部门、劳资专管员等基本信息；(2)当地最低工资标准、工资支付日期等基本信息；(3)相关行业工程建设主管部门和劳动保障监察投诉举报电话、劳动争议调解仲裁申请渠道、法律援助申请渠道、公共法律服务热线等信息。

6. 建设单位与施工总承包单位或者承包单位与分包单位因工程数量、质量、造价等产生争议的，施工总承包单位不得因争议不按照规定代发工资。

7. 施工总承包单位将建设工程分包给个人或者不具备合法经营资格的单位，导致拖欠农民工工资的，由施工总承包单位清偿。

8. 施工单位允许其他单位和个人以施工单位的名义对外承揽建设工程，导致拖欠农民工工资的，由施工单位清偿。

9. 施工总承包单位（包括直接承包建设单位发包工程的专业承包企业）应根据《工程建设领域农民工工资保证金规定》存储农民工工资保证金，农民工工资保证金按工程施工合同额（或年度合同额）的一定比例存储，原则上不低于1%，不超过3%，单个工程合同额较高的，可设定存储上限。

施工总承包单位有下列情形之一的，由人力资源社会保障行政部门、相关行业工程建设主管部门按照职责责令限期改正；逾期不改正的，责令项目停工，并处5万元以上10万元以下的罚款；情节严重的，给予施工单位限制承接新工程、降低资质等级、吊销资质证书等处罚：(1)施工总承包单位未按规定开设或者使用农民工工资专用账户；(2)施工总承包单位未按规定存储工资保证金或者未提供金融机构保函；(3)施工总承包单位未实行劳动用工实名制管理。

施工总承包单位未对分包单位劳动用工实施监督管理、未实行施工现场维权信息公示制度的，由人力资源社会保障行政部门、相关行业工程建设主管部门按照职责责令限期改正；逾期不改正的，处5万元以上10万元以下的罚款。

施工总承包单位拒不提供或者无法提供工程施工合同、农民工工资专用账户有关资料的，由人力资源社会保障行政部门、相关行业工程建设主管部门按照职责责令限期改正；逾期不改正的，责令项目停工，并处5万元以上10万元以下的罚款。

五、预防拖欠农民工工资的措施：分包单位的义务与责任

分包单位应当依法与所招用的农民工订立劳动合同并进行用工实名登记，具备条件的行业应当通过相应的管理服务信息平台进行用工实名登记、管理。未与施工总承包单位或者分包单位订立劳动合同并进行用工实名登记的人员，不得进入项目现场施工。

编制农民工工资支付表，配合施工总承包单位对分包单位劳动用工实施监督管理、配合施工总承包单位审核农民工工资支付表。

建立用工管理台账，并保存至工程完工且工资全部结清后至少3年。

对所招用农民工的实名制管理和工资支付负直接责任。

分包单位应当按月考核农民工工作量并编制工资支付表，经农民工本人签字确认后，与当月工程进度等情况一并交施工总承包单位。

分包单位允许其他单位和个人以自身名义对外承揽建设工程，导致拖欠农民工工资的，由分包单位清偿。

分包单位未按月考核农民工工作量、编制工资支付表并经农民工本人签字确认的，或未配合施工总承包单位对其劳动用工进行监督管理的，由人力资源社会保障行政部门、相关行业工程建设主管部门按照职责责令限期改正；逾期不改正的，处5万元以上10万元以下的罚款。

六、人力资源社会保障行政部门在查处拖欠农民工工资案件时的权力

人力资源社会保障行政部门、相关行业工程建设主管部门和其他有关部门应当按照职责，加强对用人单位与农民工签订劳动合同、工资支付以及工程建设项目实行农民工实名制管理、农民工工资专用账户管理、施工总承包单位代发工资、工资保证金存储、维权信息公示等情况的监督检查，预防和减少拖欠农民工工资行为的发生。

人力资源社会保障行政部门在查处拖欠农民工工资案件时，需要依法查询相关单位金融账户和相关当事人拥有房产、车辆等情况的，应当经设区的市级以上地方人民政府人力资源社会保障行政部门负责人批准，有关金融机构和登记部门应当予以配合。不依法配合人力资源社会保障行政部门查询相关单位金融账户的，由金融监管部门责令改正；拒不改正的，处2万元以上5万元以下的罚款。

人力资源社会保障行政部门在查处拖欠农民工工资案件时，发生用人单位拒不配合调查、清偿责任主体及相关当事人无法联系等情形的，可以请求公安机关和其他有关部门协助处理。

人力资源社会保障行政部门发现拖欠农民工工资的违法行为涉嫌构成拒不支付劳动报酬罪的，应当按照有关规定及时移送公安机关审查并作出决定。

人力资源社会保障行政部门作出责令支付被拖欠的农民工工资的决定，相关单位不支付的，可以依法申请人民法院强制执行。

施工总承包单位所承包工程发生拖欠农民工工资的，经人力资源社会保障行政部门依法作出责令限期清偿或先行清偿的行政处理决定，施工总承包单位到期拒不履行的，属地人力资源社会保障行政部门可以向经办银行出具《农民工工资保证金支付通知书》，书面通知有关施工总承包单位和经办银行。经办银行应在收到支付通知书5个工作日内，从工资保证金账户中将相应数额的款项以银行转账方式支付给属地人力资源社会保障行政部门指定的被拖欠工资农民工本人。施工总承包单位采用银行保函替代工资保证金，发生拖欠农民工工资情形的，提供银行保函的经办银行应在收到支付通知书5个工作日内，依照银行保函约定支付农民工工资。

七、冻结或者划拨农民工工资专用账户和工资保证金账户资金

根据最高人民法院《关于充分发挥司法职能作用助力中小微企业发展的指导意见》第14条规定，要依法保障建设工程领域中小微企业和农民工合法权益。对

农民工工资专用账户和工资保证金账户内资金依法审慎采取保全、执行措施，支持保障相关部门防范应对房地产项目逾期交付风险，维护购房者合法权益，确保农民工工资支付到位。除法律另有专门规定外，不得以支付为本项目提供劳动的农民工工资之外的原因冻结或者划拨农民工工资专用账户和工资保证金账户资金；为办理案件需要，人民法院可以对前述两类账户采取预冻结措施。

第十节　安全生产

建设工程施工由于需要高空作业及使用特种设备、需要投入较多劳动力等，部分分部分项工程固有生产安全风险较高，比较容易发生生产安全故事，有的事故造成的损失还很大。以 2016 年 11 月 24 日发生的江西丰城发电厂三期扩建工程冷却塔施工平台坍塌特别重大事故为例，事故共造成 73 人死亡、2 人受伤，直接经济损失 10197.2 万元①，教训不可谓不深刻。

建设工程施工务必严抓安全生产，坚持以人为本，生命至上，各司其职，各负其责，从源头上防范化解重大安全风险。

《安全生产法》第 5 条规定，生产经营单位的主要负责人是本单位安全生产第一责任人，对本单位的安全生产工作全面负责。其他负责人对职责范围内的安全生产工作负责。

一、建设单位的安全生产义务

为确保安全生产，建设单位有如下义务：(1)应当向施工单位提供施工现场及毗邻区域内供水、排水、供电、供气、供热、通信、广播电视等地下管线资料，气象和水文观测资料，相邻建筑物和构筑物、地下工程的有关资料，并保证资料的真实、准确、完整。(2)不得对勘察、设计、施工、工程监理等单位提出不符合建设工程安全生产法律、法规和强制性标准规定的要求，不得压缩合同约定的工期。(3)不得明示或者暗示施工单位购买、租赁、使用不符合安全施工要求的安全防护用具、机械设备、施工机具及配件、消防设施和器材。(4)在申请领取施工许可证时，应当提供建设工程有关安全施工措施的资料；依法批准开工报告的建设工程，应当自开工报告批准之日起 15 日内，将保证安全施工的措施报送建设工程所在地的县级以上地

① 参见《江西丰城发电厂"11·24"冷却塔施工平台坍塌特别重大事故调查报告》，载应急管理部网，https://www.mem.gov.cn/gk/sgcc/tbzdsgdcbg/2017/201709/P020190415546100001991.pdf。

方人民政府建设行政主管部门或者其他有关部门备案。(5)有下列情形之一的，应当按照国家有关规定办理申请批准手续：需要临时占用规划批准范围以外场地的；可能损坏道路、管线、电力、邮电通讯等公共设施的；需要临时停水、停电、中断道路交通的；需要进行爆破作业的；法律、法规规定需要办理报批手续的其他情形。

二、勘察单位的安全生产义务

为确保安全生产，勘察单位有如下义务：(1)在勘察作业时，应当严格执行操作规程，采取措施保证各类管线、设施和周边建筑物、构筑物的安全。(2)应当按照法律、法规和工程建设强制性标准进行勘察，提供的勘察文件应当真实、准确，满足建设工程安全生产的需要。

三、设计单位的安全生产义务

为确保安全生产，建设工程设计单位有如下义务：(1)应当按照法律、法规和工程建设强制性标准进行设计，所提交的设计成果应当符合按照国家规定制定的建筑安全规程和技术规范，保证工程的安全性能，防止因设计不合理导致生产安全事故的发生。(2)应当考虑施工安全操作和防护的需要，对涉及施工安全的重点部位和环节在设计文件中注明，并对防范生产安全事故提出指导意见。(3)采用新结构、新材料、新工艺的建设工程和特殊结构的建设工程，设计单位应当在设计中提出保障施工作业人员安全和预防生产安全事故的措施建议。

设计单位和注册建筑师等注册执业人员应当对其设计负责。

四、施工单位的安全生产义务

为确保安全生产，建设工程施工单位有如下义务：(1)对列入建设工程概算的安全作业环境及安全施工措施所需费用，应当用于施工安全防护用具及设施的采购和更新、安全施工措施的落实、安全生产条件的改善，不得挪作他用。(2)应当设立安全生产管理机构，配备专职安全生产管理人员对安全生产进行现场监督检查。(3)应当建立健全劳动安全生产教育培训制度，加强对职工安全生产的教育培训。未经安全生产教育培训的人员，不得上岗作业。(4)应当向作业人员提供安全防护用具和安全防护服装，并书面告知危险岗位的操作规程和违章操作的危害。应当对有关安全施工的技术要求向施工作业班组、作业人员作出详细说明，并由双方签字确认。(5)应当将施工现场的办公、生活区与作业区分开设置,并保持安全距离。办公、生活区的选址应当符合安全性要求。职工的膳食、饮水、休息场所等应当符合卫生标准。施工单位不得在尚未竣工的建筑物内设置员工集体宿舍。施工现场临时搭建的建筑物应当符合安全使用要求。施工现场使用的装配式活动房屋应当具有产品合格证。(6)采购、租赁的安全防护用具、机械设备、施工机具及配件,应当具有生产(制造)许可证、产品合格证,并在进入施工现场前进行查验。施工现场的安全防护用具、机械设备、施工机具及配件必须由专人管理,定期进行检查、维修和保养,建立相应的资料档案,并按照国家有关规定及时报废。(7)有条件的,应当对施工现场实行封闭管理。在城市市区内的建设工程,施工单位应当对施工现场实行封闭围挡。(8)应当在施工现场入口处、施工起重机械、临时用电设施、脚手架、出入通道口、楼梯口、电梯井口、孔洞口、桥梁口、隧道口、基坑边沿、爆破物及有害危险气体和液体存放处等危险部位,设置明显的安全警示标志。安全警示标志必须符合国家标准。施工单位应当根据不同施工阶段和周围环境及季节、气候的变化,在施工现场采取相应的安全施工措施。施工现场暂时停止施工的,施工单位应当做好现场防护。(9)应当在施工现场建立消防安全责任制度,确定消防安全责任人,制定用火、用电、使用易燃易爆材料等各项消防安全管理制度和操作规程,设置消防通道、消防水源,配备消防设施和灭火器材。(10)施工现场对毗邻的建筑物、构筑物和特殊作业环境可能造成损害的,施工单位应当采取安全防护措施。(11)对与施工现场相关的地下管线应当采取措施加以保护。(12)采取控制和处理施工现场的各种粉尘、废气、废水、固体废物以及噪声、振动对环境的污染和危害的措施。(13)在编制施工组织设计时,应当根据建筑工程的特点制定相应的安全技术措施;对专业性较强的工程项目,应当编制专项安全施工组织设计,并采取安全技术措施。(14)在施工过程中,应当遵守有关安全生产的法律、法规和建筑行业安全规章、规程,不得违章指挥或者违章作业。(15)涉及建筑主体和承重结构变动的装修工程,没有原设计单位或者具有相应资质条件的设计单位提出的设计方案的,不得施工。(16)施工中发生事故时,应当采取紧急措施减少人员伤亡和事故损失,并按照国家有关规定及时向有关部门报告。(17)法律、行政法规、其他规范性文件规定的其他义务。

建筑施工企业的法定代表人对本企业的安全生产负责。施工现场安全由建筑施工企业负责。实行施工总承包的,由总承包单位负责。分包单位向总承包单位负责,服从总承包单位对施工现场的安全生产管理。分包单位不服从管理导致生产安全事故的,由分包单位承担主要责任,分包不免除工程总承包单位的安全责任。

五、监理单位的安全生产义务

为确保安全生产，建设工程监理单位有如下义务：(1)应当审查施工组织设计中的安全技术措施或者专项施工方案是否符合工程建设强制性标准。(2)在实施监理过程中，发现存在安全事故隐患的，应当要求施工单位整改。情况严重的，应当要求施工单位暂时停止施工，并及时报告建设单位。施工单位拒不整改或者不停止施工的，工程监理单位应当及时向有关主管部门报告。(3)应当按照法律、法规和工程建设强制性标准实施监理，并对建设工程安全生产承担监理责任。

工程监理单位和监理工程师对建设工程安全生产承担监理责任。

六、事故报告、应急救援、调查与案件移送

《生产安全事故报告和调查处理条例》第 3 条规定，根据生产安全事故（以下简称事故）造成的人员伤亡或者直接经济损失，事故一般分为以下等级：(1)特别重大事故，是指造成30 人以上死亡，或者100 人以上重伤（包括急性工业中毒，下同），或者 1 亿元以上直接经济损失的事故；(2)重大事故，是指造成 10 人以上 30 人以下死亡，或者 50 人以上 100 人以下重伤，或者 5000 万元以上 1 亿元以下直接经济损失的事故；(3)较大事故，是指造成 3 人以上 10 人以下死亡，或者 10 人以上 50 人以下重伤，或者 1000 万元以上 5000 万元以下直接经济损失的事故；(4)一般事故，是指造成 3 人以下死亡，或者 10 人以下重伤，或者 1000 万元以下直接经济损失的事故。国务院安全生产监督管理部门可以会同国务院有关部门，制定事故等级划分的补充性规定。《生产安全事故报告和调查处理条例》第 3 条第 1 款所称的“以上”包括本数，所称的“以下”不包括本数。

（一）事故报告

事故发生后，事故现场有关人员应当立即向本单位负责人报告。单位负责人接到报告后，应当于 1 小时内向事故发生地县级以上人民政府安全生产监督管理部门和负有安全生产监督管理职责的有关部门报告。情况紧急时，事故现场有关人员可以直接向事故发生地县级以上人民政府安全生产监督管理部门和负有安全生产监督管理职责的有关部门报告。

安全生产监督管理部门和负有安全生产监督管理职责的有关部门接到事故报告后，应当依照下列规定上报事故情况，并通知公安机关、劳动保障行政部门、工会

和人民检察院:(1)特别重大事故、重大事故逐级上报至国务院安全生产监督管理部门和负有安全生产监督管理职责的有关部门;(2)较大事故逐级上报至省、自治区、直辖市人民政府安全生产监督管理部门和负有安全生产监督管理职责的有关部门;(3)一般事故上报至设区的市级人民政府安全生产监督管理部门和负有安全生产监督管理职责的有关部门。安全生产监督管理部门和负有安全生产监督管理职责的有关部门依照前述规定上报事故情况,应当同时报告本级人民政府。国务院安全生产监督管理部门和负有安全生产监督管理职责的有关部门以及省级人民政府接到发生特别重大事故、重大事故的报告后,应当立即报告国务院。必要时,安全生产监督管理部门和负有安全生产监督管理职责的有关部门可以越级上报事故情况。

安全生产监督管理部门和负有安全生产监督管理职责的有关部门逐级上报事故情况,每级上报的时间不得超过 2 小时。事故报告后出现新情况的,应当及时补报。自事故发生之日起 30 日内,事故造成的伤亡人数发生变化的,应当及时补报。道路交通事故、火灾事故自发生之日起 7 日内,事故造成的伤亡人数发生变化的,应当及时补报。

报告事故应当包括下列内容:(1)事故发生单位概况;(2)事故发生的时间、地点以及事故现场情况;(3)事故的简要经过;(4)事故已经造成或者可能造成的伤亡人数(包括下落不明的人数)和初步估计的直接经济损失;(5)已经采取的措施;(6)其他应当报告的情况。

事故发生单位负责人接到事故报告后,应当立即启动事故相应应急预案,或者采取有效措施,组织抢救,防止事故扩大,减少人员伤亡和财产损失。事故发生地有关地方人民政府、安全生产监督管理部门和负有安全生产监督管理职责的有关部门接到事故报告后,其负责人应当立即赶赴事故现场,组织事故救援。

事故发生后,有关单位和人员应当妥善保护事故现场以及相关证据,任何单位和个人不得破坏事故现场、毁灭相关证据。因抢救人员、防止事故扩大以及疏通交通等原因,需要移动事故现场物件的,应当做出标志,绘制现场简图并做出书面记录,妥善保存现场重要痕迹、物证。

(二)应急救援

发生生产安全事故后,生产经营单位应当立即启动生产安全事故应急救援预案,采取下列一项或者多项应急救援措施,并按照国家有关规定报告事故情况:(1)迅速控制危险源,组织抢救遇险人员;(2)根据事故危害程度,组织现场人员撤离或者采取可能的应急措施后撤离;(3)及时通知可能受到事故影响的单位和人员；(4)采取必要措施，防止事故危害扩大和次生、衍生灾害发生；(5)根据需要请求邻近的应急救援队伍参加救援，并向参加救援的应急救援队伍提供相关技术资料、信息和处置方法；(6)维护事故现场秩序，保护事故现场和相关证据；(7)法律、法规规定的其他应急救援措施。

有关地方人民政府及其部门接到生产安全事故报告后，应当按照国家有关规定上报事故情况，启动相应的生产安全事故应急救援预案，并按照应急救援预案的规定采取下列一项或者多项应急救援措施：(1)组织抢救遇险人员，救治受伤人员，研判事故发展趋势以及可能造成的危害；(2)通知可能受到事故影响的单位和人员，隔离事故现场，划定警戒区域，疏散受到威胁的人员，实施交通管制；(3)采取必要措施，防止事故危害扩大和次生、衍生灾害发生，避免或者减少事故对环境造成的危害；(4)依法发布调用和征用应急资源的决定；(5)依法向应急救援队伍下达救援命令；(6)维护事故现场秩序，组织安抚遇险人员和遇险遇难人员亲属；(7)依法发布有关事故情况和应急救援工作的信息；(8)法律、法规规定的其他应急救援措施。有关地方人民政府不能有效控制生产安全事故的，应当及时向上级人民政府报告。上级人民政府应当及时采取措施，统一指挥应急救援。

应急救援队伍接到有关人民政府及其部门的救援命令或者签有应急救援协议的生产经营单位的救援请求后，应当立即参加生产安全事故应急救援。应急救援队伍根据救援命令参加生产安全事故应急救援所耗费用，由事故责任单位承担；事故责任单位无力承担的，由有关人民政府协调解决。

发生生产安全事故后，有关人民政府认为有必要的，可以设立由本级人民政府及其有关部门负责人、应急救援专家、应急救援队伍负责人、事故发生单位负责人等人员组成的应急救援现场指挥部，并指定现场指挥部总指挥。现场指挥部实行总指挥负责制，按照本级人民政府的授权组织制定并实施生产安全事故现场应急救援方案，协调、指挥有关单位和个人参加现场应急救援。参加生产安全事故现场应急救援的单位和个人应当服从现场指挥部的统一指挥。

在生产安全事故应急救援过程中，发现可能直接危及应急救援人员生命安全的紧急情况时，现场指挥部或者统一指挥应急救援的人民政府应当立即采取相应措施消除隐患，降低或者化解风险，必要时可以暂时撤离应急救援人员。生产安全事故发生地人民政府应当为应急救援人员提供必需的后勤保障，并组织通信、交通运输、医疗卫生、气象、水文、地质、电力、供水等单位协助应急救援。

按照国家有关规定成立的生产安全事故调查组应当对应急救援工作进行评估，并在事故调查报告中作出评估结论。

（三）事故调查

特别重大事故由国务院或者国务院授权有关部门组织事故调查组进行调查。重大事故、较大事故、一般事故分别由事故发生地省级人民政府、设区的市级人民政府、县级人民政府负责调查。省级人民政府、设区的市级人民政府、县级人民政府可以直接组织事故调查组进行调查，也可以授权或者委托有关部门组织事故调查组进行调查。未造成人员伤亡的一般事故，县级人民政府也可以委托事故发生单位组织事故调查组进行调查。上级人民政府认为必要时，可以调查由下级人民政府负责调查的事故。自事故发生之日起 30 日内（道路交通事故、火灾事故自发生之日起 7 日内），因事故伤亡人数变化导致事故等级发生变化，依照《生产安全事故报告和调查处理条例》规定应当由上级人民政府负责调查的，上级人民政府可以另行组织事故调查组进行调查。特别重大事故以下等级事故，事故发生地与事故发生单位不在同一个县级以上行政区域的，由事故发生地人民政府负责调查，事故发生单位所在地人民政府应当派人参加。

事故调查组的组成应当遵循精简、效能的原则。根据事故的具体情况，事故调查组由有关人民政府、安全生产监督管理部门、负有安全生产监督管理职责的有关部门、监察机关、公安机关以及工会派人组成，并应当邀请人民检察院派人参加。事故调查组可以聘请有关专家参与调查。事故调查组成员应当具有事故调查所需要的知识和专长，并与所调查的事故没有直接利害关系。事故调查组组长由负责事故调查的人民政府指定。事故调查组组长主持事故调查组的工作。

事故调查组履行下列职责：(1)查明事故发生的经过、原因、人员伤亡情况及直接经济损失；(2)认定事故的性质和事故责任；(3)提出对事故责任者的处理建议；(4)总结事故教训，提出防范和整改措施；(5)提交事故调查报告。

事故调查组有权向有关单位和个人了解与事故有关的情况，并要求其提供相关文件、资料，有关单位和个人不得拒绝。事故发生单位的负责人和有关人员在事故调查期间不得擅离职守，并应当随时接受事故调查组的询问，如实提供有关情况。事故调查中需要进行技术鉴定的，事故调查组应当委托具有国家规定资质的单位进行技术鉴定。必要时，事故调查组可以直接组织专家进行技术鉴定。技术鉴定所需时间不计入事故调查期限。事故调查组成员在事故调查工作中应当诚信公正、恪尽职守，遵守事故调查组的纪律，保守事故调查的秘密。未经事故调查组组长允许，事故调查组成员不得擅自发布有关事故的信息。

事故调查组应当自事故发生之日起 60 日内提交事故调查报告；特殊情况下，经负责事故调查的人民政府批准，提交事故调查报告的期限可以适当延长，但延长的期限最长不超过60日。事故调查报告应当包括下列内容:(1)事故发生单位概况;(2)事故发生经过和事故救援情况;(3)事故造成的人员伤亡和直接经济损失;(4)事故发生的原因和事故性质;(5)事故责任的认定以及对事故责任者的处理建议;(6)事故防范和整改措施。事故调查报告应当附具有关证据材料。事故调查组成员应当在事故调查报告上签名。事故调查报告报送负责事故调查的人民政府后,事故调查工作即告结束。事故调查的有关资料应当归档保存。

(四)事故处理

重大事故、较大事故、一般事故,负责事故调查的人民政府应当自收到事故调查报告之日起15日内做出批复;特别重大事故,30日内做出批复,特殊情况下,批复时间可以适当延长,但延长的时间最长不超过30日。

有关机关应当按照人民政府的批复,依照法律、行政法规规定的权限和程序,对事故发生单位和有关人员进行行政处罚,对负有事故责任的国家工作人员进行处分。事故发生单位应当按照负责事故调查的人民政府的批复,对本单位负有事故责任的人员进行处理。负有事故责任的人员涉嫌犯罪的,依法追究刑事责任。

事故处理的情况由负责事故调查的人民政府或者其授权的有关部门、机构向社会公布,依法应当保密的除外。

(五)事故调查中的案件移送与法律监督

事故发生地有管辖权的公安机关根据事故的情况,对涉嫌安全生产犯罪的,应当依法立案侦查。事故调查中发现涉嫌安全生产犯罪的,事故调查组或者负责火灾调查的消防机构应当及时将有关材料或者其复印件移交有管辖权的公安机关依法处理。事故调查过程中,事故调查组或者负责火灾调查的消防机构可以召开专题会议,向有管辖权的公安机关通报事故调查进展情况。有管辖权的公安机关对涉嫌安全生产犯罪案件立案侦查的,应当在3日内将立案决定书抄送同级应急管理部门、人民检察院和组织事故调查的应急管理部门。对发生1人以上死亡的情形,经依法组织调查,作出不属于生产安全事故或者生产安全责任事故的书面调查结论的,应急管理部门应当将该调查结论及时抄送同级监察机关、公安机关、人民检察院。

发生生产安全事故,造成严重后果的,可能构成重大责任事故罪或其他犯罪。关于重大责任事故罪,《刑法》第134条第1款规定,在生产、作业中违反有关安全管理的规定,因而发生重大伤亡事故或者造成其他严重后果的,处3年以下有期徒刑或者拘役;情节特别恶劣的,处3年以上7年以下有期徒刑。

第四章　商品房买卖

第一节　商品房销售条件

商品房销售包括商品房预售和现售两种方式。商品房预售实行预售许可制度。商品房现售,房地产开发企业应当在商品房现售前将房地产开发项目手册及符合商品房现售条件的有关证明文件报送房地产开发主管部门备案。

一、购房人购房需看的“五证”或“六证”

为帮助维护购房人合法权益,政府相关主管部门或媒体常提醒购房人在购房时应看拟购商品房所在项目是否具备“五证”或“六证”。

通常所说的“五证”是指:(1)国有建设用地使用权不动产权证书。拥有此证表明房地产开发企业对项目用地合法享有土地使用权。(2)建设用地规划许可证。此证载明项目用地规划条件。(3)建设工程规划许可证。此证表明项目方案设计已获规划行政主管部门批准。项目所建房屋栋数、层数、建筑面积等都在此证有载明。(4)建设工程施工许可证。此证是工程可合法进行施工的证明。(5)商品房预售许可证或现房销售备案证。

如果提到“六证”,所增加的证,是指房地产开发企业房地产开发资质等级证书。根据《房地产开发企业资质管理规定》,房地产开发企业按照企业条件分为一、二、三、四 4 个资质等级。新设立的房地产开发企业应当自领取营业执照之日起 30 日内,持相关文件到房地产开发主管部门备案,房地产开发主管部门应当在收到备案申请后 30 日内向符合条件的企业核发《暂定资质证书》。申请《暂定资质证书》的条件不得低于四级资质企业的条件。未取得房地产开发资质等级证书的企业,不得从事房地产开发经营业务。

二、商品房预售

商品房预售，是指房地产开发企业将正在建设中的商品房预先出售给购房人，并由购房人支付定金或者房价款的行为。

（一）商品房预售制度的价值

社会上时有取消商品房预售制度、只实行商品房现售的意见。提出这种意见，大抵是因为：(1)由于预售商品房是正在建设中的商品房，购房人在购买预售商品房时，不能看到拟购房屋的具体细节，存在信息不对等的情况，购房人的知情权不能得到很好保障，购房人的合法权益可能被损害。(2)有的房地产开发企业资金实力不足、融资能力不强、项目管理水平薄弱，在房地产市场不景气的情况下，如果预售进度达不到预期、回收资金不能满足工程后续建设需要，可能出现资金链断裂，致工程不能按期完工甚至停工成为“烂尾楼”。此种情况下房地产开发企业可能既不能按约向购房人履行交付房屋的义务，更谈不上协助购房人办理所购房屋的产权，购房人付出巨款，包括背负巨额房贷的权利得不到保障，后续处置困难，影响社会稳定。

实行商品房预售制度的弊端固然明显，但其价值也显而易见。在商品房预售制度下，不仅大型房地产开发企业可进行大规模房地产开发，而且中小房地产开发企业也可分一份蛋糕。由此，从全国或某一区域的角度看，同一时期内可进行较大规模的房地产开发，既有利于向社会供应位于不同区域、价格或户型等存在差异化的房屋，满足市场的不同需求，也可带动上下游产业的发展，从而为稳定或扩大社会就业、增加财政收入、提升国民经济贡献力量。

（二）商品房预售许可证的办理

1. 商品房预售应当符合的条件

根据《城市商品房预售管理办法》，商品房预售实行预售许可制度。未取得《商品房预售许可证》的，不得进行商品房预售。

商品房预售应当符合下列条件：(1)已交付全部土地使用权出让金，取得土地使用权证书；(2)持有建设工程规划许可证和施工许可证；(3)按提供预售的商品房计算，投入开发建设的资金达到工程建设总投资的25%以上，并已经确定施工进度和竣工交付日期。

此外，住房和城乡建设部《关于进一步加强房地产市场监管完善商品住房预售制度有关问题的通知》要求各地要结合当地实际，合理确定商品住房项目预售许可的工程形象进度要求。对此，各地规定可能会有不同。

2. 申请预售许可的规模要求

国务院多次发文要求，各地要合理确定商品住房项目预售许可的最低规模，不得分层、分单元办理预售许可。住房和城乡建设部《关于进一步加强房地产市场监管完善商品住房预售制度有关问题的通知》进一步明确预售许可的最低规模不得小于栋。各地对预售许可的规模应有不同规定。以武汉市为例，要求规划建筑面积3万平方米（含3万平方米）以下的商品房项目，应当一次性申报商品房预售许可，规划建筑面积超过3万平方米的，每次申报预售面积不得少于3万平方米。

3. 房地产开发企业申请预售许可，应当提交的证件（复印件）及资料

房地产开发企业申请预售许可，应当提交下列证件（复印件）及资料：

（1）商品房预售许可申请表；（2）开发企业的《营业执照》和资质证书；（3）土地使用权证、建设工程规划许可证、施工许可证；（4）投入开发建设的资金占工程建设总投资的比例符合规定条件的证明；（5）工程施工合同及关于施工进度的说明；（6）如果项目所在城市实行商品房预售资金监管，需提供预售项目已办理预售资金监管手续的证明；（7）商品房预售方案。预售方案应当说明预售商品房的位置、面积、竣工交付日期等内容，并应当附预售商品房分层平面图。

根据住房和城乡建设部《关于进一步加强房地产市场监管完善商品住房预售制度有关问题的通知》，预售方案应当包括项目基本情况、建设进度安排、预售房屋套数、面积预测及分摊情况、公共部位和公共设施的具体范围、预售价格及变动幅度、预售资金监管落实情况、住房质量责任承担主体和承担方式、住房能源消耗指标和节能措施等。预售方案中主要内容发生变更的，应当报主管部门备案并公示。

4. 商品房预售许可办理程序

商品房预售许可依下列程序办理：

（1）受理。开发企业按《城市商品房预售管理办法》第7条的规定提交有关材料，材料齐全的，房地产管理部门应当当场出具受理通知书；材料不齐的，应当当场或者5日内一次性书面告知需要补充的材料。

（2）审核。房地产管理部门对开发企业提供的有关材料是否符合法定条件进行审核。

开发企业对所提交材料实质内容的真实性负责。

（3）许可。经审查，开发企业的申请符合法定条件的，房地产管理部门应当在受理之日起10日内，依法作出准予预售的行政许可书面决定，发送开发企业，并自作出决定之日起10日内向开发企业颁发、送达《商品房预售许可证》。

经审查，开发企业的申请不符合法定条件的，房地产管理部门应当在受理之日

起10日内，依法作出不予许可的书面决定。书面决定应当说明理由，告知开发企业享有依法申请行政复议或者提起行政诉讼的权利，并送达开发企业。

商品房预售许可决定书、不予商品房预售许可决定书应当加盖房地产管理部门的行政许可专用印章，《商品房预售许可证》应当加盖房地产管理部门的印章。

(4)公示。房地产管理部门作出的准予商品房预售许可的决定，应当予以公开，公众有权查阅。

近年来，为抑制房价过快上涨，政府通过在核发商品房预售许可证环节对房地产开发企业定价进行指导，以影响市场对房价的变化预期。国务院办公厅《关于继续做好房地产市场调控工作的通知》明确提出，对预售方案报价过高且不接受城市住房城乡建设部门指导，或没有实行预售资金监管的商品房项目，可暂不核发预售许可证书。据笔者了解，房地产开发企业在申请办理预售许可证过程中，最难过的关便是商品房预售方案审核关。售价较高的项目，不排除房地产主管部门要求调低售价，或要求对较高的定价提供成本组成说明。故有经验的房地产开发企业在办理预售许可证环节，会预留足够的时间。

相关规定要求，房地产开发企业预售商品房时，应当向购房人出示商品房预售许可证明，售楼广告和说明书应当载明《商品房预售许可证》的批准文号。

5. 新建商品房预售资金监管

商品房预售资金，是指房地产开发企业将其开发的商品房在房屋所有权初始登记完成前进行销售，由购房人按照合同约定支付的全部房价款。在商品房预售法律关系中，购房人支付房价款在前，房地产开发企业完成房屋建设并交付给购房人、购房人办理所购商品房不动产转移登记在后，购房人支付房价款后，不知房地产开发企业能否顺利完成项目开发建设并按合同约定期限交付商品房、自己能否顺利取得所购商品房的不动产权证，因而面临着一定的风险。特别是房价高企的情况下，不少购房人不得不倾尽自己乃至父母的资金购房，如果交房及办证存在风险，对购房人及其家庭来说都难以承受。从这个角度来说，房地产开发企业按时交房并办理首次登记关系着社会稳定。为确保房地产开发企业将某一项目的预售资金用于该项目开发，顺利完成项目建设，国务院要求各地区制定商品房预售资金监管办法，以强化预售资金管理。国务院办公厅《关于继续做好房地产市场调控工作的通知》要求，“各地区要切实强化预售资金管理，完善监管制度；尚未实行预售资金监管的地区，要加快制定本地区商品房预售资金监管办法。对预售方案报价过高且不接受城市住房城乡建设部门指导，或没有实行预售资金监管的商品房项目，可暂不核发预售许可证书”。

目前国家层面并未出台统一的商品房预售资金监管办法。下面将以武汉市相关规定为例，来说明商品房预售资金监管办法的主要方面。

武汉市实施新建商品房预售资金监管的主要依据为《武汉市新建商品房预售资金监管办法》等。

新建商品房预售资金监管，应当遵循政府监管、多方参与、专户专存、专款专用的原则。新建商品房预售资金实行全程监管。新建商品房预售资金监管期限，自核发商品房预售许可证开始，至办妥房屋所有权初始登记后为止。房地产开发企业申请商品房预售许可证前，应当选择与监管机构签订合作协议的商业银行（以下简称合作银行），按照一项商品房预售许可申请对应一个账户的原则开立新建商品房预售资金监管专用账户（以下简称监管账户），并与监管机构、合作银行签订《武汉市商品房预售资金监管协议书》（以下简称三方协议）。房地产开发企业应当在商品房买卖合同中注明监管账户等信息，协助购房人将房价款直接存入项目监管账户，不得直接收取任何性质的房价款。

预售监管资金分为重点监管资金和非重点监管资金。重点监管资金是用于购置本项目建设必需的建筑材料、设备和支付项目建设的施工进度款、法定税费和其他相关费用的资金。除此范围以外的是非重点监管资金。重点监管资金标准：对房地产开发企业商品房项目形象进度达到结构封顶并已支付完封顶工程费用的开发企业，重点监管资金标准为项目总预售款的25%；对项目形象进度达到项目1/2并已支付相应工程建设费用的，重点监管资金标准为项目总预售款的30%；未支付工程费用的，重点监管资金标准为项目总预售款的35%。监管账户内预售资金超过重点监管资金标准后，房地产开发企业可以申请使用重点监管资金，并将其用于购置本项目建设必需的建筑材料、设备和支付项目建设的施工进度款、法定税费和其他相关费用。取得商品房预售许可证1个月后的，申请使用资金额度不得超过重点监管资金核定总额的35%；结构封顶的，累计申请不得超过65%；竣工验收的，累计申请不得超过95%；监管项目完成对应的房屋所有权初始登记前，监管账户内的资金余额不得低于重点监管资金的5%。监管账户内预售资金未达到重点监管资金标准，房地产开发企业确需使用重点监管资金用于该项目建设的，由监管机构按照三方协议的约定进行审核；对符合约定条件的，按照规定办理资金使用手续。房地产开发企业需要使用重点监管资金的，应当向监管机构提出申请，并根据不同申请款项提供相应的资料。

预售资金进入监管账户，达到重点监管标准后，房地产开发企业可以申请提取非重点监管资金，优先偿还本项目抵押贷款。

房地产开发企业办妥房屋所有权初始登记后，应当书面告知监管机构。监管机构应当在3个工作日内进行核实，经核实情况属实的，通知合作银行撤销对监管账户的监管。

从以上规定来看，尽管商品房预售资金归房地产开发企业所有，但房地产开发企业并不能自由使用。使用监管账户内的资金，不仅需提供相关资料申请，而且有条件限制。重点监管资金的使用以监管账户内预售资金达到重点监管资金标准为原则，监管账户内预售资金达到重点监管资金标准后，房地产开发企业方可以申请提取非重点监管资金。新建商品房预售资金监管制度，对于资金链紧张的房地产开发企业而言，意味着较大的资金周转压力；对于资金链并不紧张的房地产开发企业，意味着更多的程序和时间。但这一制度可有效防范房地产开发企业及其控股股东将预售资金挪作他用，有利于购房人利益的保护。新建商品房预售资金监管制度，可谓利弊并存。

为了确保商品房预售资金用于有关项目建设，切实保护购房人与债权人合法权益，规范人民法院的保全、执行行为，最高人民法院、住房和城乡建设部、中国人民银行于2022年1月印发了《关于规范人民法院保全执行措施　确保商品房预售资金用于项目建设的通知》。根据该通知，人民法院对预售资金监管账户采取保全、执行措施时要强化善意文明执行理念，坚持比例原则，切实避免因人民法院保全、执行预售资金监管账户内的款项导致施工单位工程进度款无法拨付到位，商品房项目建设停止，影响项目竣工交付，损害广大购房人合法权益。除当事人申请执行因建设该商品房项目而产生的工程建设进度款、材料款、设备款等债权案件之外，在商品房项目完成房屋所有权首次登记前，对于预售资金监管账户中监管额度内的款项，人民法院不得采取扣划措施。商品房预售资金监管账户被人民法院冻结后，房地产开发企业、商品房建设工程款债权人、材料款债权人、租赁设备款债权人等请求以预售资金监管账户资金支付工程建设进度款、材料款、设备款等项目建设所需资金，或者购房人因购房合同解除申请退还购房款，经项目所在地住房和城乡建设主管部门审核同意的，商业银行应当及时支付，并将付款情况及时向人民法院报告。住房和城乡建设主管部门应当依法妥善处理房地产开发企业等主体的资金使用申请，未尽监督审查义务违规批准用款申请，导致资金挪作他用，损害保全申请人或者执行申请人权利的，依法承担相应责任。商业银行对于不符合资金使用要求和审批手续的资金使用申请，不予办理支付、转账手续。商业银行违反法律规定或合同约定支付、转账的，依法承担相应责任。房地产开发企业提供商业银行等金融机构出具的保函，请求释放预售资金监管账户相应额度资金的，住房和城乡建设主管部门可以予以准许。预售资金监管账户被人民法院冻结，房地产开发企业直接向人民法院申请解除冻结并提供担保的，人民法院应当根据《民事诉讼法》第 104 条、最高人民法院《关于适用〈中华人民共和国民事诉讼法〉的解释》第 167 条的规定审查处理。

（三）商品房预售许可证的法律约束力

如前所述，拟预售项目未取得《商品房预售许可证》的，不得进行商品房预售。《商品房销售管理办法》第 22 条规定，不符合商品房销售条件的，房地产开发企业不得向买受人收取任何预订款性质费用。住房和城乡建设部《关于进一步加强房地产市场监管完善商品住房预售制度有关问题的通知》进一步明确，未取得预售许可的商品住房项目，房地产开发企业不得以认购、预订、排号、发放 VIP 卡等方式向买受人收取或变相收取定金、预定款等性质的费用，不得参加任何展销活动。不过在现实中，少量房地产开发企业为了尽早回笼资金，或为了抢抓时间完成既定的销售目标，会在取得预售许可证前进行商品房销售活动，此举面临着较大的法律风险。

1. 行政处罚法律风险

《城市商品房预售管理办法》第 13 条规定："开发企业未取得《商品房预售许可证》预售商品房的，依照《城市房地产开发经营管理条例》第三十九条的规定处罚。"《城市房地产开发经营管理条例》第 36 条的规定为："违反本条例规定，擅自预售商品房的，由县级以上人民政府房地产开发主管部门责令停止违法行为，没收违法所得，可以并处已收取的预付款 1% 以下的罚款。"由此可见，开发企业未取得《商品房预售许可证》预售商品房的，可能面临已收取预付款 1% 以下的罚款。

2. 合同无效的法律风险

最高人民法院《关于审理商品房买卖合同纠纷案件适用法律若干问题的解释》（2020 年修正）第 2 条规定："出卖人未取得商品房预售许可证明，与买受人订立的商品房预售合同，应当认定无效，但是在起诉前取得商品房预售许可证明的，可以认定有效。"根据《民法典》第 157 条规定，合同无效的法律后果是，房地产开发企业因该合同取得的预售款，应当返还给购房人；有过错的一方应当赔偿对方因此所受到的损失，双方都有过错的，应当各自承担相应的责任。

三、商品房现售

商品房现售，是指房地产开发企业将竣工验收合格的商品房出售给买受人，并由买受人支付房价款的行为。

房地产开发企业拟取得现房销售备案证明后销售商品房的，应当在商品房现售前将房地产开发项目手册及符合商品房现售条件的有关证明文件报送房地产开发主管部门备案。《商品房销售管理办法》第7条规定，商品房现售，应当符合以下条件：(1)现售商品房的房地产开发企业应当具有企业法人营业执照和房地产开发企业资质证书；(2)取得土地使用权证书或者使用土地的批准文件；(3)持有建设工程规划许可证和施工许可证；(4)已通过竣工验收；(5)拆迁安置已经落实；(6)供水、供电、供热、燃气、通讯等配套基础设施具备交付使用条件，其他配套基础设施和公共设施具备交付使用条件或者已确定施工进度和交付日期；(7)物业管理方案已经落实。

对于购房人而言，在同等条件下，购买现房是更理想的选择。第一，期房是尚在建设中的房屋，房地产开发企业可能因为资金链断裂等原因没法完成商品房的最终建设，从而使作为买卖标的的商品房不能投入使用，购房人的目的落空。而现房至少是已经完成竣工验收的房屋，即使在产权首次登记上可能会存在延迟，但已经不影响房屋的投入使用，购房人购得现房后至少可以实际使用、入住，相对于期房而言，购房人风险已经大大减小。第二，期房是尚未建成的房屋，购房人在购房时对房屋的了解，取决于房地产开发企业提供信息的完整程度和购房人对相关信息的理解消化能力。市场上最讲诚信的房地产开发企业能够提供的信息可能也是相对的，或者说不是购房人能够完全理解消化的，购房人对购买的商品房的认识处于相对模糊状态，不排除后期见到建成的房屋时，与预期有落差。若购房人购买的是现房，则购房时可以查看所购买房屋现状，以及与周边房屋的平面布局关系，公共配套设施的建设情况，从而对所购买的标的物有更为清楚、正确的认识。理论上，购房人购买现房，往往能够买到更加称心如意的商品房。

正因为上述原因，国家鼓励现房销售。不过，现实中由于预售制度的存在，购房人如果购买现房房源，对于那些比较紧俏的项目，购房人往往很难买到在位置、楼层和户型上令自己满意的商品房。

第二节　销售公示、明码标价与广告

一、销售公示（告知）事项

为保障购房人知情权，相关法律、行政法规、部门规章及其他一些规范性文件规定了房地产开发企业在销售商品房时应公示或告知购房人的事项，现摘要列举房地产开发企业应公示或告知购房人的事项及相应依据如下：

（1）《商品房销售管理办法》《城市商品房预售管理办法》《商品房买卖合同示范文本》。《商品房销售管理办法》第23条规定："房地产开发企业应当在订立商品房买卖合同之前向买受人明示《商品房销售管理办法》和《商品房买卖合同示范文本》；预售商品房的，还必须明示《城市商品房预售管理办法》。"

（2）开发建设单位资质、代理销售的房地产经纪机构备案情况、商品住房预售方案。住房和城乡建设部《关于进一步加强房地产市场监管完善商品住房预售制度有关问题的通知》规定，房地产开发企业应将预售许可情况、商品住房预售方案、开发建设单位资质、代理销售的房地产经纪机构备案情况等信息，在销售现场清晰明示。

（3）商品房预售许可证。《城市房地产开发经营管理条例》第26条第1款规定，房地产开发企业预售商品房时，应当向预购人出示商品房预售许可证明。

（4）商品房价格及相关收费。《商品房销售明码标价规定》第3条规定："本规定所称明码标价，是指商品房经营者在销售商品房时按照本规定的要求公开标示商品房价格、相关收费以及影响商品房价格的其他因素。"第11条规定："商品房销售应当公示以下收费：（一）商品房交易及产权转移等代收代办的收费项目、收费标准。代收代办收费应当标明由消费者自愿选择。（二）商品房销售时选聘了物业管理企业的，商品房经营者应当同时公示前期物业服务内容、服务标准及收费依据、收费标准。（三）商品房所在地省级价格主管部门规定的其他内容。"

（5）前期物业服务合同。住房和城乡建设部《关于进一步加强房地产市场监管完善商品住房预售制度有关问题的通知》规定，房地产开发企业应当将商品住房买卖合同在合同订立前向购房人明示。《物业管理条例》第25条规定，建设单位与物业买受人签订的买卖合同应当包含前期物业服务合同约定的内容。

（6）节能措施、保温工程保修期等信息。《节约能源法》第36条规定："房地产开发企业在销售房屋时，应当向购买人明示所售房屋的节能措施、保温工程保修期等信息，在房屋买卖合同、质量保证书和使用说明书中载明，并对其真实性、准确性负责。"

《民用建筑节能条例》第22条规定："房地产开发企业销售商品房，应当向购买人明示所售商品房的能源消耗指标、节能措施和保护要求、保温工程保修期等信息，并在商品房买卖合同和住宅质量保证书、住宅使用说明书中载明。"

（7）住宅质量保证书、住宅使用说明书。住房和城乡建设部《关于进一步加强房地产市场监管完善商品住房预售制度有关问题的通知》要求，房地产开发企业应将《住宅质量保证书》和《住宅使用说明书》等信息及时对外公开，并在销售现场清晰明示。

(8)临时管理规约。《物业管理条例》第23条第1款规定："建设单位应当在物业销售前将临时管理规约向物业买受人明示，并予以说明。"

(9)境外机构、个人购房适用的法律、法规和政策。住房和城乡建设部、国家外汇管理局《关于进一步规范境外机构和个人购房管理的通知》第5条要求，各地房地产主管部门、外汇管理部门应当加强相关法律、法规和政策宣传，督促房地产销售机构、房地产经纪机构和人员对购房的境外机构、个人做好法律、法规和政策的告知，并做必要风险提示。

以上是房地产开发企业在销售商品房时应公示或告知购房人的主要事项，房地产开发企业仍需了解项目所在地相关主管部门对房地产开发企业在销售商品房时应公示或告知购房人的其他要求。

二、价格与明码标价

《城市房地产开发经营管理条例》第29条规定，房地产开发项目转让和商品房销售价格，由当事人协商议定；但是，享受国家优惠政策的居民住宅价格，应当实行政府指导价或者政府定价。《商品房销售管理办法》第17条规定，商品房销售价格由当事人协商议定，国家另有规定的除外。尽管根据上述规定，除国家另有规定外，商品房销售价格由当事人协商议定，但实际上，商品房的销售价格还是受到明显管制。如前所述，房地产开发企业在申请办理预售许可证时，如预售方案报价过高且不接受房地产行政主管部门指导，房地产行政主管部门可以暂不核发预售许可证书。房地产开发企业在办理预售许可证明时备案的预售价格对自己有约束力，企业应按向房地产行政主管部门申报的价格对外销售商品房。

明码标价销售商品和提供服务，是对经营者的基本要求。其主要目的在于避免对买方的价格欺诈。《价格法》第13条规定，经营者销售、收购商品和提供服务，应当按照政府价格主管部门的规定明码标价，注明商品的品名、产地、规格、等级、计价单位、价格或者服务的项目、收费标准等有关情况。经营者不得在标价之外加价出售商品，不得收取任何未予标明的费用。

房地产开发企业作为商品房销售者，也应遵守《价格法》关于经营者明码标价经营的规定。在商品房销售方面，对房地产开发企业明码标价销售商品房的监管，是国家对房地产市场监管的重要方面。房地产行政主管部门和价格主管部门对房地产开发企业的日常检查重点之一，就是房地产开发企业落实明码标价要求的情况。检查的依据，一是房地产开发企业在申请预售许可证时提交的预售方案（一般包括每套房的销售价格，装修标准是毛坯房还是精装修房）；二是国家发展和改革委员会制定的《商品房销售明码标价规定》和地方相关的实施细则。

根据《商品房销售明码标价规定》，商品房销售明码标价的主要要求包括：(1)已取得预售许可和销售现房的房地产经营者，要在规定时间内一次性公开全部销售房源，按照规定实行明码标价，并严格按照申报价格明码标价对外销售。商品房经营者不得在标价之外加价销售商品房，不得收取任何未予标明的费用。(2)商品房经营者应当在商品房交易场所的醒目位置放置标价牌、价目表或者价格手册，有条件的可同时采取电子信息屏、多媒体终端或电脑查询等方式。采取上述多种方式明码标价的，标价内容应当保持一致。(3)商品房销售明码标价应当做到价目齐全，标价内容真实明确、字迹清晰、标示醒目，并标示价格主管部门投诉举报电话。商品房经营者不得使用虚假或者不规范的价格标示误导购房者，不得利用虚假或者使人误解的标价方式进行价格欺诈。(4)商品房销售明码标价实行一套一标。按照建筑面积或者套内建筑面积计价的，还应当标示建筑面积单价或者套内建筑面积单价。(5)商品房经营者应当明确标示以下与商品房价格密切相关的因素：开发企业名称、预售许可证、土地性质、土地使用起止年限、楼盘名称、坐落位置、容积率、绿化率、车位配比率；楼盘的建筑结构、装修状况以及水、电、燃气、供暖、通讯等基础设施配套情况；当期销售的房源情况以及每套商品房的销售状态、房号、楼层、户型、层高、建筑面积、套内建筑面积和分摊的共有建筑面积；优惠折扣及享受优惠折扣的条件；商品房所在地省级价格主管部门规定的其他内容。(6)对已销售的房源，商品房经营者应当予以明确标示。如果同时标示价格的，应当标示所有已销售房源的实际成交价格。(7)商品房销售应当公示以下收费：商品房交易及产权转移等代收代办的收费项目、收费标准；代收代办收费应当标明由消费者自愿选择；商品房销售时选聘了物业管理企业的，商品房经营者应当同时公示前期物业服务内容、服务标准及收费依据、收费标准；商品房所在地省级价格主管部门规定的其他内容。

违反《商品房销售明码标价规定》的处罚较重。根据国家发展和改革委员会《关于商品房明码标价检查查出问题处理意见的函》，对于不标明价格的，如未在交易场所醒目位置实行一套一标和未一次性公开全部销售房源等，根据未实行一套一标的在售房源实际套数或未公开的在售房源实际套数，按每套5000元罚款处罚。对于不按规定的内容和方式明码标价的，区别情况实施处罚：对于未按规定内容实行一套一标的，如未标每套在售商品房建筑面积、套内建筑面积、单价和分摊的共有建筑面积、层高等核心因素，根据未按规定内容实行一套一标的在售房源实际套数，按每套3000元罚款处罚；对于未按规定标示商品房价格相关因素的，如土地使用年限、容积率、绿化率、车位配比率、代收代办收费和物业费等，以房地产开发项目为处罚单位，按每个项目处以5000元的罚款。对于标示已售房源价格但未如实标示实际成交价格的，对每个项目处以50万元的罚款。

重罚之下，房地产开发企业一般均会严格遵守《商品房销售明码标价规定》及其地方性的实施细则。以笔者对武汉市房地产市场的观察，实践中虽有部分企业可能因对相关规定的理解存在偏差，明码标价在形式或内容上或有不周之处，但整体上房地产开发企业对明码标价的规定能够严肃看待，并且已经执行得比较好。

三、房地产广告

房地产开发企业所发布的房地产广告，通常是以出售或出租房地产为目的，通过一定形式的媒体，公开而广泛地向公众传递房地产信息的宣传手段。早先的房地产广告，以电视广告、报纸广告、广播广告、杂志广告等媒体广告以及户外路牌广告等非媒体广告为主。随着互联网特别是移动互联网的迅猛发展，互联网广告在房地产广告中所占的比重越来越高。

与房地产广告有关的法律、法规、其他规范性法律文件主要包括《广告法》《房地产广告发布规定》《互联网广告管理暂行办法》等。

在执法过程中，有些地方政府十分严格地对房地产广告进行检查，在业界产生震动。不少房地产开发企业觉得自己明明对房地产广告的要求很熟悉，一旦检查来临，又觉得纸上的那些文字看起来十分模糊。房地产开发企业的担心，除了因自己铤而走险"打擦边球"，也与一些规范尚需进一步具体化有关。

综合《广告法》《互联网广告管理暂行办法》《房地产广告发布规定》及相关规定，房地产广告主要应符合下列要求：（1）房地产开发项目应取得预售许可证或现房销售备案证后才可发布广告，房地产预售、销售广告必须载明开发企业名称、中介服务机构名称（如果有）、预售或者销售许可证书号（广告中仅介绍房地产项目名称的，可以不必载明上述事项）。（2）房地产开发企业不得进行虚假广告宣传，房地产广告必须真实、合法、科学、准确，不得欺骗、误导消费者。房源信息应当真实。（3）项目位置示意图，应当准确、清楚，比例恰当；房地产广告中涉及的交通、商业、文化教育设施及其他市政条件等，如在规划或者建设中，应当在广告中注明。房地产广告中涉及物业管理内容的，应当符合国家有关规定；涉及尚未实现的物业管理内容，应当在广告中注明。（4）不得利用其他项目的形象、环境作为本项目的效果；房地产广告中使用建筑设计效果图或者模型照片的，应当在广告中注明。（5）房地产广告中涉及所有权或者使用权的，所有或者使用的基本单位应当是有实际意义的完整的生产、生活空间；房地产广告涉及内部结构、装修装饰的，应当真实、准确；房源面积应当表明为建筑面积或者套内建筑面积；房地产广告中对价格有表示的，应当清楚表示为实际的销售价格，明示价格的有效期限。（6）房地产广告中涉及贷款服务的，应当载明提供贷款的银行名称及贷款额度、年期。（7）互联网广告应当具有可识别性，显著标明“广告”，使消费者能够辨明其为广告。（8）房地产广告不得含有下列内容：升值或者投资回报的承诺；以项目到达某一具体参照物的所需时间表示项目位置；违反国家有关价格管理的规定；对规划或者建设中的交通、商业、文化教育设施以及其他市政条件作误导宣传；不得含有风水、占卜等封建迷信内容，对项目情况进行的说明、渲染，不得有悖社会良好风尚；融资或者变相融资的内容；广告主能够为入住者办理户口、就业、升学等事项的承诺。（9）凡下列情况的房地产，不得发布广告：在未经依法取得国有土地使用权的土地上开发建设的；在未经国家征用的集体所有的土地上建设的；司法机关和行政机关依法裁定、决定查封或者以其他形式限制房地产权利的；预售房地产，但未取得该项目预售许可证的；权属有争议的；违反国家有关规定建设的；不符合工程质量标准，经验收不合格的；法律、行政法规规定禁止的其他情形。

第三节 商品房认购书

在房地产销售实务中，多数房地产开发企业在与购房人签署商品房买卖合同之前，会先与购房人签署一份认购书（或类似协议，下同）。认购书的主要内容一般包括作为买卖标的物的房屋的位置、面积等。买卖双方签署认购书都有促成交易的目的，但双方的侧重点又有不同，其中房地产开发企业的侧重点在于抓住客户，而购房人的侧重点在于锁定房源及价格优惠。买卖双方签署商品房认购书不是签署商品房买卖合同的必备前置程序。双方当事人可以不签署商品房认购书而直接签署商品房买卖合同。

一、商品房认购书的性质

此处所指商品房认购书的性质，是指商品房认购书是构成预约合同，还是构成本约合同。预约合同与本约合同是相对而言的。预约合同是合同双方当事人为签署本约合同而签署的合同。预约合同与本约合同的标的应该相同，且合同双方当事人应该相同。对相同当事人就相同商品房分别签署的认购书与买卖合同而言，一般情况下认购书是预约合同，商品房买卖合同是本约合同。认购书在特定条件下可能被认定为商品房买卖合同。商品房认购书的性质不同，相应的法律后果可能不同。

（一）商品房认购书构成预约合同

一般情况下，商品房认购书构成预约合同。《民法典》第495条将一般情形下的认购书界定为预约合同，并明确了违反预约合同应承担的责任。该条规定："当事人约定在将来一定期限内订立合同的认购书、订购书、预订书等，构成预约合同。当事人一方不履行预约合同约定的订立合同义务的，对方可以请求其承担预约合同的违约责任。"

（二）商品房认购书构成商品房买卖合同

商品房认购书可能构成商品房买卖合同。最高人民法院《关于审理商品房买卖合同纠纷案件适用法律若干问题的解释》第5条规定，商品房的认购、订购、预订等协议具备《商品房销售管理办法》第16条规定的商品房买卖合同的主要内容，并且出卖人已经按照约定收受购房款的，该协议应当认定为商品房买卖合同。根据上述规定，商品房认购书要构成商品房买卖合同，需要两个条件：一是认购书具备商品房买卖合同的主要内容，二是房地产开发企业已经按照认购书约定收受购房款。考虑到《商品房销售管理办法》第16条规定的商品房买卖合同的主要内容多达13个方面，故按照前述司法解释规定将商品房认购书认定为商品房买卖合同的条件实际上是十分严格的。

北京市高级人民法院《关于审理房屋买卖合同纠纷案件适用法律若干问题的指导意见（试行）》第2条第1款规定，当事人签订的预购书、购房意向书等协议已经具备了拟购房屋的基本状况、价款数额、价款支付方式等合同主要内容的，可以认定为房屋买卖合同，但当事人另有约定的除外。关于认购书构成房屋买卖合同方面，北京高院的意见与最高人民法院《关于审理商品房买卖合同纠纷案件适用法律若干问题的解释》第5条规定相比，一是将合同主要内容进行了列举，与后者提到的《商品房销售管理办法》第16条规定的商品房买卖合同的主要内容相比，相对简化，二是没有提及出卖人已经按照约定收受购房款的要件。

在实践中，应注意区分当事人签署的合同的性质与当事人之间的法律关系属于不同的法律范畴，两者之间可能出现偏离，即当事人之间的实际法律关系与根据当事人签署的合同的性质推导出来的法律关系可能出现不一致。比如，如果A公司与B公司签署了预约性质的《购房协议书》并支付了约定定金，向B公司购买特定房屋，双方在《购房协议书》中表明要在将来订立一个新的合同，以最终明确双方之间的房屋买卖法律关系的具体内容，但在《购房协议书》签署后、房屋买卖合同签署前，B公司向A公司交付了标的房屋，此时，《购房协议书》的预约合同性质并未改变，尽管房屋买卖合同尚未签署，但因为B公司履行了房屋买卖合同下的主要义务且A公司接受，可以认定当事人之间达成房屋买卖的合意，A公司与B公司之间已不是预约法律关系，而是成立了房屋买卖法律关系。①

二、预售许可证对商品房认购书效力的影响

最高人民法院《关于审理商品房买卖合同纠纷案件适用法律若干问题的解释》第2条规定，出卖人未取得商品房预售许可证明，与买受人订立的商品房预售合同，应当认定无效，但是在起诉前取得商品房预售许可证明的，可以认定有效。那么，出卖人在未取得商品房预售许可证明时与买受人订立的商品房认购书的效力，是否与出卖人在未取得商品房预售许可证明时与买受人订立的商品房预售合同的效力一样，可能存在瑕疵呢？

北京市高级人民法院《关于审理房屋买卖合同纠纷案件若干疑难问题的会议纪要》规定："当事人以出卖人在签订预购书、购房意向书等预约协议时未取得商品房预售许可证明为由，要求确认预约协议无效的，不予支持，但预约协议被认定为商品房预售合同的除外。"

山东省高级人民法院《关于印发全省民事审判工作会议纪要的通知》规定，依据城市房地产管理法和最高人民法院相关司法解释的规定，出卖人预售商品房必须取得商品房预售许可证明，未取得预售许可证明的商品房买卖合同应依法认定为无效。商品房认购书是一种预约合同，是双方当事人为将来签订作为本约合同的商品房买卖合同所作出的一种承诺，并非正式的商品房预售行为。由于商品房

① 参见司伟：《预约与本约的区分与界定——申请再审人成都迅捷通讯连锁有限公司与再审申请人四川蜀都实业有限责任公司、一审第三人四川友利控股股份有限公司房屋买卖合同纠纷案》，载最高人民法院民事审判第一庭编：《民事审判指导与参考》总第57辑，人民法院出版社2014年版，第204页。

认购书并非商品房买卖合同，故出卖人未取得商品房预售许可证明，不影响商品房认购书的法律效力。但依据最高人民法院《关于审理商品房买卖合同纠纷案件适用法律若干问题的解释》第5条的规定，如商品房认购书已经具备了商品房买卖合同的实质性内容，此种情形下，商品房认购书不应当认定为预约合同，而是商品房买卖合同，出卖人未取得预售许可证明的，该商品房认购书应依法认定无效。

最高人民法院民一庭认为，预约性质的协议，如不违反法律、法规强制性的规定，当事人意思表示真实、自愿，应认定为有效。最高人民法院《关于审理商品房买卖合同纠纷案件适用法律若干问题的解释》第2条规范的是商品房买卖的本约合同，当事人以案涉项目未取得商品房预售许可证为由主张预约性质的协议无效，不能成立。①

综上所述，如果商品房认购书构成商品房预售合同，案涉项目起诉前尚未取得商品房预售许可证明的，认购书应当认定无效。如果商品房认购书仅仅是预约合同，而该合同不违反法律、行政法规的强制性规定和公序良俗，当事人意思表示真实、自愿，即使案涉项目起诉前尚未取得商品房预售许可证明，认购书也应认定为有效。

三、违反认购书约定应承担的法律责任

为处理现实生活中大量存在的商品房认购书纠纷，引导人民法院在民事立案和审判中准确确定此类案件的诉讼争点和正确适用法律，最高人民法院发布的《民事案件案由规定》在第一级案由“合同、准合同纠纷”、第二级案由“合同纠纷”、第三级案由“房屋买卖合同纠纷”下设第四级案由“商品房预约合同纠纷”。因商品房预约合同产生的纠纷，通常是因未能订立本约即商品房买卖合同。

在认购书构成预约合同的情况下，签订认购书后未能订立商品房买卖合同，可能是因当事人一方的原因，也可能是因不可归责于当事人双方的事由。因不可归责于当事人双方的事由，导致商品房买卖合同未能订立的，根据最高人民法院《关于审理商品房买卖合同纠纷案件适用法律若干问题的解释》第4条的规定，出卖人应当将定金返还买受人。

因当事人一方的原因未能订立商品房买卖合同的，根据《民法典》第495条第1款规定，对方可以请求其承担预约合同的违约责任。预约合同违约责任，指违反预

---

① 参见最高人民法院民一庭：《商品房买卖预约合同与本约合同的区分》，载最高人民法院民事审判第一庭编：《民事审判指导与参考》总第67辑，人民法院出版社2017年版，第184页。

约合同应承担的法定和约定的责任。如果订立认购书时，买受人向出卖人支付定金作为订立商品房买卖合同担保的，应根据最高人民法院《关于审理商品房买卖合同纠纷案件适用法律若干问题的解释》第4条的规定，按照法律关于定金的规定处理。也就是说，如果是买受人违约的，定金被没收，出卖人违约的，应双倍返还定金。如果定金数额低于违约所造成的损失的，重庆高院规定，如未能签订本约的原因系出卖人故意违约，且给买受人造成损失的，买受人还可要求出卖人赔偿损失；上海高院规定，相对方可主张其他损失。从字面上来看，重庆高院规定的违约方的代价是定金金额与实际损失之和，上海高院规定的违约方的代价是实际损失（定金金额与实际损失之间的差额为违约方应赔偿的损失部分）。

重庆市高级人民法院《关于当前民事审判若干法律问题的指导意见》第35条规定，出卖人通过认购、订购、预订等方式向买受人收受定金作为订立商品房买卖合同担保的，如果具备预约的要件，应当认定为预约合同。应当区分预约合同与本约合同。出卖人拒绝签订商品房买卖合同，买受人请求继续履行合同签订本约的，法院不宜直接判决当事人履行签订合同的义务。如因出卖人的原因未能订立商品买卖合同，对方请求双倍返还定金的，一般应予支持；如未能签订本约的原因系出卖人故意违约，且给买受人造成损失的，买受人还可要求出卖人赔偿损失。

上海市高级人民法院《关于宏观政策调控后房屋买卖纠纷若干问题的解答》第5条规定，当事人可否以对方当事人违反房屋预订协议为由，主张房屋差价损失。《购房意向书》《房屋预订单》等预订协议属于预约，具有合同性质。预订协议约定有定金条款及其他违约条款的，当事人不履约的，应适用定金罚则和其他违约条款。若协议中没有定金条款（违约金条款），或定金数额（违约金数额）低于实际损失，相对方主张其他损失的，应予支持。根据《合同法》相关规定的精神，缔约过失造成的损失包括直接损失（如缔约费用等），也包括间接损失（丧失与第三人另订合同机会所产生的损失等），但损失不应超过当事人在订立合同时所应当预见到的因合同不成立、无效或者被撤销可能造成的损失；也不得超过合同成立或合同有效时的履行利益。因此，守约方要求违约方赔偿房屋差价损失的，一般可予准许，具体数额应综合考虑守约方的履约情况、违约方的过错程度、合理的成本支出等因素酌定。

关于违反认购书应赔偿损失的范围，如前所述，上海高院认为，既应包括直接损失（如缔约费用等），也包括间接损失（丧失与第三人另订合同机会所产生的损失等），但损失不应超过当事人在订立合同时所应当预见到的因合同不成立、无效或者被撤销可能造成的损失；也不得超过合同成立或合同有效时的履行利益。因此，守约方可要求违约方赔偿房屋差价损失。北京高院认为，违约方应当赔偿守约方因此所受到的信赖利益损失。守约方要求赔偿合同履行的可得利益损失的，一般不予支持。北京市高级人民法院《关于审理房屋买卖合同纠纷案件适用法律若干问题的指导意见（试行）》第2条第2款规定："因可归责于当事人一方的原因致使房屋买卖合同未能订立，预约协议约定有定金条款的，应当适用定金罚则；没有约定定金条款，或者定金处罚数额不足以弥补守约方实际损失的，违约方应当赔偿守约方因此所受到的信赖利益损失。守约方要求赔偿合同履行的可得利益损失的，一般不予支持。"

实务中，建议房地产开发企业与购房人在签署认购书的同时，就商品房买卖合同条款达成一致并签署确认性文件。如未作此安排，在商品房买卖合同签署阶段，购房人与房地产开发企业不能就商品房买卖合同条款达成一致，若双方均无恶意，将其认定为不可归责于当事人双方的事由，无可厚非，房地产开发企业应将定金返还购房人。但如一方存在恶意时，将双方当事人不能就买卖合同条款达成一致作为拒绝签署商品房买卖合同的理由，守约方如欲证明商品房买卖合同不能订立系因对方当事人过错，会较难获得有充分证明力的证据，届时很可能按不可归责于双方当事人处理。

第四节　商品房买卖合同

一、商品房买卖合同的形式与内容

商品房买卖合同，是指房地产开发企业将尚未建成或者已竣工的房屋向社会销售并转移房屋所有权于购房人，购房人支付房屋价款的合同。

（一）商品房买卖合同的形式与签署方式

商品房买卖合同应采用书面形式。国家推行商品房买卖合同在线签订。国务院《关于深入推进新型城镇化建设的若干意见》要求"加强商品房预售管理，推行商品房买卖合同在线签订和备案制度"。住房和城乡建设部《关于进一步加强房地产市场监管完善商品住房预售制度有关问题的通知》也明确"各地要完善商品住房买卖合同示范文本，积极推行商品住房买卖合同网上签订和备案制度"。故在实行商品房买卖合同网签的地区，应通过房地产行政主管部门组建的网签系统签署商品房买卖合同。商品房买卖合同网签，有助于避免一房多售，并有利于不动产各项登记。房地产开发企业与购房人应签网签合同而不签网签合同的，房地产行政主管部门可能拒绝办理相应买卖的预告登记或他项权证,购房人办理不动产权证时也有可能会被拒绝受理,故购房人应考虑其中的风险。

(二)商品房买卖合同的内容

商品房买卖合同应具备的内容,《城市房地产开发经营管理条例》和《商品房销售管理办法》均作了规定。《城市房地产开发经营管理条例》第27条规定,商品房销售,当事人双方应当签订书面合同。合同应当载明商品房的建筑面积和使用面积、价格、交付日期、质量要求、物业管理方式以及双方的违约责任。《商品房销售管理办法》第16条第2款规定,商品房买卖合同应当明确以下主要内容:(1)当事人名称或者姓名和住所;(2)商品房基本状况;(3)商品房的销售方式;(4)商品房价款的确定方式及总价款、付款方式、付款时间;(5)交付使用条件及日期;(6)装饰、设备标准承诺;(7)供水、供电、供热、燃气、通讯、道路、绿化等配套基础设施和公共设施的交付承诺和有关权益、责任;(8)公共配套建筑的产权归属;(9)面积差异的处理方式;(10)办理产权登记有关事宜;(11)解决争议的方法;(12)违约责任;(13)双方约定的其他事项。

此外,商品房买卖合同还应包括以下内容:

(1)前期物业服务合同约定的内容。《物业管理条例》第25条规定,建设单位与物业买受人签订的买卖合同应当包含前期物业服务合同约定的内容;《物业服务收费管理办法》第10条规定,建设单位与物业买受人签订的买卖合同,应当约定物业管理服务内容、服务标准、收费标准、计费方式及计费起始时间等内容,涉及物业买受人共同利益的约定应当一致。

(2)明确共用部位、共用设施设备的配置和建设标准。《物业承接查验办法》第6条规定,建设单位与物业买受人签订的物业买卖合同,应当约定其所交付物业的共用部位、共用设施设备的配置和建设标准。

(3)物业会所、车位等设施归属。住房和城乡建设部《关于进一步加强房地产市场监管完善商品住房预售制度有关问题的通知》要求各地要完善商品住房买卖合同示范文本,商品住房买卖合同示范文本应对商品住房质量性能,物业会所、车位等设施归属,交付使用条件及其违约责任作出明确约定。

(4)构成要约的广告与宣传资料相关内容。最高人民法院《关于审理商品房买卖合同纠纷案件适用法律若干问题的解释》第3条规定,商品房的销售广告和宣传资料为要约邀请,但是出卖人就商品房开发规划范围内的房屋及相关设施所作的说明和允诺具体确定,并对商品房买卖合同的订立以及房屋价格的确定有重大影响的,应当视为要约。该说明和允诺即使未载入商品房买卖合同,亦应当为合同内容，当事人违反的，应当承担违约责任。

（5）广告与资料明示事项。《商品房销售管理办法》第 15 条规定，房地产开发企业、房地产中介服务机构发布的商品房销售广告和宣传资料所明示的事项，当事人应当在商品房买卖合同中约定。

（6）能源消耗指标、节能措施和保护要求、保温工程保修期等信息。《节约能源法》第 36 条规定："房地产开发企业在销售房屋时，应当向购买人明示所售房屋的节能措施、保温工程保修期等信息，在房屋买卖合同、质量保证书和使用说明书中载明，并对其真实性、准确性负责。"《民用建筑节能条例》第 22 条规定："房地产开发企业销售商品房，应当向购买人明示所售商品房的能源消耗指标、节能措施和保护要求、保温工程保修期等信息，并在商品房买卖合同和住宅质量保证书、住宅使用说明书中载明。"

根据相关规定，商品房买卖合同的补充协议和附件包括：

（1）因规划设计变更造成面积差异而签署的补充协议。《商品房销售管理办法》第 20 条第 4 款规定，因该办法第 24 条规定的规划设计变更造成面积差异，当事人不解除合同的，应当签署补充协议。

（2）《住宅质量保证书》《住宅使用说明书》为商品住房买卖合同附件。住房和城乡建设部《关于进一步加强房地产市场监管完善商品住房预售制度有关问题的通知》要求，商品住房买卖合同示范文本应对商品住房质量性能，物业会所、车位等设施归属，交付使用条件及其违约责任作出明确约定，并将《住宅质量保证书》《住宅使用说明书》作为合同附件。

（三）商品房买卖合同中的格式条款

格式条款是当事人为了重复使用而预先拟定，并在订立合同时未与对方协商的条款。商品房买卖合同中如果有格式条款，房地产开发企业应妥善处理。

有的地方可能对含有格式条款的房屋买卖合同实行备案管理。比如，按照《湖北省合同监督条例》第 14 条第 1 款规定，房屋买卖合同采取格式条款的，格式条款提供者应当在合同订立之前，将格式条款文本报核发其营业执照的市场监督管理部门备案。

房地产开发企业提供的商品房买卖合同中如果有格式条款，设置的格式条款不可"任性"。有些格式条款依法是无效的。比如，根据《民法典》第 497 条规定，具有以下情形之一的格式条款无效：（1）具有《民法典》第一编第六章第三节和《民法典》第 506 条规定的无效情形；（2）提供格式条款一方不合理地免除或者减轻其责任、加重对方责任、限制对方主要权利；（3）提供格式条款一方排除对方主要权利。

房地产开发企业提供的商品房买卖合同中如果有格式条款，房地产开发企业有进行合理提示与说明的义务。根据《民法典》第 496 条第 2 款规定，采用格式条款订立合同的，提供格式条款的一方应当遵循公平原则确定当事人之间的权利和义务，并采取合理的方式提示对方注意免除或者减轻其责任等与对方有重大利害关系的条款，按照对方的要求，对该条款予以说明。提供格式条款的一方未履行提示或者说明义务，致使对方没有注意或者理解与其有重大利害关系的条款的，对方可以主张该条款不成为合同的内容。

房地产开发企业提供的商品房买卖合同中如果有格式条款，房地产开发企业应尽量保证格式条款的表述准确无歧义，否则，在格式条款的解释上，房地产开发企业可能面临不利局面。《民法典》第 498 条规定，对格式条款的理解发生争议的，应当按照通常理解予以解释。对格式条款有两种以上解释的，应当作出不利于提供格式条款一方的解释。格式条款和非格式条款不一致的，应当采用非格式条款。

二、应与商品房买卖合同同时签署的文件

《物业管理条例》第 23 条第 2 款规定，物业买受人在与建设单位签订物业买卖合同时，应当对遵守临时管理规约予以书面承诺。《商品房销售管理办法》第 13 条规定，商品房销售时，房地产开发企业选聘了物业管理企业的，买受人应当在订立商品房买卖合同时与房地产开发企业选聘的物业管理企业订立有关物业管理的协议。

据此，购房人在与房地产开发企业签署商品房买卖合同的同时，还应签署遵守临时管理规约的承诺书，并与前期物业服务企业签署有关物业管理的协议。这些安排十分必要。首先，临时管理规约是在业主大会制定的管理规约生效前，业主进行自治管理的依据性文件，业主承诺遵守临时管理规约，是临时管理规约有效发生作用的前提。其次，购房人与前期物业服务企业签署有关物业管理的协议，是购房人对购房人与前期物业服务企业之间权利、义务关系的确认，有利于物业服务企业顺利开展物业管理相关工作。最后，购房人与房地产开发企业签署商品房买卖合同后，接下来就是等待收房，而一旦收房，物业管理权利义务和业主的自治管理权利义务即开始发生。因此，购房人在与房地产开发企业签署商品房买卖合同的同时签署遵守临时管理规约的承诺书并与前期物业服务企业签署有关物业管理的协议，使相关法律关系得到确认，从时间上看是非常合适的和必要的。

三、商品房买卖合同的备案、预告登记

国家对商品房买卖合同实行备案管理。根据《城市房地产开发经营管理条例》《城市商品房预售管理办法》的相关规定，房地产开发企业应当自商品房预售合同签订之日起30日内，到商品房所在地的县级以上人民政府房地产开发主管部门和负责土地管理工作的部门备案。各地政府相关主管部门可能将办理商品房买卖合同的备案时限进行压缩，房地产开发企业须了解项目所在地对备案时限的具体要求。

关于商品房买卖合同备案的方式，根据国务院《关于深入推进新型城镇化建设的若干意见》、国务院办公厅《关于促进房地产市场平稳健康发展的通知》、国务院办公厅转发建设部等部门《关于做好稳定住房价格工作意见的通知》、住房和城乡建设部《关于进一步加强房地产市场监管完善商品住房预售制度有关问题的通知》要求，国家推行新建商品房、存量房交易合同网上备案制度，推行商品房预销售合同网上即时备案，防范私下交易行为。2018年及2019年，分别发布住房城乡建设部《关于进一步规范和加强房屋网签备案工作的指导意见》及住房和城乡建设部《关于印发〈房屋交易合同网签备案业务规范（试行）〉的通知》（建房规〔2019〕5号），进一步规范和加强房屋网签备案工作。

关于合同备案对商品房买卖合同效力的影响，根据最高人民法院《关于审理商品房买卖合同纠纷案件适用法律若干问题的解释》第6条第2款的规定，当事人可以约定以办理登记备案手续为商品房预售合同生效条件，当事人有此约定的，从其约定，但即使当事人已约定以办理登记备案手续为商品房预售合同生效条件，当一方已经履行主要义务而对方接受的，合同生效。此外，如果当事人已约定以办理登记备案手续为商品房预售合同生效条件，且不存在一方已经履行主要义务而对方接受的情形，在合同登记备案手续完成前，合同效力仅处于待定状态，并不是无效。不论当事人是否约定以办理登记备案手续为商品房预售合同生效条件，当事人以商品房预售合同未按照法律、行政法规规定办理登记备案手续为由，请求确认合同无效的，不予支持。

根据《不动产登记暂行条例实施细则》第85条、第86条规定，预售人和预购人订立商品房买卖合同后，当事人可以按照约定申请预购商品房的预告登记，该预告登记应当提交下列材料：(1)已备案的商品房预售合同；(2)当事人关于预告登记的约定；(3)其他必要材料。申请预告登记的商品房已经办理在建建筑物抵押权首次登记的，当事人应当一并申请在建建筑物抵押权注销登记，并提交不动产权属转移

材料、不动产登记证明。不动产登记机构应当先办理在建建筑物抵押权注销登记，再办理预告登记。预告登记生效期间，未经预告登记的权利人书面同意，处分该不动产权利申请登记的，不动产登记机构应当不予办理。预告登记后，债权未消灭且自能够进行相应的不动产登记之日起3个月内，当事人申请不动产登记的，不动产登记机构应当按照预告登记事项办理相应的登记。

商品房买卖合同的备案与预告登记不同。前者属于行政管理，不属于不动产登记事项，主要目的是防范私下交易行为。而商品房预售合同的预告登记属于不动产登记，主要目的在于防范预售人将已预售商品房再次预售或抵押，使预购人预购目的落空，损害预购人利益，扰乱市场经营秩序。

四、商品房买卖合同的更名

在商品房销售实务中，有时会发生购房人签署商品房买卖合同后要求更名的情况，比如以丈夫名义购房后要求增加妻子作为共同购房人，或以丈夫名义购房后要求改为以妻子名义购房，或以子女名义购房后要求改为以父母名义购房或增加父母作为共同购房人等。偶尔还会发生购房人签署商品房买卖合同后要求改为以非直系亲属名义签署商品房买卖合同的情况。这些情况如何处理，国家政策有明确规定。根据国务院办公厅转发建设部等部门《关于做好稳定住房价格工作意见的通知》和住房和城乡建设部《关于进一步加强房地产市场监管完善商品住房预售制度有关问题的通知》相关规定，国务院决定实行实名制购房。国家严格预售商品住房退房管理，已签订商品住房买卖合同并网上备案、经双方协商一致需解除合同的，双方应递交申请并说明理由，所退房源应当公开销售。认购后不得擅自更改购房者姓名。禁止商品房预购人将购买的未竣工的预售商品房再行转让。在预售商品房竣工交付、预购人取得房屋所有权证之前，房地产主管部门不得为其办理转让等手续；房屋所有权申请人与登记备案的预售合同载明的预购人不一致的，房屋权属登记机关不得为其办理房屋权属登记手续。

严格控制商品房买卖合同的更名，客观上增加了房地产开发企业的工作量（更名需准备相关文件报主管部门批准），但这一安排着眼于抑制炒卖“楼花”，有利于防止商品房价格的暴涨暴跌、维护正常的房地产市场秩序。

第五节 限购与限贷

住房限购政策，自2010年开始实施。国务院《关于坚决遏制部分城市房价过快上涨的通知》提出，“要严格限制各种名目的炒房和投机性购房。商品住房价格过高、上涨过快、供应紧张的地区，商业银行可根据风险状况，暂停发放购买第三套及以上住房贷款；对不能提供1年以上当地纳税证明或社会保险缴纳证明的非本地居民暂停发放购买住房贷款。地方人民政府可根据实际情况，采取临时性措施，在一定时期内限定购房套数”。2021年12月，最高人民法院公布《关于人民法院司法拍卖房产竞买人资格若干问题的规定》，明确在人民法院组织的司法拍卖房产活动中，受房产所在地限购政策约束的竞买人申请参与竞拍，人民法院不予准许。该规定使既有限购政策更加完善。近年来，限购、限贷、限价、限售“四限”政策在住房买卖市场齐齐亮相。“四限”政策，特别是限购、限贷政策，对房地产市场产生了明显的影响，也因此产生了一些纠纷。

一、限购、限贷等调控措施的性质

（一）相关规定

部分地区高院就妥善处理涉及房地产调控政策的房屋买卖合同纠纷案件提出指导意见，以下列举北京、天津、浙江三地高院的意见供参考。

北京市高级人民法院民一庭《关于妥善处理涉及住房限购政策的房屋买卖合同纠纷案件若干问题的会议纪要》认为：“国家对于房地产市场的宏观调控并非是一个令所有市场主体猝不及防的突变过程，而是经历了一个从限贷到限购逐步加强和完善的发展过程。房屋买卖合同作为一种标的额相对较大、与买卖双方切身利益密切相关的合同，当事人在签订合同时对合同订立后可能出现的房地产市场风险及各种履行障碍均应当有一定程度的预见和判断。因此，住房限购政策在司法实践中不宜认定为《合同法》第一百一十七条规定的不可抗力。”“住房限购政策在性质上具有公共政策的性质，确实会对房屋买卖合同能否继续履行造成重大影响。对于合同订立后由于住房限购政策的实施致使买受人无法办理房屋过户登记的，属于因不可归责于双方当事人的原因导致合同目的无法实现，当事人要求解除合同的，除合同另有约定外，一般应予支持。出卖人应当将收受的购房款或定金返还给买受人；当事人一方要求另一方承担违约责任或适用定金罚则的，不予支持；经审查合同解除确实导致当事人间利益失衡，损失方要求对方补偿其所受合理损失的，可酌情予以支持。房屋买卖合同依约定期限能够实际履行，因一方当事人的原因致合同处于迟延履行状态，在此期间由于住房限购政策的实施导致合同无法继续履行的，对守约方要求解除合同，并要求另一方承担赔偿损失等违约责任的诉讼请求,应予支持。”

天津市高级人民法院《关于依法妥善审理房屋买卖合同纠纷案件的通知》规定,因受限贷、限购、禁购等房地产调控政策的直接影响,合同确实无法继续履行的,一般应认定合同不能履行属于不可归责于双方当事人的情形,当事人据此请求人民法院变更或者解除合同的,人民法院应当结合案件的实际情况准予变更或者解除合同。因前述原因,当事人解除合同以后,出卖人应当将已经收到的购房款或定金返还给买受人,买受人应将接收的房屋返还给出卖人。因解除合同造成的损失一般情况下应按照公平原则由双方合理分担。如因一方当事人过错导致当事人利益严重失衡,损失方要求加大对方承担比例的,可酌情予以支持。

浙江省高级人民法院民一庭《关于审理受房地产市场调控政策影响的房屋买卖合同纠纷案件的若干意见(试行)》规定:“二、纯粹因受限贷、限购、禁购等调控政策的直接影响,合同确实无法继续履行的,不属于‘不可抗力’,一般应认定属于《解释》第四条、第二十三条规定的‘不可归责于当事人双方的事由’。当事人据此请求解除合同的,可予以支持,但当事人另有约定的除外。”“十、根据个案特殊情况,确需依照《最高人民法院关于适用〈中华人民共和国合同法〉若干问题的解释(二)》的规定,适用情势变更原则处理的,应严格按照《最高人民法院关于正确适用〈中华人民共和国合同法〉若干问题的解释(二)服务党和国家的工作大局的通知》(法〔2009〕165 号)第二条的规定,逐级层报我院审核。”

(二)调控政策性质

1. 房地产调控政策不宜认定为不可抗力

根据《民法典》第 180 条第 2 款规定,不可抗力是指不能预见、不能避免且不能克服的客观情况。房地产调控政策不宜认定为不可抗力,理由北京高院的会议纪要已经阐释得比较清楚。自 2010 年以来,城市房地产价格节节攀升,为控制房地产价格过快上涨,限购、限贷等调控政策多数情况下均在一些一、二线城市实施,有些城市甚至一直在实施,尽管偶有取消或调整等变化,但市民已习以为常。因此,限购、限贷措施理论上具有可预见性。限购措施在部分城市实施过程中,曾暂停实施过。限贷措施影响购房人支付能力,但理论上购房人可通过其他渠道筹款。因而,限购、限贷的影响也不能说不能克服。故如将限购、限贷等房地产调控政策认定为不可抗力,不尽符合法律关于不可抗力的定义。

2. 是否可认定为情势变更

所谓情势变更,是指合同成立以后客观情况发生的当事人在订立合同时无法预见的、非不可抗力造成的不属于商业风险的重大变化,是当事人在缔约时无法预见的非市场系统固有的风险，该等变化导致继续履行合同对于一方当事人明显不公平或者不能实现合同目的。

如前所述，限购、限贷措施理论上具有可预见性，且在实施多年后已初步具有市场系统固有风险的特点，故一般不应认定为情势变更。但浙江高院并未完全排除适用情势变更原则处理受房地产市场调控政策影响的房屋买卖合同纠纷案件。

根据《民法典》第533条规定及最高人民法院印发《〈关于当前形势下审理民商事合同纠纷案件若干问题的指导意见〉的通知》相关规定，发生情势变更后，当事人请求人民法院变更或者解除合同的，人民法院应当根据公平原则，并结合案件的实际情况确定是否变更或者解除。此原则即情势变更原则。人民法院在判断某种重大客观变化是否属于情势变更时，应当注意衡量风险类型是否属于社会一般观念上的事先无法预见、风险程度是否远远超出正常人的合理预期、风险是否可以防范和控制、交易性质是否属于通常的“高风险高收益”范围等因素，并结合市场的具体情况，在个案中识别情势变更和商业风险。为防止情势变更原则被滥用而影响市场正常的交易秩序，人民法院需慎重适用该原则。如果根据案件的特殊情况，确需在个案中适用的，应当由高级人民法院审核，必要时应报请最高人民法院审核。

适用情势变更原则并非简单地豁免债务人的义务而使债权人承受不利后果，而是要充分注意利益均衡，公平合理地调整双方利益关系，侧重于保护守约方。在诉讼过程中，人民法院要积极引导当事人重新协商，改订合同；重新协商不成的，争取调解解决；必要时可变更或者解除合同。

3. 认定为不可归责于双方当事人的事由

北京、天津、浙江高院均认为，因受限贷、限购、禁购等房地产调控政策的直接影响，合同确实无法继续履行的，一般应认定合同不能履行属于不可归责于双方当事人的情形，即双方对此均无过错。

二、因限购产生争议的处理

现将相关高院的规定、指导意见汇总如下。

（1）关于先签约后出台限购政策。调控政策实施前订立的合同确因限购、禁购政策而导致无法继续履行的，除当事人另有约定外，当事人均可以请求人民法院变更或者解除合同的，人民法院应当结合案件的实际情况准予变更或者解除合同。解除合同的，出卖人应当将收受的购房款或者定金返还买受人。买受人应将接收的房屋返还给出卖人。因解除合同造成的损失一般情况下应按照公平原则由双方合理分担。一方起诉或反诉请求继续履行合同、承担违约责任或适用定金罚则的，不予支持；但出卖人请求买受人承担其为订立合同而实际发生的费用等合理损失的，可酌情予以支持。

确因限购限贷政策无法办理房屋所有权变更登记，买受人请求判令出卖人办理过户登记手续的，人民法院应向其释明可以变更诉讼请求；买受人坚持不变更的，一般情况下应驳回其诉讼请求。

（2）关于迟延履行期间出台限购政策。房屋买卖合同依约定期限能够实际履行，因一方当事人的原因致合同处于迟延履行状态，在此期间由于住房限购政策的实施导致合同无法继续履行的，对守约方要求解除合同，并要求另一方承担赔偿损失等违约责任的诉讼请求，应予支持。违约方要求解除合同的，应予支持。守约方可就违约方行为导致的损失，另行主张权利。

（3）关于借名买房。因住房限购政策的限制，当事人约定一方以他人名义购买房屋，并将房屋登记在他人名下，借名人以其系实际买受人为由，要求确认房屋归其所有或办理房屋过户登记的，不予支持；借名人因自身条件变化或政策发生调整等原因符合住房限购政策的，可以判决登记人为其办理房屋过户登记手续。

浙江高院还保留了支持实际买受人确认其为房屋产权人的请求的可能性。浙江省高级人民法院民一庭《关于审理受房地产市场调控政策影响的房屋买卖合同纠纷案件的若干意见（试行）》第8条规定："实际买受人为规避限购、禁购政策，以他人名义与出卖人订立合同并办理房屋权属证书后，以其系实际买受人为由，请求确认其为房屋产权人的，不予支持，但调控政策重新调整并准许其取得产权的除外。"

（4）关于一方隐瞒或虚构具备购房资格。《湖北省高级人民法院民事审判工作座谈会会议纪要（2013年）》第40条规定，住房限购政策实施后，因一方当事人故意隐瞒或虚构相关事实，导致订立的合同违反住房限购政策而无法继续履行，另一方当事人请求解除或撤销合同，并要求对方当事人赔偿其因此所受损失的，应予支持。北京、浙江高院有基本相同规定。

（5）关于当事人双方在订立合同时明知或应当知道该合同不符合当时的住房限购政策的。浙江省高级人民法院民一庭《关于审理受房地产市场调控政策影响的房屋买卖合同纠纷案件的若干意见（试行）》第7条规定："调控政策实施后，因一方当事人隐瞒或虚构事实情况，导致订立的合同违背调控政策而无法继续履行，另一方当事人请求依法变更或撤销合同，并要求对方当事人承担其因此所受损失的，可予以支持。双方当事人均知道或应当知道订立的合同违反调控政策的强制性规定，一方当事人请求确认合同有效、继续履行的，不予支持。”北京高院有基本相同规定。

三、因信贷政策变化导致商品房买卖合同不能履行的处理

信贷政策是国家调控房地产市场的重要工具。政府通过对住房贷款最低首付款比例、贷款利率等进行调整，影响住房市场的需求，以期实现调控目标。特别是住房商业贷款，政策调整比较频繁，对房地产市场影响也比较大。比如国务院办公厅《关于进一步做好房地产市场调控工作有关问题的通知》规定，要强化差别化住房信贷政策，对贷款购买第二套住房的家庭，首付款比例不低于60%，贷款利率不低于基准利率的1.1倍。中国人民银行、银监会《关于完善差别化住房信贷政策有关问题的通知》要求，各商业银行暂停发放居民家庭购买第三套及以上住房贷款；对不能提供一年以上当地纳税证明或社会保险缴纳证明的非本地居民暂停发放购房贷款。中国人民银行、银监会《关于调整个人住房贷款政策有关问题的通知》规定，在不实施“限购”措施的城市，居民家庭首次购买普通住房的商业性个人住房贷款，原则上最低首付款比例为25%，各地可向下浮动5个百分点；对拥有1套住房且相应购房贷款未结清的居民家庭，为改善居住条件再次申请商业性个人住房贷款购买普通住房，最低首付款比例调整为不低于30%。对于实施“限购”措施的城市，个人住房贷款政策按原规定执行。

（一）相关规定

天津市高级人民法院《关于依法妥善审理房屋买卖合同纠纷案件的通知》：

“……七、关于受房地产调控政策影响案件的处理问题

因受限贷、限购、禁购等房地产调控政策的直接影响，合同确实无法继续履行的，一般应认定合同不能履行属于不可归责于双方当事人的情形，当事人据此请求人民法院变更或者解除合同的，人民法院应当结合案件的实际情况准予变更或者解除合同。

因前述原因，当事人解除合同以后，出卖人应当将已经收到的购房款或定金返还给买受人，买受人应将接收的房屋返还给出卖人。因解除合同造成的损失一般情况下应按照公平原则由双方合理分担。如因一方当事人过错导致当事人利益严重失衡，损失方要求加大对方承担比例的，可酌情予以支持。”

山东省高级人民法院《关于印发全省民事审判工作会议纪要的通知》：

“……（四）关于因信贷政策变化导致商品房买卖合同不能履行的处理问题

国家为遏制房地产价格的过快上涨,先后采取一系列宏观调控政策,其中以提高商品房款首付比例和贷款利率为主要内容的信贷政策的变化对商品房买卖合同的履行影响比较大。对于买受人以按揭贷款方式支付购房款的商品房买卖合同履行中,如买受人有证据举证证明确因信贷政策的变化而不能办理合同约定的按揭贷款,且双方对付款方式无法协商变更,而请求解除商品房买卖合同的,可予以支持。但合同有明确约定的除外。"

浙江省高级人民法院民一庭《关于审理受房地产市场调控政策影响的房屋买卖合同纠纷案件的若干意见(试行)》:

"……二、纯粹因受限贷、限购、禁购等调控政策的直接影响,合同确实无法继续履行的,不属于'不可抗力',一般应认定属于《解释》第四条、第二十三条规定的'不可归责于当事人双方的事由'。当事人据此请求解除合同的,可予以支持,但当事人另有约定的除外。

三、调控政策实施前订立的合同并未明确约定以按揭贷款方式付款,现买受人以其因受限贷政策影响而无法继续履行为由,请求解除合同的,一般不予支持。

四、调控政策实施前订立的合同约定以按揭贷款方式付款,现买受人举证证明其确因首付款比例提高、不能办理按揭贷款等导致无法继续履行,而请求解除合同的,可予以支持;出卖人应当将收受的购房款或者定金返还买受人。出卖人请求买受人承担其为订立合同而实际发生的费用等合理损失的,可酌情予以支持。

五、调控政策实施前订立的合同在限贷政策实施后,买受人既未按约履行也未提出解约,经出卖人催告后仍未在合理期限内履行或提出解约,出卖人请求继续履行合同或解除合同,并由买受人承担违约责任的,应予以支持。"

(二)总体裁判尺度

从以上高院意见可以看出,关于信贷政策对合同履行的影响,各地高院政策虽不完全一致,但基本相同,概括起来大体如下:

(1)商品房买卖合同并未明确约定以按揭贷款方式付款,买受人以其因受限贷政策影响而无法继续履行为由,请求解除合同的,一般不予支持。

(2)商品房买卖合同明确约定买受人以按揭贷款方式付款,调控政策实施后首付款比例要求提高,买受人一般不得以不能支付足够首付款从而不能办理银行贷款为由主张解除商品房买卖合同。因为买受人对合同订立后可能出现的各种履行障碍,应当有充分、合理的预见,并对可能出现的履行障碍有相应的解决方案。一般情况下,买受人可以通过其他途径筹措首付款资金履行付款义务。

(3)首付款比例提高后,买受人能举证证明确实严重影响其履约能力,房屋买卖合同事实上已不可能继续履行，且该履行障碍并非房屋买受人的信用低等个人原因所致，房屋买受人主张解除房屋买卖合同的，可予以支持；出卖人应当将收受的购房款或者定金返还买受人。出卖人请求买受人承担其为订立合同而实际发生的费用等合理损失的，可酌情予以支持。

(4)调控政策实施前订立的合同在限贷政策实施后，买受人既未按约履行也未提出解约，经出卖人催告后仍未在合理期限内履行或提出解约，出卖人请求继续履行合同或解除合同，并由买受人承担违约责任的，应予以支持。

(5)买卖双方约定如限贷政策调整，买受人应自行筹集资金付款，不得主张解除合同的，从双方当事人约定。

第六节　商品房交付使用与保修

一、商品房交付使用的条件

(一)早先的商品房交付使用条件

1998年7月20日开始施行的《城市房地产开发经营管理条例》第17条和第18条规定："房地产开发项目竣工，经验收合格后，方可交付使用；未经验收或者验收不合格的，不得交付使用。房地产开发项目竣工后，房地产开发企业应当向项目所在地的县级以上地方人民政府房地产开发主管部门提出竣工验收申请。房地产开发主管部门应当自收到竣工验收申请之日起30日内，对涉及公共安全的内容，组织工程质量监督、规划、消防、人防等有关部门或者单位进行验收。""住宅小区等群体房地产开发项目竣工，应当依照本条例第十七条的规定和下列要求进行综合验收：(一)城市规划设计条件的落实情况；(二)城市规划要求配套的基础设施和公共设施的建设情况；(三)单项工程的工程质量验收情况；(四)拆迁安置方案的落实情况；(五)物业管理的落实情况。住宅小区等群体房地产开发项目实行分期开发的，可以分期验收。"

按照上述规定，房地产开发项目竣工经综合验收合格后方可交付使用。但这一要求现已取消。2004年5月19日，国务院《关于第三批取消和调整行政审批项目的决定》决定取消《城市房地产开发经营管理条例》设定的"住宅小区等群体房地产开发项目竣工综合验收"这一行政审批项目。此后，综合验收合格不再是行政法规层面的房屋交付使用条件。但也有地方，比如上海，认为《城市房地产开发经营管理条例》原设定的竣工综合验收行政审批具有积极意义，因而在地方性法规中吸收了其主要内容。《上海市新建住宅交付使用许可规定》第 4 条、第 5 条、第 9 条规定："新建住宅建设工程竣工并经有关部门验收合格后，住宅建设单位应当向区、县房屋行政管理部门申请新建住宅交付使用许可。申请人申请许可时，应当提供新建住宅建设工程竣工验收备案证书，并提供配套设施符合交付使用条件的相关文件、资料。""新建住宅申请交付使用许可，其配套设施应当符合下列条件：（一）住宅生活用水纳入城乡自来水管网。（二）住宅用电按照电力部门的供电方案，纳入城市供电网络，不使用临时施工用电。（三）住宅的雨水、污水排放纳入永久性城乡雨水、污水排放系统；确因客观条件所限需采取临时性排放措施的，应当经水务、环保部门审核同意，并确定临时排放的期限。（四）住宅小区附近有燃气管网的，完成住宅室内、室外燃气管道的敷设并与燃气管网镶接；住宅小区附近没有燃气管网的，完成住宅室内燃气管道的敷设，并负责落实燃气供应渠道。（五）住宅小区内电话通信线、有线电视线和宽带数据传输信息端口敷设到户。（六）住宅小区与城市道路或者公路之间有直达的道路相连。（七）住宅小区按照规划要求配建的公共交通站点暂未开通公共交通线路，且住宅小区与已开通的公共汽车和电车、轨道交通站点距离均超过二公里的，住宅建设单位应当配备短途交通车辆通达公共汽车、电车或者轨道交通站点。（八）按照规划要求完成教育、医疗保健、环卫、邮政、菜场及其他商业服务、社区服务和管理等公共服务设施的配建。由于住宅建设工程分期建设，上述设施尚未建成的，应当有可供过渡使用的相应公共服务设施。（九）按照本市住宅设计标准预留设置空调器外机和冷凝水排放管的位置。（十）完成住宅小区内的绿化建设。（十一）住宅建设工程分期建设的，建成的住宅周边场地清洁、道路平整，与施工工地有明显有效的隔离措施。""住宅建设单位违反本规定，未取得新建住宅交付使用许可证擅自交付使用新建住宅的，区、县房屋行政管理部门应当责令停止交付使用，限期改正，处以交付使用住宅销售额千分之五以上千分之十以下的罚款，并可以降低其房地产开发经营资质。"

（二）国家层面相关规范性文件规定商品房交付使用应满足的条件

1. 工程经竣工验收合格并在当地主管部门备案

《民法典》第 799 条第 2 款规定，建设工程竣工经验收合格后，方可交付使用；未经验收或者验收不合格的，不得交付使用。《城市房地产管理法》第 27 条、《建筑法》第 61 条、《建设工程质量管理条例》第 16 条有完全或基本相同的规定。住房和城乡建设部《关于进一步加强房地产市场监管完善商品住房预售制度有关问题的通知》要求，各地要依据法律法规及有关建设标准，制定本地商品住房交付使用条件。商品住房交付使用条件应包括工程经竣工验收合格并在当地主管部门备案。

购买具备正常使用功能的房屋，是购房人购房的基本目的。建设工程经竣工验收合格，方可确认其具备正常的使用功能。房地产开发企业向购房人交付具备正常使用功能的房屋，购房人的购房目的才能实现。反之，如果购房人购买的商品房主体结构质量不合格，购房人的购房目的不能实现，则购房人可能主张解除合同并要求赔偿损失。购房人的这一合情合理的要求有法律的明确支持。《城市房地产开发经营管理条例》第31条规定："商品房交付使用后，购买人认为主体结构质量不合格的，可以向工程质量监督单位申请重新核验。经核验，确属主体结构质量不合格的，购买人有权退房；给购买人造成损失的，房地产开发企业应当依法承担赔偿责任。"最高人民法院《关于审理商品房买卖合同纠纷案件适用法律若干问题的解释》第9条规定："因房屋主体结构质量不合格不能交付使用，或者房屋交付使用后，房屋主体结构质量经核验确属不合格，买受人请求解除合同和赔偿损失的，应予支持。"《商品房销售管理办法》第35条规定："商品房交付使用后，买受人认为主体结构质量不合格的，可以依照有关规定委托工程质量检测机构重新核验。经核验，确属主体结构质量不合格的，买受人有权退房；给买受人造成损失的，房地产开发企业应当依法承担赔偿责任。"

那么，从商品房买卖角度而言，已经完成竣工验收尚未办理竣工验收备案的房屋是否可交付使用？

《建设工程质量管理条例》第49条第2款规定，建设行政主管部门或者其他有关部门发现建设单位在竣工验收过程中有违反国家有关建设工程质量管理规定行为的，责令停止使用，重新组织竣工验收。《房屋建筑和市政基础设施工程竣工验收备案管理办法》第12条规定，备案机关决定重新组织竣工验收并责令停止使用的工程，建设单位在备案之前已投入使用或者建设单位擅自继续使用造成使用人损失的，由建设单位依法承担赔偿责任。

由上述规定可见，已经完成竣工验收的工程，如果不违反其他相关规定，仅未完成竣工验收备案，可以交付使用。但如在备案过程中备案机关决定重新组织竣工验收并责令停止使用，必然会给购房人造成损失，建设单位需依法承担赔偿责任。因此，一般情况下，房地产开发企业在完成竣工验收备案后，方可将房屋交付给购房人。

2. 依法应当进行消防验收的建设工程，消防验收合格；其他建设工程如被抽查，抽查合格

《消防法》第11条规定："国务院住房和城乡建设主管部门规定的特殊建设工程，建设单位应当将消防设计文件报送住房和城乡建设主管部门审查，住房和城乡

建设主管部门依法对审查的结果负责。”第13条规定:“国务院住房和城乡建设主管部门规定应当申请消防验收的建设工程竣工,建设单位应当向住房和城乡建设主管部门申请消防验收。前款规定以外的其他建设工程,建设单位在验收后应当报住房和城乡建设主管部门备案,住房和城乡建设主管部门应当进行抽查。依法应当进行消防验收的建设工程,未经消防验收或者消防验收不合格的,禁止投入使用;其他建设工程经依法抽查不合格的,应当停止使用。”

3. 配套基础设施和公共设施已建成并满足使用要求、北方地区住宅分户热计量装置安装符合设计要求、住宅质量保证书和住宅使用说明书制度已落实、商品住房质量责任承担主体已明确、前期物业管理已落实

住房和城乡建设部《关于进一步加强房地产市场监管完善商品住房预售制度有关问题的通知》要求:“各地要依据法律法规及有关建设标准,制定本地商品住房交付使用条件。商品住房交付使用条件应包括工程经竣工验收合格并在当地主管部门备案、配套基础设施和公共设施已建成并满足使用要求、北方地区住宅分户热计量装置安装符合设计要求、住宅质量保证书和住宅使用说明书制度已落实、商品住房质量责任承担主体已明确、前期物业管理已落实。房地产开发企业在商品住房交付使用时,应当向购房人出示上述相关证明资料。”

4. 发、承包双方已办清工程竣工结算

《建设工程价款结算暂行办法》第21条规定:“工程竣工后,发、承包双方应及时办清工程竣工结算,否则,工程不得交付使用,有关部门不予办理权属登记。”

5. 建设单位与选聘的物业服务企业完成物业共用部位、共用设施设备的承接查验工作,包括向物业服务企业移交物业服务用房以及其他物业共用部位、共用设施设备

《物业承接查验办法》第10条规定:“建设单位应当在物业交付使用15日前,与选聘的物业服务企业完成物业共用部位、共用设施设备的承接查验工作。”第24条规定:“建设单位应当在物业承接查验协议签订后10日内办理物业交接手续,向物业服务企业移交物业服务用房以及其他物业共用部位、共用设施设备。”鉴于根据《物业承接查验办法》第13条规定,办理物业交接手续是物业承接查验最后一个程序,结合《物业承接查验办法》第10条规定,建设单位向物业服务企业移交物业服务用房以及其他物业共用部位、共用设施设备也应在向购房人交付商品房之前完成。

6. 商品住宅的业主应当在办理房屋入住手续前,将首期住宅专项维修资金存入住宅专项维修资金专户

根据《住宅专项维修资金管理办法》第12条、第13条、第36条规定,商品住宅

的业主应当在办理房屋入住手续前，将首期住宅专项维修资金存入住宅专项维修资金专户。已售公有住房的业主应当在办理房屋入住手续前，将首期住宅专项维修资金存入公有住房住宅专项维修资金专户或者交由售房单位存入公有住房住宅专项维修资金专户。公有住房售房单位应当在收到售房款之日起30日内，将提取的住宅专项维修资金存入公有住房住宅专项维修资金专户。未按该办法规定交存首期住宅专项维修资金的，开发建设单位或者公有住房售房单位不得将房屋交付购买人。开发建设单位违反本办法第13条规定将房屋交付买受人的，由县级以上地方人民政府建设（房地产）主管部门责令限期改正；逾期不改正的，处以3万元以下的罚款。

根据上述规定，购房人在收房前交存首期专项维修资金是购房人的义务，但如购房人在收房时未交存首期专项维修资金，则不交房是房地产开发企业的义务。

以上是国家层面直接规定的交付使用的商品房应当具备的条件。但《物业承接查验办法》第9条和第11条规定的条件，事实上也应当是商品房交付使用应当具备的条件。因为建设单位与前期物业服务企业完成对物业共用部位、共用设施设备的查验，应在商品房交付使用前完成，故实施承接查验的物业应具备的条件，理应是商品房交付使用应具备的条件。《物业承接查验办法》第9条规定："建设单位应当按照国家有关规定和物业买卖合同的约定，移交权属明确、资料完整、质量合格、功能完备、配套齐全的物业。"第11条规定："实施承接查验的物业，应当具备以下条件：（一）建设工程竣工验收合格，取得规划、消防、环保等主管部门出具的认可或者准许使用文件，并经建设行政主管部门备案；（二）供水、排水、供电、供气、供热、通信、公共照明、有线电视等市政公用设施设备按规划设计要求建成，供水、供电、供气、供热已安装独立计量表具；（三）教育、邮政、医疗卫生、文化体育、环卫、社区服务等公共服务设施已按规划设计要求建成；（四）道路、绿地和物业服务用房等公共配套设施按规划设计要求建成，并满足使用功能要求；（五）电梯、二次供水、高压供电、消防设施、压力容器、电子监控系统等共用设施设备取得使用合格证书；（六）物业使用、维护和管理的相关技术资料完整齐全；（七）法律、法规规定的其他条件。"

2016年10月1日起施行的《湖北省物业服务和管理条例》第43条所规定的交付的物业应当具备的条件，基本采用了《物业承接查验办法》第11条规定的标准，并规定建设单位将未达到交付条件的新建物业交付给买受人的，应当承担相应的责任，并承担前期物业服务费用。考虑到因地域差别等原因，各地交付的商品房应具备的条件并不完全相同，比如北方因供暖需要，所交付的商品住宅分户热计量装置应已安装完毕等，所以，各地的商品房交付使用时应具备的条件，除了一些全国共同适用的条件,还需考虑地方相关规定的安排。

(三)应如何把握商品房交付使用的条件

如前文述及,对于商品房交付使用应当具备的条件,国家层面的相关规范性文件有直接或间接的要求。各地也会有自己的相应要求。房地产开发企业交付给购房人的商品房,应达到什么条件,由房地产开发企业与购房人在商品房买卖合同中约定,但约定不应违反法律、行政法规的强制性规定,否则相关约定无效。如果双方的约定不违反法律、行政法规的强制性规定,则约定有效,房地产开发企业应按双方约定的条件向购房人交付商品房。

如果房地产开发企业不能按双方约定的有效条件向购房人交付商品房,则应承担相应的违约责任。如果房地产开发企业与购房人在商品房买卖合同中约定的交付条件不违反法律、行政法规的强制性规定,但交付的商品房不符合其他规范性文件的要求而这些要求不属于法律、行政法规的强制性规定,理论上房地产开发企业可以按合同约定条件交房而无须承担违约责任,但房地产开发企业可能承担由此产生的行政责任,此外,也可能因购房人举报所交付商品房达不到相关规范性文件要求而发生相关行政主管部门介入或相关行政主管部门主动的介入而使房地产开发企业不能交付商品房而需承担迟延交房的违约责任。总言之,房地产开发企业所交付的商品房应尽可能达到国家和地方规定及与购房人约定的各项要求;在达到与购房人约定的交房条件的情况下,还必须至少满足国家法律、行政法规的强制性要求。

二、不符合法定强制性交付条件买受人要求交付商品房的处理

如果房屋不具备交付使用条件,买受人起诉要求交付的,北京市高级人民法院《关于审理房屋买卖合同纠纷案件若干疑难问题的会议纪要》规定,买受人要求交付商品房,经审查房屋已经完工但未办理竣工验收手续,不符合法定强制性交付条件的,可以判决出卖人在合理期限内组织工程竣工验收,并将验收合格的房屋交付给买受人,但买卖合同存在永久性履行不能情形的除外。

三、买受人明知商品房不具备法定或约定交付条件仍同意接收房屋后索赔

买受人明知商品房不具备法定或约定交付条件仍同意接收房屋后,又以房屋

不具备交付条件为由主张逾期交房违约金的，北京市高级人民法院《关于审理房屋买卖合同纠纷案件若干疑难问题的会议纪要》规定不予支持，但买受人有权要求出卖人依据法律规定或合同约定完善房屋交付条件，并主张因房屋交付条件不具备给其造成的实际损失。

四、商品房交付使用与物业管理的衔接

商品房交付使用时，涉及业主与房地产开发企业的具体事务包括面积差价款的结算、房屋钥匙的领取、商品房使用说明书和质量保证书的领取等。与此同时，自收房之日起，业主开始享受前期物业服务企业提供的物业管理服务，并接受前期物业服务企业按照法律、法规、临时管理规约等规定对房屋装修等进行的管理（当然，无论个别业主是否按时收房及收房后是否入住，自业主收房前的承接查验完成之日起，前期物业服务企业都会按前期物业服务合同约定提供物业管理服务）。所以，商品房交付使用时，业主既需与房地产开发企业办理相关手续，也需与前期物业服务企业办理相关手续。两方面的手续结合在一起办理，已成为行业惯例。业主在商品房交付使用时需与前期物业服务企业办理手续的一个重要方面，是按照前期物业服务合同的约定交纳物业管理费用，以保证前期物业服务企业（特别是酬金制下的前期物业服务企业）获得必要的资金顺利开展物业管理服务工作、满足业主对物业管理服务的需要。

为了全体业主的共同利益，房地产开发企业可以与业主在商品房买卖合同中约定业主在收房时按前期物业服务合同的约定交纳物业管理费用作为收房的前提条件或其中的一个环节，也可以按惯例通知业主在收房时按前期物业服务合同的约定交纳物业管理费用。当然前者更好，毕竟合同约定更加清楚明白。

五、商品房完成交付使用的标志与房屋风险转移

房屋是否完成交付使用，对房地产开发企业与购房人而言均具有重要意义。第一，决定房地产开发企业是否按合同约定履行了交付义务，从而是否需因此承担违约责任，购房人能否顺利占有、使用房屋。第二，一般情况下，商品房交付使用之前的费用，包括物业管理费，由房地产开发企业承担，交付使用之后，由购房人承担，但不排除有些地方的规定会略有出入。第三，房屋的交付使用还决定着房屋毁损、灭失的风险承担者。根据最高人民法院《关于审理商品房买卖合同纠纷案件适用法律若干问题的解释》第 8 条第 2 款的规定，房屋毁损、灭失的风险，在交付使用

前由出卖人承担，交付使用后由买受人承担；买受人接到出卖人的书面交房通知，无正当理由拒绝接收的，房屋毁损、灭失的风险自书面交房通知确定的交付使用之日起由买受人承担，但法律另有规定或者当事人另有约定的除外。最高人民法院《关于审理商品房买卖合同纠纷案件适用法律若干问题的解释》第8条关于房屋风险转移的规定，与《民法典》第604条规定及第605条规定的精神保持了一致。

完成房屋交付使用的标志，根据最高人民法院《关于审理商品房买卖合同纠纷案件适用法律若干问题的解释》第8条第1款的规定，房地产开发企业可以与购房人自行约定。实践中，有房地产开发企业与购房人约定以完成房屋主入户门钥匙的交接作为完成房屋交付使用的标志。如果双方没有约定房屋交付完成的标志，最高人民法院《关于审理商品房买卖合同纠纷案件适用法律若干问题的解释》第8条规定"对房屋的转移占有，视为房屋的交付使用……"不过，对房屋的转移占有比较抽象。如前所述，房屋完成交付的时间，决定着房屋缺损、灭失的风险承担者，利害关系重大，因而应该具体、容易识别。

六、住宅质量保证书与住宅使用说明书

为了保障住房消费者的权益，加强商品住宅售后服务管理，促进住宅销售，原建设部决定在房地产开发企业的商品房销售中实行《住宅质量保证书》和《住宅使用说明书》制度，并于1998年5月12日印发了《商品住宅实行住宅质量保证书和住宅使用说明书制度的规定》。

根据《城市房地产开发经营管理条例》第30条，《商品房销售管理办法》第32条，《商品住宅实行住宅质量保证书和住宅使用说明书制度的规定》第3条、第10条、第11条等的相关规定，房地产开发企业应当在商品房交付使用时，向购买人提供《住宅质量保证书》和《住宅使用说明书》。《住宅质量保证书》和《住宅使用说明书》由房地产开发企业自行印制，各地建设和房地产管理部门可以根据实际情况制定《住宅质量保证书》的样本。《住宅质量保证书》和《住宅使用说明书》以购买者购买的套(幢)发放，每套(幢)住宅均应附有各自的《住宅质量保证书》和《住宅使用说明书》。《住宅质量保证书》和《住宅使用说明书》可以作为商品房购销合同的补充规定。

根据《城市房地产开发经营管理条例》第30条，《商品住宅实行住宅质量保证书和住宅使用说明书制度的规定》第4条、第5条，《节约能源法》第36条，《民用建筑节能条例》第22条，《民用建筑节能信息公示办法》第6条等的规定，《住宅质量

保证书》应当包括以下内容：工程质量监督部门核验的质量等级；地基基础和主体结构在合理使用寿命年限内承担保修；正常使用情况下各部位、部件保修内容与保修期；房屋的节能措施、保温工程保修期等；用户报修的单位（委托物业管理公司等单位维修的，应在《住宅质量保证书》中明示所委托的单位）；答复和处理的时限。

根据《商品住宅实行住宅质量保证书和住宅使用说明书制度的规定》第8条、第9条，《节约能源法》第36条，《民用建筑节能条例》第22条等的规定，《住宅使用说明书》应当对住宅的结构、性能和各部位（部件）的类型、性能、标准等作出说明，并提出使用注意事项，一般应当包含以下内容：(1)开发单位、设计单位、施工单位，委托监理的应注明监理单位；(2)结构类型；(3)装修、装饰注意事项；(4)上水、下水、电、燃气、热气、通讯、消防等设施配置的说明；(5)有关设备、设施安装预留位置的说明和安装注意事项；(6)门、窗类型，使用注意事项；(7)配电负荷；(8)承重墙、保温墙、防水层、阳台等部位注意事项的说明；(9)房屋的节能措施、保温工程保修期等信息；(10)其他需说明的问题。住宅中配置的设备、设施，生产厂家另有使用说明书的，应附于《住宅使用说明书》中。

七、商品房保修

（一）商品住宅保修

根据《城市房地产开发经营管理条例》第30条、《商品房销售管理办法》第33条规定，房地产开发企业应当对所售住宅承担质量保修责任。房地产开发企业履行保修义务、承担保修责任的合同依据包括商品房买卖合同中就保修范围、保修期限、保修责任等所作的约定，以及《住宅质量保证书》。

1. 保修范围、保修期限与起始日期

《商品房销售管理办法》第33条第2款规定，商品住宅的保修期限不得低于建设工程承包单位向建设单位出具的质量保修书约定保修期的存续期；存续期少于《商品住宅实行住宅质量保证书和住宅使用说明书制度的规定》中确定的最低保修期限的，保修期不得低于《商品住宅实行住宅质量保证书和住宅使用说明书制度的规定》中确定的最低保修期限。由以上规定可见，国家对商品住宅的保修期限截止日期采用了建设工程承包单位向建设单位出具的质量保修书约定保修期的存续期截止日期与《商品住宅实行住宅质量保证书和住宅使用说明书制度的规定》中确定的最低保修期限的截止日期孰后届至的规定，以期最大限度保护商品住宅购买人的利益。

《商品住宅实行住宅质量保证书和住宅使用说明书制度的规定》规定商品住宅正常使用情况下各部位、部件保修内容与最低保修期限为：屋面防水3年；墙面、厨房和卫生间地面、地下室、管道渗漏1年；墙面、顶棚抹灰层脱落1年；地面空鼓开裂、大面积起砂1年；门窗翘裂、五金件损坏1年；管道堵塞2个月；供热、供冷系统和设备1个采暖期或供冷期；卫生洁具1年；灯具、电器开关6个月；其他部位、部件的保修期限，由房地产开发企业与购房人自行约定。

《商品房销售管理办法》第33条第1款规定，保修期从交付之日起计算。也就是说，房地产开发企业对购房人所购买的商品房，自房地产开发企业将商品房交付给购房人之日起计算。

2. 房地产开发企业不承担保修责任的情形

综合《商品房销售管理办法》第33条和《商品住宅实行住宅质量保证书和住宅使用说明书制度的规定》第7条、第12条的规定，以下情形下的房屋质量问题，房地产开发企业不承担保修责任：(1)因不可抗力造成的损坏；(2)因用户使用不当或擅自改动结构、设备位置和不当装修等造成的质量问题；(3)用户验收后自行添置、改动的设施、设备质量问题。

3. 委托维修

根据《商品住宅实行住宅质量保证书和住宅使用说明书制度的规定》第4条第2款规定，“商品住宅售出后，委托物业管理公司等单位维修的，应在《住宅质量保证书》中明示所委托的单位”。

房地产项目开发完成后，房地产开发企业一般不会继续在项目维持接待客户地点。为方便及时为购房人提供保修服务，房地产开发企业可以委托为项目提供物业管理服务的物业服务公司等单位提供保修服务。为让购房人知晓委托维修事宜，及方便购房人联系受托单位，房地产开发企业应在《住宅质量保证书》中明示所委托的单位，并明示受托单位的联系方式。

4. 法律责任

根据《城市房地产开发经营管理条例》第30条第3款规定，保修期内，因房地产开发企业对商品房进行维修，致使房屋原使用功能受到影响，给购买人造成损失的，应当依法承担赔偿责任。

根据最高人民法院《关于审理商品房买卖合同纠纷案件适用法律若干问题的解释》第10条第2款规定，交付使用的房屋存在质量问题，在保修期内，出卖人应当承担修复责任；出卖人拒绝修复或者在合理期限内拖延修复的，买受人可以自行或者委托他人修复。修复费用及修复期间造成的其他损失由出卖人承担。

（二）非住宅商品房的保修

根据《商品房销售管理办法》第 33 条规定，房地产开发企业对所售非住宅商品房，如商铺和办公楼等，也应承担质量保修责任，保修可参照《商品住宅实行住宅质量保证书和住宅使用说明书制度的规定》执行。保修期从交付之日起计算。

根据相关规定，房地产开发企业对所售住宅、非住宅商品房的保修要求存在如下区别：

（1）约定载体要求不同。对于住宅商品房，有关保修的事项约定于商品房买卖合同中，也约定于《住宅质量保证书》中。对于非住宅商品房，应约定于商品房买卖合同中，相关规定并未要求房地产开发企业向购房人出具非住宅商品房的质量保证书，这是住宅商品房与非住宅商品房两者不同的地方。当然，房地产开发企业可以参照住宅商品房安排，向非住宅商品房购房人出具质量保证书。考虑到在商品房未竣工而签署商品房买卖合同时，建设工程承包单位对建设单位即房地产开发企业的保修起始日尚不能确定，房地产开发企业在向购房人交付非住宅商品房时向后者出具质量保证书，可以明确保修范围及保修期限的具体起始日期，因而是一个比较好的安排。

（2）保修期限要求不同。根据《商品房销售管理办法》第 33 条第 2 款和第 3 款规定，商品住宅的保修期限不得低于建设工程承包单位向建设单位出具的质量保修书约定保修期的存续期；存续期少于《商品住宅实行住宅质量保证书和住宅使用说明书制度的规定》中确定的最低保修期限的，保修期不得低于《商品住宅实行住宅质量保证书和住宅使用说明书制度的规定》中确定的最低保修期限。非住宅商品房的保修期限不得低于建设工程承包单位向建设单位出具的质量保修书约定保修期的存续期。从国家对商品住宅和非住宅商品房的保修期限的要求来看，国家对商品住宅的保修期要求明显比对非住宅商品房的保修期限要求要高，毕竟相对于非住宅房屋而言，住宅和人的利害关系更密切。

（3）物业共用部位、共用设施设备的保修。按照《物业承接查验办法》第 36 条第 1 款规定，建设单位应当按照国家规定的保修期限和保修范围，承担物业共用部位、共用设施设备的保修责任。保修期满后物业共用部位、共用设施设备的保修，按照《住宅专项维修资金管理办法》及相关规定，使用住宅专项维修资金进行维修。

尽管按照《物业承接查验办法》第 36 条规定，建设单位应当按照国家规定的保修期限和保修范围，承担物业共用部位、共用设施设备的保修责任，但目前并未见国家层面关于物业共用部位、共用设施设备保修期限和保修范围的规定。《商品住宅实行住宅质量保证书和住宅使用说明书制度的规定》第 5 条比较详尽地列举了住宅各部位、部件保修内容与保修期,但物业共用部位、共用设施设备的组成远比单一的商品房要复杂,这应该是国家层面关于物业共用部位、共用设施设备保修期限和保修范围的规定尚未出台的原因之一。

在国家或地方关于物业共用部位、共用设施设备保修期限和保修范围的规定出台之前,房地产开发企业为履行其关于物业共用部位、共用设施设备的保修义务,宜与购房人达成关于其相应保修义务的协议。房地产开发企业对物业共用部位、共用设施设备的保修期限应从物业共用部位、共用设施设备交付给接管的物业服务企业或业主之日起算,此时业主委员会尚未成立,房地产开发企业不大可能与业主委员会就物业共用部位、共用设施设备保修期限和保修范围签署协议。物业服务企业与业主是物业服务合同的相对方,两者利益并不一致,《物业承接查验办法》也未赋予物业服务企业代表业主与房地产开发企业就物业共用部位、共用设施设备保修期限和保修范围签署协议的权利。因此,关于物业共用部位、共用设施设备保修期限和保修范围,应由房地产开发企业与业主签署协议;协议的形式,既可以是商品房买卖合同中的相关条款,也可以是商品房买卖合同中的相关条款与《住宅质量保证书》等相结合的形式。

第七节　商品房买卖关系中的其他常见法律问题

一、买受人付款

在商品房买卖合同下,购房人有按合同约定及时、足额支付房价款的义务。如购房人因自身过错未能按合同约定支付房价款达到合同约定的解除合同条件,房地产开发企业有权解除合同;分期付款的购房人未支付到期价款的金额达到全部价款的1/5的,房地产开发企业可以根据《民法典》第634条规定要求购房人支付全部价款或者解除合同。房地产开发企业解除合同的,购房人需根据合同约定承担赔偿损失等违约责任。

如果买受人需要通过担保贷款方式支付部分房款,而商品房担保贷款合同因故未能订立的,按双方约定办理。如双方未作约定,根据最高人民法院《关于审理商品房买卖合同纠纷案件适用法律若干问题的解释》第19条规定处理。根据最高人民法院《关于审理商品房买卖合同纠纷案件适用法律若干问题的解释》第19条,商品房买卖合同约定,买受人以担保贷款方式付款、因当事人一方原因未能订立商品房担保贷款合同并导致商品房买卖合同不能继续履行的,对方当事人可以请求解除合同和赔偿损失。因不可归责于当事人双方的事由未能订立商品房担保贷款合同并导致商品房买卖合同不能继续履行的，当事人可以请求解除合同，出卖人应当将收受的购房款本金及其利息或者定金返还买受人。

按合同约定付款是购房人的义务，如果购房人需要办理购房贷款的，获取购房贷款是购房人的义务，房地产开发企业仅有协助义务。如果不能获得贷款或获得的贷款金额不能满足付款需要以致付款违约，除非是不可归责于当事人双方的原因，应由购房人承担违约责任。因此，购房人在与房地产开发企业签署商品房买卖合同前，应先与贷款银行沟通，提供收入证明、银行流水、征信记录等资料，供银行评估确认可贷款金额，以免后期因不能获得贷款或不能获得足额贷款而陷入被动。

房地产开发企业可否与购房人约定，如果购房人未履行支付房价款或者其他义务的，房屋的所有权属于出卖人，即房屋的所有权不转移呢？按《民法典》第641条规定，似乎可以。该条第1款规定："当事人可以在买卖合同中约定买受人未履行支付价款或者其他义务的，标的物的所有权属于出卖人。"但这一理解被最高人民法院《关于审理买卖合同纠纷案件适用法律问题的解释》第25条否定。该条规定："买卖合同当事人主张民法典第六百四十一条关于标的物所有权保留的规定适用于不动产的，人民法院不予支持。"理由也好理解，因为不动产权属以登记为原则。如果不动产登记簿已记载特定购房人为该房屋的所有权人，而根据房地产开发企业与购房人的约定，房屋的所有权应属于房地产开发企业，则约定无效。

二、商品房面积差异处理

（一）两种面积测量规范与三个面积

在商品房销售实务中，常会提及建筑面积、套内建筑面积、套内使用面积三种面积。三者的关系是，建筑面积包括套内建筑面积，套内建筑面积包括套内使用面积。

根据《商品房销售管理办法》第18条第2款规定，商品房建筑面积由套内建筑面积和分摊的共有建筑面积组成，套内建筑面积部分为独立产权，分摊的共有建筑面积部分为共有产权。根据《房产测量规范》（GB/T 17986.1—2000），成套房屋的套内建筑面积由套内房屋的使用面积、套内墙体面积、套内阳台建筑面积三部分组成；套内房屋使用面积为套内房屋使用空间的面积，以水平投影面积按以下规定计算：（1）套内使用面积为套内卧室、起居室、过厅、过道、厨房、卫生间、厕所、贮藏室、壁柜等空间面积的总和；（2）套内楼梯按自然层数的面积总和计入使用面积；（3）不包括在结构面积内的套内烟囱、通风道、管道井均计入使用面积;(4)内墙面装饰厚度计入使用面积。

(二)面积差异处理

根据《商品房销售管理办法》第18条、第21条的规定,商品房销售可以按套(单元)计价,也可以按套内建筑面积或者建筑面积计价。按建筑面积计价的,当事人应当在合同中约定套内建筑面积和分摊的共有建筑面积;按套(单元)计价或者按套内建筑面积计价的,商品房买卖合同中应当注明建筑面积和分摊的共有建筑面积。房地产市场上,按建筑面积计价的为主流,但也有按套内建筑面积或按套销售商品房的。

无论是按建筑面积还是按套内建筑面积销售商品房,当作为买卖合同标的物的房屋还处于期房状态时,由于需在竣工后进行、用于不动产登记的房产测绘尚未开展,商品房的产权登记面积暂不能获取,房地产开发企业与购房人约定的商品房的面积,即合同约定面积,通常是房地产开发企业委托测绘单位按设计图纸进行预测算所获得的预测算面积。由于施工中的误差等原因,合同约定面积与产权登记面积通常会有误差,由此产生合同约定面积与产权登记面积差异的房屋价款结算问题。

根据《商品房销售管理办法》第20条、第21条的规定,按套内建筑面积或者建筑面积计价的,当事人应当在合同中载明合同约定面积与产权登记面积发生误差的处理方式。按建筑面积计价的,当事人应当在合同中约定建筑面积不变而套内建筑面积发生误差以及建筑面积与套内建筑面积均发生误差时的处理方式。

根据《商品房销售管理办法》第20条的规定,出卖人交付使用的房屋套内建筑面积或者建筑面积与商品房买卖合同约定面积不符,合同有约定的,按照约定处理;合同没有约定或者约定不明确的,按照以下原则处理:(1)面积误差比绝对值在3%以内(含3%),按照合同约定的价格据实结算,买受人请求解除合同的,不予支持;(2)面积误差比绝对值超出3%,买受人请求解除合同、返还已付购房款及利息的,应予支持。买受人同意继续履行合同,房屋实际面积大于合同约定面积的,面积误差比在3%以内(含3%)部分的房价款由买受人按照约定的价格补足,面积误差比超出3%部分的房价款由出卖人承担,所有权归买受人;房屋实际面积小于合同约定面积的,面积误差比在3%以内(含3%)部分的房价款由出卖人返还买受人,面积误差比超过3%部分的房价款由出卖人双倍返还买受人。因规划设计变更造成面积差异,当事人不解除合同的,应当签署补充协议。

2020年修改前的最高人民法院《关于审理商品房买卖合同纠纷案件适用法律若干问题的解释》第14条规定,出卖人交付使用的房屋套内建筑面积或者建筑面积与商品房买卖合同约定面积不符，合同有约定的，按照约定处理；合同没有约定或者约定不明确的，按照以下原则处理：（1）面积误差比绝对值在3%以内（含3%），按照合同约定的价格据实结算，买受人请求解除合同的，不予支持；（2）面积误差比绝对值超出3%，买受人请求解除合同、返还已付购房款及利息的，应予支持。买受人同意继续履行合同，房屋实际面积大于合同约定面积的，面积误差比在3%以内（含3%）部分的房价款由买受人按照约定的价格补足，面积误差比超出3%部分的房价款由出卖人承担，所有权归买受人；房屋实际面积小于合同约定面积的，面积误差比在3%以内（含3%）部分的房价款及利息由出卖人返还买受人，面积误差比超过3%部分的房价款由出卖人双倍返还买受人。2020年修改后的最高人民法院《关于审理商品房买卖合同纠纷案件适用法律若干问题的解释》已删除了原第14条内容。

三、产权证办理

（一）购房人是办理不动产转移登记的义务人

根据《城市房地产开发经营管理条例》第32条等相关规定，购房人是办理所购商品房不动产转移登记的义务人。房地产开发企业负有办理所出售之商品房首次登记的义务，并对购房人办理不动产转移登记负有按《不动产登记暂行条例》及相关规定与购房人共同申请转移登记及提供不动产转移登记相关资料的协助义务。北京市高级人民法院《关于审理房屋买卖合同纠纷案件若干疑难问题的会议纪要》规定，出卖人应当在合同约定或法定办证期限届满30日前，完成房屋初始登记并将协助办证所需的必要证明材料备齐提交房屋登记机关，且依合同约定或其他合理方式告知买受人可以自行申请房屋过户登记。出卖人未履行上述义务的，应当承担逾期办证的违约责任。重庆市高级人民法院《关于当前民事审判若干法律问题的指导意见》规定，买受人在合同约定的或者法律规定的办证期间内未取得房屋权属证书的，如开发商在此期间内已完成房屋权属初始登记并提供了相关的办证资料，并通知买受人提交登记申请的，可认定开发商已履行了办证义务，不承担逾期办证的违约责任。

（二）房地产开发企业办证违约应承担的责任

在办理商品房不动产转移登记的时限上，《城市房地产开发经营管理条例》第32条规定，预售商品房的购买人应当自商品房交付使用之日起90日内，办理土地使用权变更和房屋所有权登记手续；现售商品房的购买人应当自销售合同签订之日起 90 日内,办理土地使用权变更和房屋所有权登记手续。房地产开发企业与购房人可以在商品房买卖合同中就房地产开发企业完成所出售之商品房首次登记的时限及房地产开发企业违约的责任作出约定。

根据最高人民法院《关于审理商品房买卖合同纠纷案件适用法律若干问题的解释》第 14 条第 1 款的规定,由于出卖人的原因,买受人在下列期限届满未能取得不动产权属证书的,除当事人有特殊约定外,出卖人应当承担违约责任:(1)商品房买卖合同约定的办理房屋所有权登记的期限;(2)商品房买卖合同的标的物为尚未建成房屋的,自房屋交付使用之日起 90 日;(3)商品房买卖合同的标的物为已竣工房屋的,自合同订立之日起 90 日。

另根据最高人民法院《关于审理商品房买卖合同纠纷案件适用法律若干问题的解释》第 15 条的规定,如果由于房地产开发企业的原因,导致购房人超过以下期限未能办理房屋所有权登记,购房人可以请求解除合同和赔偿损失:(1)商品房买卖合同约定的办理房屋所有权登记的期限届满后超过一年;(2)预售房交房后超过 1 年又 90 日;(3)现售商品房签署商品房买卖合同后超过 1 年又 90 日。

如果房地产开发企业在办证方面违约,但双方未约定房地产开发企业因此应承担的违约金或应赔偿损失的金额的,根据《第八次全国法院民事商事审判工作会议(民事部分)纪要》第 18 条规定,可参照原《最高人民法院关于审理民间借贷案件适用法律若干问题的规定》第 29 条第 2 款规定处理。原《最高人民法院关于审理民间借贷案件适用法律若干问题的规定》第 29 条第 2 款规定:"未约定逾期利率或者约定不明的,人民法院可以区分不同情况处理:(一)既未约定借期内的利率,也未约定逾期利率,出借人主张借款人自逾期还款之日起按照年利率 6% 支付资金占用期间利息的,人民法院应予支持;(二)约定了借期内的利率但未约定逾期利率,出借人主张借款人自逾期还款之日起按照借期内的利率支付资金占用期间利息的,人民法院应予支持。"原《最高人民法院关于审理民间借贷案件适用法律若干问题的规定》第 29 条第 2 款现已修改为:"未约定逾期利率或者约定不明的,人民法院可以区分不同情况处理:(一)既未约定借期内利率,也未约定逾期利率,出借人主张借款人自逾期还款之日起参照当时一年期贷款市场报价利率标准计算的利息承担逾期还款违约责任的,人民法院应予支持;(二)约定了借期内利率但是未约定逾期利率,出借人主张借款人自逾期还款之日起按照借期内利率支付资金占用期间利息的,人民法院应予支持。"《第八次全国法院民事商事审判工作会议(民事部分)纪要》第 18 条规定是否仍能适用,有待进一步解释。

如果买受人在权属证书办出之前请求出卖人支付至法院判决生效之日止的延

期办证违约金的，应予支持。

实践中有因行政部门原因导致买受人未能在合同约定或法定期限内取得房屋所有权证的情形，比如2016年因开始办理不动产权证所需准备工作，部分地方短暂出现过暂停受理不动产登记的情形。对此，北京市高级人民法院《关于审理房屋买卖合同纠纷案件若干疑难问题的会议纪要》规定，因行政部门原因导致买受人未能在合同约定或法定期限内取得房屋所有权登记的，可以根据其影响程度减轻或免除出卖人的逾期办证违约责任。

四、一房多卖

在商品房销售过程中，房地产开发企业可能因故意或过失，发生一房多卖的情况。一房多卖会严重损害购房人利益，所以国家严格禁止。《商品房销售管理办法》第10条规定，房地产开发企业不得在未解除商品房买卖合同前，将作为合同标的物的商品房再行销售给他人。

一房数卖纠纷案件中，如果数份合同均有效且买受人均要求履行合同的，根据《第八次全国法院民事商事审判工作会议（民事部分）纪要》第15条规定，一般应按照已经办理房屋所有权变更登记、合法占有房屋以及合同履行情况、买卖合同成立先后等顺序确定权利保护顺位。但恶意办理登记的买受人，其权利不能优先于已经合法占有该房屋的买受人。对买卖合同的成立时间，应综合主管机关备案时间、合同载明的签订时间以及其他证据确定。

商品房买卖合同订立后，出卖人又将该房屋出卖给第三人，导致商品房买卖合同目的不能实现的，买受人可以按最高人民法院《关于审理商品房买卖合同纠纷案件适用法律若干问题的解释》第7条的规定，请求确认出卖人与第三人订立的商品房买卖合同无效。

在已经实现了商品房买卖合同网签的地区，只要购房人签署的是房地产开发企业联网打印的合同版本，不大可能出现一房两卖的情况。如果双方签署的是非联网打印的合同版本，就不能排除房地产开发企业恶意一房多卖回笼资金，而置购房人利益于不顾。因此，在已经实现了商品房买卖合同网签的地区，购房人应要求签署房地产开发企业联网打印的合同版本以维护自身权益。

五、已抵押房屋的销售

在房地产项目开发过程中，房地产开发企业将在建房地产项目抵押给银行以获得开发资金是普遍现象。在建房地产项目作为抵押物抵押给债权人，房地产开发企业仍可有条件销售设有抵押权的商品房。根据《民法典》第406条及最高人民法院《关于适用〈中华人民共和国民法典〉有关担保制度的解释》第43条规定，具体可分为以下三种情形：

(1)当事人约定禁止或者限制转让抵押财产但是未将约定登记：①抵押人违反约定转让抵押财产，转让合同有效；②抵押财产已经交付或者登记，转让发生物权效力，但是抵押权人有证据证明受让人知道的除外；③抵押权人可请求抵押人承担违约责任。

(2)当事人约定禁止或者限制转让抵押财产且已经将约定登记：①抵押人违反约定转让抵押财产，转让合同有效；②抵押财产已经交付或者登记，抵押权人可主张转让不发生物权效力，但是因受让人代替债务人清偿债务导致抵押权消灭的除外。

(3)当事人未约定禁止或者限制转让抵押财产：①抵押期间，抵押人可以转让抵押财产；②抵押财产转让的，抵押权不受影响；③抵押人转让抵押财产的，应当及时通知抵押权人。抵押权人能够证明抵押财产转让可能损害抵押权的，可以请求抵押人将转让所得的价款向抵押权人提前清偿债务或者提存。转让的价款超过债权数额的部分归抵押人所有，不足部分由债务人清偿。

六、房屋被查封对转让的影响

根据《城市房地产管理法》第38条第2项规定，被司法机关查封的房地产不得转让。被司法机关查封的商品房，是不能通过商品房网签系统网签买卖合同的。如果买卖双方在线下签订此类房屋的商品房买卖合同，参照《民法典》第597条第1款[①]的规定，合同应有效。但商品房买卖合同约定在该商品房解封前办理过户登记手续的条款无效。出卖人不能依约履行合同，买受人可主张解除合同；如买受人不希望解除合同，可主张出卖人继续履行合同并在该不动产解封后办理过户登记手续。出卖人故意隐瞒商品房被查封的事实与买受人签订商品房买卖合同的，根据《民法典》第148条规定[②]，买受人可向人民法院或仲裁机构请求撤销商品房买卖

① 《民法典》第597条第1款规定，因出卖人未取得处分权致使标的物所有权不能转移的，买受人可以解除合同并请求出卖人承担违约责任。

② 《民法典》第148条规定，一方以欺诈手段，使对方在违背真实意思的情况下实施的民事法律行为，受欺诈方有权请求人民法院或者仲裁机构予以撤销。

合同。

出卖人与买受人订立商品房买卖合同后，该商品房被依法查封的，不能因该商品房被查封而否定相应商品房买卖合同的法律效力，但买受人可主张解除合同并请求出卖人赔偿损失。

七、法院将尚未过户的买受人所购商品房予以拍卖

买受人尚未办理所购商品房的产权过户时，如买受人因债务纠纷，其所购商品房被法院拍卖，深圳市中级人民法院《关于审理房地产纠纷案件若干问题的指导意见》规定，因房地产开发企业的原因，买受人未能取得其购买的房产的权属证书。为实现他人债权，法院将该房产作为买受人的财产予以拍卖。房产竞得人依据原买受人与房地产开发企业之间的买卖合同，请求房地产开发企业协助其办理房屋所有权登记，如房产已具备办证条件，应予支持；竞得人依据原买卖合同主张迟延办证违约金的，应予支持。

八、购房人在收房前或办理不动产转移登记前去世的处理

购房人在收房前去世，房屋归谁所有不确定。应由有继承权的人办理继承公证，明确房屋的继承人，再由继承人凭继承公证文书办理收房手续和产权证。房地产开发企业不应贸然将房屋交付给他人，否则实际收房人如与最终产权人不一致，而实际收房人收房后又对房屋进行装修、出租，侵犯最终产权人的利益，最终产权人可能向房地产开发企业索赔。

如果购房人在办理不动产转移登记前去世，应由有继承权的人办理继承公证，明确房屋的继承人，再由继承人凭继承公证文书办理不动产转移登记。

九、房地产开发企业可以解除商品房买卖合同的情形

已经签署并生效的商品房买卖合同，具备以下情形的，房地产开发企业可以解除：

(1)合同约定的解除条件成就，房地产开发企业可以解除合同，但法律另有规定的除外。比如，最高人民法院《关于审理买卖合同纠纷案件适用法律问题的解释》第 27 条规定："民法典第六百三十四条第一款规定的'分期付款'，系指买受人将应付的总价款在一定期限内至少分三次向出卖人支付。分期付款买卖合同的约

定违反民法典第六百三十四条第一款的规定，损害买受人利益，买受人主张该约定无效的，人民法院应予支持。”按该规定，如果买卖合同约定买受人未支付到期价款的数额未达到全部价款的1/5，房地产开发企业即可解除合同，该约定可能被判无效。

(2)按照合同约定，购房人分3次或以上次数付款的，未支付到期价款的金额达到全部价款的1/5，且经催告后在合理期限内仍未支付到期价款。《民法典》第634条规定：“分期付款的买受人未支付到期价款的数额达到全部价款的五分之一，经催告后在合理期限内仍未支付到期价款的，出卖人可以请求买受人支付全部价款或者解除合同。出卖人解除合同的，可以向买受人请求支付该标的物的使用费。”

(3)其他依法可以解除合同的情形。

十、购房人可以解除商品房买卖合同的情形

已经签署并生效的商品房买卖合同，具备以下情形的，购房人可以解除：

(1)合同约定的解除条件成就，购房人可以解除合同。

(2)房屋主体结构质量不合格。最高人民法院《关于审理商品房买卖合同纠纷案件适用法律若干问题的解释》第9条规定：“因房屋主体结构质量不合格不能交付使用，或者房屋交付使用后，房屋主体结构质量经核验确属不合格，买受人请求解除合同和赔偿损失的，应予支持。”《城市房地产开发经营管理条例》第31条规定：“商品房交付使用后，购买人认为主体结构质量不合格的，可以向工程质量监督单位申请重新核验。经核验，确属主体结构质量不合格的，购买人有权退房；给购买人造成损失的，房地产开发企业应当依法承担赔偿责任。”《商品房销售管理办法》第35条规定：“商品房交付使用后，买受人认为主体结构质量不合格的，可以依照有关规定委托工程质量检测机构重新核验。经核验，确属主体结构质量不合格的，买受人有权退房；给买受人造成损失的，房地产开发企业应当依法承担赔偿责任。”

(3)房屋质量问题严重影响正常居住使用。最高人民法院《关于审理商品房买卖合同纠纷案件适用法律若干问题的解释》第10条第1款规定：“因房屋质量问题严重影响正常居住使用，买受人请求解除合同和赔偿损失的，应予支持。”

(4)根据《商品房销售管理办法》第20条规定，房地产开发企业交付使用的房屋套内建筑面积或者建筑面积与商品房买卖合同约定面积不符，对面积误差如何

处理合同没有约定或者约定不明确，面积误差比绝对值超出3%的，买受人有权退房。

(5)发生经规划部门批准的规划变更、设计单位同意的设计变更，购房人在房地产开发企业按规定发出的通知到达之日起15日内决定退房；或房地产开发企业未在规定时限内通知买受人，购房人决定退房。《商品房销售管理办法》第24条规定："房地产开发企业应当按照批准的规划、设计建设商品房。商品房销售后，房地产开发企业不得擅自变更规划、设计。经规划部门批准的规划变更、设计单位同意的设计变更导致商品房的结构型式、户型、空间尺寸、朝向变化，以及出现合同当事人约定的其他影响商品房质量或者使用功能情形的，房地产开发企业应当在变更确立之日起10日内，书面通知买受人。买受人有权在通知到达之日起15日内做出是否退房的书面答复。买受人在通知到达之日起15日内未作书面答复的，视同接受规划、设计变更以及由此引起的房价款的变更。房地产开发企业未在规定时限内通知买受人的，买受人有权退房；买受人退房的，由房地产开发企业承担违约责任。"

(6)其他依法可以解除合同的情形。

第八节 停 车 位

一、住宅小区车位相关法律问题

随着近年来我国经济的快速发展，人们生活水平有了很大提高，汽车作为日常交通工具进入千家万户，汽车停车位与业主的日常生活关系密切，由此而引发的争议也越来越多。其中最为核心的问题是，住宅小区内的车位哪些属于房地产开发企业所有，从而房地产开发企业能够通过出售、赠与、出租等方式处分。

原《物权法》第74条是确定车位归属的主要依据。该条规定："建筑区划内，规划用于停放汽车的车位、车库应当首先满足业主的需要。建筑区划内，规划用于停放汽车的车位、车库的归属，由当事人通过出售、附赠或者出租等方式约定。占用业主共有的道路或者其他场地用于停放汽车的车位，属于业主共有。"

关于车位、车库的所有权归属问题，《物权法(草案)》在征求意见过程中主要有两种意见，一种意见认为应当归业主共有，另一种意见认为车位、车库的归属，业主与开发商有约定的，按照约定，没有约定或者约定不明确的，属于业主共有。立法部门认为，从房地产市场的情况看，一般来说专门用来停放汽车的车库、车位的归属,是由当事人通过出售、附赠或者出租等方式约定归业主专有或者专用的。这样,既容易操作,也可以避免纠纷。如果规定车库、车位归业主共有,由于车库、车位和住宅的配套比例不同、业主之间享有的住宅面积不同,商品房销售的状况不同等原因,归业主共有很难操作,据此,原《物权法》第74条第2款规定,建筑区划内,规划用于停放汽车的车位、车库的归属,由当事人通过出售、附赠或者出租等方式约定。①

原《物权法》的上述规定在《民法典》中得到了保留。《民法典》第275条规定:"建筑区划内,规划用于停放汽车的车位、车库的归属,由当事人通过出售、附赠或者出租等方式约定。占用业主共有的道路或者其他场地用于停放汽车的车位,属于业主共有。"第276条规定:"建筑区划内,规划用于停放汽车的车位、车库应当首先满足业主的需要。"

住房和城乡建设部《关于进一步加强房地产市场监管完善商品住房预售制度有关问题的通知》也要求:"各地要完善商品住房买卖合同示范文本,积极推行商品住房买卖合同网上签订和备案制度。商品住房买卖合同示范文本应对商品住房质量性能,物业会所、车位等设施归属,交付使用条件及其违约责任做出明确约定。"

可见,商品房买卖合同应当对车位、车库的归属作出约定。

(一)关于机械车位

机械车位准确的称呼是机械式停车设备。机械式停车设备,是在城市停车难现象出现的过程中逐渐发展起来的停车设备。使用机械式停车设备,可以在有限的空间内停放更多的车辆。尽管存在维护保养较贵、使用成本较高等需克服的障碍,但机械式停车设备仍得到了一定程度的使用。

目前市场上比较普遍的机械式停车设备包括简易升降类机械式停车设备、升降横移类机械式停车设备等。机械式停车设备整体上具有利用上的独立性,可以排他使用,但机械式停车设备组中的任一独立车位,其使用均会受机械式停车设备组中其他停车设备的影响,不可以排他使用。故机械式停车设备组中的非地面车位部分不符合最高人民法院《关于审理建筑物区分所有权纠纷案件适用法律若干问题的解释》第2条规定的建筑区划内的专有部分应符合的"具有利用上的独立性,可以排他使用"的条件。由于通常情况下建筑区划内的专有部分才可能获颁不动产权证,因此机械式停车设备是否可以获颁不动产权证及如何颁发不动产权证,成为需要深入研究的问题。据了解,不动产登记部门一直在研究相关问题,但暂没

① 参见胡康生主编:《中华人民共和国物权法释义》,法律出版社2007年版,第174页。

有确定的结论，但一组机械式停车设备颁发一个不动产权证，是一个可能的方向，笔者也觉得具有合理性。不过，实务中机械式停车设备的共有人或共用人如需对彼此之间的共有权或共用权作出分割，尚没有万全之策。

尽管机械式停车设备在理论与实践上均存在需探讨之处，但从整体上看，不影响房地产开发企业根据《民法典》第275条规定，通过约定机械式停车设备的归属的方式对其作出处分。

（二）特殊情况下的地面车位

为缓解停车难，各地政府纷纷提高房地产开发项目中停车位的配建标准。比如，武汉市自2014年4月1日起施行《武汉市建设工程规划管理技术规定》第62条第1款规定，城市建筑物配建停车位指标应当符合《各类建筑物配建停车场车位指标》（见表4－1）的要求，各类车辆的换算当量系数应当符合《车辆换算当量系数》（见表4－2）的要求。相较于过去施行的标准，新标准大幅提高了房地产开发项目中停车位的配建标准，以二环线内普通商品住宅为例，武汉市自2010年1月19日起施行的《关于执行新的建筑物配建停车位指标的通知》规定每100平方米建筑面积应配建停车位0.5个，新标准下一环线以内提高到1个，一环线与二环线之间提高到了0.9个。

表4－1　各类建筑物配建停车场车位指标

序号	建筑类别		计量单位	机动车				非机动车	备注
				一环线以内	一环线与二环线之间	二环线与三环线之间	三环线以外		
1	住宅	低层联排住宅	停车位/户	1	1.5	2	2	—	
		酒店式公寓	停车位/100平方米建筑面积	1	1	1.5	1.8	0.3	
		普通商品住宅		1/户	0.9/100平方米建筑面积	1.0/100平方米建筑面积	1.2/100平方米建筑面积	0.5/100平方米建筑面积	
		经济适用房、廉租房、公租房	停车位/户	0.25	0.3	0.35	0.4	0.8	

续表

序号	建筑类别		计量单位	机动车				非机动车	备注
				一环线以内	一环线与二环线之间	二环线与三环线之间	三环线以外		
2	商业	一类	停车位/100平方米建筑面积	0.6	0.8	1	1.2	0.8	指综合性商场、购物中心等
		二类		1	1.5	2	2.5	1.5	指大型超市、批发市场等
		三类		0.3	0.4	0.5	0.6	1.5	居民区级的商业中心
3	办公	行政办公	停车位/100平方米建筑面积	1	1.2	1.5	1.8	1.2	
		其他办公		0.8	1	1.2	1.5	1.5	
		会议中心		1	1.2	1.5	1.8	1.2	
4	酒店	五星级及以上	停车位/100平方米建筑面积	0.8	1	1.2	1.5	0.2	
	宾馆	三~四星级		0.5	0.7	1	1.2	0.2	
		其他酒店		0.25	0.4	0.5	0.7	0.3	指经济型酒店、一般招待所
5	餐饮	大型	停车位/100平方米建筑面积	1.5	2	2.5	3	1	指建筑面积≥5000平方米 指建筑面积≥3000平方米
	娱乐	一般		1	1.5	2	2.5	1	指建筑面积<5000平方米 指建筑面积<3000平方米

续表

序号	建筑类别		计量单位	机动车				非机动车	备注
				一环线以内	一环线与二环线之间	二环线与三环线之间	三环线以外		
6	医疗	三甲医院	停车位/100平方米建筑面积	1.5	2	2.5	3	1.2	
		一般医院		0.8	1	1.2	1.5	1	
		社区医院		0.5	0.6	0.7	0.8	0.8	
		疗养院		0.4	0.5	0.6	0.7	—	
7	体育场馆	一类	停车位/百座	4	4.5	5	5.5	15	指座位数≥15000的体育场 座位数≥4000的体育馆
		二类		3	3.5	4	4.5	15	指座位数<15000的体育场 座位数<4000的体育馆
8	文娱	电影院	停车位/百座	5	5	5	5	8	
		剧院	停车位/百座	10	10	10	10	10	
		博物馆、图书馆	停车位/100平方米建筑面积	0.4	0.6	0.8	1	2	
		展览馆	停车位/100平方米建筑面积	0.6	0.6	0.8	0.8	1.5	
9	公园	综合公园、主题公园	停车位/1000平方米	8	12	15	18	3	
		一般性公园	占地面积	2	4	6	8	15	

续表

序号	建筑类别		计量单位	机动车				非机动车	备注
				一环线以内	一环线与二环线之间	二环线与三环线之间	三环线以外		
10	交通	火车站	停车位/高峰日每百旅客	—	—	4	4	2	
		汽车站		2.5	2.5	3	3	2.5	
		客运码头		2	2	2.5	2.5	1	
		客运机场		—	—	—	10	—	
11	教育	幼儿园	停车位/班	2	3	4	5	—	校址范围内至少设2个校车停车位
		小学		6	8	10	12	30	
		中学		4	5	6	7	50	
12	工业、仓储		停车位/100平方米建筑面积	0.2	0.4	0.6	0.8	—	

表4-2 车辆换算当量系数

	机动车						非机动车	
	微型	小型	中型	大型	铰接	摩托车	电动车	自行车
换算系数	0.7	1	2	2.5	3.5	0.4	1.5	1

按照新的规定，不仅房地产开发项目中停车位的配建标准大幅提高，而且界定更加具体。2015年5月16日武汉市人民政府《关于加快推进停车设施建设的通知》进一步明确，《武汉市建设工程规划管理技术规定》所指的配建停车设施，仅指建筑物内部或者地下配建的停车泊位，地上配建车位不能用于冲抵应配建指标。由此产生一个新问题：房地产开发项目中地上配建车位是否属于《民法典》第275条规定的“建筑区划内，规划用于停放汽车的车位”？

这里涉及两个问题，即能否冲抵应配建停车位指标与是否属于规划用于停放汽车的车位。地上配建车位，只要是按规划主管部门批准的设计图纸建设，即应属于建筑区划内规划用于停放汽车的车位，只是该部分地上配建车位不能用于冲抵应配建指标。是否能用于冲抵应配建停车位指标，只是一个数量计算上的技术性问题。地上配建车位的好处在于成本低。武汉市规定地上配建车位不能用于冲抵应配建停车位指标，应该属于一种政策上的引导，目的可能在于引导房地产开发企业在地下空间建设停车位，而不在地面配建停车位，如此有助于增加地面绿化面积、提升房地产开发项目景观质量。同时，引导房地产开发企业在地下空间建设停车位，有助于真正实现地面人车分流，进一步提高居住质量。

（三）配建停车场车位指标对处分车位的影响

房地产开发企业按相关停车位配建指标完成停车位建设后，从向停车位处分对象的处分数量方面来看，目前并无国家层面的具体的可操作性的限制。《民法典》第276条规定，建筑区划内，规划用于停放汽车的车位、车库应当首先满足业主的需要。对于如何理解“首先满足业主的需要”，最高人民法院《关于审理建筑物区分所有权纠纷案件适用法律若干问题的解释》第5条作了解释。该条规定，建设单位按照配置比例将车位、车库，以出售、附赠或者出租等方式处分给业主的，应当认定其行为符合《民法典》第276条有关“应当首先满足业主的需要”的规定。前款所称配置比例是指规划确定的建筑区划内规划用于停放汽车的车位、车库与房屋套数的比例。

从前面武汉市有关停车位配建指标来看，不同用途的物业应配建的停车位数量，有的按户计算，有的按建筑面积计算，而体育场馆、电影院、剧院是按座位计算，学校按班计算，一般性公园是按占地面积计算。所以，最高人民法院《关于审理建筑物区分所有权纠纷案件适用法律若干问题的解释》中规定的“配置比例是指规划确定的建筑区划内规划用于停放汽车的车位、车库与房屋套数的比例”，在操作中遇到了未曾设想到的情况，即建筑区划内规划用于停放汽车的车位、车库数量可能不是按与房屋套数的比例关系来确定的。

房地产开发企业应如何处分车位，理论上有三种方式：第一是房地产开发企业有完全的处分决定权，不必考虑相关停车位配建指标要求；第二是完全按停车位配建指标来向相关业主处分停车位；第三是将不同业态配建停车位的总数，处分给该类业态业主。下文将分析这三种处分方式各自的利弊。

（1）关于第一种方式，即房地产开发企业有完全的处分决定权，不必考虑相关停车位配建指标要求。这种方式的利在于房地产开发企业可以按不同业态的业主或房屋使用人使用车位需求，将停车位处分给最需要停车位的人。但这种方式也有不完美的地方。政府方面出台的有关停车位配建指标的要求，通常是在测算停车需求后出台的，有其科学性。比如关于住宅、商业、行政办公各业态的配建指标不同，假如在同一个房地产开发项目内，既有住宅，也有商业和办公楼，通常住宅业主或使用人的停车需求会最先体现出来，而商业和办公楼的停车需求会缓慢释放。如果车位总数量配建不足，在占用商业和办公楼配建车位优先满足住宅业主或使用人的停车需求后，如果商业物业和办公物业充分投入使用，就会面临车位不足，车位不足反过来会影响商业物业和办公物业的租赁经营，从而影响商业物业和办公物业业主或使用人的利益。

(2)关于第二种方式，即完全按停车位配建指标来向相关业主处分停车位。从长远来看，这种方式有利于满足不同业态业主或使用人的停车需求，但在操作上会遇到困难。比如，如果住宅停车位配建标准是每100平方米建筑面积配备0.9个停车位，而一套房屋的面积刚好是100平方米，这0.9个车位又该如何处分，或者房屋的建筑面积是120平方米，应配建车位数是1.08个，房地产开发企业又该如何向该房屋的业主或使用人处分车位，才能保证相对的公平？

(3)关于第三种方式，即将不同业态配建停车位的总数，处分给该类业态业主。很显然，这种处分方式已与停车位配建指标存在区别。前者是以某一业态配建的停车位总数来考虑处分方案，后者是基于单一的量来考虑停车位的配建。但这种处分方式，应该最符合最高人民法院《关于审理建筑物区分所有权纠纷案件适用法律若干问题的解释》关于配置比例的解释，对于房地产开发企业而言法律风险最小。

如果从充分发挥配建停车位的使用价值和保证法律风险最小的角度综合考虑，可在房地产开发项目所配建的停车位能够满足所有停车需求时，采用在相应业态(如住宅)配建的停车位总数内向该业态物业业主出售车位，以及将其他业态空余车位出租给该业态业主或使用人的处分方式。但如果房地产开发项目公司并没有持续经营的计划，则可考虑在充分通知业主的基础上，采用在相应业态(如住宅)配建的停车位总数内向该业态物业业主出售车位，以及将其他业态空余车位出售给该业态业主的处分方式。

(四)向非本项目业主出售、出租车位

如果某一项目在全部交付使用后，其所配建停车位经过一段时间仍不能充分向本项目业主出售，房地产开发企业能否向非项目业主出售或出租，目前国家层面并未见统一规定，应如何处理，则要看各地的规定。比如《湖北省物业服务和管理条例》禁止房地产开发企业向非本项目业主出售停车位，向非本项目业主出租停车位也有严格限制，包括在租赁期及向业主公示信息方面存在要求。如果项目所在地没有相关规范性文件设定禁止性规定，房地产开发企业应可在将相关信息向业主充分公示的基础上，向非本项目业主出售。

(五)超过规划批准数量配建车位的权属

超过规划批准数量配建车位，一方面，不符合《城乡规划法》相关规定，另一方面，房地产开发企业也无权处分。关于此，南京市鼓楼区人民法院(2013)鼓民初字第1656号案件，即原告星汉城市花园业主委员会与被告星汉公司车库纠纷一案可供借鉴。本案的客观事实是，星汉公司经建设、规划部门的许可建设星汉城市花园小区，并按《南京市规划局建筑工程规划设计要点通知》的要求，以0.2车位/户的标准建设了地下车库。建成后的小区，土地使用权面积为7697.60平方米，共用分摊面积为7697.60平方米。地下车库的建筑面积为2794.46平方米，规划核准为36个车库（被告实际建设59个车库），作为独立于商品房建筑面积的部分在《南京市预售商品房备案证明》和《商品房屋登记备案平面图》中得到了反映，但未取得独立的销售许可证。2000年星汉公司按高档商品房定价办法对星汉城市花园商品房自行定价销售，并以均价100000元/车库的价格向小区业主出售地下车库的使用权，车库使用权的年限同业主购买商品房的年限。星汉公司出售了35个车库，其余24个车库由业主委员会委托物业公司出租，收益归全体业主。

原告星汉城市花园业主委员会认为，地下车库作为小区公共配套设施应属全体业主所有，而根据法律规定及合同约定，星汉城市花园小区的土地使用权已全部转让给业主，业主就被告建造的地下车库支付了对价，故应该取得地下车库的所有权。被告出售地下车库的行为违反了法律规定，也侵犯了小区全体业主的合法权益，故原告诉至法院，请求确认星汉城市花园地下停车库的占有、使用、收益、处分的权利为原告所代表的全体业主共有；被告立即向原告移交星汉城市花园地下停车库，不能移交的支付车库的实际出售价款；被告承担本案诉讼费用。

法院认为，根据原《最高人民法院关于审理建筑物区分所有权纠纷案件具体应用法律若干问题的解释》第6条的规定，建筑区划内在规划用于停放汽车的车位之外，占用业主共有道路或者其他场地增设的车位，归业主共有。星汉城市花园小区规划核准车库数量为36个，实际建设59个，故超规划建设的23个车库应属业主共有。规划核准的36个车库中，按照2004年12月15日南京市《商品房附属房屋转让等问题的若干规定（试行）》第6条的规定，应有不低于15%（最低6个）的车库为业主保留。因此，星汉城市花园小区业主实际有权取得的车库为29个，业主委员会要求确认其对小区全部车库均有占有、使用、收益、处分的权利，依据不足，法院不予支持。星汉公司已交付了24个车库，尚应向业主委员会移交5个车库。因星汉公司应移交的车库已实际出售给小区其他业主，业主委员会要求移交车位的请求实际无法履行，故业主委员会有权要求星汉公司支付5个车库对应的出售价款500000元。

依照原《民法通则》第5条、《物业管理条例》第15条、原《最高人民法院关于审理建筑物区分所有权纠纷案件具体应用法律若干问题的解释》第6条之规定，法院判决如下：

1. 星汉公司于判决生效起10日内给付原告星汉城市花园业主委员会车库出售款500000元；

2. 驳回星汉城市花园业主委员会的其他诉讼请求。

二、对房地产开发企业的建议

房地产开发项目应按规范性文件要求配建足够的停车位，否则在设计方案和图纸报批阶段难以通过规划主管部门审查，来回地修改影响项目建设周期，会增加项目建设成本。在设计方案和图纸获规划主管部门审批通过后，应严格按照经批准的图纸进行建设。如果建设车位不满足规划批准要求，在项目竣工后的规划条件核实阶段，也会遇到困难。从项目开发的综合成本考虑，建议既在设计上配置足够多的停车位，也在实际施工中按图纸配置足够多的停车位。

第九节 境外机构和个人在境内购房

一、相关规范性文件

1. 建设部、商务部、国家发展和改革委员会、中国人民银行、国家工商行政管理总局、国家外汇管理局《关于规范房地产市场外资准入和管理的意见》；

2. 国家外汇管理局、建设部《关于规范房地产市场外汇管理有关问题的通知》；

3. 住房和城乡建设部、国家外汇管理局《关于进一步规范境外机构和个人购房管理的通知》；

4. 住房城乡建设部、商务部、国家发展改革委、人民银行、工商总局、外汇局《关于调整房地产市场外资准入和管理有关政策的通知》。

二、境外机构在境内购房

（一）境外机构在境内设立的分支、代表机构可购买符合实际需要的自用商品房，不局限于注册城市

住房和城乡建设部、国家外汇管理局《关于进一步规范境外机构和个人购房管理的通知》规定，在境内设立分支、代表机构的境外机构只能在注册城市购买办公

所需的非住宅房屋。法律法规另有规定的除外。住房城乡建设部、商务部、国家发展改革委、人民银行、工商总局、外汇局《关于调整房地产市场外资准入和管理有关政策的通知》规定，境外机构在境内设立的分支、代表机构（经批准从事经营房地产的企业除外）可以购买符合实际需要的自用商品房，未再将在境内设立分支、代表机构的境外机构购买自用商品房的地点限定于注册城市。境外机构购买自用商品房必须采取实名制，并持有我政府有关部门批准设立驻境内机构的证明。

（二）房地产主管部门查验资料

住房和城乡建设部、国家外汇管理局《关于进一步规范境外机构和个人购房管理的通知》规定，各地房地产主管部门在办理境外机构的商品房预售合同备案和房屋产权登记时，除应当查验《城市商品房预售管理办法》等规定的材料及验证购房人持有房屋情况外，还应当查验：

（1）有关部门出具的在境内设立分支、代表机构的批准文件和注册证明。

（2）境外机构所购房屋是实际办公所需的书面承诺。

（三）外汇手续

国家外汇管理局、建设部《关于规范房地产市场外汇管理有关问题的通知》规定："一、境外机构在境内设立的分支、代表机构（以下简称境内分支、代表机构）在注册登记地购买符合实际需要的自用商品房应按以下规定办理：（一）从境外汇入购房款的，应持以下文件向外汇指定银行申请，外汇指定银行进行真实性审核确认后，将购房外汇资金结汇后直接划入房地产开发企业的人民币账户：1.商品房销售合同或预售合同；2.境内分支、代表机构获准设立的批准文件和有效登记证明；3.房地产主管部门出具的该境内分支、代表机构在注册登记地购房的商品房预售合同登记备案等相关证明；4.所购商品房符合实需自用原则的书面承诺。房地产开发企业的经常项目外汇账户不得保留境内分支、代表机构境外汇入的购房款。（二）从境内外汇账户支付购房款的，应持本条第（一）款规定的各项文件向外汇指定银行申请，外汇指定银行进行真实性审核确认后，将购房结汇资金直接划入房地产开发企业人民币账户。境内代表机构经常项目账户资金不得结汇购买境内商品房。"

三、境外个人（不含港澳台居民和华侨）在境内购房

1.在境内工作、学习的境外个人可以购买符合实际需要的自用、自住商品房，数量不限于一套。在境内工作、学习时间一年以下的境外个人，不得购买商品房。

2. 境外个人在境内购房的，必须实名购房。

3. 房地产主管部门查验资料。

各地房地产主管部门在办理境外个人的商品房预售合同备案和房屋产权登记时，除应当查验《城市商品房预售管理办法》等规定的材料及验证购房人持有房屋情况外，还应当查验有关部门出具的境外个人（不含港澳台居民和华侨）在境内工作超过一年的证明；港澳台居民和华侨在境内工作、学习和居留的证明。

4. 外汇手续。

在境内工作、学习时间超过一年的境外个人购买符合实际需要的自住商品房，按以下规定办理外汇手续：

（1）从境外汇入购房款的，应持以下文件向外汇指定银行申请，外汇指定银行进行真实性审核确认后，将购房外汇资金结汇后划入房地产开发企业的人民币账户：

①商品房销售合同或预售合同；

②有效护照等身份证明；

③一年期以上的境内有效劳动雇佣合同或学籍证明；

④房地产主管部门出具的该境外个人在所在城市购房的商品房预售合同登记备案等相关证明。

房地产开发企业的经常项目外汇账户不得保留境外个人境外汇入的购房款。

（2）从境内外汇账户支付购房款的，应持前述各项文件向外汇指定银行申请，外汇指定银行进行真实性审核确认后，将购房结汇资金直接划入房地产开发企业人民币账户。

四、港澳台居民和华侨在境内购房

1. 港澳台居民和华侨因生活需要，可在境内限购一定面积的自住商品房。

2. 港澳台居民和华侨在境内购房的，必须实名购房。

3. 房地产主管部门查验资料。

房地产主管部门在办理商品房预售合同备案和房屋产权登记时，除应当查验《城市商品房预售管理办法》等规定的材料及验证购房人持有房屋情况外，还应当查验港澳台居民和华侨在境内工作、学习和居留的证明。

4. 外汇手续。

港澳台居民和华侨因生活需要，可在境内购买一定面积的自住商品房，并按以下规定办理：

（1）从境外汇入购房款的，应持以下文件向外汇指定银行申请，外汇指定银行进行真实性审核确认后，将购房外汇资金结汇后划入房地产开发企业的人民币账户：

①商品房销售合同或预售合同；

②《港澳居民往来内地通行证》等有效身份证明；

③房地产主管部门出具的该境外个人在所在城市购房的商品房预售合同登记备案等相关证明。

房地产开发企业的经常项目外汇账户不得保留港澳台居民和华侨境外汇入的购房款。

（2）从境内外汇账户支付购房款的，应持前述各项文件向外汇指定银行申请，外汇指定银行进行真实性审核确认后，将购房结汇资金直接划入房地产开发企业人民币账户。

五、因故不能完成商品房交易的人民币购房款购汇汇出

境外机构的境内分支、代表机构和境外个人因故不能完成商品房交易的，需将退回的人民币购房款购汇汇出的，应持以下文件向原结汇外汇指定银行申请，外汇指定银行进行真实性审核确认后，可将人民币购房款及利息购汇划回境外机构或个人外汇账户：

（1）申请书（包括没有完成商品房交易的原因说明）；

（2）原结汇凭证；

（3）房地产开发企业与境内分支、代表机构或境外个人解除商品房买卖合同的证明文件；

（4）房地产主管部门出具的境内分支、代表机构或境外个人取消购买商品房的相关证明。

六、转让所购境内商品房取得的人民币资金购汇汇出

境外机构的境内分支、代表机构和境外个人转让所购境内商品房取得的人民币资金，经商品房所在地国家外汇管理局分支局、外汇管理部门审核确认以下文件后，方可购汇汇出：

（1）购汇申请书；

（2）商品房转让合同；

（3）房屋权属转让的完税证明文件。

第五章　商品房屋租赁

第一节　商品房屋租赁法律关系所涉及的主要方面

房屋租赁合同是出租人将租赁房屋交付承租人使用、收益，承租人支付租金的合同。

一、房屋租赁合同的内容与形式

房屋租赁合同的内容由当事人双方约定，一般应当包括以下内容：(1)房屋租赁当事人的姓名(名称)和住所；(2)房屋的坐落、面积、结构、附属设施，家具和家电等室内设施状况；(3)租金和押金数额、支付方式；(4)租赁用途和房屋使用要求；(5)房屋和室内设施的安全性能；(6)租赁期限；(7)房屋维修责任；(8)物业服务、水、电、燃气等相关费用的缴纳；(9)争议解决办法和违约责任；(10)其他约定。房屋租赁当事人应当在房屋租赁合同中约定房屋被征收或者拆迁时的处理办法。

二、不得出租的房屋及瑕疵房屋的出租

有下列情形之一的房屋不得出租：(1)属于违法建筑的；(2)不符合安全、防灾等工程建设强制性标准的；(3)违反规定改变房屋使用性质的；(4)法律、法规规定禁止出租的其他情形。违反前述规定出租房屋的，由直辖市、市、县人民政府建设(房地产)主管部门责令限期改正，对没有违法所得的，可处以5000元以下罚款；对有违法所得的，可以处以违法所得1倍以上3倍以下，但不超过3万元的罚款。

出租住房的，应当以原设计的房间为最小出租单位，人均租住建筑面积不得低于当地人民政府规定的最低标准。厨房、卫生间、阳台和地下储藏室不得出租供人员居住。违反前述规定的，由直辖市、市、县人民政府建设(房地产)主管部门责令

限期改正，逾期不改正的，可处以5000元以上3万元以下罚款。

出租人就未取得建设工程规划许可证或者未按照建设工程规划许可证的规定建设的房屋，与承租人订立的租赁合同无效。但在一审法庭辩论终结前取得建设工程规划许可证或者经主管部门批准建设的，人民法院应当认定有效。

出租人就未经批准或者未按照批准内容建设的临时建筑，与承租人订立的租赁合同无效。但在一审法庭辩论终结前经主管部门批准建设的，人民法院应当认定有效。租赁期限超过临时建筑的使用期限，超过部分无效。但在一审法庭辩论终结前经主管部门批准延长使用期限的，人民法院应当认定延长使用期限内的租赁期间有效。

根据最高人民法院发布的第170号指导案例，违反行政规章一般不影响合同效力，但违反行政规章签订租赁合同，约定将经鉴定机构鉴定存在严重结构隐患，或将造成重大安全事故的应当尽快拆除的危房出租用于经营酒店，危及不特定公众人身及财产安全，属于损害社会公共利益、违背公序良俗的行为，应当依法认定租赁合同无效，按照合同双方的过错大小确定各自应当承担的法律责任。

因第三人主张权利，致使承租人不能对租赁物使用、收益的，承租人可以请求减少租金或者不支付租金。第三人主张权利的，承租人应当及时通知出租人。出租人就同一房屋订立数份租赁合同，在合同均有效的情况下，承租人均主张履行合同的，按照下列顺序确定履行合同的承租人：(1)已经合法占有租赁房屋的；(2)已经办理登记备案手续的；(3)合同成立在先的。不能取得租赁房屋的承租人请求解除合同、赔偿损失的，依照《民法典》的有关规定处理。

三、房屋租赁期限

房屋租赁期限不得超过20年。超过20年的，超过部分无效。租赁期限届满，当事人可以续订租赁合同；但是，约定的租赁期限自续订之日起不得超过20年。当事人对租赁期限没有约定或者约定不明确的，可以协议补充；不能达成补充协议的，按照合同相关条款或者交易习惯确定；如果按照合同相关条款或者交易习惯仍不能确定的，视为不定期租赁；当事人可以随时解除合同，但是应当在合理期限之前通知对方。租赁期限届满，承租人继续使用租赁物，出租人没有提出异议的，原租赁合同继续有效，但是租赁期限为不定期。租赁期限届满，房屋承租人享有以同等条件优先承租的权利。租赁期限6个月以上的，应当采用书面形式。当事人未采用书面形式，无法确定租赁期限的，视为不定期租赁。

四、租金、占有使用费

承租人应当按照约定的期限支付租金。对支付租金的期限没有约定或者约定不明确,可以协议补充;不能达成补充协议的,按照合同相关条款或者交易习惯确定。按照合同相关条款或者交易习惯仍不能确定,租赁期限不满一年的,应当在租赁期限届满时支付;租赁期限 1 年以上的,应当在每届满 1 年时支付,剩余期限不满 1 年的,应当在租赁期限届满时支付。

承租人无正当理由未支付或者迟延支付租金的,出租人可以请求承租人在合理期限内支付;承租人逾期不支付的,出租人可以解除合同。

房屋租赁合同无效、履行期限届满或者解除,出租人可请求负有腾房义务的次承租人支付逾期腾房占有使用费。

五、房屋租赁登记备案

房屋租赁合同订立后 30 日内,房屋租赁当事人应当到租赁房屋所在地直辖市、市、县人民政府建设(房地产)主管部门办理房屋租赁登记备案。房屋租赁当事人可以书面委托他人办理租赁登记备案。当事人未按前述要求办理备案的,由直辖市、市、县人民政府建设(房地产)主管部门责令限期改正;个人逾期不改正的,处以 1000 元以下罚款;单位逾期不改正的,处以 1000 元以上 1 万元以下罚款。

办理房屋租赁登记备案,房屋租赁当事人应当提交下列材料:(1)房屋租赁合同;(2)房屋租赁当事人身份证明;(3)房屋所有权证书或者其他合法权属证明;(4)直辖市、市、县人民政府建设(房地产)主管部门规定的其他材料。房屋租赁当事人提交的材料应当真实、合法、有效,不得隐瞒真实情况或者提供虚假材料。

对符合下列要求的,直辖市、市、县人民政府建设(房地产)主管部门应当在 3 个工作日内办理房屋租赁登记备案,向租赁当事人开具房屋租赁登记备案证明:(1)申请人提交的申请材料齐全并且符合法定形式;(2)出租人与房屋所有权证书或者其他合法权属证明记载的主体一致;(3)不属于不得出租的房屋。房屋租赁登记备案证明应当载明出租人的姓名或者名称,承租人的姓名或者名称、有效身份证件种类和号码,出租房屋的坐落、租赁用途、租金数额、租赁期限等。当事人未依照法律、行政法规规定办理租赁合同登记备案手续的,根据《民法典》第 706 条规定,不影响合同的效力。

六、租赁房屋的使用、维修

承租人应当按照合同约定的租赁用途和使用要求合理使用房屋，不得擅自改动房屋承重结构和拆改室内设施，不得损害其他业主和使用人的合法权益。承租人因使用不当等原因造成承租房屋和设施损坏的，承租人应当负责修复或者承担赔偿责任。

出租人应当按照合同约定履行房屋的维修义务并确保房屋和室内设施安全。未及时修复损坏的房屋，影响承租人正常使用的，承租人可以自行维修，维修费用由出租人负担。因维修租赁房屋影响承租人使用的，应当相应减少租金或者延长租期，或由出租人按照约定承担赔偿责任。因承租人的过错致使租赁房屋需要维修的，出租人不承担维修义务。

七、租赁房屋的装饰装修、扩建、改善或增设他物

承租人经出租人同意装饰装修，租赁合同无效时，未形成附合的装饰装修物，出租人同意利用的，可折价归出租人所有；不同意利用的，可由承租人拆除。因拆除造成房屋毁损的，承租人应当恢复原状。已形成附合的装饰装修物，出租人同意利用的，可折价归出租人所有；不同意利用的，由双方各自按照导致合同无效的过错分担现值损失。

承租人经出租人同意装饰装修，租赁期间届满或者合同解除时，除当事人另有约定外，未形成附合的装饰装修物，可由承租人拆除。因拆除造成房屋毁损的，承租人应当恢复原状。承租人经出租人同意装饰装修，合同解除时，双方对已形成附合的装饰装修物的处理没有约定的，人民法院按照下列情形分别处理：(1)因出租人违约导致合同解除，承租人请求出租人赔偿剩余租赁期内装饰装修残值损失的，应予支持；(2)因承租人违约导致合同解除，承租人请求出租人赔偿剩余租赁期内装饰装修残值损失的，不予支持。但出租人同意利用的，应在利用价值范围内予以适当补偿；(3)因双方违约导致合同解除，剩余租赁期内的装饰装修残值损失，由双方根据各自的过错承担相应的责任；(4)因不可归责于双方的事由导致合同解除的，剩余租赁期内的装饰装修残值损失，由双方按照公平原则分担。法律另有规定的，适用其规定。

承租人经出租人同意装饰装修，租赁期间届满时，承租人请求出租人补偿附合装饰装修费用的，不予支持。但当事人另有约定的除外。

承租人未经出租人同意装饰装修或者扩建发生的费用，由承租人负担。出租

人请求承租人恢复原状或者赔偿损失的，人民法院应予支持。

承租人经出租人同意，可以对租赁物进行改善或者增设他物。承租人未经出租人同意，对租赁物进行改善或者增设他物的，出租人可以请求承租人恢复原状或者赔偿损失。

承租人经出租人同意扩建，但双方对扩建费用的处理没有约定的，人民法院按照下列情形分别处理：(1)办理合法建设手续的，扩建造价费用由出租人负担；(2)未办理合法建设手续的，扩建造价费用由双方按照过错分担。承租人未经出租人同意扩建发生的费用，由承租人负担。出租人请求承租人恢复原状或者赔偿损失的，人民法院应予支持。

承租人擅自变动房屋建筑主体和承重结构或者扩建，在出租人要求的合理期限内仍不予恢复原状，出租人可请求解除合同并要求赔偿损失。

八、转租

承租人转租房屋的，应当经出租人书面同意。出租人知道或者应当知道承租人转租，但是在6个月内未提出异议的，视为出租人同意转租。承租人经出租人同意转租的，承租人与出租人之间的租赁合同继续有效；第三人造成租赁物损失的，承租人应当赔偿损失。承租人经出租人同意将租赁物转租给第三人，转租期限超过承租人剩余租赁期限的，超过部分的约定对出租人不具有法律约束力，但是出租人与承租人另有约定的除外。

承租人拖欠租金的，次承租人可以代承租人支付其欠付的租金和违约金，但是转租合同对出租人不具有法律约束力的除外。次承租人代为支付的租金和违约金，可以充抵次承租人应当向承租人支付的租金；超出其应付的租金数额的，可以向承租人追偿。

承租人未经出租人书面同意转租的，出租人可以解除租赁合同，收回房屋并要求承租人赔偿损失。

第二节 房屋租赁合同的解除、承租人优先购买权

一、出租人解除合同的权利

出租人在以下情形下可以解除房屋租赁合同：

(1)承租人无正当理由未支付或者迟延支付租金的，出租人可以请求承租人在

合理期限内支付；承租人逾期不支付的，出租人可以解除合同。

(2)当事人对租赁期限没有约定或者约定不明确，可以协议补充；不能达成补充协议的，按照合同相关条款或者交易习惯确定；如果按照合同相关条款或者交易习惯仍不能确定的，出租人可以随时解除合同，但是应当在合理期限之前通知对方。

(3)出现其他依照法律、行政法规规定可以解除合同的情形。

二、承租人可解除合同情形

承租人在以下情形下可以解除房屋租赁合同：

(1)出租人就同一房屋订立数份租赁合同，在合同均有效的情况下，承租人均主张履行合同，不能取得租赁房屋的承租人可请求解除合同、赔偿损失。

(2)有下列情形之一，非因承租人原因致使租赁物无法使用的，承租人可以解除合同：①租赁房屋被司法机关或者行政机关依法查封；②租赁房屋权属有争议；③租赁房屋具有违反法律、行政法规关于使用条件的强制性规定情形。

(3)租赁房屋危及承租人的安全或者健康的，即使承租人订立合同时明知该租赁房屋质量不合格，承租人仍然可以随时解除合同。

(4)因不可归责于承租人的事由，租赁房屋部分或者全部毁损、灭失，致使不能实现合同目的的，承租人可以解除合同。

(5)当事人对租赁期限没有约定或者约定不明确，可以协议补充；不能达成补充协议的，按照合同相关条款或者交易习惯确定；如果按照合同相关条款或者交易习惯仍不能确定的，承租人可以随时解除合同，但是应当在合理期限之前通知对方。

(6)根据《全国法院民商事审判工作会议纪要》第 48 条规定，房屋租赁合同履行过程中，如符合下列条件，违约方起诉请求解除合同的，人民法院依法予以支持：①违约方不存在恶意违约的情形；②违约方继续履行合同，对其显失公平；③守约方拒绝解除合同，违反诚实信用原则。人民法院判决解除合同的，违约方本应当承担的违约责任不能因解除合同而减少或者免除。

(7)出现其他依照法律、行政法规规定可以解除合同的情形。

三、租赁房屋所有权变动与优先购买权

租赁房屋在承租人按照租赁合同占有期限内因赠与、析产、继承或者买卖转让发生所有权变动的，不影响租赁合同的效力，承租人可请求房屋受让人继续履行原

租赁合同,但租赁房屋具有下列情形或者当事人另有约定的除外:(1)房屋在出租前已设立抵押权,因抵押权人实现抵押权发生所有权变动的;(2)房屋在出租前已被人民法院依法查封的。

出租人出卖租赁房屋的,应当在出卖之前的合理期限内通知承租人,承租人享有以同等条件优先购买的权利;但是,房屋按份共有人行使优先购买权或者出租人将房屋出卖给近亲属的除外。出租人履行通知义务后,承租人在15日内未明确表示购买的,视为承租人放弃优先购买权。出租人委托拍卖人拍卖租赁房屋的,应当在拍卖5日前通知承租人。承租人未参加拍卖的,视为放弃优先购买权。出租人与抵押权人协议折价、变卖租赁房屋偿还债务,应当在合理期限内通知承租人,承租人可请求以同等条件优先购买房屋。出租人未通知承租人或者有其他妨害承租人行使优先购买权情形的,承租人可以请求出租人承担赔偿责任。但是,出租人与第三人订立的房屋买卖合同的效力不受影响。

第六章　物 业 管 理

物业管理，是指物业服务人（下文中“物业服务企业”用语多泛指物业服务人）根据约定或法律规定，在物业服务区域内为业主提供建筑物及其附属设施的维修养护、环境卫生和相关秩序的管理维护等物业服务。好的物业管理关系业主的生活幸福指数。业主均期盼着良好的物业管理。运转优质高效的物业管理，以对物业管理的法律原理有完整的认知为基础。物业管理法律关系的主体，包括业主和业主大会、业主委员会，以及物业服务人。物业管理法律关系的客体，为物业管理区域内的共用部位、共用设施设备，以及业主行为等。物业管理的经费来源，包括维修资金和物业服务费用等。

第一节　建筑物区分所有权及相关制度

物业管理的主要内容之一，是对物业管理区域内共用部位、共用设施设备的管理。那么，在一个物业管理区域内，哪些部分属于业主共有的共用部位、共用设施设备呢，与此相关的管理机制有哪些呢？

一、业主的建筑物区分所有权

业主的建筑物区分所有权，是物业管理的前提和基础。在一个建筑区划内，业主对建筑物内的住宅、经营性用房等专有部分享有所有权，即享有包括占有、使用、收益和处分在内的权利；对专有部分以外的共有部分享有共有和共同管理的权利并承担相关义务，不得以放弃权利为由不履行义务。虽然在少数情况下，比如项目为单一商场开发项目而房地产开发企业持有经营商场的情况下，建筑区划内的业主是单一业主，即一个业主对建筑区域内的所有建筑物内的专有部分享有所有权，因而对建筑区划内的所有共有部分也享有所有权，但绝大多数情况下，建筑区划内存在一个以上的业主。当建筑区划内存在众多的业主时,即需要准确界定建筑区划内的专有部分与共有部分。

(一)建筑区划内的专有部分

最高人民法院《关于审理建筑物区分所有权纠纷案件适用法律若干问题的解释》第2条对建筑区划内的专有部分作了界定,该条规定:“建筑区划内符合下列条件的房屋,以及车位、摊位等特定空间,应当认定为民法典第二编第六章所称的专有部分:(一)具有构造上的独立性,能够明确区分;(二)具有利用上的独立性,可以排他使用;(三)能够登记成为特定业主所有权的客体。规划上专属于特定房屋,且建设单位销售时已经根据规划列入该特定房屋买卖合同中的露台等,应当认定为前款所称的专有部分的组成部分。本条第一款所称房屋,包括整栋建筑物。”

如前所述,业主对建筑物内的住宅、经营性用房等专有部分享有所有权,即享有包括占有、使用、收益和处分在内的权利。

(二)建筑区划内的共有部分

根据《民法典》、最高人民法院《关于审理建筑物区分所有权纠纷案件适用法律若干问题的解释》及《物业管理条例》相关规定,建筑区划内属于业主共有的部分包括:(1)建筑区划内的土地,依法由业主共同享有建设用地使用权,但属于业主专有的整栋建筑物的规划占地或者城镇公共道路、绿地占地除外;(2)建筑区划内的道路,属于业主共有,但属于城镇公共道路的除外;(3)建筑区划内的绿地,属于业主共有,但属于城镇公共绿地或者明示属于个人的除外;(4)占用业主共有的道路或者其他场地用于停放汽车的车位,属于业主共有;(5)建筑区划内的物业服务用房,属于业主共有;(6)建筑物的基础、承重结构、外墙、屋顶等基本结构部分,通道、楼梯、大堂等公共通行部分,消防、公共照明等附属设施、设备,避难层、设备层或者设备间等结构部分;(7)建筑区划内其他不属于业主专有部分,也不属于市政公用部分或者其他权利人所有的场所及设施等。

业主对建筑区划内属于业主共有的部分享有共有和共同管理的权利,其中包括业主基于对住宅、经营性用房等专有部分特定使用功能的合理需要,无偿利用屋顶以及与其专有部分相对应的外墙面等共有部分的权利。

二、物业承接查验

物业管理区域内的业主共有部分,对业主充分享受所购商品房的使用价值有着不可或缺的作用。当购房人向房地产开发企业购买商品房后,购房人购买的商品房，由房地产开发企业按商品房买卖合同约定的期限和条件向购房人直接交付。物业管理区域内的共有部分，其权属也由归房地产开发企业所有转归业主共有，须由房地产开发企业完成向全体业主的交付，以配合购房人对所购商品房的使用。为此，法律上设计了承接查验制度，规定由前期物业服务企业代表全体业主对物业管理区域内的共有部分进行查验及接收。

物业承接查验，是指承接新建物业前，物业服务人和房地产开发企业按照国家有关规定和前期物业服务合同的约定，共同对物业共用部位、共用设施设备进行检查和验收的活动。物业管理区域内的共用部位、共用设施设备完成承接查验后，即按规定纳入物业服务人管理范围。物业管理区域更换物业服务人的，业主委员会与业主大会选聘的物业服务人可以参照物业服务人和房地产开发企业对新建物业的承接查验进行物业管理区域内共用部位、共用设施设备的承接查验。

根据《物业承接查验办法》，建设单位制定的临时管理规约，应当对全体业主同意授权物业服务人代为查验物业共用部位、共用设施设备的事项作出约定。

房地产开发企业应当在物业交付使用15日前，与前期物业服务人完成物业共用部位、共用设施设备的承接查验工作。这一时间上的安排，应具有以下意义：(1)方便前期物业服务人在房地产开发企业向购房人交付商品房之前在物业管理用房内办公，做好迎接业主收房及办理装修等手续的准备；(2)方便前期物业服务企业熟悉建筑区划内共用部位、共用设施设备的状况，确保在业主入住时电梯、水箱等共用设施设备可以有效投入使用等。

(一)承接查验应具备的条件

实施承接查验的物业，应当具备以下条件：(1)建设工程竣工验收合格，取得规划、消防、环保等主管部门出具的认可或者准许使用文件，并经建设行政主管部门备案；(2)供水、排水、供电、供气、供热、通信、公共照明、有线电视等市政公用设施设备按规划设计要求建成，供水、供电、供气、供热已安装独立计量表具；(3)教育、邮政、医疗卫生、文化体育、环卫、社区服务等公共服务设施已按规划设计要求建成；(4)道路、绿地和物业服务用房等公共配套设施按规划设计要求建成，并满足使用功能要求；(5)电梯、二次供水、高压供电、消防设施、压力容器、电子监控系统等共用设施设备取得使用合格证书；(6)物业使用、维护和管理的相关技术资料完整齐全；(7)法律、法规规定的其他条件。

(二)承接查验的程序与依据

物业承接查验按照下列程序进行：(1)确定物业承接查验方案；(2)移交有关图纸资料；(3)查验共用部位、共用设施设备；(4)解决查验发现的问题；(5)确认现场查验结果;(6)签订物业承接查验协议;(7)办理物业交接手续。

实施物业承接查验,主要依据下列文件:(1)物业买卖合同;(2)临时管理规约;(3)前期物业服务合同;(4)物业规划设计方案;(5)建设单位移交的图纸资料;(6)建设工程质量法规、政策、标准和规范。现场查验20日前,房地产开发企业应当向前期物业服务企业移交下列资料:(1)竣工总平面图,单体建筑、结构、设备竣工图,配套设施、地下管网工程竣工图等竣工验收资料;(2)共用设施设备清单及其安装、使用和维护保养等技术资料;(3)供水、供电、供气、供热、通信、有线电视等准许使用文件;(4)物业质量保修文件和物业使用说明文件;(5)承接查验所必需的其他资料。

(三)查验内容与承接查验协议

前期物业服务企业应当对下列物业共用部位、共用设施设备进行现场检查和验收:(1)共用部位:一般包括建筑物的基础、承重墙体、柱、梁、楼板、屋顶以及外墙、门厅、楼梯间、走廊、楼道、扶手、护栏、电梯井道、架空层及设备间等;(2)共用设备:一般包括电梯、水泵、水箱、避雷设施、消防设备、楼道灯、电视天线、发电机、变配电设备、给排水管线、电线、供暖及空调设备等;(3)共用设施:一般包括道路、绿地、人造景观、围墙、大门、信报箱、宣传栏、路灯、排水沟、渠、池、污水井、化粪池、垃圾容器、污水处理设施、机动车(非机动车)停车设施、休闲娱乐设施、消防设施、安防监控设施、人防设施、垃圾转运设施以及物业服务用房等。建设单位应当依法移交有关单位的供水、供电、供气、供热、通信和有线电视等共用设施设备,不作为物业服务企业现场检查和验收的内容。

物业承接查验应当遵循诚实信用、客观公正、权责分明以及保护业主共有财产的原则。物业承接查验费用的承担,由房地产开发企业和前期物业服务企业在前期物业服务合同中约定;没有约定或者约定不明确的,由房地产开发企业承担。对于物业承接查验活动,业主享有知情权和监督权。物业承接查验可以邀请业主代表以及物业所在地房地产行政主管部门参加,可以聘请相关专业机构协助进行。房地产开发企业应当委派专业人员参与现场查验,与前期物业服务企业共同确认现场查验的结果,签订物业承接查验协议。

物业承接查验协议应当对物业承接查验基本情况、存在问题、解决方法及其时限、双方权利义务、违约责任等事项作出明确约定。物业承接查验协议作为前期物业服务合同的补充协议,与前期物业服务合同具有同等法律效力。物业承接查验协议生效后,当事人一方不履行协议约定的交接义务,导致前期物业服务合同无法履行的,应当承担违约责任。

（四）承接查验档案与备案

房地产开发企业应当在物业承接查验协议签订后10日内办理物业交接手续，向前期物业服务企业移交物业服务用房以及其他物业共用部位、共用设施设备。交接工作应当形成书面记录。交接记录应当包括移交资料明细，物业共用部位、共用设施设备明细，交接时间，交接方式等内容。交接记录应当由房地产开发企业和前期物业服务企业共同签章确认。前期物业服务企业应当将与承接查验有关的文件、资料和记录建立档案并妥善保管。物业承接查验档案属于全体业主所有。前期物业服务合同终止，业主大会选聘新的物业服务企业的，原物业服务企业应当在前期物业服务合同终止之日起10日内，向业主委员会移交物业承接查验档案。

前期物业服务企业应当自物业交接后30日内，持下列文件向物业所在地的区、县（市）房地产行政主管部门办理备案手续：(1)前期物业服务合同；(2)临时管理规约；(3)物业承接查验协议；(4)房地产开发企业移交资料清单；(5)查验记录；(6)交接记录；(7)其他与承接查验有关的文件。房地产开发企业和前期物业服务企业应当将物业承接查验备案情况书面告知业主。

三、住宅专项维修资金

购房人向房地产开发企业购买的商品住宅，自房地产开发企业向购房人交付之日起，由房地产开发企业按《住宅质量保证书》约定的保修范围和保修期限向购房人提供保修；不属于保修范围或超过保修期限的需要维修事项，由购房人自行负责维修。物业管理区域内的共用部位、共用设施设备归业主共有，对于不属于保修范围或超过保修期限的共用部位、共用设施设备的需要维修事项，维修资金从何而来，应如何筹集、如何使用，费用在业主间应如何分摊，法律上也安排了相关的制度，即住宅专项维修资金制度。

住宅专项维修资金，是指专项用于住宅共用部位、共用设施设备保修期满后的维修和更新、改造的资金。

（一）住宅专项维修资金的来源

住宅专项维修资金的来源包括以下几个部分：(1)业主交存的首期住宅专项维修资金；(2)业主续交的住宅专项维修资金；(3)住宅专项维修资金的存储利息；(4)利用住宅专项维修资金购买国债的增值收益；(5)利用住宅共用部位、共用设施设备进行经营的，业主所得收益，但业主大会另有决定的除外；(6)住宅共用设施设备报废后回收的残值；(7)在有些地方，房地产开发企业也需交纳住宅专项维修资金，此部分资金也构成住宅专项维修资金的来源；（8）公有住房的售房单位交存的住宅专项维修资金。

1. 业主交存的首期住宅专项维修资金

由于住宅专项维修资金用于住宅共用部位、共用设施设备保修期满后的维修和更新、改造，最终是服务于业主，所以住宅专项维修资金的首要来源是业主交存。

《住宅专项维修资金管理办法》第6条规定："下列物业的业主应当按照本办法的规定交存住宅专项维修资金：（一）住宅，但一个业主所有且与其他物业不具有共用部位、共用设施设备的除外；（二）住宅小区内的非住宅或者住宅小区外与单幢住宅结构相连的非住宅。前款所列物业属于出售公有住房的，售房单位应当按照本办法的规定交存住宅专项维修资金。"

由以上规定可以看到，交存住宅专项维修资金的业主，既包括住宅业主，也包括住宅小区内的非住宅或者住宅小区外与单幢住宅结构相连的非住宅的业主。住宅小区内的非住宅或者住宅小区外与单幢住宅结构相连的非住宅因与住宅小区内的住宅存在共用部位或共用设施、设备，如对住宅小区的共用部位或共用设施、设备进行维护、更新、改造，相应非住宅的业主也是受益人。因此，住宅小区内的非住宅或者住宅小区外与单幢住宅结构相连的非住宅的业主交存住宅专项维修资金有合理性。

商品住宅的业主、非住宅的业主按照所拥有物业的建筑面积交存住宅专项维修资金，每平方米建筑面积交存首期住宅专项维修资金的数额为当地住宅建筑安装工程每平方米造价的5%至8%。直辖市、市、县人民政府建设（房地产）主管部门应当根据本地区情况，合理确定、公布每平方米建筑面积交存首期住宅专项维修资金的数额，并适时调整。出售公有住房的，业主按照所拥有物业的建筑面积交存住宅专项维修资金，每平方米建筑面积交存首期住宅专项维修资金的数额为当地房改成本价的2%。

商品住宅的业主应当在办理房屋入住手续前，将首期住宅专项维修资金存入住宅专项维修资金专户。已售公有住房的业主应当在办理房屋入住手续前，将首期住宅专项维修资金存入公有住房住宅专项维修资金专户或者交由售房单位存入公有住房住宅专项维修资金专户。

未按规定交存首期住宅专项维修资金的，开发建设单位或者公有住房售房单位不得将房屋交付购买人。开发建设单位违反规定将房屋交付买受人的，由县级以上地方人民政府建设（房地产）主管部门责令限期改正；逾期不改正的，处以3万元以下的罚款。

鉴于《住宅专项维修资金管理办法》明确房地产开发企业需对购房人交存住宅专项维修资金把关，未按规定交存首期住宅专项维修资金的，房地产开发企业不得将房屋交付给购房人，房地产开发企业一方面应做好购房人交存住房专项维修资金应由房地产开发企业完成的相关准备工作，另一方面可在交房地点准备《住宅专项维修资金管理办法》及地方相关规定备查，帮助购房人理解购房人应在收房前交存住宅专项维修资金并非房地产开发企业故意设置障碍，而是国家相关规定的要求。有条件的房地产开发企业，还可进一步向购房人解释住宅专项维修资金制度的设置目的，帮助购房人理解住宅专项维修资金最终是服务于购房人自己。

2. 开发建设单位交存的住宅专项维修资金

有些地方规定开发建设单位也需交纳住宅专项维修资金。比如《武汉市住宅专项维修资金管理办法》规定，开发建设单位也需交纳住宅专项维修资金，交存标准为按照物业总规模建安造价的1.5%（配置有电梯的按照2.5%）交存，交存时间在办理项目不动产首次登记前。市房屋行政主管部门应当根据市建设行政主管部门公布的建安造价确定、公布首期住宅专项维修资金的具体交存标准，并适时调整。

3. 公有住房的售房单位交存的住宅专项维修资金

出售公有住房的，售房单位按照多层住宅不低于售房款的20%、高层住宅不低于售房款的30%，从售房款中一次性提取住宅专项维修资金。公有住房售房单位应当在收到售房款之日起30日内，将提取的住宅专项维修资金存入公有住房住宅专项维修资金专户。

4. 业主续交的住宅专项维修资金

根据《住宅专项维修资金管理办法》第17条规定，业主分户账面住宅专项维修资金余额不足首期交存额30%的，应当及时续交。成立业主大会的，续交方案由业主大会决定。未成立业主大会的，续交的具体管理办法由直辖市、市、县人民政府建设（房地产）主管部门会同同级财政部门制定。

5. 其他

《住宅专项维修资金管理办法》第27条规定，下列资金应当转入住宅专项维修资金滚存使用：（1）住宅专项维修资金的存储利息；（2）利用住宅专项维修资金购买国债的增值收益；（3）利用住宅共用部位、共用设施设备进行经营的，业主所得收益，但业主大会另有决定的除外；（4）住宅共用设施设备报废后回收的残值。

（二）住宅专项维修资金的开户、设账

《住宅专项维修资金管理办法》第10条规定，业主大会成立前，商品住宅业主、非住宅业主交存的住宅专项维修资金，由物业所在地直辖市、市、县人民政府建设（房地产）主管部门代管。直辖市、市、县人民政府建设（房地产）主管部门应当委托所在地一家商业银行，作为本行政区域内住宅专项维修资金的专户管理银行，并在专户管理银行开立住宅专项维修资金专户。开立住宅专项维修资金专户，应当以物业管理区域为单位设账，按房屋户门号设分户账；未划定物业管理区域的，以幢为单位设账，按房屋户门号设分户账。

《住宅专项维修资金管理办法》第11条规定，业主大会成立前，已售公有住房住宅专项维修资金，由物业所在地直辖市、市、县人民政府财政部门或者建设（房地产）主管部门负责管理。负责管理公有住房住宅专项维修资金的部门应当委托所在地一家商业银行，作为本行政区域内公有住房住宅专项维修资金的专户管理银行，并在专户管理银行开立公有住房住宅专项维修资金专户。开立公有住房住宅专项维修资金专户，应当按照售房单位设账，按幢设分账。其中，业主交存的住宅专项维修资金，按房屋户门号设分户账。

《住宅专项维修资金管理办法》第15条规定，业主大会成立后，业主大会应当委托所在地一家商业银行作为本物业管理区域内住宅专项维修资金的专户管理银行，并在专户管理银行开立住宅专项维修资金专户。开立住宅专项维修资金专户，应当以物业管理区域为单位设账，按房屋户门号设分户账。业主委员会应当通知所在地直辖市、市、县人民政府建设（房地产）主管部门；涉及已售公有住房的，应当通知负责管理公有住房住宅专项维修资金的部门。直辖市、市、县人民政府建设（房地产）主管部门或者负责管理公有住房住宅专项维修资金的部门应当在收到通知之日起30日内，通知专户管理银行将该物业管理区域内业主交存的住宅专项维修资金账面余额划转至业主大会开立的住宅专项维修资金账户，并将有关账目等移交业主委员会。

从相关规定来看，不论是商品房还是公有住房，均按房屋户门号设分户账，公有住房售房单位也设有分户账。那么，住宅专项维修资金归谁所有呢？

（三）住宅专项维修资金的权属

《民法典》第281条第1款规定，建筑物及其附属设施的维修资金，属于业主共有。《物业管理条例》第53条第2款规定，专项维修资金属于业主所有。《住宅专项维修资金管理办法》第9条第1款规定，业主交存的住宅专项维修资金属于业主所有。从公有住房售房款中提取的住宅专项维修资金属于公有住房售房单位所有。

可见，关于住宅专项维修资金的权属，相关规定并不完全一致。如果说住宅专项维修资金全部属于业主共同共有，则会明显不合理。比如，如果某幢楼业主不爱惜共用设施设备，致相应楼栋维修资金消耗较多，在业主交存的首期专项维修资金接近用完时，由全体业主续交维修资金，则对其他幢楼的业主不公平。如果说住宅专项维修资金属于业主按份共有，按《民法典》第 305 条规定（按份共有人可以转让其享有的共有的不动产或者动产份额。其他共有人在同等条件下享有优先购买的权利），则会影响房屋产权转让。因此，关于住宅专项维修资金的权属，宜区分不同情形，分别规定归业主共有或业主所有。住宅专项维修资金的存储利息，宜按其本金归属确定利息所有者。利用住宅专项维修资金购买国债的增值收益，宜归业主共有。利用住宅共用部位、共用设施设备进行经营所得收益，宜归业主共有。住宅共用设施设备报废后回收的残值，宜归业主共有。业主交存的住宅专项维修资金则属于相应业主所有。

事实上，《住宅专项维修资金管理办法》关于分户账余额的归属，是按照属业主所有来进行设计的。商品住宅之间或者商品住宅与非住宅之间共用部位、共用设施设备的维修和更新、改造费用，根据《住宅专项维修资金管理办法》第 20 条规定，是由相关业主按照各自拥有物业建筑面积的比例分摊的。房屋所有权转让时，该房屋分户账中结余的住宅专项维修资金的处理，根据《住宅专项维修资金管理办法》第 28 条的规定，是随房屋所有权同时过户。房屋灭失时，该房屋分户账中结余的住宅专项维修资金的处理，按照《住宅专项维修资金管理办法》第 29 条的规定，是返还业主。

（四）住宅专项维修资金的使用

如何高效、公平使用住宅专项维修资金，是当前住宅专项维修资金管理中面临的最大课题。一方面，房屋之间的共用部位、共用设施设备，该维修、更新、改造的，应及时维修、更新、改造，以维持房屋的正常使用功能，方便业主对房屋的使用。为此而使用住宅专项维修资金，应当方便，以免使相关申请人望而却步及贻误维修、更新、改造给业主造成不必要损失。另一方面，是保障业主作为分户账中住宅专项维修资金余额所有人的权利，避免工程中费用的不合理支出以及其他侵害业主权利的情形。

1. 住宅专项维修资金划转业主大会管理前的使用程序

根据《住宅专项维修资金管理办法》第 22 条规定，住宅专项维修资金划转业主大会管理前，需要使用住宅专项维修资金的，按照以下程序办理：（1）物业服务企业根据维修和更新、改造项目提出使用建议；没有物业服务企业的，由相关业主提出使用建议；（2）住宅专项维修资金列支范围内专有部分占建筑物总面积 2/3 以上的业主且占总人数2/3以上的业主讨论通过使用建议;(3)物业服务企业或者相关业主组织实施使用方案;(4)物业服务企业或者相关业主持有关材料,向所在地直辖市、市、县人民政府建设(房地产)主管部门申请列支;其中,动用公有住房住宅专项维修资金的,向负责管理公有住房住宅专项维修资金的部门申请列支;(5)直辖市、市、县人民政府建设(房地产)主管部门或者负责管理公有住房住宅专项维修资金的部门审核同意后,向专户管理银行发出划转住宅专项维修资金的通知;(6)专户管理银行将所需住宅专项维修资金划转至维修单位。

2. 住宅专项维修资金划转业主大会管理后的使用程序

根据《住宅专项维修资金管理办法》第23条规定,住宅专项维修资金划转业主大会管理后,需要使用住宅专项维修资金的,按照以下程序办理:(1)物业服务企业提出使用方案,使用方案应当包括拟维修和更新、改造的项目,费用预算,列支范围,发生危及房屋安全等紧急情况以及其他需临时使用住宅专项维修资金的情况的处置办法等;(2)业主大会依法通过使用方案;(3)物业服务企业组织实施使用方案;(4)物业服务企业持有关材料向业主委员会提出列支住宅专项维修资金;其中,动用公有住房住宅专项维修资金的,向负责管理公有住房住宅专项维修资金的部门申请列支;(5)业主委员会依据使用方案审核同意,并报直辖市、市、县人民政府建设(房地产)主管部门备案;动用公有住房住宅专项维修资金的,经负责管理公有住房住宅专项维修资金的部门审核同意;直辖市、市、县人民政府建设(房地产)主管部门或者负责管理公有住房住宅专项维修资金的部门发现不符合有关法律、法规、规章和使用方案的,应当责令改正;(6)业主委员会、负责管理公有住房住宅专项维修资金的部门向专户管理银行发出划转住宅专项维修资金的通知;(7)专户管理银行将所需住宅专项维修资金划转至维修单位。

3. 紧急情况下住宅专项维修资金的使用程序

根据《住宅专项维修资金管理办法》第24条规定,发生危及房屋安全等紧急情况,需要立即对住宅共用部位、共用设施设备进行维修和更新、改造的,如住宅专项维修资金尚未划转到业主大会,按照住宅专项维修资金划转业主大会管理前的使用程序的第4项、第5项、第6项的规定办理;如果住宅专项维修资金已划转业主大会管理,按照住宅专项维修资金划转业主大会管理后的使用程序的第4项、第5项、第6项和第7项的规定办理。发生前述紧急情况后,未按规定实施维修和更新、改造的,直辖市、市、县人民政府建设(房地产)主管部门可以组织代修,维修费用从相关业主住宅专项维修资金分户账中列支;其中,涉及已售公有住房的,还应当从公有住房住宅专项维修资金中列支。

(五)如果业主拒绝交纳专项维修资金,并以超过诉讼时效提出抗辩,人民法院是否应予以支持

在房地产实务中,可能出现业主没有交存维修资金的情形。包括在《住宅专项维修资金管理办法》实施前,商品住宅、公有住房已经出售但未建立住宅专项维修资金,以及在《住宅专项维修资金管理办法》实施后,因房地产开发企业和购房人均未能履行法律规定义务,房地产开发企业在购房人未交存首期住宅专项维修资金的情况下交付了房屋,而此后购房人又一直未交存住宅专项维修资金等情形。对商品住宅、公有住房已经出售但未建立住宅专项维修资金的,《住宅专项维修资金管理办法》第42条规定应当补建。而商品住宅的业主未在办理房屋入住手续前将首期住宅专项维修资金存入住宅专项维修资金专户的,也应当履行未履行之义务。

如果业主拒绝交纳专项维修资金,并以超过诉讼时效提出抗辩,人民法院是否应予以支持?最高人民法院发布的第65号指导案例,对此给出了明确答案。在该案例中,2004年3月,被告上海环亚实业总公司(以下简称环亚公司)取得上海市虹口区久乐大厦底层、二层房屋的产权,底层建筑面积为691.36平方米、二层建筑面积为910.39平方米。环亚公司未支付过上述房屋的专项维修资金。2010年9月,原告久乐大厦小区业主大会(以下简称久乐业主大会)经征求业主表决意见,决定由久乐业主大会代表业主提起追讨维修资金的诉讼。久乐业主大会向法院起诉,要求环亚公司就其所有的久乐大厦底层、二层的房屋向原告交纳专项维修资金57566.9元。被告环亚公司辩称,其于2004年获得房地产权证,至本案诉讼有6年之久,原告从未主张过维修资金,该请求已超过诉讼时效,不同意原告诉请。上海市虹口区人民法院于2011年7月21日作出(2011)虹民三(民)初字第833号民事判决:被告环亚公司应向原告久乐业主大会交纳久乐大厦底层、二层房屋的维修资金57566.9元。宣判后,环亚公司向上海市第二中级人民法院提起上诉。上海市第二中级人民法院于2011年9月21日作出(2011)沪二中民二(民)终字第1908号民事判决:驳回上诉,维持原判。

法院生效裁判认为,维修资金性质上属于专项基金,系为特定目的,即为住宅共用部位、共用设施设备保修期满后的维修和更新、改造而专设的资金。它在购房款、税费、物业费之外,单独筹集、专户存储、单独核算。由其专用性所决定,专项维修资金的交纳并非源于特别的交易或法律关系,而是为了准备应急性地维修、更新或改造区分所有建筑物的共有部分。由于共有部分的维护关乎全体业主的共同或公共利益,所以维修资金具有公共性、公益性。交纳专项维修资金是为特定范围的公共利益,即建筑物的全体业主共同利益而特别确立的一项法定义务,这种义务的产生与存在仅仅取决于义务人是否属于区分所有建筑物范围内的住宅或非住宅所有权人。因此,交纳专项维修资金的义务是一种旨在维护共同或公共利益的法定义务,其只存在补交问题,不存在因时间经过而可以不交的问题。业主大会要求补交维修资金的权利,是业主大会代表全体业主行使维护小区共同或公共利益之职责的管理权。如果允许某些业主不交纳维修资金而可享有以其他业主的维修资金维护共有部分而带来的利益,其他业主就有可能在维护共有部分上支付超出自己份额的金钱,这违背了公平原则,并将对建筑物的长期安全使用,对全体业主的共有或公共利益造成损害。基于专项维修资金的性质和业主交纳专项维修资金义务的性质,被告环亚公司作为久乐大厦的业主,不依法自觉交纳专项维修资金,并以业主大会起诉追讨专项维修资金已超过诉讼时效进行抗辩,该抗辩理由不能成立。原告根据被告所有的物业面积,按照同期其他业主交纳专项维修资金的计算标准算出的被告应交纳的数额合理,据此判决被告应当按照原告诉请支付专项维修资金。

第二节 管理规约与物业服务合同

一、临时管理规约与管理规约

临时管理规约与管理规约都是业主进行自治管理的依据,两者的主要内容都是对有关物业的使用、维护、管理,业主的共同利益,业主应当履行的义务,违反规约应当承担的责任等事项依法作出约定。但两者又有明确不同。

(一)制定者和制定时间不同

临时管理规约由房地产开发企业在销售物业之前制定,其文本的合法性与完善程度,更多地反映房地产开发企业的公司法务水准。有较强法务团队的房地产开发企业制定的临时管理规约会更切合项目实际,临时管理规约内容会更合法与完善。一般中小房地产开发企业可能更多地采用地方房地产行政主管部门推荐的临时管理规约示范文本,从形式上完成法律规定的义务。管理规约在业主大会成立后由业主大会制定和修改,能反映多数业主的合意。

要求房地产开发企业在销售物业之前制定临时管理规约,应该有两方面的原因。一方面,立法者应希望在业主大会成立及管理规约制定之前,业主也有共同的行业准则。为实现此目的,《物业管理条例》授权房地产开发企业在业主大会成立之前制定管理规约。另一方面,根据《物业管理条例》,建设单位应当在物业销售前将临时管理规约向物业买受人明示，并予以说明；物业买受人在与建设单位签订物业买卖合同时，应当对遵守临时管理规约予以书面承诺。逻辑上，先制定临时管理规约才能在销售物业时向物业买受人明示并由买受人作出遵守的承诺。

为保证临时管理规约与管理规约无缝衔接，使业主在业主大会成立前后均有自治管理的依据，实务中，房地产开发企业可以在临时管理规约中安排其有效期截止至管理规约生效之日的条款。

（二）生效方式不同

临时管理规约由房地产开发企业制定，并未体现业主意志，其对业主产生约束力的途径，根据《物业管理条例》第 23 条规定，是通过房地产开发企业向物业买受人明示并予以说明，物业买受人在与建设单位签订物业买卖合同时，对遵守临时管理规约作出书面承诺的方式来对业主产生约束力。

根据《民法典》第 278 条规定，业主大会制定和修改管理规约，应当由专有部分面积占比 2/3 以上的业主且人数占比 2/3 以上的业主参与表决，并应当经参与表决专有部分面积过半数的业主且参与表决人数过半数的业主同意。此外，根据《民法典》第 280 条及《物业管理条例》第 17 条规定，管理规约对全体业主具有约束力。也就是说，依法制定并通过的管理规约，不需经某一业主承诺遵守，即对其产生约束力。

管理规约对业主的绝对约束力在最高人民法院《关于审理物业服务纠纷案件适用法律若干问题的解释》和最高人民法院《关于审理建筑物区分所有权纠纷案件适用法律若干问题的解释》中均得到充分体现。比如最高人民法院《关于审理物业服务纠纷案件适用法律若干问题的解释》第 1 条规定，业主违反物业服务合同或者法律、法规、管理规约，实施妨碍物业服务与管理的行为，物业服务人请求业主承担停止侵害、排除妨碍、恢复原状等相应民事责任的，人民法院应予支持；第 4 条规定，因物业的承租人、借用人或者其他物业使用人实施违反物业服务合同，以及法律、法规或者管理规约的行为引起的物业服务纠纷，人民法院可以参照关于业主的规定处理。最高人民法院《关于审理建筑物区分所有权纠纷案件适用法律若干问题的解释》第 7 条规定，处分共有部分，以及业主大会依法决定或者管理规约依法确定应由业主共同决定的事项，应当认定为《民法典》第 278 条第 1 款第（9）项规定的有关共有和共同管理权利的“其他重大事项”。

因为制定者及制定方式不同，临时管理规约与管理规约对业主生效的方式不同，《物业管理条例》对两者内容的制约侧重点也不同。对临时管理规约，《物业管理条例》第 22 条第 2 款要求不得侵害物业买受人的合法权益。对管理规约，《物业管理条例》第 17 条第 2 款要求应当尊重社会公德,不得违反法律、法规或者损害社会公共利益。

实务中,有购房人在与房地产开发企业签署商品房买卖合同时,拒绝签署遵守临时管理规约的承诺。如此,在同一个物业管理区域内,会出现临时管理规约对大部分业主有约束力而对少数业主无效的情况,从而在业主之间产生义务、责任的不平等。所以,临时管理规约的"告知、说明、承诺"的生效方式存在先天的缺陷。除房地产开发企业采取可行的措施去补漏以外,能从立法上规定临时管理规约从物业管理区域内第一份商品房买卖合同签署之日起即对后期签署购房合同的所有业主产生约束力,是一个好选择。

二、物业管理区域的管理者、前期物业服务合同与物业服务合同

(一)物业管理区域的管理者

根据《民法典》第 284 条第 1 款规定,业主可以自行管理建筑物及其附属设施,也可以委托物业服务企业或者其他管理人管理。所以,物业管理区域的管理者,理论上可以是业主,也可以是物业服务企业或者其他管理人。

物业服务企业从事物业管理,原来需要物业管理资质。2017 年,国务院《关于第三批取消中央指定地方实施行政许可事项的决定》取消物业服务企业二级及以下资质认定,国务院《关于取消一批行政许可事项的决定》取消物业服务企业一级资质核定。故物业服务企业从事物业管理服务,不再需要物业管理资质。

取消物业服务企业资质核定后,根据国务院《关于取消一批行政许可事项的决定》要求,住房和城乡建设部通过以下措施加强事中事后监管:(1)加快完善物业服务标准和规范。(2)充分发挥物业服务行业组织自律作用。(3)指导地方加强对物业服务企业的监管,畅通投诉举报渠道,推行"双随机、一公开"抽查,及时查处违法违规行为。(4)建立物业服务企业"黑名单"制度,推动对失信者实行联合惩戒。(5)推动与相关政府部门的信息共享,加强企业信息备案管理。

《物业管理条例》原第 33 条规定,从事物业管理的人员应当按照国家有关规定,取得职业资格证书;原第 61 条规定,违反《物业管理条例》的规定,物业服务企业聘用未取得物业管理职业资格证书的人员从事物业管理活动的,由县级以上地方人民政府房地产行政主管部门责令停止违法行为,处 5 万元以上 20 万元以下的罚款;给业主造成损失的,依法承担赔偿责任。2016 年,国务院《关于修改部分行政法规的决定》决定删去《物业管理条例》第 33 条、第 61 条。因此,现在从事物业管

理的人员，已经不再需要取得物业管理职业资格证书。

（二）选聘物业服务人的方式

对外预售房屋的商品房项目，一般需选聘前期物业服务人，因而一般存在需前期物业服务人提供物业管理服务的阶段。如果一个物业管理区域的全部物业建成伊始均由开发建设单位持有出租经营或自用，则并不存在选聘前期物业服务人的需要，开发建设单位可以直接确定物业服务人，进入物业管理阶段。

根据《物业管理条例》第24条、第56条及《前期物业管理招标投标管理暂行办法》第3条规定，国家提倡建设单位按照房地产开发与物业管理相分离的原则，通过招投标的方式选聘物业服务企业。住宅及同一物业管理区域内非住宅的建设单位，应当通过招投标的方式选聘物业服务企业；投标人少于3个或者住宅规模较小的，经物业所在地的区、县人民政府房地产行政主管部门批准，可以采用协议方式选聘物业服务企业。违反《物业管理条例》的规定，住宅物业的建设单位未通过招投标的方式选聘物业服务企业或者未经批准，擅自采用协议方式选聘物业服务企业的，由县级以上地方人民政府房地产行政主管部门责令限期改正，给予警告，可以并处10万元以下的罚款。

综上所述，选聘前期物业服务企业和物业服务企业的方式包括招投标方式和协议方式两种。招投标方式适用于物业管理区域内有住宅的项目。协议方式适用于：(1)物业管理区域内没有住宅的项目；(2)物业管理区域内有住宅，但通过招投标的方式选聘物业服务企业时投标人少于3个，或者住宅规模较小，经物业所在地的区、县人民政府房地产行政主管部门批准，可以采用协议方式选聘物业服务企业。

通过招投标方式选聘前期物业服务企业的，招标人应当自确定中标人之日起15日内，向物业项目所在地的县级以上地方人民政府房地产行政主管部门备案。招标人和中标人应当自中标通知书发出之日起30日内，按照招标文件和中标人的投标文件订立书面合同。

需要通过招投标方式选聘前期物业服务企业的，《物业管理条例》和《前期物业管理招标投标管理暂行办法》未明确什么情况下必须采取公开招标方式，什么情况下可采取邀请招标方式，但有些地方通过地方性规定明确需要通过招投标方式选聘前期物业服务企业的，应采用公开招标的方式。所以，招投标的实施，仍需根据地方相关规范性文件进行。

（三）前期物业服务合同与物业服务合同的比较

前期物业服务合同与物业服务合同都是对物业管理事项、服务质量、服务费用、物业服务企业与业主的权利义务、专项维修资金的管理与使用、合同期限、违约责任等内容进行约定的合同。

1. 前期物业服务合同与物业服务合同的相同之处

(1)如前所述,前期物业服务合同与物业服务合同内容基本相同。

(2)两者都要求采用书面形式签署。

(3)根据《民法典》第939条规定,两者都对业主具有约束力。

2. 前期物业服务合同与物业服务合同的不同之处

(1)签约主体及时间不同。根据《前期物业管理招标投标管理暂行办法》第19条规定,通过招标投标方式选择物业管理企业的,房地产开发企业与前期物业服务企业应当按照以下规定时限完成物业管理招标投标工作:①新建现售商品房项目应当在现售前30日完成;②预售商品房项目应当在取得《商品房预售许可证》之前完成;③非出售的新建物业项目应当在交付使用前90日完成。也就是说,房地产开发企业与前期物业服务企业应当按照《前期物业管理招标投标管理暂行办法》第19条规定时限完成前期物业服务合同签署。

根据《物业管理条例》第21条规定,前期物业服务合同由房地产开发企业与前期物业服务企业签署。

根据《物业管理条例》第15条和第34条的规定,物业服务合同由业主委员会代表业主与业主大会选聘的物业服务企业签署。而物业服务合同的签署时间,当然是业主大会成立并选出业主委员会后。

(2)制度设计细致程度不同。尽管《民法典》第939条规定,建设单位依法与物业服务人订立的前期物业服务合同,以及业主委员会与业主大会依法选聘的物业服务人订立的物业服务合同,对业主具有法律约束力,但从《物业管理条例》及其他相关规范性文件来看,相对于物业服务合同,关于前期物业服务合同的要求更细致一些。

关于前期物业服务合同,围绕其对业主的约束力,有以下两方面制度设计:①房地产开发企业与购房人签署的商品房买卖合同,应当包括前期物业合同约定的主要内容。主要依据为《物业管理条例》第25条。②购房人应当在订立商品房买卖合同时与房地产开发企业选聘的物业服务企业订立有关物业管理的协议。依据为《商品房销售管理办法》第13条。

很显然,以上关于前期物业服务合同的两方面制度设计,主要原因仍然应该是前期物业服务企业由房地产开发企业选聘,并不是业主选聘。主要着眼点在于告知购房人前期物业服务合同的主要内容,以保障购房人的知情权,同时使购房人成为合同当事人一方，使前期物业服务合同对购房人即业主的约束更有说服力。在《民法典》第939条规定能够保障前期物业服务合同对业主的约束力后，《商品房销售管理办法》第13条的落实不再有迫切性，但从遵守该规章、尊重业主、提高业主履行前期物业服务合同的自觉性和主动性的角度，前期物业服务企业仍然可以与购房人签署一份前期物业服务协议，但内容可以大大简化，主要内容可以缩减为购房人认可房地产开发企业与前期物业服务企业签署的前期物业服务合同，同时应将前期物业服务合同作为前期物业服务协议的附件。

第三节　业主的权利与义务

一、业主

物业管理意义上的业主，包括三种情况：

(1)经依法登记取得房屋所有权的人。《物业管理条例》第6条第1款规定，房屋的所有权人为业主。

(2)依据《民法典》第229条至第231条规定取得建筑物专有部分所有权的人。依据为最高人民法院《关于审理建筑物区分所有权纠纷案件适用法律若干问题的解释》第1条第1款。《民法典》第209条第1款规定，不动产物权的设立、变更、转让和消灭，经依法登记，发生效力；未经登记，不发生效力，但是法律另有规定的除外。根据《民法典》第229条至第231条规定取得建筑物专有部分所有权包括三种情形，即第229条规定的法律文书、征收决定等导致的物权变动，第230条规定的继承导致的物权变动，第231条规定的因合法建造、拆除房屋等事实行为导致的物权变动。

(3)基于与建设单位之间的商品房买卖民事法律行为，已经合法占有建筑物专有部分，但尚未依法办理所有权登记的人。依据为最高人民法院《关于审理建筑物区分所有权纠纷案件适用法律若干问题的解释》第1条第2款。

此外，最高人民法院《关于审理物业服务纠纷案件适用法律若干问题的解释》第4条规定，因物业的承租人、借用人或者其他物业使用人实施违反物业服务合同，以及法律、法规或者管理规约的行为引起的物业服务纠纷，人民法院可以参照关于业主的规定处理。所以，物业的承租人、借用人或者其他物业使用人在物业管理法律关系上，处于准业主的地位。

二、业主的权利

根据《物业管理条例》第6条第2款规定，业主在物业管理活动中，享有下列权利：(1)按照物业服务合同的约定，接受物业服务企业提供的服务；(2)提议召开业主大会会议，并就物业管理的有关事项提出建议；(3)提出制定和修改管理规约、业主大会议事规则的建议；(4)参加业主大会会议，行使投票权；(5)选举业主委员会成员，并享有被选举权；(6)监督业主委员会的工作；(7)监督物业服务企业履行物业服务合同；(8)对物业共用部位、共用设施设备和相关场地使用情况享有知情权和监督权；(9)监督物业共用部位、共用设施设备专项维修资金的管理和使用；(10)法律、法规规定的其他权利。

根据最高人民法院《关于审理建筑物区分所有权纠纷案件适用法律若干问题的解释》第13条规定，业主请求公布、查阅下列应当向业主公开的情况和资料的，人民法院应予支持：(1)建筑物及其附属设施的维修资金的筹集、使用情况；(2)管理规约、业主大会议事规则，以及业主大会或者业主委员会的决定及会议记录；(3)物业服务合同、共有部分的使用和收益情况；(4)建筑区划内规划用于停放汽车的车位、车库的处分情况；(5)其他应当向业主公开的情况和资料。

此外，业主还享有如下权利：(1)根据《物业管理条例》第12条第2款规定，业主有委托代理人参加业主大会会议的权利；(2)根据《物业管理条例》第12条第5款规定，当业主大会或者业主委员会作出的决定侵害业主合法权益时，受侵害的业主有请求人民法院予以撤销的权利；(3)根据《民法典》第284条规定，业主有自行管理建筑物及其附属设施的权利，也有依法委托物业服务企业或者其他管理人管理的权利；对建设单位聘请的物业服务企业或者其他管理人，业主有权依法更换；(4)根据《民法典》第287条规定，业主对建设单位、物业服务企业或者其他管理人以及其他业主侵害自己合法权益的行为，有权请求其承担民事责任。

三、业主的义务

根据《物业管理条例》第7条规定，业主在物业管理活动中，履行下列义务：(1)遵守管理规约、业主大会议事规则；(2)遵守物业管理区域内物业共用部位和共用设施设备的使用、公共秩序和环境卫生的维护等方面的规章制度；(3)执行业主大会的决定和业主大会授权业主委员会作出的决定；(4)按照国家有关规定交纳专项维修资金；(5)按时交纳物业服务费用；(6)法律、法规规定的其他义务。

另根据《物业管理条例》第55条第1款规定，物业存在安全隐患，危及公共利益及他人合法权益时,责任人应当及时维修养护,有关业主应当给予配合。

根据《民法典》第286条第2款规定,业主不应有以下损害他人合法权益的行为:任意弃置垃圾、排放污染物或者噪声、违反规定饲养动物、违章搭建、侵占通道、拒付物业费等。最高人民法院《关于审理建筑物区分所有权纠纷案件适用法律若干问题的解释》第15条对《民法典》第286条的适用作了解释。该条规定,业主或者其他行为人违反法律、法规、国家相关强制性标准、管理规约,或者违反业主大会、业主委员会依法作出的决定,实施下列行为的,可以认定为《民法典》第286条第2款所称的其他"损害他人合法权益的行为":(1)损害房屋承重结构,损害或者违章使用电力、燃气、消防设施,在建筑物内放置危险、放射性物品等危及建筑物安全或者妨碍建筑物正常使用;(2)违反规定破坏、改变建筑物外墙面的形状、颜色等损害建筑物外观;(3)违反规定进行房屋装饰装修;(4)违章加建、改建,侵占、挖掘公共通道、道路、场地或者其他共有部分。

第四节　物业服务人的权利、义务与责任

一、物业服务人的权利

物业服务人的权利主要包括:(1)按物业服务合同约定收取物业服务费;(2)按《物业管理条例》第39条规定,物业服务人可以将物业管理区域内的专项服务业务委托给专业性服务企业(但不得将该区域内的全部物业管理一并委托给他人)。

二、物业服务人的义务

物业服务人的义务主要包括:(1)根据《物业管理条例》第35条第1款规定,按照物业服务合同的约定,提供相应的服务的义务。(2)按照或参照《物业承接查验办法》,对物业共用部位、共用设施设备进行现场检查和验收的义务。(3)根据《消防法》第18条第2款规定,对住宅区的共用消防设施进行维护管理,提供消防安全防范服务的义务。(4)根据《物业管理条例》第46条第1款规定,协助做好物业管理区域内的安全防范工作的义务。发生安全事故时,物业服务人在采取应急措施的同时,应当及时向有关行政管理部门报告,协助做好救助工作。(5)根据《民法典》第942条第2款及《物业管理条例》第45条第1款规定,对物业管理区域内违反有关治安、环保、物业装饰装修和使用等方面法律、法规规定的行为,物业服务企业应当制止,并及时向有关行政管理部门报告。(6)根据《物业管理条例》第37条规

定，未经业主大会同意，物业服务企业不得改变物业管理用房的用途。(7)在物业服务合同的权利义务终止后，根据《民法典》第949条及《物业管理条例》第38条规定，退出物业服务区域，向业主委员会移交物业服务用房和相关设施，以及物业服务所必需的相关资料和由其代管的专项维修资金的义务。(8)根据《民法典》第943条规定，定期将服务的事项、负责人员、质量要求、收费项目、收费标准、履行情况，以及维修资金使用情况、业主共有部分的经营与收益情况等以合理方式向业主公开并向业主大会、业主委员会报告。(9)根据《民法典》第285条第1款规定，及时答复业主对物业服务情况提出的询问。(10)其他法律、法规规定以及相关行业规范确定的维修、养护、管理和维护义务。

三、物业服务人的责任

根据《物业管理条例》第35条第2款规定，物业服务企业未能履行物业服务合同的约定，导致业主人身、财产安全受到损害的，应当依法承担相应的法律责任。根据《物业承接查验办法》第34条规定，自物业交接之日起，物业服务企业应当全面履行前期物业服务合同约定的、法律法规规定的以及行业规范确定的维修、养护和管理义务，承担因管理服务不当致使物业共用部位、共用设施设备毁损或者灭失的责任。根据最高人民法院《关于审理物业服务纠纷案件适用法律若干问题的解释》第2条规定，物业服务人违反物业服务合同约定或者法律、法规、部门规章规定，擅自扩大收费范围、提高收费标准或者重复收费，业主以违规收费为由提出抗辩的，人民法院应予支持。业主请求物业服务人退还其已经收取的违规费用的，人民法院应予支持。

四、物业服务人的诉权

维护物业服务人的合法权益，支持物业服务人依法、依规、依约履行职责，对于维护物业管理区域的正常秩序非常重要。物业服务人的诉权主要包括：

(1)根据《民法典》第944条第2款规定，业主违反约定逾期不支付物业费的，物业服务人可以催告其在合理期限内支付；合理期限届满仍不支付的，物业服务人可以提起诉讼或者申请仲裁。

(2)根据《民法典》第946条规定，业主依照法定程序共同决定解聘物业服务人造成物业服务人损失的，除不可归责于业主的事由外，业主应当赔偿损失。

(3)根据最高人民法院《关于审理物业服务纠纷案件适用法律若干问题的解

释》第1条规定，业主违反物业服务合同或者法律、法规、管理规约，实施妨碍物业服务与管理的行为，物业服务人可请求业主承担停止侵害、排除妨碍、恢复原状等相应民事责任。

第五节　业主大会与业主委员会

一、业主大会

一个物业管理区域成立一个业主大会。物业管理区域内全体业主组成业主大会。但是，只有一个业主的，或者业主人数较少且经全体业主一致同意，决定不成立业主大会的，由业主共同履行业主大会、业主委员会职责。

根据《民法典》第278条第1款规定，业主大会决定下列事项：(1)制定和修改业主大会议事规则；(2)制定和修改管理规约；(3)选举业主委员会或者更换业主委员会成员；(4)选聘和解聘物业服务企业或者其他管理人；(5)使用建筑物及其附属设施的维修资金；(6)筹集建筑物及其附属设施的维修资金；(7)改建、重建建筑物及其附属设施；(8)改变共有部分的用途或者利用共有部分从事经营活动；(9)有关共有和共同管理权利的其他重大事项。根据最高人民法院《关于审理建筑物区分所有权纠纷案件适用法律若干问题的解释》第7条规定，处分共有部分，以及业主大会依法决定或者管理规约依法确定应由业主共同决定的事项，应当认定为《民法典》第278条第1款第9项规定的有关共有和共同管理权利的“其他重大事项”。

业主共同决定事项，应当由专有部分面积占比2/3以上的业主且人数占比2/3以上的业主参与表决。决定《民法典》第278条第1款第6项至第8项规定的事项，应当经参与表决专有部分面积3/4以上的业主且参与表决人数3/4以上的业主同意。决定第278条第1款其他事项，应当经参与表决专有部分面积过半数的业主且参与表决人数过半数的业主同意。

根据《民法典》第286条第2款规定，业主大会对任意弃置垃圾、排放污染物或者噪声、违反规定饲养动物、违章搭建、侵占通道、拒付物业费等损害他人合法权益的行为，有权依照法律、法规以及管理规约，请求行为人停止侵害、排除妨碍、消除危险、恢复原状、赔偿损失。

业主大会议事规则应当就业主大会的议事方式、表决程序、业主委员会的组成和成员任期等事项作出约定。

业主大会会议分为定期会议和临时会议。业主大会定期会议应当按照业主大会议事规则的规定召开。经20%以上的业主提议,业主委员会应当组织召开业主大会临时会议。

召开业主大会会议,应当于会议召开15日以前通知全体业主。住宅小区的业主大会会议,应当同时告知相关的居民委员会。业主委员会应当做好业主大会会议记录。

业主大会会议可以采用集体讨论的形式,也可以采用书面征求意见的形式。业主可以委托代理人参加业主大会会议。

二、业主委员会

业主委员会执行业主大会的决定事项,履行下列职责:(1)召集业主大会会议,报告物业管理的实施情况;(2)代表业主与业主大会选聘的物业服务企业签订物业服务合同;(3)及时了解业主、物业使用人的意见和建议,监督和协助物业服务企业履行物业服务合同;(4)监督管理规约的实施;(5)业主大会赋予的其他职责。

根据《民法典》第286条第2款规定,业主委员会对任意弃置垃圾、排放污染物或者噪声、违反规定饲养动物、违章搭建、侵占通道、拒付物业费等损害他人合法权益的行为,有权依照法律、法规以及管理规约,请求行为人停止侵害、排除妨碍、消除危险、恢复原状、赔偿损失。

业主委员会应当自选举产生之日起30日内,向物业所在地的区、县人民政府房地产行政主管部门和街道办事处、乡镇人民政府备案。

业主委员会委员应当由热心公益事业、责任心强、具有一定组织能力的业主担任。业主委员会主任、副主任在业主委员会成员中推选产生。

业主委员会应当依法履行职责,不得作出与物业管理无关的决定,不得从事与物业管理无关的活动。

业主委员会应当配合公安机关,与居民委员会相互协作,共同做好维护物业管理区域内的社会治安等相关工作。

在物业管理区域内,业主委员会应当积极配合相关居民委员会依法履行自治管理职责,支持居民委员会开展工作,并接受其指导和监督。

住宅小区的业主委员会作出的决定,应当告知相关的居民委员会,并认真听取居民委员会的建议。

三、业主大会或者业主委员会作出的决定对业主的约束力

根据《民法典》第 280 条第 1 款及《物业管理条例》第 12 条第 4 款规定，业主大会或者业主委员会的决定，对业主具有法律约束力。同时，也要防止业主大会或业主委员会违法行使权利，损害业主利益。根据相关规定，业主大会或者业主委员会作出的决定侵害业主合法权益的，业主有两种救济渠道：

（1）请求人民法院予以撤销。《民法典》第 280 条第 2 款及《物业管理条例》第 12 条第 5 款规定，业主大会或者业主委员会作出的决定侵害业主合法权益的，受侵害的业主可以请求人民法院予以撤销。

最高人民法院《关于审理建筑物区分所有权纠纷案件适用法律若干问题的解释》第 12 条规定了业主撤销权的除斥期间。该条规定，业主以业主大会或者业主委员会作出的决定侵害其合法权益或者违反了法律规定的程序为由，依据《民法典》第 280 条第 2 款的规定请求人民法院撤销该决定的，应当在知道或者应当知道业主大会或者业主委员会作出决定之日起一年内行使。

（2）请求行政干预。《物业管理条例》第 19 条第 2 款规定，业主大会、业主委员会作出的决定违反法律、法规的，物业所在地的区、县人民政府房地产行政主管部门或者街道办事处、乡镇人民政府，应当责令限期改正或者撤销其决定，并通告全体业主。

四、业主大会与业主委员会的诉讼主体资格

业主大会、业主委员会是否可以提起诉讼，在哪些方面享有诉讼资格，可以成为诉讼主体，对这些问题，在原《物权法》研究起草过程中有不同看法。《物权法（草案）》曾经规定了业主大会或者业主委员会有权以自己的名义提起诉讼、申请仲裁，比如，《物权法（草案）》第四次审议稿第 86 条曾经规定，对侵害业主共同权益的行为，对物业服务机构等违反合同发生的争议，经专有部分占建筑物总面积过半数的业主或者占总人数过半数的业主同意，可以以业主大会或者业主委员会的名义提起诉讼、申请仲裁。对这一修改，有的常委会委员和业主委员会提出，业主大会或者业主委员会没有独立的财产，难以承担败诉后的民事责任，建议删去这一规定。立法部门经调查研究认为，业主大会是业主的自治性组织，业主委员会是业主大会的执行机构，业主大会或者业主委员会享有的权利承担的义务都要落在业主身上，目前许多小区没有成立业主大会或者业主委员会，对业主大会或者业主委员会提起诉讼、申请仲裁的权利以暂不作规定为妥。对侵害业主共同权益的纠纷，可以通

过《民事诉讼法》规定，推选代表人进行诉讼。[①] 故原《物权法》没有对业主大会、业主委员会的诉讼主体资格作出规定。《民法典》也缺乏明确规定。

最高人民法院《关于审理物业服务纠纷案件适用法律若干问题的解释》以司法解释的形式确立了业主委员会在相关物业服务纠纷案件中的原告主体资格，但最高人民法院《关于审理建筑物区分所有权纠纷案件适用法律若干问题的解释》却没有给予业主委员会同样的权利。

（一）业主大会的诉讼主体资格问题

业主大会是否具备诉讼主体资格，如前所述，法律无明确规定。最高人民法院于2016年9月发布的第65号指导案例"上海市虹口区久乐大厦小区业主大会诉上海环亚实业总公司业主共有权纠纷案"，显示最高人民法院有条件地认可了业主大会的诉讼主体资格。

在该案中，业主大会经征求业主表决意见，决定由业主大会代表业主提起追讨维修资金的诉讼。业主大会向法院起诉，要求环亚公司就其所有的久乐大厦底层、二层的房屋向原告交纳专项维修资金57566.9元。一审法院上海市虹口区人民法院支持了业主大会的诉讼请求。宣判后，环亚公司向上海市第二中级人民法院提起上诉。上海市第二中级人民法院判决驳回上诉，维持原判。

根据最高人民法院《关于案例指导工作的规定》第7条规定，最高人民法院发布的指导性案例，各级人民法院审判类似案例时应当参照。可以认为，通过该指导案例，业主大会的诉讼主体资格已经得到法院有条件的确认。业主大会诉讼主体资格的确立，理论上应符合以下条件：(1)相关事项属于业主大会职权范围；(2)业主大会提起相关诉讼应经业主表决通过。

（二）业主委员会的诉讼主体资格问题

1. 业主委员会在建筑物区分所有权纠纷案件中的诉讼主体资格

四川省高级人民法院在案号为(2013)川民终字第691号的建筑物区分所有权纠纷二审民事裁定书中认为，2009年10月1日起实施的原《最高人民法院关于审理物业服务纠纷案件具体应用法律若干问题的解释》以司法解释的形式确立了业主委员会在涉及物业服务纠纷案件中的原告主体资格，但同时实施的原《最高人民法院关于审理建筑物区分所有权纠纷案件具体应用法律若干问题的解释》却没有给予业主委员会同样的权利。且依照原《物权法》第70条"业主对建筑物内的住宅、经营性用房等专有部分享有所有权，对专有部分以外的共有部分享有共有和共

---

① 参见胡康生主编：《中华人民共和国物权法释义》，法律出版社2007年版，第191～192页。

同管理的权利”的规定，该案涉及的建筑物内共有部分权属争议的一方主体应当是现代城全体业主，而非现代城业委会，现代城业委会对该权属不具有法律上的利害关系。业主委员会在建筑物区分所有权纠纷案件中的原告主体资格无法律明确规定，现代城业委会的起诉不符合《民事诉讼法》规定的“原告是与本案有直接利害关系的公民、法人和其他组织”的规定。现代城业委会的上诉理由不能成立，该院不予支持。原审裁定驳回其起诉正确，应予维持。二审裁判结果为驳回上诉，维持原裁定。

山东省高级人民法院在案号为(2016)鲁民终362号的建筑物区分所有权纠纷二审民事裁定书中也认为，在菏泽南华置业有限公司与山东省菏泽市南华康城业主委员会建筑物区分所有权纠纷一案中，山东省菏泽市南华康城业主委员会不具有该案原告的主体资格，原审判决认定事实和适用法律均有错误，裁定撤销菏泽市中级人民法院(2014)菏民三初字第87号民事判决，发回菏泽市中级人民法院重审。

四川省高级人民法院和山东省高级人民法院的上述裁定，显示了在缺乏明确规定的情况下，在建筑物区分所有权纠纷案件中，法院对业主委员会原告主体资格所持的慎重态度。但如前文所述，最高人民法院有条件地认可了业主大会在建筑物区分所有权相关纠纷中的诉讼主体资格。如果业主大会能有条件地获得相关诉讼主体资格，理论上，业主委员会在其职权范围内也应能有条件地获得相应诉讼主体资格。

2. 业主委员会在物业管理纠纷案件中的原告资格

依法成立、在有权机关进行登记备案的业主委员会在物业管理纠纷案件中具有原告资格。

3. 业主委员会可否成为被告？

《民法典》、《物业管理条例》、最高人民法院《关于审理物业服务纠纷案件适用法律若干问题的解释》及最高人民法院《关于审理建筑物区分所有权纠纷案件适用法律若干问题的解释》均未明确业主委员会可以作为被告。

2005年8月15日最高人民法院《关于春雨花园业主委员会是否具有民事诉讼主体资格的复函》指出：“根据《物业管理条例》规定，业主委员会是业主大会的执行机构，根据业主大会的授权对外代表业主进行民事活动，所产生的法律后果由全体业主承担。业主委员会与他人发生民事争议的，可以作为被告参加诉讼。”但此复函都是针对个案的指导意见，不属于司法解释，不具有普遍适用效力。

第六节 物业管理法律关系中的其他常见法律问题

一、包干制与酬金制

在我国城镇居民住房供应从实物分房向主要实行市场化供应的转变过程中，物业管理服务也经历了由政府提供向市场化提供模式的转变。物业管理的市场化，包括物业服务收费的市场化。在物业服务收费方面，根据《物业服务收费管理办法》，可以采用包干制与酬金制两种方式。采用哪一种方式，在前期物业管理阶段，由房地产开发企业和前期物业服务企业约定，业主委员会成立后，由业主委员会按业主大会决定与物业服务企业约定。

（一）概念

包干制是指由业主向物业服务企业支付固定物业服务费用，盈余或者亏损均由物业服务企业享有或者承担的物业服务计费方式。在包干制下，对于物业服务费用的收支明细，按照《物业服务收费管理办法》，物业服务企业并无义务向业主公布物业服务费用预决算情况及物业服务资金的收支情况。

酬金制是指在预收的物业服务资金中按约定比例或者约定数额提取酬金支付给物业服务企业，其余全部用于物业服务合同约定的支出，结余或者不足均由业主享有或者承担的物业服务计费方式。实行物业服务费用酬金制的，预收的物业服务支出属于代管性质，为所交纳的业主所有，物业服务企业不得将其用于物业服务合同约定以外的支出。物业服务企业应当向业主大会或者全体业主公布物业服务资金年度预决算并每年不少于一次公布物业服务资金的收支情况。业主或者业主大会对公布的物业服务资金年度预决算和物业服务资金的收支情况提出质询时，物业管理企业应当及时答复。物业服务企业或者业主大会可以按照物业服务合同约定聘请专业机构对物业服务资金年度预决算和物业服务资金的收支情况进行审计。

（二）各自的优势与劣势

在包干制下，物业服务企业的收入是收取的总物业服务费用减去物业服务支出后的余额，其金额是不固定的。在所收取的物业服务费用不变的情况下，用于物业服务的支出越多，物业服务企业的收入就越少，用于物业服务的支出越少，物业服务企业的收入就越多。物业服务企业以营利为目的，如果所提供的物业管理服务能够令业主满意，物业服务企业也能维持一定的利润率，那么这对物业服务企业而言，是比较好的状态。从物业管理实际情况来看，由于通货膨胀等因素的影响，物业服务企业提供同样服务内容的成本在逐年上涨，物业企业要维持一定的利润率，就需要根据支出的上涨提高物业服务收费标准，但物业服务收费标准的提高在实施中比较困难。在物业服务收费标准难以提高的情况下，物业服务企业就会减少员工、降低物业服务水准以维持一定的利润率。降低物业服务水准必会引发业主不满，严重时会导致物业服务合同难以继续履行，双方的合作宣告结束。所以，在包干制下，物业服务的良性运转需要业主能够根据物业服务成本上涨的实际情况，相应提高所支付的物业服务费用的标准。但业主对提高服务费用的收费标准有抵触也并非完全没有道理，原因往往是业主不清楚物业服务账目情况，不知道物业服务成本与物业服务企业的利润率情况。包干制下，物业服务企业并无义务向业主公布物业服务费用预决算情况及物业服务资金的收支情况，这既是包干制的优势，也是包干制的劣势。在包干制下，物业服务企业可以不必花太多时间用于物业服务费用账目的精细安排与处理以便令业主满意，物业服务企业在费用安排上有足够自主权并且相对压力较小，这是包干制对物业服务企业的方便之处。包干制的不利之处在于，物业服务费用预决算情况及收支情况的封闭，是物业服务企业与业主之间信任的障碍，并会因此导致物业服务费用在确需调整的情况下得不到调整或得不到适当的调整而致物业管理合作破裂。

在酬金制下，预收的物业服务资金包括物业服务支出和物业服务企业的酬金。物业服务企业的酬金在预收的物业服务资金中按约定比例或者约定数额提取，物业服务企业并无单方调整的权利，业主也有义务保证物业服务企业获得约定比例或金额的酬金。预收的物业服务资金除去物业服务企业的酬金后的部分为预收的物业服务支出，全部为所交纳的业主所有，物业管理企业不得将其用于物业服务合同约定以外的支出。物业服务企业按约定的标准提供物业服务，物业服务支出金额足够，则结余归所交纳的业主共有，如果金额不敷，则业主应补足差额，否则物业服务企业可以降低物业服务标准。

（三）评价与建议

从制度设计的完整性来看，酬金制虽对物业服务企业的规范管理提出更高要求，但从物业服务的核心问题，即物业服务的质量与物业服务费用两方面来看，相对于包干制而言，酬金制更公平，更有优势和生命力。物业服务企业的酬金按物业服务合同确定，属合同双方平等、自愿协商的结果，业主也清楚知晓其确定方式或金额，不妨碍双方的互信。业主支付的物业服务费用中的物业服务支出部分只能用于约定用途，物业服务企业不能违约使用，物业服务企业可以做好预算，合理安排费用支出，以保证物业服务质量，致力于提升业主满意度。物业服务费用有余额则形成归交纳业主共有的结余，不足由业主补足，均有法定或约定的处理途径。酬金制有利于打造物业服务企业和业主的利益共同体，形成双方的长久合作，避免物业服务企业的频繁更换，有利于形成和谐物业管理区域。

酬金制需要物业服务企业能够并且愿意严格规范管理，特别是充分满足业主的知情权。在满足业主知情权方面，物业服务企业可能会有一定成本，但在约定酬金的比例或金额时，物业服务企业可以将此部分考虑在内，因而不存在不能解决的障碍。优秀的物业服务企业可以无障碍采纳酬金制，管理有待规范的物业服务企业，也可以在业主的监督下通过磨合实现在酬金制下的规范运转。

目前，采用酬金制在物业管理中所占比例较低，需要相关各方做一步宣传推广。建议物业服务企业和业主充分考虑包干制与酬金制的利弊，选择有利于合作共赢的物业服务收费方式。

二、违章搭建

业主在物业管理区域范围内违章搭建，一方面违反了《城乡规划法》相关规定，另一方面也侵犯了其他业主的共有权。

对于违章搭建行为，《民法典》第286条第2款和第3款规定，业主大会或者业主委员会有权依照法律、法规以及管理规约，请求行为人停止侵害、排除妨碍、消除危险、恢复原状、赔偿损失。业主或者其他行为人拒不履行相关义务的，有关当事人可以向有关行政主管部门报告或者投诉，有关行政主管部门应当依法处理。

《民法典》第942条第2款规定，对物业服务区域内违反有关治安、环保、消防等法律法规的行为，物业服务人应当及时采取合理措施制止、向有关行政主管部门报告并协助处理。

《物业管理条例》第45条规定，对物业管理区域内违反有关治安、环保、物业装饰装修和使用等方面法律、法规规定的行为，物业服务企业应当制止，并及时向有关行政管理部门报告。有关行政管理部门在接到物业服务企业的报告后，应当依法对违法行为予以制止或者依法处理。

《民法典》第287条规定，业主对建设单位、物业服务企业或者其他管理人以及其他业主侵害自己合法权益的行为，有权请求其承担民事责任。

综上所述，对于物业管理区域内的违章搭建行为，业主大会、业主委员会、物业服务人、受影响业主均可采取相应措施予以制止。有关行政管理部门在接到物业服务企业的报告后，应当依法对违法行为予以制止或者依法处理。

三、住宅经商

目前有些地方的市场监督管理部门根据地方相关规范性文件，对以住宅为经营场所或住所的个体工商户、公司等发放营业执照，引起一些争议。

《民法典》第279条规定："业主不得违反法律、法规以及管理规约，将住宅改变为经营性用房。业主将住宅改变为经营性用房的，除遵守法律、法规以及管理规约外，应当经有利害关系的业主一致同意。"最高人民法院《关于审理建筑物区分所有权纠纷案件适用法律若干问题的解释》第10条规定："业主将住宅改变为经营性用房，未依据民法典第二百七十九条的规定经有利害关系的业主一致同意，有利害关系的业主请求排除妨害、消除危险、恢复原状或者赔偿损失的，人民法院应予支持。将住宅改变为经营性用房的业主以多数有利害关系的业主同意其行为进行抗辩的，人民法院不予支持。"最高人民法院《关于审理建筑物区分所有权纠纷案件适用法律若干问题的解释》第11条规定："业主将住宅改变为经营性用房，本栋建筑物内的其他业主，应当认定为民法典第二百七十九条所称'有利害关系的业主'。建筑区划内，本栋建筑物之外的业主，主张与自己有利害关系的，应证明其房屋价值、生活质量受到或者可能受到不利影响。"

根据《民法典》和最高人民法院《关于审理建筑物区分所有权纠纷案件适用法律若干问题的解释》前述规定，业主将住宅改变为经营性用房的，除遵守法律、法规以及管理规约外，还应当经本栋建筑物内的其他业主及能证明其房屋价值、生活质量受到或者可能受到不利影响的建筑区划内、本栋建筑物之外的业主的同意。这种同意，不是多数有利害关系的业主同意即可，而是需所有有利害关系的业主同意。

因此，将住宅改变为经营性用房，即使已经取得市场监督管理部门颁发的营业执照，也并不能说明相关业主的行为合法。业主大会、业主委员会、物业服务人和有利害关系的业主均有权要求行为人停止侵害、消除危险、排除妨害、赔偿损失，物业服务企业和有利害关系的业主还可提起相关诉讼。

四、首层住宅业主是否需承担电梯使用费

首层住宅业主实际生活中不需使用电梯。在物业管理实务中，有首层住宅业主提出因其不需使用电梯，而不应承担电梯使用、维护费用，相较于其他使用电梯

的业主,其交纳的物业服务费用标准应低一些。这样的要求从生活经验来看,似有合理性,但从规则合理性来看,又不合理。如果按此推理,楼层越高的住户,应承担越高的电梯使用、维护、更新费用;反之,楼层越低的住户,应承担越低的电梯使用、维护、更新费用。但高低楼层住户之间,按什么标准承担电梯使用、维护、更新费用,才是合理的呢?这个问题很难达成共识。

电梯是共用设施设备,属业主共有。物业服务企业按物业服务合同提供约定服务后,业主即应按物业服务合同约定的标准支付物业服务费用,而不论业主是否享受到了物业服务企业提供的服务或是否需要物业服务企业提供相应的服务。对此,《民法典》第 944 条第 1 款和第 2 款规定:"业主应当按照约定向物业服务人支付物业费。物业服务人已经按照约定和有关规定提供服务的,业主不得以未接受或者无需接受相关物业服务为由拒绝支付物业费。业主违反约定逾期不支付物业费的,物业服务人可以催告其在合理期限内支付;合理期限届满仍不支付的,物业服务人可以提起诉讼或者申请仲裁。"

五、前期物业服务人的更换

根据《前期物业管理招标投标管理暂行办法》第 2 条第 1 款规定,前期物业管理,是指在业主、业主大会选聘物业管理企业之前,由建设单位选聘物业管理企业实施的物业管理。根据《物业承接查验办法》第 10 条、第 21 条、第 24 条规定,建设单位应当在物业交付使用 15 日前,与选聘的物业服务企业完成物业共用部位、共用设施设备的承接查验工作,签订物业承接查验协议。建设单位应当在物业承接查验协议签订后 10 日内办理物业交接手续,向物业服务企业移交物业服务用房以及其他物业共用部位、共用设施设备。根据《民法典》第 940 条规定,建设单位依法与物业服务人订立的前期物业服务合同约定的服务期限届满前,业主委员会或者业主与新物业服务人订立的物业服务合同生效的,前期物业服务合同终止。根据《民法典》第 950 条,物业服务合同终止后,在业主或者业主大会选聘的新物业服务人或者决定自行管理的业主接管之前,原物业服务人应当继续处理物业服务事项,并可以请求业主支付该期间的物业费。

因此,在物业交付购房人使用前、建设单位与前期物业服务人签署物业承接查验协议并向前期物业服务人移交物业服务用房以及其他物业共用部位、共用设施设备后,前期物业服务人即按前期物业服务协议约定对相应物业管理区域提供前期物业管理服务,直至业主或者业主大会选聘的新物业服务人或者决定自行管理的业主接管。

《物业管理条例》第10条规定，同一个物业管理区域内的业主，应当在物业所在地的区、县人民政府房地产行政主管部门或者街道办事处、乡镇人民政府的指导下成立业主大会，并选举产生业主委员会。但是，只有一个业主的，或者业主人数较少且经全体业主一致同意，决定不成立业主大会的，由业主共同履行业主大会、业主委员会职责。

那么，需要成立业主大会的物业管理区域，在首次业主大会召开前，如果需要更换前期物业服务人，谁有权更换？是选聘前期物业服务人的建设单位，还是业主？

《民法典》第284条第2款规定，对建设单位聘请的物业服务企业或者其他管理人，业主有权依法更换。据此，对于建设单位聘请的物业服务人，有权更换人是业主。即使业主委员会尚未成立，建设单位也无权代业主更换前期物业服务人。业主更换前期物业服务人，应按《民法典》第278条及相关要求进行。如果业主更换前期物业服务人时业主委员会尚未成立，则业主大会决议事项应包括由谁代表业主与新的物业服务人签署物业服务协议。

第七章　外商投资房地产

第一节　新中国外商投资立法简介

中国的对外开放立法是从外商投资立法起步和发展起来的。1979 年 7 月出台《中外合资经营企业法》,标志着中国打开大门引进外资、实行对外开放。1986 年和 1988 年,全国人民代表大会又先后制定了《外资企业法》和《中外合作经营企业法》。此后,《中外合资经营企业法实施条例》《外资企业法实施细则》《中外合作经营企业法实施细则》也予以颁行。上述"外资三法",为外商投资企业在我国发展创造了良好法治环境,对推动改革开放伟大历史进程发挥了重要作用。

党的十八大以后,根据全面深化改革、扩大对外开放的需要,全国人大常委会于 2013 年、2014 年两次作出决定,授权在有关自由贸易试验区内暂时调整"外资三法"关于外商投资企业审批等规定,试行准入前国民待遇加负面清单管理方式。2016 年,根据自由贸易试验区取得的可复制推广的经验,全国人大常委会对"外资三法"作出修改,在法律中确立外商投资企业实行准入前国民待遇加负面清单管理制度,将自由贸易试验区的改革试点经验推广到全国。

为适应新时代改革开放的需要,推动外商投资法律制度与时俱进、完善发展,迫切需要在总结我国吸引外商投资实践经验的基础上,制定一部新的外商投资基础性法律取代"外资三法",并配合制定相应的具体法规、规章,以更加全面完善的外商投资法律制度促进、保障和规范外商投资活动,提高外资工作法治化水平,促进国家治理体系和治理能力现代化,推动全面依法治国战略深入实施。在此背景下,全国人大常委会立法规划和 2018 年立法工作计划明确提出制定《外商投资法》。2019 年 3 月 15 日,第十三届全国人民代表大会第二次会议通过《外商投资法》,自 2020 年 1 月 1 日起施行。《外商投资法》对外商投资的准入、促进、保护、管理等作出了统一规定,是新形势下我国外商投资领域新的基础性法律,为推动更高水平对外开放提供了有力法治保障。

2019年12月12日国务院第74次常务会议通过《外商投资法实施条例》，自2020年1月1日起施行。2019年12月19日商务部第20次部务会议审议通过《外商投资信息报告办法》，并经国家市场监督管理总局同意，自2020年1月1日起施行。2019年12月28日市场监管总局《关于贯彻落实〈外商投资法〉做好外商投资企业登记注册工作的通知》印发。至此，我国新的外商投资法律体系基本完备。

对外商投资企业设立等实行审批、备案，是“外资三法”及其配套行政法规确定的外商投资管理制度之一。2020年1月1日《外商投资法》及其实施条例施行时，“外资三法”及其实施细则、《中外合资经营企业合营期限暂行规定》同时废止，这些法律、行政法规确定的对外商投资企业设立等实行审批、备案管理的制度不再实行。这是落实《外商投资法》确立的准入前国民待遇加负面清单管理制度，对外商投资管理制度所作的重大改革，将进一步简化外商投资企业设立程序，为外商投资营造更便利的环境。

第二节　房地产行业与外商投资

一、我国指导外商投资方向政策的演进

为了指导外商投资方向，使外商投资方向与我国国民经济和社会发展规划相适应，并有利于保护投资者的合法权益，根据国家有关外商投资的法律规定和产业政策要求，在《外商投资法》出台之前，国务院制定了《指导外商投资方向规定》。根据《指导外商投资方向规定》，《外商投资产业指导目录》和《中西部地区外商投资优势产业目录》是指导审批外商投资项目和外商投资企业适用有关政策的依据。

根据《指导外商投资方向规定》，外商投资项目分为鼓励、允许、限制和禁止四类。鼓励类、限制类和禁止类的外商投资项目，列入《外商投资产业指导目录》。不属于鼓励类、限制类和禁止类的外商投资项目，为允许类外商投资项目。允许类外商投资项目不列入《外商投资产业指导目录》。鼓励、允许、限制和禁止类外商投资项目，在项目审批、公司设立与变更、税收等方面可能适用不同的政策。

《外商投资产业指导目录》和《中西部地区外商投资优势产业目录》由国务院有关部门制定，经国务院批准后公布。根据实际情况，需要对《外商投资产业指导目录》和《中西部地区外商投资优势产业目录》进行部分调整时，由国务院有关部门适时修订并公布。

国务院发布《指导外商投资方向规定》后，原国家发展计划委员会、国家经济贸

易委员会、对外贸易经济合作部于2002年3月11日发布了《外商投资产业指导目录》(以下简称2002年目录)。此后,该目录分别于2004年、2007年、2011年、2015年、2017年进行修订(相应目录以下分别简称2004年目录、2007年目录、2011年目录、2015年目录、2017年目录)。

根据2016年修订后的"外资三法"及《外商投资法》,国家对外商投资实行准入前国民待遇加负面清单管理制度。所谓准入前国民待遇,是指在投资准入阶段给予外国投资者及其投资不低于本国投资者及其投资的待遇;所称负面清单,是指国家规定在特定领域对外商投资实施的准入特别管理措施。国家对负面清单之外的外商投资,给予国民待遇。负面清单由国务院发布或者批准发布。中国缔结或者参加的国际条约、协定对外国投资者准入待遇有更优惠规定的,可以按照相关规定执行。此外,在自由贸易试验区等特殊经济区域对符合条件的投资者实施更优惠开放措施的,按照相关规定执行。

2018年6月28日,国家发展和改革委员会、商务部发布《外商投资准入特别管理措施(负面清单)(2018年版)》(以下简称2018年目录),该管理措施自2018年7月28日起施行同时废止2017年6月28日国家发展和改革委员会、商务部发布的2017年目录中的外商投资准入特别管理措施(外商投资准入负面清单),鼓励外商投资产业目录继续执行(《外商投资法实施条例》第11条规定,国家根据国民经济和社会发展需要,制定鼓励外商投资产业目录,列明鼓励和引导外国投资者投资的特定行业、领域、地区。鼓励外商投资产业目录由国务院投资主管部门会同国务院商务主管部门等有关部门拟订,报国务院批准后由国务院投资主管部门、商务主管部门发布)。2019年6月30日,国家发展和改革委员会、商务部发布《外商投资准入特别管理措施(负面清单)(2019年版)》(以下简称2019年目录),该管理措施自2019年7月30日起施行,同时废止2018年6月28日国家发展和改革委员会、商务部发布的2018年目录。2020年6月23日,国家发展和改革委员会、商务部发布《外商投资准入特别管理措施(负面清单)(2020年版)》(以下简称2020年目录)。

二、外商投资房地产的准入归类

自2002年以来,历次修订的《外商投资产业指导目录》及《外商投资准入特别管理措施(负面清单)》对外商投资房地产的归类情况如表7-1所示。

表 7－1 《外商投资产业指导目录》及《外商投资准入特别管理措施（负面清单）》对外商投资房地产的归类

目录	鼓励类	限制类	禁止类
2002 年目录	普通住宅的开发建设	1. 土地成片开发（限于合资、合作） 2. 高档宾馆、别墅、高档写字楼和国际会展中心的建设、经营	无
2004 年目录	普通住宅的开发建设	1. 土地成片开发（限于合资、合作） 2. 高档宾馆、别墅、高档写字楼和国际会展中心的建设、经营 3. 大型主题公园的建设、经营	无
2007 年目录	无	1. 土地成片开发（限于合资、合作） 2. 高档宾馆、别墅、高档写字楼和国际会展中心的建设、经营 3. 房地产二级市场交易及房地产中介或经纪公司	无
2011 年目录	无	1. 土地成片开发（限于合资、合作） 2. 高档宾馆、高档写字楼和国际会展中心的建设、经营 3. 房地产二级市场交易及房地产中介或经纪公司	无
2015 年目录	无	无	无
2017 年目录	无	无	无
2018 年目录	无	无	无
2019 年目录	无	无	无
2020 年目录	无	无	无

由上表可以看出，自 2002 年以来，普通住宅的开发建设曾经属于鼓励类外商投资项目，但房地产行业不曾有属于禁止类的外商投资项目，而大多数时间里，房地产行业存在限制类的外商投资项目。按照 2015 年目录，房地产行业没有项目列入《外商投资产业指导目录》，房地产行业各类项目均不属于鼓励类、限制类和禁止类的外商投资项目，即均为允许类外商投资项目。曾经在 2004 年目录中被列为限制类投资项目的大型主题公园的建设、经营，在 2015 年目录中仍为限制类投资项目，但不再归入房地产行业，而是被列为文化、体育和娱乐业；在 2017 年目录中未再出现，即已经成为允许类外商投资项目。

第三节　外商投资房地产企业设立与变更

一、早先的法律规定

外商投资房地产企业是指从事普通住宅、公寓、别墅等各类住宅、宾馆（饭店）、度假村、写字楼、会展中心、商业设施、主题公园等建设经营，或以上述项目建设为目的的土地开发或成片开发项目的外商投资企业。

2016年9月3日，第十二届全国人民代表大会常务委员会第二十二次会议审议通过《全国人民代表大会常务委员会关于修改〈中华人民共和国外资企业法〉等四部法律的决定》之前，除中国（上海）自由贸易试验区以外，对外商投资企业实行逐案审批制，外商投资企业的设立、变更等，需先取得商务主管部门的批准，才可在工商管理部门办理相应登记。当时商务主管部门审批外商投资房地产企业的具体要求，简要汇总如下。

1. 商业存在原则

根据建设部、商务部、国家发展和改革委员会、中国人民银行、国家工商行政管理总局、国家外汇管理局《关于规范房地产市场外资准入和管理的意见》，商务部办公厅《关于贯彻落实〈关于规范房地产市场外资准入和管理的意见〉有关问题的通知》，商务部、国家外汇管理局《关于进一步加强、规范外商直接投资房地产业审批和监管的通知》相关规定，境外机构和个人在境内投资购买非自用房地产，应当遵循商业存在的原则，申请设立外商投资企业，取得《外商投资企业批准证书》和《营业执照》，方可在核准的经营范围内从事相关建设经营活动。申请设立房地产公司，应先取得土地使用权、房地产建筑物所有权，或已与土地管理部门、土地房地产开发企业/房地产建筑物所有人签订土地使用权或房产权的预约出让/购买协议。未达到上述要求，审批部门（商务部门）不予批准设立外商投资房地产公司。

2. 项目公司原则

商务部《关于做好外商投资房地产业备案工作的通知》、商务部、国家外汇管理局《关于进一步加强、规范外商直接投资房地产业审批和监管的通知》要求，外商投资房地产公司的设立、增资应符合项目公司原则，投资（包括增资）仅限于经批准的单一房地产项目。已设立外商投资企业新增房地产开发或经营业务，以及外商投资房地产企业从事新的房地产项目开发经营，应按照外商投资有关法律法规向审批部门申请办理增加经营范围或扩大经营规模的相关手续。

3. 设立程序

根据建设部、商务部、国家发展和改革委员会、中国人民银行、国家工商行政管理总局、国家外汇管理局《关于规范房地产市场外资准入和管理的意见》,商务部办公厅《关于贯彻落实〈关于规范房地产市场外资准入和管理的意见〉有关问题的通知》,商务部、国家外汇管理局《关于进一步加强、规范外商直接投资房地产业审批和监管的通知》等文件相关规定,设立外商投资房地产企业的一般程序如下:

(1)境外投资者与土地管理部门签订土地使用权的预约出让/购买协议。

(2)商务主管部门和工商行政管理机关依法批准设立和办理注册登记手续,颁发一年期《外商投资企业批准证书》和《营业执照》。其中,在《外商投资企业批准证书》备注栏内标明"有效期至××××年××月××日"。

(3)外商投资房地产企业应在有效期内向土地管理部门缴纳土地出让金,申领《国有土地使用证》,凭《国有土地使用证》到商务主管部门换发正式的《外商投资企业批准证书》后,再到工商行政管理机关换发与《外商投资企业批准证书》经营期限一致的《营业执照》。

4. 注册资本与投资总额比例

商务部办公厅《关于贯彻落实〈关于规范房地产市场外资准入和管理的意见〉有关问题的通知》规定,外商投资设立房地产企业,投资总额在1000万美元(含1000万美元)以上的,其注册资本应不低于投资总额的50%;投资总额在300万美元至1000万美元的,其注册资本应不低于投资总额的50%;投资总额在300万美元以下(含300万美元)的,其注册资本应不低于投资总额的70%。

住房和城乡建设部、商务部、国家发展改革委、人民银行、工商总局、外汇局《关于调整房地产市场外资准入和管理有关政策的通知》对前述要求作了调整,规定外商投资房地产企业注册资本与投资总额比例,按照《国家工商行政管理局关于中外合资经营企业注册资本与投资总额比例的暂行规定》(工商企字〔1987〕第38号)执行。具体包括:

(1)企业的投资总额在300万美元以下(含300万美元)的,其注册资本至少应占投资总额的7/10。

(2)企业的投资总额在300万美元以上至1000万美元(含1000万美元)的,其注册资本至少应占投资总额的1/2,其中投资总额在420万美元以下的,注册资本不得低于210万美元。

(3)企业的投资总额在1000万美元以上至3000万美元(含3000万美元)的,其注册资本至少应占投资总额的2/5,其中投资总额在1250万美元以下的,注册资本不得低于500万美元。

(4)企业的投资总额在3000万美元以上的,其注册资本至少应占投资总额的1/3,其中投资总额在3600万美元以下的,注册资本不得低于1200万美元。

5. 对以并购、股权出资等方式新设/增资的房地产项目的审批监管

建设部、商务部、国家发展和改革委员会、中国人民银行、国家工商行政管理总局、国家外汇管理局《关于规范房地产市场外资准入和管理的意见》,商务部办公厅《关于贯彻落实〈关于规范房地产市场外资准入和管理的意见〉有关问题的通知》,国家外汇管理局、建设部《关于规范房地产市场外汇管理有关问题的通知》、商务部办公厅《关于加强外商投资房地产业审批备案管理的通知》等相关文件要求,境外投资者通过股权转让及其他方式并购境内房地产企业,须妥善安置职工,处理银行债务,并自外商投资企业营业执照颁发之日起3个月内以自有资金一次性支付全部转让金。境外投资者收购外商投资房地产企业中方股权的,须妥善安置职工,处理银行债务,并在股权转让协议生效之日起3个月内以自有资金一次性支付全部转让对价。境外机构和个人通过股权转让及其他方式并购境内房地产企业,或收购合资企业中方股权,未能以自有资金一次性支付全部转让款的,外汇局不予办理转股收汇外资外汇登记。

外商投资房地产企业的股权和项目转让,以及境外投资者并购境内房地产企业,由商务主管等部门严格按照有关法律法规和政策规定进行审批。投资者应提交履行《国有土地使用权出让合同》《建设用地规划许可证》《建设工程规划许可证》等的保证函,《国有土地使用证》,建设(房地产)主管部门的变更备案证明,以及税务机关出具的相关纳税证明材料。

6. 对外商投资房地产企业的限制、禁止事项

(1)对境外资本在境内设立房地产企业,不得通过购买、出售境内已建/在建房地产物业进行套利。商务部办公厅《关于加强外商投资房地产业审批备案管理的通知》要求,各地商务主管部门要会同当地有关部门加强对跨境投融资活动的监控以及对房地产市场风险的防范,抑制投机性投资。对境外资本在境内设立房地产企业,不得通过购买、出售境内已建/在建房地产物业进行套利。商务部将会同住房城乡建设部、外汇局等有关部门对此类项目备案材料严格审查。

(2)严格控制外商投资高档房地产。商务部、国家外汇管理局《关于进一步加强、规范外商直接投资房地产业审批和监管的通知》要求,各地商务主管部门要严格执行《关于规范房地产市场外资准入和管理的意见》和商务部办公厅《关于贯彻落实〈关于规范房地产市场外资准入和管理的意见〉有关问题的通知》,依法加强外商投资房地产企业的审批和监管,严格控制外商投资高档房地产。

(3)严格控制以返程投资方式设立境内房地产企业。商务部、国家外汇管理局《关于进一步加强、规范外商直接投资房地产业审批和监管的通知》及商务部办公厅《关于加强外商投资房地产业审批备案管理的通知》均要求，各地商务主管部门要会同外汇局等有关部门认真甄别、严格审核返程投资类房地产企业，严格控制以返程投资方式设立境内房地产企业。

所谓返程投资，是指境内居民通过特殊目的公司对境内开展的直接投资活动，包括但不限于以下方式：购买或置换境内企业中方股权，或者在境内设立外商投资企业及通过该企业购买或协议控制境内资产，或者协议购买境内资产及以该项资产投资设立外商投资企业，或者向境内企业增资。

(4)不得审批涉及房地产开发经营业务的投资性公司。商务部办公厅《关于加强外商投资房地产业审批备案管理的通知》要求，各地商务主管部门要严格按照外商投资设立投资性公司的各项规定开展审批工作，不得审批涉及房地产开发经营业务的投资性公司。

(5)境外投资者不得以变更境内房地产企业实际控制人的方式，规避外商投资房地产审批。商务部、国家外汇管理局《关于进一步加强、规范外商直接投资房地产业审批和监管的通知》规定，境外投资者不得以变更境内房地产企业实际控制人的方式，规避外商投资房地产审批。外汇管理部门一经发现以采取蓄意规避、虚假陈述等手段违规设立的外商投资房地产企业，将对其擅自汇出资本及附生收益的行为追究其逃骗汇责任。

(6)中外投资各方不得订立固定回报或变相固定回报的条款。根据建设部、商务部、国家发展和改革委员会、中国人民银行、国家工商行政管理总局、国家外汇管理局《关于规范房地产市场外资准入和管理的意见》，国家外汇管理局、建设部《关于规范房地产市场外汇管理有关问题的通知》，商务部、国家外汇管理局《关于进一步加强、规范外商直接投资房地产业审批和监管的通知》，外商投资房地产企业的中外投资各方，不得以任何形式在合同、章程、股权转让协议以及其他文件中，订立保证任何一方固定回报或变相固定回报的条款，否则外汇局不予办理外商投资企业外汇登记或登记变更。

二、当前的法律规定

1. 外商投资信息报告制度取代外商投资企业审批、备案和联合年报制度

根据《外商投资法》第 28 条规定，外商投资准入负面清单规定禁止投资的领

域,外国投资者不得投资。外商投资准入负面清单规定限制投资的领域,外国投资者进行投资应当符合负面清单规定的条件。外商投资准入负面清单以外的领域,按照内外资一致的原则实施管理。根据《外商投资法》第42条及《外商投资法实施条例》第49条规定,“外资三法”及《中外合资经营企业法实施条例》《中外合资经营企业合营期限暂行规定》《外资企业法实施细则》《中外合作经营企业法实施细则》自2020年1月1日废止。这些法律、行政法规确定的对外商投资企业设立等实行审批、备案管理的制度不再实行。

《外商投资法》在加强投资促进和保护的同时,也进一步规范了外商投资管理,建立外商投资信息报告制度就是其中一项重要法律制度。《外商投资法》第34条第1款明确规定,“国家建立外商投资信息报告制度,外国投资者或者外商投资企业应当通过企业登记系统以及企业信用信息公示系统向商务主管部门报送投资信息”。2019年12月30日,商务部、市场监管总局联合制定的《外商投资信息报告办法》,自2020年1月1日起施行。这是国家就外商投资信息报告管理制度作出细化规定的重要举措。外商投资信息报告制度取代了外商投资企业审批、备案和联合年报制度。

报送投资信息本身不是外国投资者或者外商投资企业办理企业登记或其他手续的前置条件,也不是针对外国投资者或者外商投资企业新设立的一项行政审批。以下情形的外商投资需由外国投资者或者外商投资企业报送投资信息:一是外国投资者直接在中国境内投资设立公司、合伙企业(包括银行、证券、保险等金融领域,下同);二是外国(地区)企业在中国境内从事生产经营活动;三是外国(地区)企业在中国境内设立从事生产经营活动的常驻代表机构等;四是外商投资企业在中国境内投资(含多层次投资)设立企业。

《外商投资信息报告办法》从四个方面确保外国投资者、外商投资企业报送的信息真实、准确和完整。一是规定了外国投资者、外商投资企业如实报告投资信息的义务。该办法第7条规定,外国投资者或者外商投资企业应当及时报送投资信息,遵循真实、准确、完整原则,不得进行虚假或误导性报告,不得有重大遗漏。二是外国投资者、外商投资企业应主动或者根据商务主管部门的要求进行补报、更正。该办法第19条规定,外国投资者或者外商投资企业发现其存在未报、错报、漏报有关投资信息的,应当及时进行补报或更正。商务主管部门发现外国投资者或者外商投资企业存在未报、错报、漏报的,应当通知外国投资者或者外商投资企业于20个工作日内进行补报或更正。三是通过监督检查确保信息真实、准确、完整。该办法第20条第2款规定,商务主管部门可联合有关部门,采取抽查、根据举报进行检查、根据有关部门或司法机关的建议和反映的情况进行检查，以及依职权启动检查等方式开展监督检查。同时，该办法第22条还规定，商务主管部门可根据需要从其他部门获取信息用于监督检查，并可依法查阅或者要求被检查人提供有关材料。四是明确规定了违反信息报告义务的法律责任。对于未按要求报送投资信息且经通知未予补报或者更正的，商务主管部门可责令其在20个工作日内改正，逾期不改正的，将视情节轻重给予10万元至50万元的处罚。在监督检查中掌握的外国投资者、外商投资企业未依法履行信息报告义务的有关情况，商务主管部门应当记入外商投资信息报告系统，并对有关行政处罚情况予以公示。

2. 外商投资企业的登记

根据《外商投资法》及市场监管总局《关于贯彻落实〈外商投资法〉做好外商投资企业登记注册工作的通知》相关规定，外国投资者或者外商投资企业在负面清单以外的领域投资的，按照内外资一致的原则进行登记注册。国家市场监督总局授权的地方市场监管部门是外商投资企业的登记机关，负责本辖区内的外商投资企业登记管理。国家市场监督管理总局将定期公布外资被授权市场监管部门名单。申请人应当通过企业登记系统申请外商投资企业登记注册。自2020年1月1日起，不再执行外商投资企业设立商务备案与工商登记“一口办理”。在申请外商投资企业设立、变更登记时，申请人应当填写外商投资初始报告、变更报告。提交外商投资信息报告不是办理外商投资企业登记注册的必要条件。登记机关不对外商投资信息报告进行审查。申请人提交企业登记申请后，可以继续填写外商投资信息报告信息。外国投资者或者外商投资企业应当通过国家企业信用信息公示系统报送“多报合一”年报。

外商投资企业的组织形式、组织机构及其活动准则，适用《公司法》《合伙企业法》等法律的规定。登记机关应当根据申请，按照内资企业类型分别登记为“有限责任公司”“股份有限公司”“合伙企业”，并应当标明外商投资或者港澳台投资。

为落实《外商投资法》的相关规定，保障外商投资企业组织形式等的平稳过渡，《外商投资法实施条例》明确了有关过渡期安排。具体是：现有外商投资企业在《外商投资法》施行后5年内，可以依法调整其组织形式、组织机构等，并依法办理变更登记，也可以继续保留原企业组织形式、组织机构等；自2025年1月1日起，对未依法办理变更登记的现有外商投资企业，企业登记机关不予办理其申请的其他登记事项，并将相关情形予以公示。2020年1月1日以前依法设立的外商投资的公司、外商投资合伙企业无须办理企业组织形式变更登记。依照《中外合作经营企业法实施细则》或者《外资企业法实施细则》设立的不具有法人资格的外商投资企业，可以在《外商投资法》实施后五年内申请改制为合伙制企业,并按照《合伙企业法》《合伙企业登记管理办法》等法律法规规定的设立条件,向登记机关申请变更登记,并依法提交有关材料。隶属企业变更组织形式后,分支机构应当及时申请变更登记。

3. 我国港澳台地区投资

《外商投资法实施条例》明确了我国港澳台地区投资的法律适用,具体是:香港特别行政区、澳门特别行政区投资者在内地投资,参照《外商投资法》和《外商投资法实施条例》执行;法律、行政法规或者国务院另有规定的,从其规定。台湾地区投资者在大陆投资,适用《台湾同胞投资保护法》及其实施细则的规定;《台湾同胞投资保护法》及其实施细则未规定的事项,参照《外商投资法》和《外商投资法实施条例》执行。

香港特别行政区、澳门特别行政区和台湾地区的投资者、定居在国外的中国公民(华侨)投资设立的企业,以及外商投资的投资性公司、外商投资的创业投资公司、以投资为主要业务的外商投资合伙企业境内投资设立的企业,其登记注册参照适用市场监管总局《关于贯彻落实〈外商投资法〉做好外商投资企业登记注册工作的通知》相关规定。

三、展望

在本节第二部分述及的当前的法律规定下,本节第一部分提及的对外商投资房地产企业的一些管理规定,比如商业存在原则、项目公司原则、注册资本与投资总额的比例和对外商投资房地产企业的限制、禁止事项等,是否仍然适用及如何适用,尚需进一步厘清,以便为外商投资房地产企业提供更清晰的指引。

现行有关外商投资的规定比较多,对其中与《外商投资法》和《外商投资法实施条例》不一致的如何处理?

按照有关部门介绍,根据"上位法优于下位法、新法优于旧法"的原则,《外商投资法实施条例》明确规定:2020 年 1 月 1 日前制定的有关外商投资的规定与《外商投资法》和本条例不一致的,以《外商投资法》和本条例的规定为准。按照国务院统一部署,商务部、发展改革委、司法部正在组织各地方、各部门,抓紧对现行有关外商投资的规定进行全面清理,明确要求凡是与《外商投资法》不符的法规、规章、规范性文件,都要予以废止或者修改。[①] 故对于现行的外商投资房地产的政策,预计

① 参见《司法部、商务部、发展改革委负责人就〈中华人民共和国外商投资法实施条例〉有关问题答记者问》,载国家发展和改革委员会网,https://www.ndrc.gov.cn/xwdt/xwfb/201912/t20191231_1218290.html。

将按照国民待遇原则予以废止。

第四节　外商投资房地产项目备案

一、外商投资房地产项目均应实行备案管理

根据《企业投资项目核准和备案管理条例》第3条规定，对关系国家安全、涉及全国重大生产力布局、战略性资源开发和重大公共利益等项目，实行核准管理。具体项目范围以及核准机关、核准权限依照政府核准的投资项目目录执行。政府核准的投资项目目录由国务院投资主管部门会同国务院有关部门提出，报国务院批准后实施，并适时调整。国务院另有规定的，依照其规定。对前款规定以外的项目，实行备案管理。除国务院另有规定的，实行备案管理的项目按照属地原则备案，备案机关及其权限由省、自治区、直辖市和计划单列市人民政府规定。

《政府核准的投资项目目录（2016年本）》规定，《外商投资产业指导目录》中总投资（含增资）3亿美元及以上限制类项目，由国务院投资主管部门核准，其中总投资（含增资）20亿美元及以上项目报国务院备案。《外商投资产业指导目录》中总投资（含增资）3亿美元以下限制类项目，由省级政府核准。

鉴于房地产行业不再有属于限制外商投资的项目，外商投资房地产项目均应实行备案管理。

二、外商投资房地产项目由地方政府投资主管部门备案

《外商投资项目核准和备案管理办法》第4条、第5条规定，外商投资项目核准权限、范围按照国务院发布的《政府核准的投资项目目录》执行。其他外商投资项目由地方政府投资主管部门备案。据此，外商投资房地产项目由地方政府投资主管部门备案。而“地方政府投资主管部门”的界定，应依据地方相关规定确定。